Unternehmen Deutsch

Lehrwerk für Wirtschaftsdeutsch

Lehrbuch

von
C. Conlin

Klett Edition Deutsch

Unternehmen Deutsch

von C. Conlin

Unter Leitung und Mitwirkung der Verlagsredaktion Mitarbeit an diesem Werk:
Heather Jones,
Verlagsredakteurin

Sprachliche Beratung:
Christa Wiseman,
Udo Diekmann,
Anke Kornmüller

Widmung: Für Simon, Rachel, Jonathan und Joyrite

Typographie und Layout:
Valerie Sargent
Umschlag: Veronica Bailey
Bildredaktion: Martin Walsh
Druck: Istituto Grafico Bertello, Italien

1. Auflage 1 6 5 4 3 2 | 1999 98 97

ISBN 3-12-675668-9

Danksagung
Wir danken allen, die an der Entstehung dieses Werkes mitgewirkt haben, besonders:

Phil Barnet, Evesham Micro; Jeff Brown, Killick Martin & Co.; Christa Bürkel, Managed Learning; Colin Cartwright, Conwy Valley Railway Museum; Günter Dörfler, Trix Mangold; Kerstin Emrich, Dorint Kongress-Hotel, Freiburg; Angelika Fell, Schloss Reinach, Munzingen; Kevin Fradgley, Gamebird Products; Ian Fulston, Employment Service; Dr. Anneliese Goltz, Humboldt-Universität; Debbie Goodkin; Vic Gray; Steve Hanlon, Mekom Distribution; Bill Hartnett, Rubber Astic & Co. Ltd.; Dagmar Haslam; M. Hofherr, Hotel Ketterer, Stuttgart; Clare Jackson, GKN Automotive; Ian Kershaw, Stockfield Manufacturing; Peter Matthews, Black Country Metals Ltd.; Dr. Gunnar Pauzke, Bosch-Siemens Hausgeräte GmbH; Lars Petz, Hapag Lloyd; Liesel Rosindale, University of Central England; Rachael Saice, Managed Learning; Eckart Schlesinger, Zum Kuhhirten-Turm Speisegaststätte, Frankfurt; Tony Simpson; Elisabeth Smith, The Stampings Alliance; Dennis Steel, Hoopers Sadlers; Gabriele Steinke, University of Wolverhampton; Reinhard Tenberg, European Business Associates; Paul Tranter, Managed Learning; Simon Turk; Helen Whistance, Birmingham Chamber of Commerce; Joerg Wins, Unternehmnensgruppe Tengelmann; Helmut Wörner, Controlware Communications Systems

Quellennachweis: Abbildungen
ACE, Foto S. 98; ADAC, Logo S. 21; AEG Aktiengesellschaft, Logo S. 22, Organigramm (vereinfacht) S. 30; Amt für Tourismus und Weimar-Werbung, Foto: H. Lange S. 41; Archiv Landesfremdenverkehrsverband Bayern e.V., Fotos S. 43, 45; Bädergemeinschaft Sylt, Foto: Frenzel S. 45; Bahlsen Holding, Tabelle (Auszug) S. 149, 157; BASF AG, Logo S. 22; Bayer AG, Logo S. 22, Fotos S. 23; BMW AG, Logo S. 22, Fotos S. 26, 100, 101; Bosch-Siemens Hausgeräte GmbH, Organigramm u. Karte S. 29; Braun AG, Foto S. 13, Logo S. 22; Brother International GmbH, Foto S. 13; Bundesbildstelle Bonn, Fotos S. 8, 21; Canon Deutschland GmbH, Foto S. 13, Schaubilder S. 33, Bild u. Piktogramme S. 60, 61, Logo, Fotos S. 111; J. Chipps, Fotos S. 59, 142; CONACORD Voigt GmbH & Co KG, Foto Hängesitz S. 108; Daimler-Benz AG, Logo S. 30; Daimler-Benz Interservices AG, Logo S. 30; Deutsche Aerospace AG, Logo S. 30; Deutsche Bahn AG, Umschlag, Foto S. 94, Fahrplan S. 153, 162; Deutsche Bundespost, Umschlag; Deutsche Messe AG Hannover, CeBIT Logo S. 102, 115, Fotos S. 114, Geländeplan S. 115; Deutsche Telekom AG, Umschlag, Fotos S. 67, 70, 74, 98; Deutscher Instituts-Verlag GmbH, Schaubild S. 54; Dorint Kongress-Hotel Freiburg, Logo, Fotos S. 79, 81, Tabelle S. 82; Dorint Hotels und Ferienparks Mönchen-Gladbach, Karte, Piktogramme S. 79; Duales System Deutschland GmbH, Logo S. 21, 130; Düsseldorfer Messegesellschaft mbH, Logo S. 102; E-Z UP Europe B.V. Foto S. 108, Logo S. 113; Fachhochschule Düsseldorf, Foto: U. Gräber S. 135, Foto: Huppertz/Schwartenberger S. 135; FAG Kugelfischer Georg Schäfer AG, Fotos S. 18, 19, Tabelle (Auszug) S. 27; Flughafen Frankfurt Main AG, FAG-Foto: S. Rebscher S. 90, Piktogramme S. 92, Karte S. 93; Frankfurter Goethe-Museum, Foto S. 21; Freiburg Wirtschaft und Touristik GmbH, Fotos: Raach 76; Fremdenverkehrsamt München, Foto: C. Reiter S. 51; Fremdenverkehrsverband St. Gilgen, Fotos S. 46; Globus Kartendienst GmbH, Schaubilder S. 34, 55, 64, 130; D. Graham, Fotos S. 10, 14, 84; W. Großkopf, Fotos S. 55, 57, 58, 59, 62, 124; Grundig AG, Fotos S. 23; Heinz Kettler Metallwarenfabrik GmbH & Co., Foto (Fahrrad) S. 108; Hoechst AG, Logo S. 22; IBM Deutschland GmbH, Logo S. 22; Institut für Arbeitsmarkt und Berufsforschung (IAB) der Bundesanstalt für Arbeit, Tabelle S. 65; H. Jones, Fotos S. 34, 49, 94, 95; Karl Kässbohrer Fahrzeugwerke GmbH, Foto S. 19; C. Knight, Karten S. 9, 46, 50, 103, Piktogramme S 24, 96, Verzeichnis S. 77; Kölnische Rundschau Heinen-Verlag GmbH, S. 138; Kommunalverband Ruhrgebiet, Foto: M. Ehrich, S. 21; Landesbildstelle Berlin, Foto S. 51; Landesgirokasse Stuttgart, Umschlag, S. 118; Landeshauptstadt Stuttgart, Foto S. 77; Leipziger Messe GmbH, Logo S. 102; MAN Nutzfahrzeuge AG, Logo S. 22, Foto S. 23; Mannesmann AG, Fotos S. 18, 19, 26; T. Marutschke, Cartoon S. 144; Medienagentur Enno Wiese, Berlin, Foto S. 133; Mercedes-Benz AG, Logos S. 22, 30, Foto S. 130, Karte S. 154, 163; Messe Berlin GmbH, Logo S. 102; Messe- und Ausstellungs-Ges. m.b.H. Köln, Fotos S. 102, 103, 105, 109; P. Muggleston, Cartoons S. 20, 72, 73, 85, 126, 144; R. Nash, Fotos S. 42, 59; NUR Touristic GmbH, Fotos (Hotels) S. 46; Österreich Werbung (London), Foto S. 8; Otto-Versand (GmbH & Co.), Logo S. 15, Fotos S. 31; Panorama Hotel Mercure Freiburg, Foto S. 160; Porsche AG, Logo S. 22; Postbank Generaldirektion, Umschlag, S. 118; Rega Hotel Stuttgart, Fotos S. 89; Rosenthal AG, Logo S. 22, Tabelle (Auszug) S. 149, 157; Schloss Reinach Munzingen GmbH, Fotos S. 80, 83; Schuco GmbH & Co., Foto S. 120; Hans Schwarzkopf GmbH, Fotos S. 23; Siemens AG, Fotos S. 18, 23, Logo S. 22; D. Simson, Fotos S. 10, 11, 12, 16; Stadtmessungsamt Stuttgart (Nr.

C16), Stadtplan S. 97; Stuttgart Marketing GmbH, Foto S. 88; Süddeutscher Verlag GmbH, S. 138; Swiss National Tourist Office London, Foto S. 8; Tengelmann Warenhandelgesellschaft, Foto S. 140, Stellenangebot S. 141; The Stampings Alliance Limited, Fotos S. 119, 128; Thüringer Landesfremdenverkehrsverband e.V., Foto S. 45; Thyssen AG, Logo S. 22; Tourismus-Zentrale Hamburg GmbH, Foto S. 21; Ullstein Verlag GmbH, S. 138; Verkehrs- und Tarifverbund Stuttgart GmbH, Streckennetzplan S. 97; Verkehrsamt der Stadt Köln, Logo S. 77; Verkehrsamt Neumagen-Dhron/Mosel, Fotos S. 43, 45; Verkehrsamt Stadt Frankfurt am Main, Umschlag, Foto: N. Guthier S. 40, J. Keute S. 41, W. Lechthaler (Sachsenhausen) S. 49, Karte S. 49; Verlag Frankfurter Allgemeine Zeitung GmbH, S. 138; Victorinox Messerfabrik, Fotos S. 18, 32; Volkswagen AG, Logo S. 22; M. Vollmer, Foto S. 147; Vorwerk Elektrowerke Stiftung & Co. KG, Logo, Karte S. 99; Jack Wolfskin Adventure Equipment Ltd., Fotos S. 107, 108; Zeitverlag Hamburg, S. 138; Zum Kuhhirten-Turm Speisegaststätte, Logos S. 39, 40

Quellennachweis: Texte
Arbeitgeberverband Gesamtmetall, edition agrippa GmbH Köln, aus *M+E Magazin* Nr. 8 (gekürzt), S. 146; Ausstellungs- und Messeausschuss der deutschen Wirtschaft e.V. (AUMA), *Erfolgreiche Messebeteiligung* (Ausschnitt, vereinfacht), S. 103, 104; Avis Autovermietung GmbH, Stellenangebot, S. 139; BASF AG, *Daten und Fakten* (Auszug), S. 157; Bent Krogh A/S, SPOGA Katalogeintrag, S. 106; Best Western Privathotels, Broschüre (gekürzt, vereinfacht), S. 152; BMW AG *City-Konzept Blaue Zone* (gekürzt, vereinfacht), S. 100, 101; Bosch-Siemens Hausgeräte GmbH, *Geschäftsbericht* (vereinfacht), S. 29; BTF Textilwerke Bremen, Anzeige m. Logo, S. 25; Bundesanstalt für Arbeit, *IZ-Informationszeitung der Berufsberatung* (vereinfacht), S. 132, 133; Bundesministerium für Arbeit und Sozialordnung, *Berufliche Qualifizierung* (gekürzt), S. 136, 137; Canon Deutschland GmbH, *Geschäftsbericht*, S. 33, Broschüren, S. 111 (gekürzt, vereinfacht); China Restaurant Nizza, Kleinanzeige, S. 36; Compaq Computer GmbH, Werbeanzeige, S. 131; CONACORD Voigt GmbH & Co KG, Katalogauszug, S. 108; Deutsche Bahn AG, *Städteverbindungen*, S. 93; Deutsche Bundespost Telekom, Textauszug, S. 66; Deutsche Gesellschaft für Freizeit, *Freizeit in Deutschland* (vereinfacht), S. 43, 44; Deutscher Gewerkschaftsbund-Bundesvorstand, *Betriebsrat im Alltag* (vereinfacht), S. 147; Deutsche Messe AG Hannover, *Messeplatz Hannover*, S. 115; Deutsche Telekom Medien GmbH, *Zeichenerklärung* (vereinfacht) S. 66, *Hinweise zum Telefonieren*, S. 68; Dorint Kongress-Hotel Freiburg, Broschüre (gekürzt u. vereinfacht), S. 79, 81; Duales System Deutschland GmbH, *Das Kleine Lexikon* (vereinfacht), S. 130; E-Z UP Europe B.V. Texte (gekürzt u. vereinfacht), S. 108, 113; Flughafen Frankfurt Main AG, Presse und Publikationen, *Flughafen-Information*, S. 91; Flughafen Hannover-Langenhagen GmbH, *Touristikflugplan*, S.162; Flughafen Köln/Bonn GmbH, *Flugplan*, S.153; Focus Magazin-Verlag GmbH, Artikel u. Schaubilder, S. 74, 75, Artikel S. 131; Freiburg Wirtschaft und Touristik GmbH, Hotelverzeichnis (Auszug), S. 77; Globus Kartendienst GmbH, Text zu Schaubildern, S. 34, 64, 130; Hotel Ketterer Stuttgart, Fax (gekürzt), S. 86; ICI Plc, Text m. Logo, S. 25; Institut der deutschen Wirtschaft Köln, *Wandel in der Wirtschaft* (Auszug), S. 34; Interswing SA, SPOGA Katalogeintrag, S. 106; KRAVAG SACH + LEBEN, Anzeige m. Logo, S. 25; Landmann GmbH & Co. KG, SPOGA Katalog-Eintrag, S. 106, Broschüre, S. 129; La Truffe Restaurant im Parkhotel Frankfurt, Kleinanzeige, S. 36; Max-Delbrück Centrum Berlin-Buch, Stellenangebot, S. 139; Otis GmbH, Text m. Logo, S. 25; Panorama Hotel Mercure Freiburg, Broschüre (gekürzt u. vereinfacht), S. 160; Pizza Hut Restaurations Gesellschaft mbH, Stellenangebot, S. 139; Porsche AG, *Geschäftsbericht* (Auszug), S. 149; Pöttinger Bauunternehmung, Stellenangebot, S. 139; Restaurant Bingelsstube, Kleinanzeige S. 36; Restaurant Dei Medici, Kleinanzeige, S. 36; Schloss Reinach Munzingen GmbH, Texte (gekürzt u. vereinfacht), S. 80, 83; Schuco GmbH & Co., Katalogauszug, S. 120; Staatliche Lotterieverwaltung München, Stellenangebot, S. 139; Stuttgart Marketing GmbH, Informationsbroschüre (Auszüge, vereinfacht), S. 88; Tengelmann Warenhandelgesellschaft, Stellenangebot, S. 141; Verkehrsamt Stadt Frankfurt am Main, *Frankfurt Welcome* (Auszüge, vereinfacht), S. 49; Victorinox Messerfabrik, Broschüre (vereinfacht), S. 32; Wrigley GmbH, Anzeige m. Logo, S. 25; Zimmermann GmbH, SPOGA Katalogeintrag, S. 106; Zum Kuhhirten-Turm Speisegaststätte, Kleinanzeige, S. 36

Trotz intensiver Bemühungen konnten nicht alle Inhaber von Text- und Bildrechten ausfindig gemacht werden. Für entsprechende Hinweise ist der Verlag dankbar.

Inhalt

Europakarte Die Geographie der
deutschsprachigen Länder 8

KAPITEL 1 **Herzlich Willkommen!**
1.1 Sind Sie Herr Becker? 10
1.2 Tee oder Kaffee? 12
1.3 Darf ich vorstellen? 14
1.4 Das Programm ist wie folgt ... 16
1.5 Eine Betriebsbesichtigung 18
Zum Lesen Verhaltensregeln in
geschäftlichen Situationen 20
Quiz Was wissen Sie schon über
Deutschland? 21

KAPITEL 2 **Rund um die Firma**
2.1 Was produziert die Firma? 22
2.2 Was für eine Firma ist das? 24
2.3 Wie groß ist die Firma? 26
2.4 Wie ist die Firma strukturiert? 28
2.5 Firmenpräsentation 31
Zum Lesen Groß und klein in der
Wirtschaft 34

KAPITEL 3 **Sich kennenlernen**
3.1 Darf ich Sie einladen? 36
3.2 Guten Appetit! 38
3.3 Wohnung und Familie 41
3.4 Was machen Sie in
Ihrer Freizeit? 43
3.5 Wo waren Sie im Urlaub? 45
3.6 Was kann man hier tun? 48
Zum Lesen Regionen in Deutschland 50

KAPITEL 4 **Am Arbeitsplatz**
4.1 Die Firmenorganisation 52
4.2 Zeit und Geld 54
4.3 Wo ist das Büro? 56
4.4 Wofür sind Sie zuständig? 58
4.5 Wie funktioniert das Gerät? 60
4.6 Wie finden Sie Ihre Arbeit? 62
Zum Lesen Feiertage und Öffnungszeiten 64
Faktoren bei der Berufswahl 65

KAPITEL 5 **Am Telefon**
5.1 Das Auslandsgespräch 66
5.2 Kann ich Herrn Schuster
sprechen? 68
5.3 Mit wem spreche ich
am besten? 70
5.4 Eine Nachricht hinterlassen 72
Zum Lesen Multimedia Revolution
der Arbeit 74

KAPITEL 6 **Planen und Reservieren**
6.1 Können Sie mir einige Hotels
empfehlen? 76
6.2 Wann dürfen wir Sie
begrüßen? 78
6.3 Einige Fragen zu Ihren
Preisen 81

6.4 Können wir einen Termin
vereinbaren? 84
6.5 Ich möchte zwei Zimmer
reservieren 86
Zum Lesen Willkommen in Stuttgart! 88
Hotel-Information 89

KAPITEL 7 **Unterwegs in Deutschland**
7.1 Wie geht's vom Flughafen
weiter? 90
7.2 Wann fahren die Züge? 93
7.3 Wie komme ich hin? 96
7.4 Mit dem Auto unterwegs 98
Zum Lesen „Der richtige Weg" -
Stadtverkehr in der Zukunft 100

KAPITEL 8 **Auf der Messe**
8.1 Messeplatz Deutschland 102
8.2 Ich sehe, Sie interessieren
sich für ... 105
8.3 Können Sie mir etwas zu
diesem Produkt sagen? 107
8.4 Welches Modell würden Sie
empfehlen? 110
8.5 Nach der Messe 112
Zum Lesen Erfolgreiche Messebeteiligung 114

KAPITEL 9 **Import-Export**
9.1 Allgemeine
Geschäftsbedingungen 116
9.2 Unser Angebot zu Ihrer
Anfrage 119
9.3 Wir danken für Ihre
Bestellung! 122
9.4 Wo bleibt die Ware? 124
9.5 Wir müssen Ihre Lieferung
reklamieren 126
Zum Lesen Qualität Made in Germany 129
Der Umweltschutz 130

KAPITEL 10 **Ich möchte in Deutschland arbeiten**
10.1 Wie stehen meine Chancen? 132
10.2 Das deutsche Bildungswesen 134
10.3 Ein Fragebogen zur
Selbsteinschätzung 136
10.4 Ein Blick in die
Stellenangebote 138
10.5 Die schriftliche Bewerbung 140
10.6 Das Vorstellungsgespräch 144
Zum Lesen Chancengleichheit für Frauen 146
Mitbestimmung im Betrieb 147

Informationen für Partner A 148
Informationen für Partner B 156
Hörtexte 165
Grammatikübersicht 185
Antwortschlüssel zu den Übungen 199
Alphabetische Wortliste 202

Syllabus

Lektion   Thema/Sprechhandlung   Grammatik/Lexik

Lektion	Thema/Sprechhandlung	Grammatik/Lexik
1.1	Einen Besucher begrüßen Sich unterhalten	Begrüßung, Anrede Frageformen, Identifizierung von Zeitformen (Präsens, Perf./Prät.)
1.2	Eine Erfrischung anbieten Um Hilfe bitten	Beim Anbieten: *Möchten Sie?* Bestimmter/unbestimmter Artikel, Negation (Nominativ, Akkusativ) *kann/darf ich?, können/könnten Sie? + Infinitiv*
1.3	Sich und andere vorstellen Informationen zur Person erfragen	Weibliche Berufsbezeichnungen: *die Sekretärin, die Leiterin* Weglassen des Artikels bei Berufsbezeichnungen Das Alphabet; Telefonnummern Possessivpronomen: *mein, sein, ihr* etc.
1.4	Das Tagesprogramm erklären	Uhrzeit: *um 14.00 Uhr*, Zeitadverbien: *zuerst, dann* Wortstellung in Hauptsätzen: Stellung des Verbs Trennbare Verben: *stattfinden, teilnehmen* etc.
1.5	Eine Betriebsführung	Namen der Abteilungen Ortsangaben: *Hier nebenan ist der Einkauf.* Prädikative Adjektive: *Das ist interessant/modern.*
2.1	Unternehmen und Produkte	Pluralbildung bei Nomen Relativsätze (Nominativ): *Das ist eine Firma, die ...*
2.2	Branchen und Unternehmensformen	Namen von Produktions- und Dienstleistungsbereichen Adjektive + unbestimmter Artikel (Nominativ): *ein großer Konzern* Präpositionen: *in* + Dativ: *im Bereich (Luft- und Raumfahrt)*
2.3	Unternehmensgröße und -leistung	Zahlen über 1000; Dezimalzahlen; Jahresangaben: *im Jahre 1992* Komparation des Adjektivs: *niedrig/niedriger, hoch/höher (als)* Perfekt (1): *Der Umsatz ist 1990 gestiegen/gefallen.* Der bestimmte Artikel im Genitiv
2.4	Unternehmensstruktur	Themenbezogene Lexik: *Tochtergesellschaft, Muttergesellschaft* etc. Der Gebrauch des Artikels bei Länderbezeichnungen
2.5	Ein Unternehmen vorstellen	Vergangenheit in Präsens-Zeitform: *Die Firma existiert seit 1949.* Infinitiv mit *zu* nach bestimmten Verben (1): *Wir planen, unsere Märkte in ... weiterzuentwickeln.*
3.1	Einladungen aussprechen, annehmen, ablehnen, Termine vereinbaren, Restaurants empfehlen	Konjunktiv von *sein, haben, werden: Das wäre schön.* Adjektivendungen nach bestimmten/unbestimmten Artikeln (Nominativ): *das chinesische/ein chinesisches Restaurant* Zeitangaben, Wochentage: *am Mittwoch* Wortstellung: temporale, modale und lokale Angaben
3.2	Im Restaurant: Ein Gericht wählen, bestellen und bezahlen	Verben mit indirektem (Dativ) und direktem Objekt (Akkusativ) Verben mit Dativobjekt: *passen/helfen* etc. + Dativ
3.3	Über Familie und zu Hause sprechen	Themenbezogene Lexik: Teile einer Stadt, Haustypen, Zimmer, einer Wohnung, Verwandtschaftsbeziehungen
3.4	Über Freizeit sprechen Entwicklungen beschreiben: Ausgaben für die Freizeit	*Interessieren Sie sich für (Musik)? Gehen Sie gern ins Kino?* Das Futur (Zukunft) mit *werden*
3.5	Über Ferien/Urlaub sprechen	Das Perfekt (2) mit den Hilfsverben *sein* und *haben*
3.6	Sich über Dinge informieren, die man in einer Großstadt sehen und erleben kann	Das Passiv (1): *wurde erbaut/eröffnet/gegründet* Mit *wenn* und *weil* eingeleitete Bedingungssätze Modalverben *könn(t)en, sollen, müssen* bei Vorschlägen

Lektion	Thema/Sprechhandlung	Grammatik/Lexik
4.1	Aufbau und Aufgaben verschiedener Abteilungen	*Die Hauptbereiche sind: Vertrieb, Produktion ...* *Der Außendienst betreut die Kunden.* Berufsbezeichnungen: *Buchhalter/in, Elektriker/in* etc.
4.2	Arbeitszeit und Bezahlung	Zeitangaben: *am Freitag/freitags* Komparativ/Superlativ von regelmäßigen/unregelmäßigen Adjektiven
4.3	Den Weg innerhalb eines Gebäudes beschreiben	Präpositionen: *neben/hinter/gegenüber* etc. + Dativ; *in* + Akkusativ/Dativ Weglassen des Infinitivs nach Modalverben
4.4	Verantwortungsbereiche im Beruf beschreiben	*für etwas verantwortlich/zuständig sein* Reflexive Verben: *sich befassen mit, sich kümmern um* Bildung von Fragewörtern: *wofür, worum* Zeitangaben: *jeden Tag/einmal im Monat, manchmal, oft* etc.
4.5	Teile der Büroausstattung und ihre Funktionsweise beschreiben	Der Imperativ eines Verbs Themenbezogene Lexik: *ein-/ausschalten, Starttaste drücken* etc.
4.6	Über die Einstellung zur Arbeit sprechen	Ausdrücken von Vorlieben/Abneigungen durch ein Verb + *(nicht) gern*, *mögen, gefallen* + Dativ / Adjektive für persönliche Eigenschaften

Lektion	Thema/Sprechhandlung	Grammatik/Lexik
5.1	Ins Ausland telefonieren	Themenbezogene Lexik: *Vorwahl, Rufnummer, Teilnehmer* etc.
5.2	Den richtigen Gesprächspartner erreichen, einen Rückruf vereinbaren	Endungen von schwachen Nomen: *Kann ich Herrn Schuster sprechen?* Indirekte Fragen: *Können Sie mir sagen, wann er wieder da ist?* *Wissen Sie, ob er morgen wieder im Büro ist?* Zeitangaben: *Er ist übermorgen wieder da.*
5.3	Sein Anliegen vortragen und herausfinden, mit wem man sprechen muß Namen und Adressen buchstabieren	*Es geht um / Ich rufe an wegen ...* *Mit wem kann ich darüber sprechen?/ Wer ist dafür zuständig?* Das deutsche Telefonalphabet
5.4	Nachrichten hinterlassen und verstehen	Indirekte Aussagen: *Sagen Sie Herrn ..., daß ich angerufen habe.*

Lektion	Thema/Sprechhandlung	Grammatik/Lexik
6.1	Hotelempfehlungen anfordern	Themenbezogene Lexik: *Preiskategorie, Lage, Zimmeranzahl, Tagungsräume* etc.
6.2	Hotelbeschreibungen verstehen	Endungen von Adjektiven im Dativ (mit und ohne vorangestelltes Bestimmungswort): *in guter Nachbarschaft zum neuen Hauptbahnhof* Das Passiv (2)
6.3	Preise für Konferenzeinrichtungen vergleichen	Themenbezogene Lexik: *Konferenzpauschale, Tagungstechnik, Raumangebot, Bestuhlung, Menüpreise* etc. Komparation des Adjektivs
6.4	Verabredungen treffen und ändern, Gründe angeben	Ordinalzahlen, Datum Angaben von Gründen durch *weil, da, denn, nämlich*
6.5	Hotelreservierungen vornehmen und ändern	Präposition *anstatt* + Genitiv: *Ich brauche zwei Einzelzimmer anstatt eines Doppelzimmers.*

Lektion	Thema/Sprechhandlung	Grammatik/Lexik
7.1	Sich auf dem Flughafen zurechtfinden	Zeitangaben: *Züge fahren stündlich/alle 60 Minuten* Themenbezogene Lexik: *Gepäckausgabe, Informationsschalter* etc.
7.2	Zugzeiten herausfinden, Fahrkarten kaufen Lautsprecherdurchsagen	Verwandte Vokabeln: *einfach/hin und zurück, 1./2. Klasse, IC-Zuschlag, Großraum-, Nichtraucherwagen* etc. *Auf Gleis 4 bitte einsteigen.*
7.3	Zu Fuß oder mit öffentlichen Nahverkehrsmitteln unterwegs sein	Präpositionen: *nach/zum/zur/zu den* + Ortsangaben *Wie komme ich am besten zum Hotel ... ? Gehen Sie hier (rechts) raus, die ... Straße entlang ...*
7.4	Wegbeschreibungen für Autofahrten verstehen	Themenbezogene Lexik: *Ausfahrt, Spur, Ampel, Einbahnstraße* etc. Infinitive bei schriftl. Anweisungen, Imperative bei mündl. Hinweisen

Lektion   Thema/Sprechhandlung   Grammatik/Lexik

Lektion	Thema/Sprechhandlung	Grammatik/Lexik
8.1	Kennenlernen deutscher Handelsmessen Ziele und Absichten formulieren	Präteritum von starken und schwachen Verben Infinitiv + *zu* (2): *Wir hoffen, deutsche Vertreter zu finden.* *um ... zu: Wir sind hier, um Aufträge zu bekommen.*
8.2	Mit Besuchern am Messestand umgehen	*Ich sehe, Sie interessieren sich für unsere ... Darf ich Ihnen unseren Katalog mitgeben? Ich vereinbare gern einen Termin für Sie. Der Katalogpreis ist ... Unsere Zahlungsbedingungen sind ...*
8.3	Produkte beschreiben	Themenbezogene Lexik: *Größe, Gewicht, Material, Farben, Zubehör; geeignet für* Adjektive zur Beschreibung eines Produkts: *pflegeleicht, leistungsstark* etc.
8.4	Produkte vergleichen und empfehlen	Lexik im Zusammenhang mit Computerdruckern: *Druckgeschwindigkeit, Schriften, Geräuschpegel, Betriebskosten* etc. Vergleiche: *Nur der ... bietet ... , Ein Vorteil des ...*
8.5	Messekontakte schriftlich weiterverfolgen	Briefe an potentielle Kunden verfassen Gestaltung eines Geschäftsbriefs, Standardsätze für Handelskorrespondenz
9.1	Die allgemeinen Geschäfts- und Handelsbedingungen eines Unternehmens verstehen	Das Passiv bei Modalverben: *Telefonische Bestellungen müssen schriftlich bestätigt werden.* Ausdrücken einer Verpflichtung mit *sein* + Infinitiv: *Mängel sind innerhalb von 10 Tagen anzuzeigen.*
9.2	Auf Anfragen und Anforderungen von Angeboten schriftlich und telefonisch reagieren	Themenbezogene Lexik: *Stückpreis, Mengenrabatt, Zahlungsfrist* etc. *Können Sie mir ein schriftliches Angebot machen? Gerne unterbreiten wir Ihnen folgendes Angebot: ...*
9.3	Angebote verfolgen, Preise aushandeln, schriftliche Bestellungen kontrollieren/bestätigen	*Ich rufe an wegen unseres Angebots über ... Können Sie uns beim Preis etwas entgegenkommen? Wir bedanken uns für Ihren Auftrag vom ...*
9.4	Herausfinden, warum Waren noch nicht eingetroffen sind	*Die Lastwagen haben Verspätung wegen des schlechten Wetters. Die Sendung wurde aus Versehen an den falschen Empfänger geliefert.*
9.5	Mit Beschwerden umgehen und mündlich/schriftlich bestätigen, welche Maßnahmen getroffen werden	*Ich muß leider Ihre letzte Lieferung reklamieren. Sie haben zuviel/zuwenig geliefert/die falsche Ware geschickt. Die Ware ist defekt/beschädigt/entspricht nicht unserem Muster. Wir schicken Ihnen kostenlos eine Ersatzlieferung zu.*
10.1	Wege, in Deutschland einen Arbeitsplatz zu finden	Themenbezogene Lexik: *Arbeitsamt, Industrie- und Handelskammer, Zeitarbeitsbüro, Stellenangebot, Stellenvermittlung* etc.
10.2	Das deutsche Bildungs- und Ausbildungssystem	Bezeichnungen von Bildungseinrichtungen und Qualifikationen *Eine deutsche Gesamtschule ist mit unserer ... zu vergleichen.*
10.3	Ein Fragebogen zur Selbsteinschätzung	Lexik zur Beschreibung eigener Qualifikationen, Berufserfahrung und Stärken: *Ich bin ausgebildet als ... Ich habe Erfahrung in ... Ich kann mit anderen Menschen umgehen* etc.
10.4	Stellenanzeigen verstehen	Lexik bezogen auf Anforderungen des Arbeitgebers, Aufgaben, Vergütung und Sonderleistungen
10.5	Sich bewerben: Lebenslauf und Bewerbungsbrief schreiben	Form eines Lebenslaufs; Standardsätze im Bewerbungsbrief Perfekt und Präteritum
10.6	Sich auf ein Vorstellungsgespräch vorbereiten	Grundsätzliche Interviewtechniken Indirekte Fragen: *Können Sie mir sagen, wie lang die Probezeit ist?*

▼ *Der Zeitglockenturm, Bern*

▲ *Das Reichstagsgebäude, Berlin*

*Das Schloß
Schönbrunn, Wien* ►

Wie viele der folgenden Fragen
können Sie beantworten, ohne
im Informationskasten oder auf der
Landkarte nachzuschauen?

1 Wie viele Nachbarländer hat Deutschland?
2 Welcher Fluß bildet die Grenze zwischen Deutschland und Polen?
3 Wie heißt die Hauptstadt von Deutschland? Von Österreich? Von der Schweiz?
4 Wie viele Einwohner hat Deutschland? Österreich? Die Schweiz?
5 An welchen zwei Meeren liegt Deutschland?
6 Welche Bundesländer liegen am Meer?
7 Welche deutschen Städte sind gleichzeitig Bundesländer?
8 Liegt Bayern in Süddeutschland oder Mitteldeutschland?
9 Welches Bundesland liegt westlich von Bayern an der Grenze zu Frankreich?
10 Von welchem Bundesland ist Wiesbaden die Hauptstadt?
11 An welchem Fluß liegt Köln?
12 In welche Richtung fließt die Donau: Von Süden nach Norden oder von Westen nach Osten?

Daten	**Bundesrepublik Deutschland**	**Österreich**	**die Schweiz**
Einwohner	ca. 80 Millionen	ca. 8 Millionen	ca. 7 Millionen
Fläche	357.000 km²	83.855 km²	41.285 km²
Hauptstadt	Berlin	Wien	Bern
Längster Fluß	der Rhein	die Donau	der Rhein
Höchster Berg	die Zugspitze	der Großglockner	die Dufourspitze
Größter Binnensee	der Bodensee	der Neusiedler See	der Genfer See

Berlin   Hauptstadt eines Staates
Stuttgart   Landeshauptstadt
└┴┴┴┴┘   Kanal

1 Herzlich willkommen!

In dieser Lektion lernen Sie, wie man
- einen Besucher empfängt,
- Erfrischungen und Hilfe anbietet,
- sich und andere vorstellt,
- das Besuchsprogramm erklärt,
- jemandem den Betrieb zeigt.

Sie lernen auch etwas über deutsche Sitten und Werte.

1.1 Sind Sie Herr Becker?

A **1** Hören Sie sich zwei Gespräche an. Welches Gespräch paßt zu welchem Bild?

„Schön, Sie wiederzusehen."

„Guten Morgen, Frau Brett."

2 Hören Sie noch einmal zu. Was ist hier richtig, falsch oder nicht bekannt?

Dialog 1
1 Anna Brett kennt Herrn Becker schon.
2 Sie ist von der Firma Norco.
3 Sie treffen sich abends.
4 Anna Brett ist verheiratet.

Dialog 2
1 Herr Dr. Hoffmann hat einen Termin bei Ulla Andersen.
2 Sie treffen sich vormittags.
3 Sie treffen sich zum ersten Mal.

3 Beantworten Sie folgende Fragen.

1 Wann sagt man *Guten Morgen/Tag/Abend*?
2 Wie begrüßt man jemanden in einer Geschäftssituation?
3 Wann geben sich die Deutschen die Hand?

B Stellen Sie sich anderen Kursteilnehmern vor.

Begrüßungen ...		... und Verabschiedungen	
Guten Morgen	– bis etwa 10.00 oder 11.00 Uhr	Gute Nacht	– zur Schlafenszeit
Guten Tag	– den ganzen Tag bis etwa 18.00 Uhr	(Auf) Wiedersehen	– zu jeder Zeit
Hallo!	– den ganzen Tag (*umgangssprachlich*)	(Auf) Wiederschauen	– zu jeder Zeit in Süddeutschland und Österreich
Grüß Gott	– den ganzen Tag in Süddeutschland und Österreich	Tschüs	– zu jeder Zeit (*umgangssprachlich*)
Guten Abend	– etwa ab 18.00 Uhr		

C Wenn man sich in einer Geschäftssituation zum ersten Mal trifft, worüber spricht man?

a) Sport b) das Wetter c) Politik d) das Hotel e) Einkommen
f) die Reise g) die Heimat h) die Arbeit i) den Urlaub j) Städte, die man kennt
k) etwas anderes (Was?)

D **1** Frau Brett und Herr Becker unterhalten sich während der Autofahrt vom Flughafen.
Worüber sprechen sie? Wählen Sie von den Themen in **C**.

2 Hören Sie noch einmal zu. Wie beantwortet Herr Becker diese Fragen?
NB Eine Frage ist nicht im Hörtext. Welche?

1 Wie war die Reise?

a) Ganz gut, danke. Wir hatten nur fünf Minuten Verspätung.
b) Sehr gut, danke. Wir sind pünktlich gelandet.

2 Haben Sie gut zu uns gefunden?

a) Nein, ich hatte Probleme, das Büro zu finden.
b) Ja, danke, ohne Probleme.

3 Wie ist das Wetter in Deutschland?

a) Wir hatten schlechtes Wetter.
b) Heute morgen schien die Sonne.

4 Ist es Ihr erster Besuch hier?

a) Ja, ich bin zum ersten Mal hier.
b) Nein, letztes Jahr war ich zwei Wochen hier im Urlaub.

5 Wie hat es Ihnen hier gefallen?

a) Prima!
b) Ach, nicht besonders.

6 Woher kommen Sie in Deutschland?

a) Aus Hamburg.
b) Aus Regensburg in Bayern.

7 Das ist eine schöne Stadt, nicht wahr?

a) Ja, das stimmt.
b) Ja, aber nur für Touristen.

3 Wie reagiert Frau Brett auf Herrn Beckers Antworten? Wählen Sie von diesen Ausdrücken.

Aha. / Ach so! / Sehr gut! / Ach, schade! / Das ist gut. / Na so was! / Es tut mir leid.

SPRACHARBEIT

Lesen Sie die Fragen und Antworten in **D** noch einmal. Die Verben stehen in drei
verschiedenen Zeitformen: **Präsens, Präteritum (Imperfekt)** und **Perfekt.** Kreisen Sie alle
Verbformen im Präteritum ein. Unterstreichen Sie alle Verbformen im Perfekt. Beschäftigen
Sie sich nicht zu sehr damit, wie sie gebildet werden. Sie werden noch viele Möglichkeiten
haben, diese Zeitformen zu üben. ▶ 6.6 - 6.9

E **1** Benutzen Sie die Alternativantworten in **D** und üben Sie ähnliche Dialoge.

2 Bilden Sie Ihren eigenen Dialog mit Hilfe der Stichwörter.

Büro leicht gefunden?	▶ Ja/kein Problem/Stadtplan
einen guten Flug?	▶ schrecklich/drei Stunden Verspätung
Ach, ... / Warum?	▶ schlechtes Wetter
Wie/Hotel?	▶ sehr gut/zentrale Lage
oft geschäftlich hier?	▶ Ja/viele Kunden in ...
Wann/das letzte Mal hier?	▶ vor vier Wochen
Gefällt/unsere Stadt?	▶ Ja/interessant/Leute freundlich

F Sie empfangen eine/n deutschsprechende/n Besucher/in.
Partner A benutzt Datenblatt A1, S. 148.
Partner B benutzt Datenblatt B1, S. 156.

1.2 Tee oder Kaffee ?

A **1** Frau Brett und Herr Becker kommen bei Norco an. Sehen Sie sich die Bilder an. Können Sie raten, was Frau Brett zu Herrn Becker sagt?

2 Hören Sie sich ihr Gespräch an. Was ist richtig? Was ist falsch?

1 Herr Olson kommt in fünfzehn Minuten.
2 Frau Brett sagt: „Möchten Sie so lange hier Platz nehmen?"
3 Sie nimmt Herrn Beckers Koffer.
4 Herr Becker trinkt eine Tasse Tee mit Milch und Zucker.

B Mit Hilfe der Sprachmuster bieten Sie einem/einer Firmenbesucher/in folgende Erfrischungen an. Möchte er/sie Tee oder Kaffee? Wenn ja, wie? Fragen Sie!

| einen Kaffee | eine Tasse Tee | ein Mineralwasser | eine Cola |
| einen Orangensaft | ein Glas Apfelsaft | Kekse | |

Möchten Sie | einen Kaffee/Tee?
eine Cola?

Möchten Sie etwas trinken? Tee oder Kaffee?
Was möchten Sie trinken? Mineralwasser?

Nein danke.
(Ich trinke keine Cola.)
(Ich habe keinen Durst.)

Ja | bitte.
gerne.

Ich | möchte | einen Kaffee.
nehme | eine Tasse Tee.
trinke | ein Mineralwasser.

Wie trinken Sie | den Kaffee? Mit Milch und Zucker?
den Tee?   Mit Zitrone?

Mit Milch, aber ohne Zucker. / Schwarz.

So, hier ist der Kaffee/die Cola/das Mineralwasser.
Möchten Sie auch Kekse?

SPRACHARBEIT

Vor einem **Nomen** steht normalerweise ein **bestimmter Artikel** (*der/die/das*), ein **unbestimmter** oder **verneinender Artikel** [*(k)ein/(k)eine*] oder ein **anderes Bestimmungswort**, zum Beispiel *dieser/diese/dieses*. Das Bestimmungswort zeigt die Funktion des Nomens im Satz an. Die Form des Bestimmungswortes richtet sich nach dem **Genus** (Maskulinum, Femininum, Neutrum), dem **Numerus** (Singular, Plural) und nach dem **Kasus** (Nominativ, Genitiv, Dativ, Akkusativ) des folgenden Nomens. Unterstreichen Sie alle Bestimmungswörter in **B**. Können Sie Genus und Kasus der folgenden Nomen identifizieren?

▶ 3.3, 3.4

C Herr Becker braucht Frau Bretts Hilfe. Wie reagiert sie auf seine Bitten?

1 Könnte ich nach Deutschland faxen?
   a) Aber selbstverständlich!
   b) Es tut mir leid, wir haben kein Fax.

2 Kann ich bitte etwas fotokopieren?
   a) Aber gerne. Ich helfe Ihnen.
   b) Das ist leider nicht möglich. Der Fotokopierer ist im Moment kaputt.

3 Darf man hier rauchen?
   a) Natürlich! Hier ist ein Aschenbecher.
   b) Das geht leider nicht. Das ist hier nicht erlaubt.

4 Wo ist die Toilette?
   a) Kommen Sie mit. Ich zeige es Ihnen.
   b) Dort in der Ecke.

5 Könnten Sie mir Ihren neuen Prospekt zeigen?
   a) Der neue Prospekt ist leider noch nicht fertig.
   b) Einen Moment, bitte. Ich hole einen.

SPRACHARBEIT

1 Um jemanden zu fragen, ob Sie etwas haben oder tun können, können Sie
verwenden: *Kann ich ... ?* oder *Darf ich ... ?* (Formen der Verben *können* und *dürfen*).
Um jemanden um Hilfe zu bitten, können Sie fragen: *Können Sie ... ?*
Noch höflicher ist es zu fragen: *Könnte ich ... ?* oder *Könnten Sie ... ?*

2 *können* und *dürfen* sind **Modalverben**. Ihnen folgt meistens ein zweites
Verb im **Infinitiv**.
Was fällt Ihnen an der Stellung des Infinitivs im Satz auf?
Kennen Sie andere Modalverben?
    ▶ 6.4

D PARTNER A: Formulieren Sie Bitten mit Hilfe der Stichwörter unten.
PARTNER B: Reagieren Sie auf die Bitten Ihres Partners.

1 mir etwas Papier geben?
2 nach Deutschland anrufen?
3 Wo/der Fotokopierer?
4 ein Taxi für mich rufen?

5 Wo/meinen Koffer abstellen?
6 ein Fax an meine Firma schicken?
7 einen Taschenrechner haben?
8 mir etwas über die Firma erzählen?

der Fotokopierer ▶

◀ *das Telefaxgerät*

▼ *der Taschenrechner*

E Sie betreuen eine/n deutschsprechende/n Besucher/in.
PARTNER A benutzt Datenblatt A2, S. 148.
PARTNER B benutzt Datenblatt B2, S. 156.

1.3   Darf ich vorstellen?

A   **1**   Können Sie diese Funktionsbezeichnungen raten?

Leiter Marketing	Exportleiter	Leiter Qualitätssicherung

Produktionsleiter	Leiter Finanz- und Rechnungswesen	Personalleiter

2   Sprechen Sie die Wörter nach.

B   **1**   Frau Brett stellt Herrn Becker ihren Arbeitskollegen vor.
Was ist ihre Stellung im Betrieb? Ordnen Sie zu.

1   Herr Olson   a)   technischer Leiter
2   Frau Brett   b)   Leiterin Vertrieb und Marketing
3   Frau Scheiber   c)   Werksleiter
4   Herr Doil   d)   Geschäftsführer
5   Herr Boltmann   e)   Chefsekretärin

2   Welche Stellung hat Herr Becker bei Norco?

SPRACHARBEIT

Schauen Sie sich diese Beispiele an.
   Der Leiter – **die** Leiter**in**   der Sekretär – **die** Sekretär**in**
Wie bildet man feminine Berufsbezeichnungen?   ▶ 2.2

C   Sie betreuen eine/n deutschsprechende/n Firmenbesucher/in.
Stellen Sie ihn/sie einigen Kollegen/Kolleginnen vor.
Benutzen Sie die Stellenbezeichnungen aus **A** und **B**.

Herr/Frau [Müller], darf ich vorstellen? Das ist ... der/unser [Geschäftsführer], Herr ... die/unsere [Vertriebsleiterin], Frau ... mein Chef, Herr ... . Er ist [Exportleiter] bei uns. meine Kollegin, Frau ... . Sie ist ...

Wie bitte? Wie war der/Ihr Name (noch mal)?	Sehr angenehm/erfreut. Freut mich (sehr). Guten Morgen/Tag.

Und das ist	Herr [Müller], unser neuer [Vertreter]. Frau [Stein]. Sie ist von der Firma [Lasco].

D   **1**   Sprechen Sie das Alphabet nach.

Aa   **B**e   t**C**e   **D**e   **E**e   e**F**   **G**e   **H**a   **I**i   **J**ot   **K**a   e**L**   e**M**

e**N**   **O**o   **P**e   **Q**u   e**R**   e**S**   **T**e   **U**u   **V**au   **W**e   i**X**   **Y**psilon   **Z**ett

Ä = A-Umlaut   **Ö** = O-Umlaut   **Ü** = U-Umlaut   **ß** = EsZett

2   Buchstabieren Sie Ihrem Partner Ihren Namen und den Namen von einem Bekannten
bzw. Familienangehörigen. Hat Ihr Partner die Namen richtig geschrieben?

E Die meisten Geschäftsleute haben eine Karte, die sie bei der Vorstellung überreichen. Lesen Sie die Visitenkarten unten. Welche Informationen geben sie? Zum Beispiel: Name, Stellung im Betrieb, Beruf ...

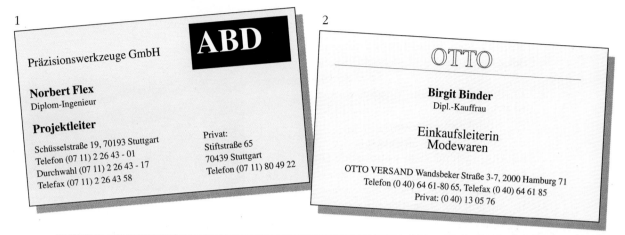

1
Präzisionswerkzeuge GmbH   **ABD**

Norbert Flex
Diplom-Ingenieur

Projektleiter

Schüsselstraße 19, 70193 Stuttgart   Privat:
Telefon (07 11) 2 26 43 - 01   Stiftstraße 65
Durchwahl (07 11) 2 26 43 - 17   70439 Stuttgart
Telefax (07 11) 2 26 43 58   Telefon (07 11) 80 49 22

2
OTTO

Birgit Binder
Dipl.-Kauffrau

Einkaufsleiterin
Modewaren

OTTO VERSAND Wandsbeker Straße 3-7, 2000 Hamburg 71
Telefon (0 40) 64 61-80 65, Telefax (0 40) 64 61 85
Privat: (0 40) 13 05 76

SPRACHARBEIT

Schauen Sie sich diese Beispiele an.
   Herr Olson ist (der) Geschäftsführer bei Norco.
   Herr Flex ist Diplom-Ingenieur. Er ist Projektleiter bei der Firma ABD.
Wie lauten die Regeln für die Verwendung von Artikeln bei Berufsbezeichnungen?   ▶ 3.6

F **1** Stellen und beantworten Sie Fragen über die Kartenbesitzer oben, z.B.:

   Wie ist sein/ihr Name? / Wie heißt er/sie (mit Nachnamen)?
   Bei welcher Firma ist/arbeitet er/sie?
   Was ist seine/ihre Stellung/Position im Betrieb?
   Was ist er/sie von Beruf?
   Wo ist der Sitz der Firma? / Was ist die Adresse der Firma?
   Was ist die/seine/ihre Telefonnummer/Büronummer/Durchwahlnummer/Faxnummer?
   Was ist seine/ihre Privatadresse/Privatnummer?

Wenn Sie die Antwort nicht verstehen, sagen Sie z.B.:

   Es tut mir leid, das habe ich nicht verstanden.
   Können Sie das bitte wiederholen/langsamer sagen/buchstabieren?

2 Tauschen Sie Informationen über Mitarbeiter bei anderen Firmen aus.
PARTNER A benutzt Datenblatt A3, S. 148.
PARTNER B benutzt Datenblatt B3, S. 156.

SPRACHARBEIT

Hier sind zwei Beispiele für **Possessivpronomen**.
   Das ist **meine** Chefin.   Wie ist **sein** Name?
Wieviele andere Beispiele können Sie finden?
Warum haben sie verschiedene Endungen?   ▶ 3.8

G Informieren Sie sich über Ihre Nachbarn im Kurs. Fragen Sie z.B.:

   Wie ist Ihr Name?   Sind Sie bei einer Firma?   Was sind Sie von Beruf?
   Woher kommen Sie?   Was ist Ihre Position?

Dann stellen Sie Ihre Nachbarn einander vor. Geben Sie möglichst viele Informationen über sie an.

1.4 Das Programm ist wie folgt ...

A

1 Frau Brett erklärt Herrn Becker das Tages-
programm für seinen Besuch bei der Firma Norco.
Wie ist das Programm organisiert? Numerieren
Sie die Punkte in der richtigen Reihenfolge.
NB Zwei Punkte sind nicht im Programm.

☐ a) Besuch bei einem Kunden
☐ b) Videofilm
☐ c) Produktpräsentation
☐ d) Abendessen im Restaurant
☐ e) Gespräch mit dem technischen Leiter
☐ f) Betriebsbesichtigung
☐ g) Mittagessen im Lokal
☐ h) Sitzung der Marketing-Gruppe

„Zuerst sehen Sie einen Videofilm."

2 Hören Sie noch einmal zu. Welche Satzteile passen zueinander?

1	Zuerst	a) essen wir zu Mittag im Lokal.
2	Dann um 11.00 Uhr	b) nehmen Sie an einer Sitzung der Marketing-Gruppe teil.
3	Um 12.30 Uhr	c) haben Sie ein Gespräch mit dem technischen Leiter.
4	Um 14.00 Uhr	d) findet eine Betriebsbesichtigung statt.
5	Um 15.30 Uhr	e) gibt es Abendessen in einem Restaurant.
6	Abschließend	f) sehen Sie einen kurzen Videofilm über die Firma.

SPRACHARBEIT

1 Die 24-Stunden-Uhr wird für alle formellen und offiziellen Anlässe, z.B. für
Abfahrtzeiten von Zügen, für Konferenzprogramme etc. verwendet. Im alltäglichen
Gebrauch verwenden die Leute normalerweise die 12-Stunden-Uhr.   ▶ 9.1
2 Schauen Sie sich diese Satzpaare an. Was fällt Ihnen an der Stellung des **Prädikats**
und des **Subjekts** im Satz auf?
    Sie sehen zuerst einen kurzen Videofilm.
    Zuerst **sehen Sie** einen kurzen Videofilm.
    Sie haben ein Gespräch mit dem technischen Leiter um 14.00 Uhr.
    Um 14.00 Uhr **haben Sie** ein Gespräch mit dem technischen Leiter.   ▶ 7.2
3 Im Deutschen bestehen viele Verben aus zwei Teilen. Man nennt sie trennbare Verben.
Schauen Sie sich diese Beispiele an. Was geschieht mit jedem Teil des Verbs?
    Um 11.00 Uhr **findet** eine Betriebsbesichtigung **statt**. (stattfinden)
    Sie **nehmen** an einer Sitzung der Marketinggruppe **teil**. (teilnehmen)
    Kennen Sie noch andere trennbare Verben?   ▶ 6.5

B PARTNER A: Sie sind Frau Brett. Erklären Sie Herrn Becker das Programm.
PARTNER B: Sie sind Herr Becker. Stellen Sie Fragen über das Programm, z.B.:

(Entschuldigung,) was │ machen wir │ zuerst?
               │ mache ich │ um 11.00 Uhr?

(Wie bitte,) wann │ findet die Betriebsbesichtigung statt?
             │ sehen wir den Videofilm?

Mit wem │ spreche ich?
       │ habe ich ein Gespräch?

Wo essen wir │ zu Mittag?
           │ zu Abend?

C Lesen Sie das Seminar-Programm. Beantworten Sie die Fragen.
(Wörter, die Sie nicht verstehen, finden Sie im Glossar.)

Die japanische Produktion

Programm

9.30	Anmeldung und Kaffee
9.45	Begrüßung (Dr. Jens Kovac, Handelskammer Bonn)
10.00	Lean Production, Konzepte und Lösungen (Dipl.-Ing. Udo Krämer, Nashiba Corp.)
11.00	Kaffee
11.15	Systemintegration – Traum oder Alptraum? (Prof. Inge Strohmeyer, Technische Hochschule, Darmstadt)
12.30	Mittagessen
13.30	Videofilm: Toyota in Europa
14.00	Zertifizierte Qualitätssicherung nach ISO 9000 (Dr. Reinhold Gurgl, Deutsches Institut für Normung, Berlin)
15.00	Tee
15.15	Qualitätskreise in der Produktion – Gruppendiskussion (moderiert von Dr. Helga Walter, Henssler GmbH, Augsburg)
16.30	Die Robotik der kommenden Jahre (Dr. Joachim Stern, Humboldt Universität, Berlin)
17.15	Abschluß

1 Worüber ist das Seminar?
2 Wann fängt das Seminar an? Wann hört es auf?
3 Wie viele Referenten gibt es?
4 Wann ist das Referat über Systemintegration?
5 Wie lange dauert der Videofilm?
6 Wann findet die Gruppendiskussion statt?
7 Worüber ist das Referat von Udo Krämer?
8 Worüber spricht Dr. Reinhold Gurgl?
9 Von welcher Organisation ist Dr. Gurgl?
10 Wer spricht um 16.30 Uhr?

D **1** PARTNER A: Sie organisieren das Seminar. Erklären Sie einem/einer Teilnehmer/in das Programm mit Hilfe dieser Ausdrücke.

> Das Seminar ist über ... / Das Seminar hat den Titel ...
> Das Seminar fängt um ... an. / Die Anmeldung ist um ...
> Dann folgt die Begrüßung durch ...
> Danach gibt es ein Referat über ... von ...
> Um ... Uhr spricht ... zum Thema ...
> Um ... Uhr gibt es Mittagessen/eine Kaffeepause.

PARTNER B: Schließen Sie Ihr Lehrbuch. Hören Sie Ihrem Partner zu.
Wenn Sie etwas nicht verstehen, fragen Sie z.B.:

> Entschuldigung, worüber ist das Referat?
> Was sagten Sie, wer spricht um 15.15 Uhr?

2 PARTNER A: Sie haben folgendes Problem: Ein Referent, Udo Krämer, fällt aus.
Ein anderer Sprecher, Dr. Rudolf Baum von der Handelskammer Hamburg, ist bereit,
über das Thema „Die Null-Fehler-Produktion" zu sprechen. (Dauer 60 Minuten.)
Er kann aber erst nach 13.30 Uhr kommen.
Organisieren Sie das Programm neu und erklären Sie es einem Teilnehmer.

PARTNER B: Hören Sie Ihrem Partner zu, stellen Sie eventuell Fragen
und notieren Sie das neue Programm.

E Ein potentieller Großkunde möchte Ihre Firma besuchen, bevor er bei Ihnen bestellt.
Er möchte den Geschäftsführer kennenlernen, die Produktionsanlage besichtigen und
sich über die Qualitätssysteme informieren. Er möchte auch einen Ihrer etablierten Kunden
besuchen. Außerdem spielt er gern Golf!
Stellen Sie ein Programm für seinen Besuch zusammen und erklären es ihm.

1.5 Eine Betriebsbesichtigung

A   Sehen Sie sich den Plan von Norco und die Bilder an.
Wie heißen in Ihrer Sprache die Abteilungen bzw. Gebäude?

▲ *Vertrieb und Marketing*

▲ *das Konstruktionsbüro*

▲ *die Arbeitsvorbereitung*

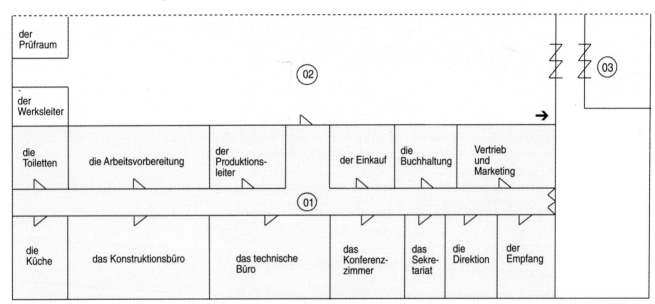

Legende
01   das Verwaltungsgebäude
02   die Fertigungshalle
03   das Lager

▼ *die Fertigungshalle*

▼ *das Lager*

◀ *der Wareneingang*

B

1 Frau Brett und Herr Boltmann zeigen Herrn Becker die Firma Norco.
Welche Abteilungen bzw. Gebäude besuchen sie? Folgen Sie auf dem Plan.

2 Welche Abteilung bzw. welches Gebäude ist das?

1 „Hier koordinieren wir die Arbeit unserer Vertreter."
2 „Hier machen wir die Kontenführung."
3 „Hier kaufen wir das Material für die Fertigung ein."
4 „Hier entwerfen wir Designs für neue Modelle."
5 „Hier planen wir die Produktion für die kommenden Wochen."
6 „Hier fertigen wir die Produkte an."
7 „Dort testen wir unsere Produkte."
8 „Dort lagern wir die Fertigprodukte."

C Mit Hilfe der Sprachmuster und der Sätze in **B** führen Sie eine/n Besucher/in
durch die Firma Norco.

Hier/Das ist der Empfang/die Einkaufsabteilung/das Büro [des Geschäftsführers].
Hier nebenan/Daneben/Gegenüber ist der Einkauf/die Buchhaltung/das Konferenzzimmer.
Hier/Dort (rechts/links) | sehen Sie den Prüfraum/die Küche/das Konstruktionsbüro.
Da drüben (in der Ecke) |
Jetzt gehen wir rechts/links/durch diese Tür in die Fertigungshalle.

▼

Sehr | schön/nett/imposant/beeindruckend/modern/interessant.
Das ist (aber) |
Was für eine Abteilung/ein Zimmer/ein Gebäude ist das?
Was macht man hier/dort?

▼

So, das wäre dann alles. Gehen wir zurück in das Verwaltungsgebäude/mein Büro?

D Stellen und beantworten Sie Fragen über diese Abteilungen
mit Hilfe der Stichwörter unter den Bildern.

Was für eine Abteilung ist das?   Was macht man hier?

der Kundendienst   die Personalabteilung   der Versand   das Ausbildungszentrum

1 Waren/verpacken
und ausliefern

2 Reparaturen/für die
Kunden/ausführen

3 Lehrlinge/ausbilden

4 neue Mitarbeiter/
einstellen

E Zeichnen Sie einen Plan Ihrer Firma/einer imaginären Firma, dann machen Sie eine Betriebsbesichtigung mit einem/einer Besucher/in. Erklären Sie, was die verschiedenen
Abteilungen machen, und beantworten Sie die Fragen Ihres Besuchers/Ihrer Besucherin.

Lesen Sie die folgenden Aussagen über das richtige Benehmen für die Arbeitswelt in Deutschland. Treffen sie auch für Ihr Land zu? Schreiben Sie: *Ja*, *Nein* oder *Es kommt darauf an*.

Verhaltensregeln in geschäftlichen Situationen

1 Man stellt sich mit dem Nachnamen bzw. mit dem Vornamen und Nachnamen vor.

2 In den meisten Firmen sagen die Mitarbeiter „Sie" zueinander und reden sich mit „Herr" oder „Frau" an.

3 Die übliche Anrede für eine unverheiratete Frau ist „Frau", nicht „Fräulein".

4 Es ist üblich, in der Anrede akademische Titel zu benutzen, z.B. „Herr Doktor" oder „Frau Professor".

5 Bei der Begrüßung und beim Verabschieden gibt man sich die Hand.

6 Wenn man einen Besuch in einer Firma plant, muß man einen Termin vereinbaren und bestätigen. Pünktlichkeit ist sehr wichtig.

7 Im Büro bietet man einem Besucher/einer Besucherin Erfrischungen an, aber keinen Alkohol.

8 Wenn man einen Geschäftspartner nicht besonders gut kennt, ist es nicht üblich, Fragen über das Privatleben zu stellen. Man schätzt es, wenn ein Ausländer Interesse an Land und Leuten zeigt.

9 Im Geschäftsleben herrscht normalerweise ein eher ernsthafter Ton und eine gewisse Förmlichkeit. Informelles Verhalten wirkt oft unseriös.

10 In einer Geschäftsbesprechung kommt man schnell zum wichtigen Punkt. Es ist nicht üblich, lange Konversation zu machen.

11 Klar seine Meinung zu sagen ist nicht unhöflich.

12 Privatleben und Geschäftsleben werden klar getrennt. Normalerweise spricht man nicht über geschäftliche Dinge außerhalb des Büros.

13 Es ist nicht üblich, Geschäftspartner oder Kunden zu sich nach Hause einzuladen. Meistens geht man in ein Restaurant.

14 Wenn man eine Einladung bekommt, kommt man genau zur vereinbarten Zeit an und bringt ein Gastgeschenk mit, z.B. Blumen für die Gastgeberin oder eine Flasche Kognak. Man entfernt das Papier, bevor man die Blumen übergibt.

Lesen Sie die Fragen und wählen Sie die richtige Antwort.
Dann kontrollieren Sie Ihre Antworten mit dem Antwortschlüssel.

Quiz

Geschichte und Politik

1 Wann wurde die Bundesrepublik Deutschland
   gegründet?
   a) 1949
   b) 1953
   c) 1989

2 Wer war der erste
   Bundeskanzler der BRD?
   a) Konrad Adenauer
   b) Willy Brandt
   c) Ludwig Erhard

3 Warum ist der 3. Oktober 1990 ein wichtiger Tag in
   der deutschen Geschichte?
   a) Die Berliner Mauer fällt
   b) Honecker, Kohl und Gorbatschow treffen sich zu
      einem Gespräch am „Runden Tisch"
   c) Die DDR tritt der Bundesrepublik bei

4 Wie heißt das deutsche Parlament?
   a) Der Bundesrat
   b) Der Bundestag
   c) Der Nationalrat

5 Welche politische Partei war unter Bundeskanzler
   Helmut Schmidt an der Regierung?
   a) CDU/CSU
   b) FDP
   c) SPD

Wirtschaft

6 Was ist das Ruhrgebiet?
   a) Ein schönes Erholungs-
      gebiet
   b) Ein wichtiges Industrie-
      gebiet
   c) Ein romantisches Seengebiet

7 Wo liegt das deutsche „Silikontal"?
   a) Zwischen Stuttgart und München
   b) Zwischen Hannover und Berlin
   c) Zwischen Dortmund und Düsseldorf

8 Welcher ist der wichtigste Seehafen Deutschlands?
   a) Friedrichshafen
   b) Nürnberg
   c) Hamburg

9 Wo hat die Deutsche
   Bundesbank ihren Sitz?
   a) In Berlin
   b) In Frankfurt am Main
   c) In Bonn

10 In welcher Stadt haben die Autohersteller Mercedes-
   Benz und Porsche ihren Sitz?
   a) Stuttgart
   b) München
   c) Köln

Kultur und Wissenschaft

11 Wer schrieb das Drama „Faust"?
   a) Johann Wolfgang von Goethe
   b) Friedrich Schiller
   c) Bertolt Brecht

12 Wer ist Werner Herzog?
   a) Ein Filmregisseur
   b) Ein Schriftsteller
   c) Ein Maler

13 Wer war Max Planck?
   a) Der Gründer der Max-Planck-Gesellschaft zur
      Förderung der Wissenschaften
   b) Ein bekannter Physiker
   c) Ein klassischer Architekt

14 Wer trainierte die deutsche Fußball-
   Nationalmannschaft für die Weltmeisterschaft
   1990?
   a) Jürgen Klinsmann
   b) Franz Beckenbauer
   c) Berti Vogts

15 Was ist die meistgelesene Tageszeitung in
   Deutschland?
   a) Spiegel
   b) Bild-Zeitung
   c) Frankfurter Allgemeine Zeitung

Allgemeines

16 Was ist der „ADAC"?
   a) Ein Automobilclub
   b) Eine politische Partei
   c) Ein Fußballclub

17 Was ist die höchste Güteklasse für einen deutschen
   Wein?
   a) Eiswein
   b) Spätlese
   c) Qualitätswein

18 Was ist der „Grüne Punkt"?
   a) Ein Abzeichen, das die
      Mitglieder der Grünen
      Partei tragen
   b) Ein Kennzeichen für
      Verpackungen, die man
      recyceln kann
   c) Eine Auszeichnung für
      umweltfreundliches Verhalten

19 Welche Nummer hat die nationale Telefonauskunft
   in Deutschland?
   a) 110
   b) 0 11 88
   c) 112

20 Wie heißt die österreichische Währung?
   a) Die Krone
   b) Der Franken
   c) Der Schilling

2 Rund um die Firma

Am Ende dieser Lektion werden Sie in der Lage sein, Informationen über
- die Produkte eines Betriebes,
- Industriebereiche und Dienstleistungsunternehmen,
- die Höhe des Umsatzes und der Belegschaft eines Unternehmens,
- die Struktur eines Unternehmens und seinen Besitzer einzuholen und selbst zu geben.

Sie werden auch ein Unternehmen vorstellen können. Außerdem werden Sie etwas über die Struktur der deutschen Wirtschaft erfahren.

2.1 Was produziert die Firma?

A **1** Kennen Sie diese Firmen? Sprechen Sie die Namen nach.

Mercedes-Benz

2 Buchstabieren Sie diese Firmennamen.

B **1** Wofür sind diese Firmen bekannt? Ordnen Sie Firmen und Produkte einander zu.

1 Agfa   2 Rosenthal   3 Varta   4 BASF   5 Porsche

a) Porzellan   b) Batterien   c) Tonbänder und Videos
d) Sportwagen   e) Fotofilme

> **SPRACHARBEIT**
>
> Schauen Sie sich noch einmal die Produktbezeichnungen in **B** an. Wieviele Pluralformen finden Sie?   ▶ 2.3

2 Vergleichen Sie Ihre Antworten mit Ihrem Partner.

Kennen Sie den Namen Agfa?   ▶   Agfa? Sie machen (doch) Fotofilme.
Wofür ist Rosenthal bekannt?   ▶   Rosenthal ist (doch) für Porzellan bekannt.

C Mitarbeiter der folgenden Firmen sprechen über ihre Produkte.
Sehen Sie sich die Bilder rechts an und hören Sie zu. Was produzieren die Firmen?

1 Schwarzkopf   2 Grundig   3 Bayer   4 MAN   5 Siemens

Toilettenartikel/Kosmetika

Rasierwasser

Shampoo

Kraftfahrzeuge

Reisebusse

Elektrische Haushaltsgeräte

Kaffeemaschinen

Staubsauger

Arzneimittel/Gesundheit

Schmerzmittel

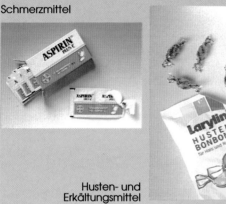

Husten- und
Erkältungsmittel

Unterhaltungselektronik

Stereoanlagen

Fernsehapparate

Informationstechnik

Telefone mit
Anrufbeantworter

D Stellen und beantworten Sie Fragen über die Firmen in **C** und ihre Produkte.

> Was produziert die Firma [Schwarzkopf]?
> Was für Produkte hat [Grundig]?
> Was stellt [Siemens] her?

▶

> [Schwarzkopf] produziert [Toilettenartikel], zum Beispiel ...
> Das ist eine Firma, die [Geräte der Unterhaltungselektronik] herstellt.
> Die Firma stellt [Haushaltsgeräte] her, zum Beispiel ...

SPRACHARBEIT

Schauen Sie die folgenden Sätze an. Sie enthalten einen **Relativsatz**.
  Das ist ein Unternehmen, **das Arzneimittel produziert**.
  Das ist eine Firma, **die Reisebusse herstellt**.
Mit welchen Wörtern beginnen Relativsätze? Warum gibt es verschiedene?
Was geschieht mit dem Verb in einem Relativsatz?
  ▶ 7.6

E **1** Ordnen Sie diese Produkte den Kategorien in **C** zu.

Lieferwagen	Drucker	Hautcreme	Magenmittel	Lastkraftwagen	Haartrockner

Lieferwagen   Drucker   Hautcreme   Magenmittel   Lastkraftwagen   Haartrockner
      Videorecorder   Bügeleisen   CD-Player   Mikrowellengeräte   Vitamine
Motorräder   Zahnpasta   Personalcomputer   Seife   Hustensaft   Parfüm
      Mobilfunktelefone   Kassettenrecorder   Kühlschränke

2 Kennen Sie weitere Produkte in diesen Kategorien?

F Gibt es deutsche Produkte bei Ihnen zu Hause? In Ihrer Firma? In Ihrer Schule?
Was für Produkte und von welchen Firmen? Machen Sie eine Liste, dann vergleichen
Sie Ihre Liste mit anderen Kursteilnehmern.

2.2 Was für eine Firma ist das?

A **1** Die Aktivitäten einer Firma kann man nach Industriebranchen definieren.
Welches Symbol paßt zu welcher Branche?

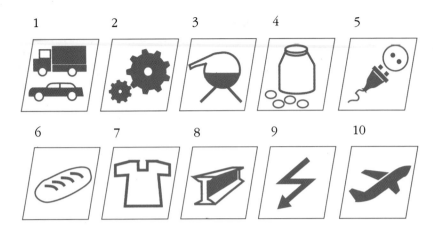

a) die Pharmaindustrie
b) die Stahlindustrie
c) die Energiewirtschaft
d) die chemische Industrie
e) der Maschinen- und Anlagenbau
f) die Elektrotechnik und Elektronik
g) der Automobil- und Kraftfahrzeugbau
h) die Luft- und Raumfahrtindustrie
i) die Textil- und Bekleidungsindustrie
j) die Nahrungsmittelindustrie

2 Nennen Sie einige Produkte, die zu diesen Branchen gehören.

B Fünf Mitarbeiter erklären, in welchen Branchen ihre Firmen tätig sind.
Ordnen Sie die Firmen den Branchen in **A** zu.

1 Thyssen   2 Hoechst   3 Daimler-Benz   4 Mannesmann   5 VEBA

C **1** Vergleichen Sie Ihre Antworten in **B** mit Hilfe der Sprachmuster.

Was für eine Firma ist [Thyssen]?				
In	welcher Branche/welchen Branchen welchem Bereich/welchen Bereichen	ist	[Daimler-Benz] die Firma	tätig? aktiv?

| [Thyssen] ist | ein führender [Stahlhersteller]. ein großer [Chemiekonzern]. ein namhaftes [Elektrounternehmen]. eine große [Mineralölgesellschaft]. | Die Firma ist | im Bereich [Automobilbau] in den Bereichen ... und ... im [Maschinen- und Anlagenbau] in der [chemischen Industrie] | tätig. |
| Wir stellen Komponenten für [die Kfz-Industrie] her. | | | | |

2 Stellen und beantworten Sie ähnliche Fragen über diese Firmen.

1 Braun   2 Deutsche Shell   3 Ciba Geigy   4 Milupa   5 Adidas

---

SPRACHARBEIT

1 Die Wörter *der Konzern* und *das Unternehmen* beziehen sich auf große Gruppen, während das Wort *die Firma* alles umfaßt. *Gesellschaft* bezieht sich meistens auf die Rechtsform, z. B.
  AG = Aktiengesellschaft / GmbH = Gesellschaft mit beschränkter Haftung
2 Warum haben die folgenden **Adjektive** unterschiedliche Endungen?
  ein **großer** Konzern   eine **große** Firma   ein **großes** Unternehmen   ▶ 4.1, 4.4
3 Im Deutschen bestimmen **Präpositionen** den Kasus des folgenden Nomens: Akkusativ, Dativ und (selten) Genitiv. Schauen Sie sich die Formen der Bestimmungswörter in den folgenden Beispielen an.
  im (= in dem) Bereich Maschinenbau   **in** der chemischen Industrie
  In welchem Kasus stehen die Nomen, die hier der Präposition *in* folgen?   ▶ 5.4

D   Manche Firmen produzieren nicht, sondern gehören zum Dienstleistungssektor.
Zu diesem Sektor zählen z.B. die Bereiche:

- Banken und Versicherungen
- Verkehr und Kommunikation
- Handel und Verkauf
- Touristik, Hotels und Gaststätten

 1   Sechs Mitarbeiter beschreiben ihre Firmen. Was für Firmen sind es?
Ordnen Sie zu.

1 Lufthansa	a) ist eine Speditionsfirma.
2 Aldi	b) ist eine Versicherungsgesellschaft.
3 Neckermann	c) ist eine Supermarktkette.
4 Hertie	d) ist ein Versandhaus.
5 Allianz	e) ist ein Kaufhaus.
6 Kühne und Nagel	f) ist eine Fluggesellschaft.

2   Vergleichen Sie Ihre Antworten mit Ihrem Partner.

E   **1**   Lesen Sie die Auszüge aus Firmenanzeigen. In welchen Branchen sind die Firmen tätig?
Was für Produkte bzw. Dienstleistungen bieten sie an? Machen Sie sich Notizen.

WRIGLEY ist der weltweit größte Hersteller von Kaugummi.
Als deutsche Tochtergesellschaft sind wir für über 40 Länder in Europa,
Asien und Afrika verantwortlich.

ICI ist eines der führenden internationalen Chemieunternehmen mit 67.000 Mitarbeitern weltweit. In Deutschland beschäftigen wir ca. 1.600 Mitarbeiter an mehreren Standorten und produzieren unter anderem Kunststoffe und Folien, Farben und Lacke, Industriesprengstoffe, Spezialchemikalien und chemische Grundstoffe.

Bad-Teppiche, Duschvorhänge
Wanneneinlagen, Accessoires

Wir sind ein im Markt führendes deutsches
Unternehmen und produzieren moderne, erfolgreiche
Heimtextilien. Unsere Produkte sind beim Fachhandel
seit Jahren gut eingeführt.

OTIS Aufzüge Fahrtreppen Service

Wir gehören zu den führenden Unternehmen der Branche
und stellen Spitzenerzeugnisse der technischen
Investitionsgüterindustrie her.

**Wir sind die führende Versicherungsgruppe für
Unternehmer des Straßenverkehrsgewerbes.
Spediteure, Lagerhalter und Busunternehmer
vertrauen seit nunmehr 40 Jahren auf unsere
Dienstleistungen und Innovationen.
Eine Tatsache, auf die wir stolz sind!**

2   Stellen und beantworten Sie Fragen über die Firmen mit Hilfe Ihrer Notizen.

F   Was sind die wichtigsten Wirtschaftszweige in Ihrem Land? Wie heißen die größten Firmen
in diesen Zweigen? Was für Produkte bzw. Dienstleistungen bieten sie an?
Machen Sie eine Liste, dann vergleichen Sie Ihre Liste mit anderen Kursteilnehmern.

2.3 Wie groß ist die Firma?

A

1 Die Größe einer Firma schätzt man nach dem Umsatz und nach der Anzahl der Mitarbeiter. Das bedeutet große Zahlen! Lesen Sie folgende Zahlen.

13.400	dreizehntausendvierhundert
9.377.000	neun Millionen dreihundertsiebenundsiebzigtausend
38 042 000 000 / 38 042 Mio.	achtunddreißig Milliarden zweiundvierzig Millionen
17,5%	siebzehn Komma fünf Prozent
5,26 Mrd.	fünf Komma zwei sechs Milliarden
1989	(im Jahr) neunzehnhundertneunundachtzig

2 Lesen Sie jetzt diese Zahlen vor.

1) 136.700   2) 55 673 000   3) 4 048 Mio.   4) 1.779.3 Mio.   5) 61,5%   6) 1996

SPRACHARBEIT

Im Deutschen werden Dezimalzahlen mit einem Komma geschrieben.   ▶ 8.3
Tausende, Millionen, Milliarden, Billionen etc. werden durch eine kleine Lücke getrennt.
Eine Milliarde = 1 000 000 000
Eine Billion = 1 000 000 000 000   ▶ 8.1

B

1 Mitarbeiter der Firmen *Springer Sportmoden, BASF* und *Kessel Auto-Electric* sprechen über die Größe ihrer Firmen. Notieren Sie Branche, Umsatz und Mitarbeiterzahl.

2 Welche Firma ist a) ein großer Konzern? b) ein mittelständisches Unternehmen? c) eine kleine Firma?

C **1** Interviewen Sie diese Industriellen mit Hilfe der Sprachmuster (s. auch S. 24).

1    Bernd Pischetsrieder, Vorsitzender des Vorstands der BMW AG

2   Dr. Joachim Funk, Vorsitzender des Vorstands der Mannesmann AG

Branche Automobilindustrie
Umsatz ca. 30 Mrd. DM
Mitarbeiter über 74.000

Branchen Maschinenbau, Elektrotechnik, Telekommunikation, Handel
Umsatz ca. 28 Mrd. DM
Mitarbeiter ca. 137.000

Wie hoch ist	der Umsatz von [BMW]?	Der Umsatz beträgt	(zirka)	... Mrd. Mark.
Was ist	Ihr Jahresumsatz?	Wir haben einen Umsatz von	(über)	
Wieviel beträgt		Unser Umsatz liegt zwischen ... und ... Mrd. Mark.		

Wie viele	Mitarbeiter hat die Firma?	Wir beschäftigen (ungefähr) ... Mitarbeiter.
	Leute beschäftigen Sie?	Wir haben (rund/etwa) ... Beschäftigte.

2 Führen Sie zwei weitere Interviews.
PARTNER A benutzt Datenblatt A4, S. 148.
PARTNER B benutzt Datenblatt B4, S. 156.

D Der FAG-Konzern produziert Komponenten für verschiedene Industriebranchen.

FAG in Zahlen
Beträge in Mio. DM

	1989	1990	1991	1992	1993
FAG-Konzern					
Umsatz					
- Gesamt	3 895	4 048	3 885	3 563	3 115
- Auslandsanteil	63%	59%	59%	61%	66%
Beschäftigte (in Tsd.)					
- am Jahresende	30.938	40.289	34.675	30.847	16.164

1 Stellen und beantworten Sie Fragen zu den Zahlen in der Mehrjahresübersicht des FAG-Konzerns, z.B.:

Wie hoch war	der Umsatz	1993?
	der Auslandsanteil	im Jahre 1992?
Wie viele Mitarbeiter hatte die Firma		im Jahr davor?

2 Vergleichen Sie die Zahlen für die verschiedenen Jahre, z.B.:

War	der Umsatz	[1993] höher oder niedriger als [1992]?
	der Auslandsanteil	[1991] höher als [1990] oder gleich hoch?
	die Zahl der Mitarbeiter	

3 Wie könnte man die Zahlen erklären? Wählen Sie eine passende Antwort aus der Liste.

Warum ist	der Umsatz	im Jahr ...	gestiegen? ↗
	der Auslandsanteil	in den Jahren ...	gefallen? ↘
	die Mitarbeiterzahl		

Das war eine Folge ...
der Rezession/des Wirtschaftsaufschwungs (in Deutschland/Europa).
der Akquisition/des Verkaufs einer Firma.
der Eröffnung/Schließung eines Werks.
der Umstrukturierung des Unternehmens.
der stärkeren/schwächeren Nachfrage (im Inland/Ausland).

SPRACHARBEIT

1 Wie bildet man den **Komparativ** von Adjektiven im Deutschen? Schauen Sie sich die Beispiele an.
niedrig – niedriger / stark – stärker / hoch – höher / schwach – schwächer ▶ 4.9
2 Im Deutschen verwendet man oft dort das **Perfekt**, wo man in anderen Sprachen (z.B. dem Englischen) das **Präteritum** verwenden muß.

Hilfsverb	**+**	**Partizip II**
Der Umsatz **ist**	1990	**gestiegen**.

Das Perfekt wird meistens mit dem Hilfsverb *haben* + Partizip II gebildet. Bei Verben der Bewegung (z.B. *steigen/fallen*) wird das Hilfsverb *sein* verwendet. ▶ 6.7
3 Lesen Sie noch einmal die Beispielantworten in **D3**. Achten Sie auf die Form der Bestimmungswörter. Können Sie Genus und Kasus der nachfolgenden Nomen bestimmen? Was fällt Ihnen bei maskulinen Nomen in diesem Kasus auf? ▶ 3.3

E Tauschen Sie Informationen über Firmenergebnisse aus.
PARTNER A benutzt Datenblatt A5, S. 149.
PARTNER B benutzt Datenblatt B5, S. 157.

2.4 Wie ist die Firma strukturiert?

A **1** Mit Hilfe der Informationen rechts beantworten Sie die Fragen über die Bosch-Siemens Hausgeräte-Gruppe.

1 Was für eine Firma ist die BSHG?
2 Was für Produkte stellt die Firma her?
3 Wem gehört die BSHG?
4 Wo ist der Hauptsitz der BSHG?
5 Hat die BSHG andere Niederlassungen in Deutschland?
6 Wie viele Tochtergesellschaften hat die BSHG im Ausland?
7 Wie heißt die Muttergesellschaft von Balay S.A., Zaragoza?
8 In welchen Ländern hat die BSHG Produktionsstätten?

SPRACHARBEIT

1 Eine *Tochtergesellschaft* ist die Untergruppe eines Unternehmens, bei der die Muttergesellschaft das ganze oder den größten Teil des Kapitals besitzt. Eine *Beteiligungsgesellschaft* ist eine Firma, die bis zu 50 Prozent am Kapital beteiligt ist. Oft werden diese beiden Begriffe synonym gebraucht.
2 Das Wort *Niederlassung* bezeichnet einen Teilstandort eines Unternehmens, wo sich die Produktion, der Verkauf oder der Kundendienst befinden kann. Dieser Begriff wird nicht verwendet, wenn man vom Standort einer Tochtergesellschaft oder Beteiligungsgesellschaft spricht. Das Wort *Standort* bezeichnet die geografische Lage, z.B. *Unsere Standorte in Deutschland.*

B Es ist nützlich, Wörter, die man oft im gleichen Kontext benutzt, zusammen aufzuschreiben. Sie können eine Liste machen oder die Wörter in einem Wortfeld aufschreiben, wie im Beispiel unten.
Ergänzen Sie die Lücken im Diagramm mit Wörtern aus dem Text. (Wörter, die Sie, nicht verstehen, finden Sie im Glossar.)

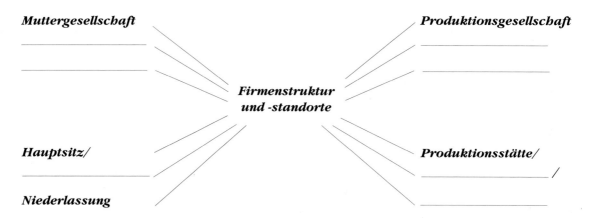

Muttergesellschaft

Produktionsgesellschaft

Firmenstruktur und -standorte

Hauptsitz/

Produktionsstätte/

Niederlassung

SPRACHARBEIT

Die meisten Ländernamen haben keinen Artikel, z.B.
    Deutschland, Spanien, Griechenland
Einige werden jedoch mit einem bestimmten Artikel verbunden, z.B.
    die Schweiz, die Türkei (**Singular**)
    die Niederlande, die USA (**Plural**)
Können Sie alle Länder auf der umseitigen Europakarte (S. 29) benennen?   ► 3.5

C Stellen und beantworten Sie Fragen zu den Standorten der BSHG, z.B.:

Hat die BSHG Standorte in Italien/in Albanien/in Norwegen?
Wie viele Standorte hat die BSHG in den Niederlanden/in Ungarn?
Wo hat die BSHG Vertriebsgesellschaften/Werke in der Schweiz/in Irland?

Gesellschaftsrechtliche Gliederung

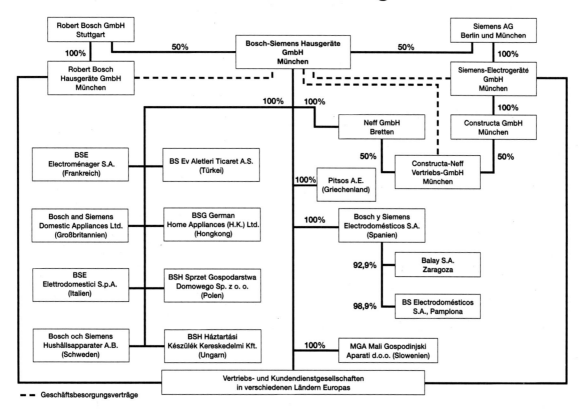

- - Geschäftsbesorgungsverträge

Das Unternehmen

Die Bosch-Siemens Hausgeräte-Gruppe ist einer der führenden Hersteller elektrotechnischer Gebrauchsgüter in Europa. Das Produktspektrum umfaßt Elektro-Großgeräte (wie z.B. Kühl- und Gefriergeräte und Geschirrspüler), kleine Haushaltsgeräte sowie Geräte der Unterhaltungselektronik.

Die BSHG ist die gemeinsame Tochtergesellschaft der Robert Bosch GmbH und der Siemens AG. Diese Muttergesellschaften halten je 50% des Kapitals von BSHG.

Zu der Gruppe gehören: die Bosch-Siemens Hausgeräte GmbH (BSHG), München, die Neff GmbH, die Pitsos A.E., Athen, die Bosch y Siemens Electrodomésticos S.A., Pamplona, mit ihren Tochtergesellschaften Balay S.A., Zaragoza, und BS Electrodomésticos, S.A., Pamplona, und seit 1.3.1993 eine Produktionsgesellschaft für kleine Hausgeräte in Slowenien.

Außerdem gibt es Vertriebs- und Kundendienstgesellschaften in allen wichtigen europäischen Ländern. Die Gruppe hat Fertigungsstätten in Deutschland, Spanien, Griechenland und Slowenien.

Der Vertrieb der BSHG-Erzeugnisse erfolgt unter den Marken Bosch, Siemens, Constructa und Neff durch die Robert Bosch Hausgeräte GmbH, die Siemens-Elektrogeräte GmbH und die Constructa-Neff Vertriebs-GmbH.

Unsere Standorte in Europa

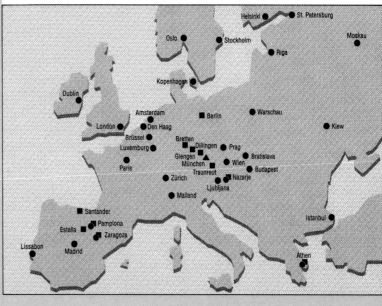

- ■ Werke
- ● Auslandsvertriebe/Beteiligungsgesellschaften
- ▲ Zentrale

AEG -
ein Unternehmen im Daimler-Benz-Konzern

DaimlerBenz

Holding-Gesellschaft

Unternehmensbereiche

Mercedes-Benz	AEG	Deutsche Aerospace	debis
- Personenwagen - Nutzfahrzeuge	- Elektrotechnik - Mikroelektronik	- Luft- und Raumfahrt - Verteidigungstechnik	- Finanzdienstleistungen - Handel

Geschäftsbereiche

Automatisierungs-technik	Elektrotechnische Anlagen und Komponenten	Bahnsysteme	Hausgeräte	Mikroelektronik
Umsatz: 2.969 Mio.DM	Umsatz: 3.127 Mio. DM	Umsatz: 1.493 Mio. DM	Umsatz: 2.653 Mio. DM	Umsatz: 1.188 Mio. DM
Beschäftigte: 16.008	Beschäftigte: 17.711	Beschäftigte: 7.490	Beschäftigte: 10.052	Beschäftigte: 7.763

Stand: 1992

D **1** Mit Hilfe des Diagramms oben machen Sie sich Notizen über die AEG zu diesen Punkten.

- Holding-Gesellschaft:
- Geschäftsbereiche:
- Zahl der Tochter-/ Beteiligungsgesellschaften:
- Hauptsitz:

- Andere Standorte
  - in Deutschland:
  - im Ausland:
- Gesamtumsatz:
- Beschäftigte (Gesamt):

GESCHÄFTLICHES

Eine *Holding-Gesellschaft* ist eine Obergesellschaft, die zur einheitlichen Leitung und Verwaltung eines Konzerns gegründet wird. Sie übt selbst keine Produktions- oder Handelsfunktionen aus. Sie besitzt oder kontrolliert das Aktienkapital von einem oder mehreren aktiv tätigen Unternehmen.

 2 Ein Firmensprecher beschreibt die Aktivitäten und die Struktur der AEG. Hören Sie zu und ergänzen Sie die restliche Information.

E Stellen und beantworten Sie Fragen über die AEG und die BSHG.

Können Sie die Firmenstruktur (kurz) beschreiben?
▼
Die Firma gehört zum ... -Konzern/zur ... -Gruppe / ist eine Tochtergesellschaft von ...
Die Aktivitäten der Gruppe/Firma sind in ... Unternehmensbereiche gegliedert / umfassen ... Geschäftsbereiche.

Wie viele Gesellschaften gibt es in der Gruppe? ▶ Zu der Gruppe gehören ... Tochter-/ Beteiligungsgesellschaften (in über ... Ländern).

Wo ist der Hauptsitz/die Hauptverwaltung? Wo sind die anderen/wichtigsten Standorte (im Inland/Ausland)? ▶ Der Stammsitz ist in [Frankfurt]. Die Firma hat Filialen/Tochtergesellschaften/ Vertretungen in ganz Europa/weltweit, z.B. in ...

F Tauschen Sie Informationen über die Struktur von zwei weiteren Firmen aus.
Partner A benutzt Datenblatt A6, S. 149.
Partner B benutzt Datenblatt B6, S. 157.

2.5 Firmenpräsentation

A **1** Sie hören eine Präsentation über den
Otto-Versand. Was für eine Firma ist das?

  2 Hören Sie zu und machen Sie sich
Notizen zu diesen Punkten.

- Branche:
- Produkte:
- Existiert seit:
- Zahl der
  Gruppenunternehmen:
- Standorte:
- Umsatz:
- Mitarbeiter:
- Zukunftspläne:

3 Hören Sie noch einmal zu. Welche von diesen Sätzen
benutzt der Sprecher?

Einleitung	Guten Morgen/Tag, meine Damen und Herren.
	Herzlich willkommen in unserer Zentrale hier in [Hamburg].
	Im Namen von ... möchte ich Sie hier im Hauptsitz herzlich begrüßen.
	Vor der Betriebsbesichtigung möchte ich Ihnen die Firma vorstellen.
	Zuerst möchte ich Ihnen kurz etwas über die Firma [Otto] erzählen.
zum Schluß	Das war also ein kurzer Überblick über unsere Firma.
	Soviel zum Überblick.
um Fragen bitten	Möchte jemand eine Frage stellen?
	Hat jemand (weitere) Fragen (dazu)?

SPRACHARBEIT

1 Diese Beispiele beziehen sich auf ein Ereignis, das in der Vergangenheit begonnen hat
und in die Gegenwart hineinwirkt.
    Wie lange existiert diese Firma?   Die Firma existiert seit 1949.
In welchen Zeitformen stehen die Verben?   ▶ 6.6

2 Nach vielen Verben steht im Deutschen *zu* + Infinitiv, z.B.
    Wir planen, die Märkte in Osteuropa ... **weiterzuentwickeln**.
Kennen Sie andere Verben, die diese Konstruktion erfordern?   ▶ 7.8

B Bereiten Sie sich darauf vor, die Firma VICTORINOX bzw. die Firma Canon zu präsentieren. Lesen
Sie die Informationen auf S. 32 bzw. S. 33 und machen Sie sich Notizen zu bestimmten Punkten
(ähnlich wie in **A**). Am besten schreiben Sie Ihre Notizen auf einzelne Karten, die Sie bei Ihrer
Präsentation benutzen können.

C REFERENT: Mit Hilfe Ihrer Notizen machen Sie Ihre Präsentation.
GRUPPE/KLASSE: Hören Sie sich die Firmenpräsentation an und machen Sie sich Notizen. Stellen
Sie eventuell Fragen, z.B.:

    Darf ich eine Frage stellen? / Ich habe (noch) eine Frage, und zwar: ...
    Entschuldigung, könnten Sie [den Umsatz] bitte wiederholen?
    Könnten Sie etwas (mehr) über [Ihre Zukunftspläne] sagen?

D Präsentieren Sie Ihre eigene Firma oder eine Firma, die Sie kennen/die Sie recherchiert haben.

VICTORINOX
SWITZERLAND
Das beliebte Werbegeschenk

Fabrik und Verwaltungsgebäude, Ibach-Schwyz (Schweiz)

Die Familienfirma VICTORINOX existiert seit 1884 und zählt heute zu den führenden und modernsten Messerfabriken der Welt. Unser Ziel ist, den Kunden mit preiswerten Qualitätserzeugnissen zu dienen. Sorgfältige und rationelle Fertigungsmethoden und erstklassige Rohmaterialien garantieren für höchste Qualität bei unseren Produkten.

Es gehört zur Familientradition des Unternehmens, nicht nur wirtschaftlichen Gewinn zu erzielen, sondern auch Arbeitsplätze zu sichern. Die 950 Mitarbeiter sind mehr als nur Personal: sie bilden eine Gemeinschaft.

Die roten VICTORINOX-Taschenmesser sind heute auf der ganzen Welt bekannt und beliebt. Das <<Schweizer Offiziersmesser>> ist in über 100 verschiedenen Varianten erhältlich. Es gilt auf der ganzen Welt als Inbegriff guter Qualitäts- und Präzisionsarbeit. Man findet es unter anderem auch in der Ausrüstung der deutschen Bundeswehr und der Space-Shuttle-Crew der NASA.

Die VICTORINOX-Taschenmesser sind die perfekte Lösung für Ihre Werbegeschenke, für Betriebs- und Arbeitsjubiläen, für Weihnachten, Ausstellungen und Verkaufsaktionen.

Auch die VICTORINOX-Haushaltsmesser sind sehr beliebt und die VICTORINOX-Metzgermesser geniessen Weltruf.

VICTORINOX hat Vertretungen in über 100 Ländern. Die wichtigsten Märkte sind die USA und Deutschland. VICTORINOX-Produkte erhalten Sie bei Ihrem Fachhändler.

Das Original <<Schweizer Offiziersmesser>>
Das Standardmodell mit 12 Standardwerkzeugen

Standard-Verpackung

Spezial-Verpackung
(gegen Mehrpreis)

Die Original <<Schweizer Offiziersmesser>> sind in Standard- oder Spezial-Verpackung erhältlich.

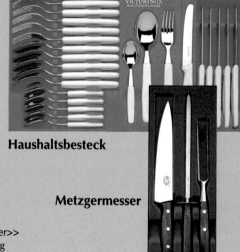

Haushaltsbesteck

Metzgermesser

Canon

DIE CANON STORY 1994/95

Canon ist seit über einem halben Jahrhundert Hersteller von Spitzenerzeugnissen im Büromaschinenbereich, bei Kameras und in der Optik. Zur Canon-Gruppe gehören über 90 Tochter- und Beteiligungsgesellschaften weltweit. Unsere Produkte sind in über 140 Ländern auf dem Markt. Wir haben mehr als 67.000 Mitarbeiter und einen Gesamtumsatz von rund 25 Milliarden DM.

Bei Canons 50jährigem Jubiläum im Jahre 1987 prägten wir für unsere Firmenphilosophie den Begriff „kyosei" oder „Zusammenleben zum Wohle aller Beteiligten". In der Praxis bedeutet „Kyosei" gesellschaftliches Engagement, anwenderfreundliche Technologien und Sorge für unsere Umwelt.

Canon Deutschland GmbH 1994/95

Nationale Fundamente

Wichtiger Erfolgsfaktor des globalen Konzeptes von Canon ist die Dezentralisierung. Und so ist Canon Deutschland in erster Linie als

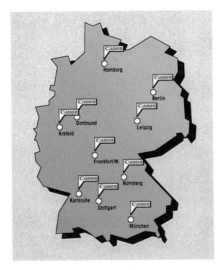

deutsches Unternehmen zu verstehen. Über unsere neue Hauptverwaltung in Krefeld und weitere neun Niederlassungen können wir unseren deutschen Kunden Nähe garantieren. Mehr als 300 Fachhändler bieten vor und nach dem Kauf Beratung und Service.

Erfolg in Deutschland

Die Geschäftsentwicklung der Canon Deutschland GmbH ist überdurchschnittlich erfolgreich gewesen. Seit der Gründung der Firma im Jahre 1972 ist der Umsatz kontinuierlich gestiegen. 1993 ist er als Folge der Rezession erstmals gefallen. Doch blieb er nur um wenig Prozent hinter dem Rekordjahr 1992.

Unsere erfolgreichsten Produkte sind die Kopiersysteme, die mehr als zwei Drittel zum Gesamtumsatz beitragen. Die Produktgruppe der Bubble-Jet-Drucker entwickelt sich auch sehr positiv. Das sind Ergebnisse, die optimistisch für die Zukunft stimmen.

Canon Deutschland GmbH: Umsatzentwicklung 1989 - 1993

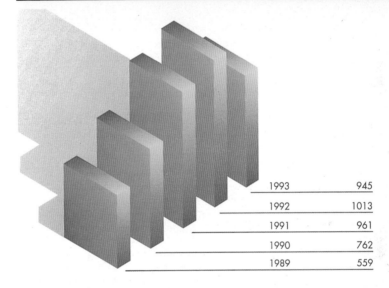

1993	945
1992	1013
1991	961
1990	762
1989	559

(Mio. DM)

Canon Deutschland GmbH: Produktpalette mit Umsatzanteilen 1993

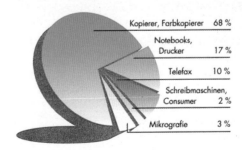

Kopierer, Farbkopierer	68 %
Notebooks, Drucker	17 %
Telefax	10 %
Schreibmaschinen, Consumer	2 %
Mikrografie	3 %

Mit technischen Neuerungen, anwenderfreundlichen und umweltgerechten Produkten sowie einer umfassenden Kundenbetreuung wird Canon auch in Zukunft den deutschen Markt bedienen.

■ Die deutsche Wirtschaft ist vorwiegend mittelständisch strukturiert. Was bedeutet das?

Die westdeutsche Wirtschaft ist eine überwiegend mittelständische Wirtschaft. Rund zwei Millionen Unternehmen sind kleine oder mittlere Betriebe mit bis zu 500 Beschäftigten und einem Jahresumsatz von bis zu 100 Millionen Mark. (Im Dienstleistungsgewerbe und im Handel liegt die Umsatzgrenze bei 25 Millionen Mark.)
Kleine und mittlere Unternehmen ...

- *entscheiden über 44% aller Investitionen.*
- *erarbeiten 41% des Bruttosozialprodukts.*
- *beschäftigen 64% aller Arbeitnehmer.*
- *bereiten 80% aller Lehrlinge auf ihren künftigen Beruf vor.*

Auch in Ostdeutschland gewinnt die Wirtschaft immer mehr mittelständische Konturen.

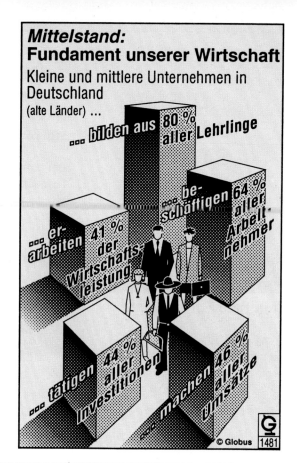

Mittelstand:
Fundament unserer Wirtschaft
Kleine und mittlere Unternehmen in Deutschland
(alte Länder) ...
... bilden aus 80 % aller Lehrlinge
... beschäftigen 64 % aller Arbeitnehmer
... erarbeiten 41 % der Wirtschaftsleistung
... tätigen 44 % aller Investitionen
... machen 46 % aller Umsätze
© Globus 1481

■ Merkmale für die Unterteilung in Klein-, Mittel- und Großbetriebe sind z.B. die Zahl der Beschäftigten und der Umsatz. Ergänzen Sie die Tabelle mit Hilfe der Informationen im Text oben.

Betriebsgrößen: Klein-, Mittel- und Großbetriebe

Unternehmens-größe	Merkmal	
	Zahl der Beschäftigten	Umsatz DM/Jahr
klein	bis 49	bis 1. Mio.
mittel	50 bis _____	1 bis _____ Mio.
groß	_____ und mehr	_____ Mio. und mehr

1 Welcher Wirtschaftszweig gewinnt in Deutschland immer mehr an Bedeutung?
2 Gibt es in Ihrem Land einen Trend zu mehr Service-Branchen?

Wandel in der Wirtschaft

Keine andere westliche Volkswirtschaft ist so stark industriell geprägt wie Deutschland. **Zur Zeit arbeiten 37 von 100 westdeutschen Arbeitnehmern in der Industrie. In den übrigen EU-Ländern sind es dagegen kaum mehr als 30.** Seit 1970 aber gibt es einen Trend zu mehr Service-Branchen. Der Anteil der Industrie am Brutto-sozialprodukt ist von 51,7% auf 37,7% gefallen. **Zwischen 1980 und 1992 stieg die Zahl der Beschäftigten im Dienstleistungssektor um fast 2,8 Millionen auf 12,7 Millionen.** Die *Prognos* AG in Basel rechnet für ganz Deutschland bis zum Jahr 2010 mit rund 2,5 Millionen neuen Arbeitsplätzen bei Banken, Versicherungen und im Bereich der Sonstigen Dienstleistungen (Gastgewerbe, Bildung, Kultur, Gesundheitswesen, Beratung usw.)

Fast alle Großunternehmen haben die Rechtsform einer **Aktiengesellschaft.**
Mittelgroße oder kleine Firmen haben meistens die Rechtsform einer
Gesellschaft mit beschränkter Haftung.
Was ist eine AG? Was ist eine GmbH? Wie unterscheiden sie sich?

Struktur einer AG

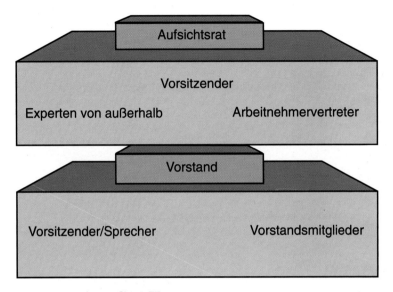

Zur Gründung einer **AG** sind mindestens fünf **Gesellschafter** und ein **Grundkapital** von DM 100.000 erforderlich.

Die **Aktien** einer AG kann man an der **Börse** handeln.

Eine AG hat zwei Führungsgremien, einen **Aufsichtsrat** und einen **Vorstand.** Der Aufsichtsrat ist das Kontrollorgan der AG. Er ist verantwortlich für langfristige Planung und überwacht den Vorstand. Er besteht aus Experten von außerhalb des Unternehmens und aus Vertretern der Arbeitnehmer. Die **Aktionäre** wählen den Vorsitzenden des Aufsichtsrats.

Der Vorstand leitet die AG unter eigener Verantwortung. Die Mitglieder des Vorstands werden vom Aufsichtsrat gewählt.

Struktur einer GmbH

Eine **GmbH** ist auch eine **Kapitalgesellschaft.** Sie muß mindestens zwei Gesellschafter und ein **Stammkapital** von DM 50.000 haben.

Eine GmbH wird von einer **Geschäftsführung** oder einem **Geschäftsführer** geleitet. Wenn sie mehr als 500 Mitarbeiter beschäftigt, hat sie auch einen Aufsichtsrat wie in der AG. Die meisten Unternehmen in Deutschland sind Gesellschaften mit beschränkter Haftung.

Womit verdienen die Deutschen das meiste Geld? Und die Schweizer?

Die deutschen Spitzenreiter

Rang	Firma, Sitz	Wirtschaftszweig
1.	Daimler-Benz AG, Stuttgart	Auto, Elektro, Luftfahrt
2.	Volkswagen AG, Wolfsburg	Auto
3.	Siemens AG, München	Elektro
4.	VEBA AG, Düsseldorf	Energie, Chemie
5.	RWE AG, Essen	Energie, Bau
6.	Hoechst AG, Frankfurt	Chemie, Pharma
7.	BASF AG, Ludwigshafen	Chemie, Energie
8.	Bayer AG, Leverkusen	Chemie, Pharma
9.	Thyssen AG, Duisburg	Stahl, Maschinen
10.	Bosch GmbH, Stuttgart	Elektro

WOMIT DIE SCHWEIZER GELD VERDIENEN

UNTERNEHMEN	GEWINN 1993 in Mrd. DM
Nestlé (Nahrungsmittel)	3,5
Roche (Pharma)	3,0
Schweizerische Bankgesellschaft SBG	2,3
Ciba-Geigy (Pharma, Chemie)	2,2
Sandoz (Chemie)	2,1
CS Holding (Finanzdienstleistungen)	1,7
Schweizerischer Bankverein	1,4
Richemont (Luxusgüter)	0,5
Holderbank (Zement)	0,5
SMH (Uhren)	0,5

DAS REICHSTE LAND der Welt erwirtschaftet das meiste Geld mit Banken, Pharma- und Chemie-Unternehmen.

3 Sich kennenlernen

In dieser Lektion lernen Sie, wie man
- eine Einladung ausspricht, annimmt oder zurückweist und ein Restaurant empfiehlt,
- ein Gericht von der Speisekarte auswählt, es bestellt und dafür bezahlt,
- sich über die Familie und das Zuhause unterhält,
- sich über Freizeitinteressen unterhält,
- Urlaubserfahrungen austauscht,
- nach Dingen fragt, die man unternehmen kann, oder Hinweise dazu gibt.

Sie werden auch etwas über einige Regionen in Deutschland erfahren.

3.1 Darf ich Sie einladen?

A **1** Einladungen zum Essen spielen eine wichtige Rolle im Geschäftsleben.
In Deutschland lädt man Geschäftsfreunde meistens zum Essen im Restaurant ein.
Es ist natürlich wichtig, ein passendes Restaurant zu wählen. Lesen Sie die
Restaurantanzeigen unten. Welche Restaurants ...

1 bieten deutsche Küche / französische Küche / Fischspezialitäten an?
2 bieten eine elegante Atmosphäre / eine Terrasse im Freien / musikalische Unterhaltung / einen Blick auf den Main an?
3 sind sonntags geschlossen / bleiben bis 1.00 Uhr auf?
4 sind wahrscheinlich erstklassig / gut / preiswert?

2 In welches Restaurant würden Sie einen wichtigen Kunden zum Essen einladen?

RESTAURANTS

China Restaurant Lotus
Original Spezialitätenküche aus Hongkong und Peking
Elegante und gemütliche Atmosphäre mit Blick auf den Main
Untermainkai 17 - 6000 Frankfurt - Tel. 0 69 / 23 51 85
tägl. geöffnet v. 11.30-15.00 Uhr u. 17.30-24.00 Uhr - Sa., So. und feiertags geöffnet.

„Zum Kuhhirten – Turm"
Speisegaststätte
28 Jahre
Inh. E. Schlesinger
Wechselnde saisonbedingte Tages- und Frankfurtergerichte
Fisch – Fleisch – Wild
Warme Küche 11.30-14.30 Uhr u. 17.00-24.00 Uhr
Sonntag und Montag Ruhetag (außer an Messen)
Geschlossene Gesellschaft nach Vereinbarung
Tel. 0 69 / 61 75 89, Große Rittergasse 114, Frankfurt-Sachsenhausen

La Truffe

»Savoir vivre« in Frankfurt

La Truffe: ... das anspruchsvolle Restaurant mit Vinothek bringt
ein bißchen französische Lebensart nach Frankfurt.
Öffnungszeiten: Montag bis Freitag von 11.30 Uhr bis 14.30 Uhr
und von 18.30 bis 24.00 Uhr.
Samstag und Sonntag außerhalb der Messen geschlossen.
Wiesenhüttenpl. 28–38 · 6000 Frankfurt/Main · Tel. (069) 26970

Budweiser Budvar vom Faß
Restaurant *Bingelsstube*
Pfungstädter

• Gut bürgerliche Küche • Eisköstlichkeiten •
• verschiedene Biere vom Faß •
• gepflegte Räumlichkeiten für ca. 70 Personen •
• Freiterrasse • Parkplätze •

Di-Sa 11.00-14.00 Uhr
        17.00-24.00 Uhr
So   11.00-24.00 Uhr

Bingelsweg 1 • 65933 Frankfurt-Griesheim • Tel. 0 69/38 69 07

- Guten Appetitt -

Italienisches Ristorante

Dei Medici

Lassen Sie sich mal verwöhnen !

Speisen Sie in romantischer Atmosphäre
bei Klavierunterhaltung, es singt für Sie
zwischendurch der Chef persönlich.

Wir bieten:
Verschiedene Vorspeisen, hausgem. Nudeln,
Nudelgerichte, Fleisch,-u.Fischspezialitäten

Öffnungszeiten:
Mo. - So. ab 18.00 - 1.00 Uhr
Mittagstisch mit Menüwahl
Mo. - Fr. ab 12.00 - 14.30 Uhr

Ziegelhüttenweg 33, 60598 Ffm. Sachsenhausen
☎ 069 - 63 98 98, Fax 069 - 63 83 67
RESERVIERUNG ERBETEN!

B Manfred Weber besucht den Frankfurter Hauptsitz der Firma Morita Deutschland, die seinen Betrieb in Weimar (in der ehemaligen DDR) übernommen hat. Sein neuer Chef, Herr Noske, lädt ihn zum Abendessen ein. Hören Sie dem Gespräch zu und beantworten Sie die Fragen.

1 Für wann ist die Einladung?
2 Welche von den Restaurants links empfiehlt Herr Noske?
3 Für welches Restaurant entscheiden sie sich? Warum?
4 Um wieviel Uhr wollen sie sich treffen? Wo?

KULTURELLES

Die Deutschen essen ziemlich zeitig, lieber um 19 Uhr als um 20 Uhr oder später. Dies kommt daher, daß der Arbeitstag früh beginnt und oft etwa gegen 12 Uhr zu Mittag gegessen wird. Manche Restaurants in Kleinstädten servieren nach 21.30 Uhr kein warmes Essen

C Laden Sie einen Geschäftsfreund zum Essen in Frankfurt ein.

> Darf ich Sie (irgendwann) diese/nächste Woche zum Mittagessen/Abendessen einladen?
> ▼
> Gern, das ist sehr freundlich von Ihnen. / Das wäre (sehr) schön/nett.
> ▼
> Hätten Sie [am Mittwoch] Zeit? / Würde Ihnen [Freitag abend] passen?
> ▼   ▼ ▲
>
> | Ja, das geht. / Ist gut. Ja, da habe ich nichts anderes vor. | Es tut mir leid, da kann ich nicht/da geht es nicht. Da habe ich leider keine Zeit/bin ich beschäftigt. |
>
> Essen Sie gern [französisch/chinesisch]? / Möchten Sie [Fisch/Wild] essen?
> ▼   ▼
>
> | Ja, sehr gern. | Mir schmeckt die [chinesische] Küche leider nicht. Eigentlich esse ich lieber [deutsche Küche]. |
>
> Dann empfehle ich das [französische] Restaurant [La Truffe].
> Gehen wir (also) in ein [traditionelles deutsches] Restaurant, [Zum Kuhhirten-Turm].
> Die Küche ist ausgezeichnet. / Die Atmosphäre ist sehr angenehm. / Der Service ist erstklassig.
> ▼
> Gut. / Prima. Wann und wo sollen wir uns treffen?
> ▼
> Treffen wir uns um [sieben Uhr] im Restaurant/vor dem Hotel.
> Ich hole Sie um [halb sieben] mit dem Auto vom Hotel ab.

SPRACHARBEIT

1 Schauen Sie sich diese Formen der Verben *sein, haben* und *werden* genauer an.
   Das **wäre** schön.
   Hätten Sie am Mittwoch Zeit?
   Würde Ihnen Freitag abend passen?
   Dies sind Formen des **Konjunktiv II**, die Sie bereits in Lektion 1.2 kennengelernt haben.
   (Möchten Sie? Könnte ich/Könnten Sie?)
   Wie werden sie gebildet?
   Warum werden sie hier verwendet?   ▶ 6.3

2 Vergleichen Sie die Adjektivendungen in diesen Beispielen.
   Ich empfehle **das** französisch**e** Restaurant ...
   Gehen wir in **ein** traditionell**es** deutsch**es** Restaurant.
   Warum ist am Ende von *französisch* ein -e, am Ende von *traditionell* und *deutsch* jedoch ein -es?   ▶ 4.3 - 4.5

3 Können Sie die temporalen, modalen und lokalen Angaben in diesem Beispiel erkennen?
   Ich hole Sie um halb sieben mit dem Auto vom Hotel ab.   ▶ 7.12

D Machen Sie eine Liste von Restaurants in Ihrer Stadt, in die Sie einen deutschsprachigen Besucher zum Essen einladen könnten. Dann laden Sie den Besucher zum Essen ein. Helfen Sie ihm/ihr, ein Restaurant zu wählen.

3.2 Guten Appetit!

A **1** Lesen Sie die Speisekarte rechts. Welche Gerichte kennen Sie?

2 Welche Definition paßt zu welcher Speise auf der Speisekarte?

1 Das ist etwas, das man in eine Suppe tut, z.B. Fleisch, Nudeln oder Ei.
2 Auf englisch nennt man das einen „Hamburger".
3 Das ist ein Blatt Weißkohl, mit Hackfleisch und Gewürzen gefüllt.
4 Das ist eine Spezialität der Gegend: ein gekochtes Stück Bein vom Schwein.
5 Das sind rote Beeren, die man oft mit Wild ißt. Sie schmecken etwas säuerlich.
6 Das ist eine Beilage, die man aus alten Brötchen macht. Ein anderes Wort dafür ist „Knödel".
7 Das ist eine Art von Gelee aus roten Früchten.

3 Machen Sie eine Liste von allen Abkürzungen auf der Speisekarte. Was bedeuten sie?

4 Wie viele Zubereitungsmethoden finden Sie? Z.B.: *gekocht*

5 Was würden Sie von der Speisekarte bestellen? Was würden Sie dazu trinken?
Was würden Sie nicht bestellen? Warum nicht?

B Herr Noske und sein Gast, Herr Weber, sind in der Speisegaststätte „Zum Kuhhirten-Turm". Was bestellen Sie? Nehmen Sie die Bestellung auf.

C Sie essen mit einem Geschäftsfreund im Kuhhirten-Turm. Sprechen Sie über die Speisekarte und bestellen Sie beim Kellner. Der Kellner nimmt die Bestellung auf.

Was nehmen Sie als Vorspeise/Hauptgericht? Was trinken Sie/wir dazu? (Wein oder Bier?)	▶ Ich nehme/möchte/probiere [die Hühnerbrühe]. Können Sie (mir/uns) etwas/eine Vorspeise empfehlen?
[Die Leberknödelsuppe] schmeckt sehr gut/lecker. Ich empfehle Ihnen [den Rinderbraten/ das Eisbein]. (Das ist eine Hausspezialität/Spezialität der Gegend.)	▶ Nein, sowas mag/esse ich nicht gern. Das ist mir zu schwer/scharf. Da nehme ich lieber etwas anderes/Warmes/Kaltes.
Herr Ober/Fräulein, wir möchten bestellen.	▶ Bitte schön (die Herrschaften), was bekommen Sie?

Einmal/Zweimal [Hacksteak] und [ein Pils] dazu. / [Die Salatschüssel] für die Dame/den Herrn.
Zu trinken nehmen wir/hätten wir gern [eine Flasche Riesling/den Trollinger/zwei Glas Rotwein].

SPRACHARBEIT

1 Der Dativ wird verwendet, um das **indirekte Objekt** eines Satzes deutlich zu machen (z.B. die Person oder Sache, für die etwas getan wird).
Schauen Sie sich die folgenden Beispiele an. Welche Regeln gelten für die Wortstellung?

	indirektes Objekt	direktes Objekt	
Können Sie	mir/uns	eine Vorspeise	empfehlen?
Ich empfehle	Ihnen	den Rinderbraten.	
Frau Brett bietet	dem Besucher	eine Erfrischung	an.
Sie holt	ihm	den neuen Prospekt.	▶ 6.13

2 Beachten Sie, daß einigen Verben der Dativ folgt, wenn man eigentlich ein direktes Objekt im Akkusativ erwarten würde, z.B.
Paßt **Ihnen** Freitag abend?
Können Sie **mir** helfen?
Er dankte **ihr** für den interessanten Rundgang.
Kennen Sie noch mehr solcher Verben? ▶ 6.14

"Zum Kuhhirten-Turm"

Heute zu empfehlen ! ! !

Vorspeisen:

Leberknödelsuppe	DM 6,50
Hühnerbrühe mit Einlage	DM 6,50
Feldsalat mit Nüssen und Croutons	DM 9,50
Avocado mit Garnelen gefüllt und franz. Brot	DM 14,50

Hauptspeisen:

Salatschüssel mit gekochtem Schinken, Ei und Schafskäse	DM 14,50
Hacksteak mit Röstzwiebeln, Salat und Bratkart.	DM 16,50
Pärchen Bratwurst mit Kraut und Brot	DM 16,50
Hühnerfrikassee mit Reis und gem. Salat	DM 19,50
hausgem. Kohlroulade mit Pfeffersauce, Salzkart.	DM 19,50
Champignonschnitzel mit Rahmsauce und Reis	DM 19,50
Backofenfrische Schweinshaxen mit Sauerkraut und Bratkart.	DM 21,50
Eisbein mit Sauerkraut und Salzkart.	DM 19,50
Rinderbraten mit feinem Gemüse und Salzkart.	DM 21,50
Schweinelendchen mit Ananas und Käse überbacken	DM 26,50

Wildspezialitäten:

1/2 Wildente entbeint mit Rotkraut, Preiselbeeren, Semmelkloß	DM 28,50
Wildschweinkoteletts mit Pilzen, Rotkraut, Bratkart.	DM 33,00
gegrillter Rehrücken mit frischen Pilzen, Preiselbeeren und Speckkart. ab 2 Personen Port. ab	DM 48,00

Fischgerichte:

Wildlachssteak oder Heilbuttsteak gegrillt auf Blattspinat mit Knoblauch überbacken und Salzkart.	DM 29,50

Beilagen: hausgemachte Bandnudeln	DM 4,50
oder Portion Reis	DM 4,50

Desserts:

Frische Heidelbeeren oder Pflaumenkompott mit Vanilleeis, Sahne	DM 12,50
Rote Grütze mit Sahne	DM 9,50

Getränke

Aperitifs

Campari Soda o. Orange	DM 7,00
Sherry	DM 6,00

Bier

Pils vom Faß	DM 4,50
Alkoholfreies Bier	DM 4,50

Offene Weißweine

92er Riesling »halbtrocken«	DM 6,00
93er Müller-Thurgau »trocken«	DM 5,50

Offene Rotweine

93er Astheimer Karthäuser	DM 5,00
91er Trollinger »trocken«	DM 7,50

Flaschenweine:
Bitte verlangen Sie unsere Weinkarte.

FRANKEN

GWF Volkach 0,75l

1991er Volkacher Ratsherr Müller-Thurgau
Qualitätswein
Amtl. Prüf-Nr. 4000-415-93 3 53137
ERZEUGERABFÜLLUNG
Gebiets-Winzergenossenschaft Franken eG · D 97307 Kitzingen
10,5% vol

Alkoholfreie Getränke

Säfte (Orange, Apfel, Tomate)	DM 4,50
Apollinaris Mineralwasser	DM 4,00
Coca Cola	DM 3,50

Heiße Getränke

Tasse Kaffee	DM 3,00
Tasse Espresso, Cappucino	DM 4,00

D Nach der Hauptspeise kommt der Kellner wieder.
Wie beantwortet Herr Noske seine Fragen?

1 Hat es Ihnen geschmeckt? a) Ja, es war köstlich, danke.
 b) Schon gut, aber die Ente war etwas zäh.

2 Möchten Sie noch etwas bestellen? a) Nein danke, ich bin satt. Kann ich zahlen, bitte?
 b) Ich nehme noch eine Rote Grütze.
 Und bringen Sie mir die Rechnung, bitte.

3 Geht die Rechnung zusammen
oder getrennt? a) Getrennt, bitte.
 b) Alles zusammen, bitte.

4 So, die Rechnung, bitte schön. a) So, 110 Mark, stimmt so.
 b) Ich glaube, die Rechnung stimmt nicht.

E Welche Informationen können Sie
dieser Rechnung entnehmen?

1 Wie viele Leute haben
zusammen gegessen?
2 Was haben sie bestellt?
3 Ist die Rechnung inklusive/
exklusive Mehrwertsteuer?
Bedienung?
4 Stimmt die Rechnung?
Überprüfen Sie sie.

Gartenlokal in Sachsenhausen

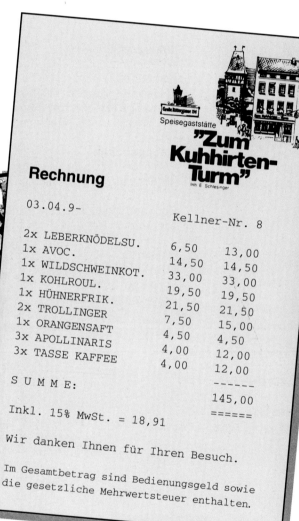

Speisegaststätte

"Zum Kuhhirten-Turm"
Inh. E. Schlesinger

Rechnung

03.04.9-   Kellner-Nr. 8

2x LEBERKNÖDELSU.
1x AVOC.   6,50   13,00
1x WILDSCHWEINKOT.   14,50   14,50
1x KOHLROUL.   33,00   33,00
1x HÜHNERFRIK.   19,50   19,50
2x TROLLINGER   21,50   21,50
1x ORANGENSAFT   7,50   15,00
3x APOLLINARIS   4,50   4,50
3x TASSE KAFFEE   4,00   12,00
                         4,00   12,00

S U M M E :   ------
                                 145,00
Inkl. 15% MwSt. = 18,91   ======

Wir danken Ihnen für Ihren Besuch.

Im Gesamtbetrag sind Bedienungsgeld sowie
die gesetzliche Mehrwertsteuer enthalten.

F GÄSTE: Sie möchten das Essen, das
Sie in **C** bestellt haben, bezahlen.
Rufen Sie den/die Kellner/in.
KELLNER/IN: Fragen Sie die Gäste, ob
sie noch etwas bestellen möchten.
Machen Sie die Rechnung fertig und
geben Sie sie den Gästen.

G Stellen Sie eine Speisekarte
zusammen, die für Ihr Land typisch
ist. Empfehlen Sie einem
deutschsprachigen Gast, was er/sie
essen und trinken könnte, und
erklären Sie ihm/ihr eventuell die
Gerichte.

KULTURELLES

Die *Mehrwertsteuer* und die *Bedienung* sind in
deutschen Restaurants bereits im Preis enthalten.
Dennoch ist es üblich, ein zusätzliches Trinkgeld
von etwa 5 – 10% zu geben.

3.3 Wohnung und Familie

A **1** Herr Noske wohnt in Frankfurt, Herr Weber wohnt in Weimar. Was für Städte sind das? Wie wohnt man Ihrer Meinung nach dort? Antworten Sie mit Hilfe der Ausdrücke unten.

▼ *Weimar Markt*

◄ *Frankfurt Skyline*

> Das ist eine Großstadt/mittelgroße Stadt/Kleinstadt/ein Dorf.
> Das ist eine Industriestadt/ein Handelszentrum/Finanzzentrum/eine historische Stadt.
> Die Stadt ist bekannt/berühmt für ihre Verbindungen mit [Goethe]/ihre Wolkenkratzer.
> Die Stadt ist/Einige Stadtteile sind (sehr/ganz) schön/sauber/schmutzig/(etwas) heruntergekommen.
> Es gibt eine schöne Altstadt/viele/wenige architektonisch interessante Gebäude/
>   Sehenswürdigkeiten/Grünflächen.
> Das kulturelle Angebot/Das Freizeitangebot ist groß/klein.
> Die Verkehrs- und Straßenverbindungen sind sehr/relativ gut/schlecht.
> Das Leben ist (sehr/ziemlich) teuer/billig/hektisch/ruhig. Es gibt viel/wenig Streß.
> Es gibt viel/wenig Verkehr/Kriminalität. Die Umweltverschmutzung ist ein großes/kein Problem.

2 Beschreiben Sie Ihre eigene Stadt.

B **1** Lesen Sie die Fragen und Antworten. Welche Antworten treffen auf Sie zu?

Wo wohnen Sie?	▶ In der Nähe des Stadtzentrums. / In der Altstadt. / Am Stadtrand. / Außerhalb der Stadt. / In einem Dorf.
Wie wohnt man dort?	▶ Es ist sehr schön dort/relativ ruhig. Es ist direkt am Park/fast im Grünen. Es ist nicht weit zum Bus/zur U-Bahn. Es gibt gute Einkaufsmöglichkeiten/Schulen.
Wie kommen Sie zur Arbeit?	▶ Mit dem Auto/Bus/Fahrrad/Zug/mit der U-Bahn/S-Bahn. Zu Fuß.
Wie wohnen Sie?	▶ In einer Wohnung/Doppelhaushälfte. In einem Einfamilienhaus/Reihenhaus.
Gehört die Wohnung/das Haus Ihnen?	▶ Ja, es ist eine Eigentumswohnung/das Haus gehört mir. Nein, es ist eine Mietwohnung/ein Mietshaus.
Wie groß ist Ihre Wohnung/Ihr Haus?	▶ Relativ klein. / Mittelgroß. / Groß. / Ungefähr 80/120/150 Quadratmeter. / Wir haben 3/4/5 Zimmer.

2 Welche Antworten sind für Herrn Weber und Herrn Noske richtig? Hören Sie zu.

IMMOBILIEN-MARKT

HÄUSER

180 m²
Wohn- Nutzfläche
für DM 760.000,-
in begehrter Wohnlage
direkt am Tierpark

Attraktives Einfamilienhaus, Altbau, 7 Zimmer, großzügiger Wohn-Eßbereich mit ca. 38 m², 3 Schlafräume, Gästezimmer, Gäste-WC, Hobbyraum mit Weinkeller, Arbeitszimmer mit sep. Zugang, Wintergarten, 360 m² Garten mit Teich
M. Kuhfuss Immobilien, Tel 069/39 42 13

CAPITAL IMMOBILIEN

Attr. DHH, am westlichen Stadtrand, Wohnfl. ca. 150 m², ruh. u. sonn. S-Grundstück, 2 Balkone, Garage, wenige Gehminuten von S-Bahn, allen Einkaufsmöglichkeiten und Schulen entfernt, DM 644 800,-
Tel. 06192/36 77 88

F-Niederrad, Reihenhaus

Neubau, absolut ruhige Lage trotz guter Verkehrsverbindungen, 130 m² Wfl., Wohnküche, Keller, Dachausbau, Gäste-WC, Garage, ca. 190 m² SW-Garten, Terrasse
KP DM 498.000,-
IHS Immobilien, Tel. 069/38 35 80

EIGENTUMSWOHNUNGEN

Im Süden von Frankfurt, verkehrsgünstige Lage, 3 Zi.-ETW 100 m² Wfl., EBK, Westbalkon, Pkw-Stellplatz, Etagenheizung, 5. OG., Lift, **KP DM 385 000,-**
Privat 06910 / 93 06 98

MIETWOHNUNGEN

1 Zimmer-Whg., EG mit Gartenanteil, möbliert, EBK, Dusche, WC, Gasetagenheizung, Kabelanschluß, zentrale Lage, **Miete DM 550,- + NK + Kt.**
Tel. 069 / 75 13 51

Zentrumslage, helle 4 Zi-Whg., 110 m², Ausstattung: EBK, Gäste-WC, Abstellraum, Balkon, TG-Stellplatz, Nähe U-/S-Bahn, **DM 1700,- NK + Kt.**
Tel. 069/59 81 42

Zu vermieten: Zimmer

Möbliertes Zi. in Einfam.-Haus, 14 m², Bad-, Küchenbenutzung, Kühlschrank u. Kabel-TV i. Zi., 5 Min. m. Bus zur S-Bahn, DM 500,- inkl.
Tel. 069/75 13 41

Abkürzungen:

KP = Kaufpreis	EG = Erdgeschoß	NK = Nebenkosten
ETW = Etagenwohnung	OG = Obergeschoß	Kt. = Kaution
EBK = Einbauküche	TG = Tiefgarage	

C   Mit Hilfe der Immobilienanzeigen und der Ausdrücke in **A** und **B** beschreiben Sie Ihr eigenes Haus/Ihre eigene Wohnung unter folgenden Gesichtspunkten.

    • Haus-/Wohnungstyp   • Lage/Wohnqualität   • Wohnfläche/Zahl der Zimmer   • Ausstattung

D   Herr Noske und Herr Weber reden über ihre Familien. Welche Aussagen beschreiben ihre Familienverhältnisse?

1. Herr Weber hat zwei Töchter/einen Sohn und eine Tochter/keine Kinder.
2. Seine Frau ist Hausfrau/berufstätig.
3. Der Sohn von Herrn Noske ist 10 Jahre alt/wird bald 18.
4. Er geht noch zur Schule/lernt Industrie-mechaniker/studiert an der Universität.
5. Herr Noske hat zwei Schwestern/eine Schwester und einen Bruder/keine Geschwister.
6. Sein Schwager arbeitet bei Morita/ist im Moment arbeitslos.
7. Sein Neffe ist der Sohn von seinem Bruder/von seiner Schwester.
8. Herr Noske ist ledig/verheiratet/geschieden/verwitwet.

E   Unterhalten Sie sich mit einem deutschsprachigen Gast über Heimatstadt, Wohnung und Familie. Bringen Sie eventuell Ihre eigenen Fotos mit!
PARTNER A benutzt Datenblatt A7, S. 150.
PARTNER B benutzt Datenblatt B7, S. 158.

3.4 Was machen Sie in Ihrer Freizeit?

A **1** Wenn man sich mit Geschäftsfreunden unterhält, ist die Freizeit immer ein gutes Gesprächsthema. Sehen Sie sich die Tabelle an. Welche Aktivitäten machen Sie in Ihrer Freizeit gern?

<table>
<tr><th colspan="4">Freizeitverhalten - Freizeittätigkeiten</th></tr>
<tr><td colspan="4">Von je 100 Bundesbürgern üben regelmäßig aus (N = 2000 ab 14 Jahren)</td></tr>
<tr><td></td><td>%</td><td></td><td>%</td></tr>
<tr><td>fernsehen</td><td>89</td><td>Ausflüge, Wochenendfahrt machen</td><td>27</td></tr>
<tr><td>Radio, Musik hören</td><td>76</td><td>heimwerken, basteln (Wohnung renovieren, Auto</td><td></td></tr>
<tr><td>Zeitung, Illustrierte lesen</td><td>76</td><td>warten usw.)</td><td>21</td></tr>
<tr><td>telefonieren mit Freunden</td><td>64</td><td>in die Kneipe gehen</td><td>21</td></tr>
<tr><td>sich mit Freunden treffen</td><td>53</td><td>selbst Sport treiben, trimmen (joggen, Aerobik usw.)</td><td>19</td></tr>
<tr><td>im Garten arbeiten</td><td>38</td><td>Handarbeiten (stricken, nähen)</td><td>15</td></tr>
<tr><td>Bücher lesen</td><td>36</td><td>Sportveranstaltungen besuchen</td><td>13</td></tr>
<tr><td>Rad fahren</td><td>34</td><td>tanzen, in die Disco gehen</td><td>12</td></tr>
<tr><td>spazierengehen, wandern</td><td>33</td><td>ins Kino gehen</td><td>10</td></tr>
<tr><td>Einkaufs-, Stadtbummel machen</td><td>32</td><td>in die Oper, ins Konzert, Theater gehen</td><td>5</td></tr>
<tr><td>Besuche machen, Besuch bekommen</td><td>29</td><td>Rock-, Pop-, Jazzkonzert besuchen</td><td>4</td></tr>
<tr><td>essen gehen</td><td>28</td><td>Museum, Kunstausstellung besuchen</td><td>4</td></tr>
<tr><td colspan="4">Quelle: Freizeit 2001, und „Urlaub 91" B.A.T. Freizeit-Forschungsinstitut</td></tr>
</table>

2 Wie viele Arten von Fernsehsendungen können Sie nennen? Z.B.:

Sportsendungen, Spielfilme, die Nachrichten ...

3 Wie viele Sportarten können Sie nennen? Z.B.:

Skilaufen, kegeln, wandern ...

4 Haben Sie Freizeitinteressen oder Hobbys, die nicht auf dieser Liste stehen? Wie heißen sie auf deutsch?

B **1** Herr Noske und Herr Weber sprechen über ihre Freizeitinteressen. Welche Fragen stellen sie?

Was machen Sie in Ihrer Freizeit?
Interessieren Sie sich für Musik oder Theater?
Gehen Sie gern ins Kino?
Was für Filme sehen Sie gern?
Haben Sie in letzter Zeit einen guten Film gesehen?
Sehen Sie viel fern?
Was für Sendungen sehen Sie gern?
Treiben Sie Sport?
Sind Sie sportlich aktiv?
Was für Sportarten treiben Sie?
Sind Sie Mitglied in einem Sportverein?
Wie oft treffen Sie sich?
Wie oft joggen Sie?
Haben Sie noch andere Hobbys?
Lesen Sie gern?
Welche Bücher lesen Sie am liebsten?
Wer sind Ihre Lieblingsautoren?

2 Hören Sie noch einmal zu. Was für Antworten geben sie?

C Sprechen Sie mit Ihrem Partner über Ihre Freizeitinteressen. Stellen und beantworten Sie ähnliche Fragen wie in **B**. Haben Sie etwas gemeinsam?

D 1 Lesen Sie den Text über das Freizeitbudget der Deutschen. Was bedeuten die <u>unterstrichenen</u> Wörter? Können Sie sie auf deutsch erklären?

2 Sehen Sie sich die Tabelle an. Welche Ausgaben (in Prozent) sind seit 1988 gestiegen/gefallen? Was könnten die Gründe dafür sein?

Freizeitbudget

Das Freizeitbudget der privaten <u>Haushalte</u> in der westlichen Bundesrepublik Deutschland ist seit 1965 um 650% gestiegen. Je nach Einkommenssituation erreichen die Freizeitausgaben 10% bis 20% der <u>Haushaltsausgaben</u>.
1992 hatte ein durchschnittlicher Haushalt (d.h. eine Familie mit vier Personen) ein <u>ausgabenfähiges Einkommen</u> von DM 5.143,-- im Monat. Davon waren DM 3.976,-- Ausgaben für <u>den laufenden Bedarf</u>, gespart wurden DM 639,--. Die monatlichen Freizeitausgaben betrugen DM 732,--, also 14,23% des ausgabenfähigen Einkommens.

Das Freizeitbudget - West - 1988 - 1993
Jahresausgaben von Arbeitnehmerhaushalten (West)
4 Personen, mit mittlerem Einkommen

	1988		1993	
	DM	%	DM	%
Urlaub	1 828	25,5	2 434	27,0
Auto für Freizeit	949	13,2	1 187	13,2
Sport, Camping	937	13,1	1 171	13,0
Radio, Video	812	11,3	1 058	11,7
Bücher, Zeitungen, Zeitschriften	632	8,7	709	7,9
Garten, Haustiere	516	7,2	570	6,3
Spiele, Spielzeug	324	4,5	451	5,0
Foto, Film	239	3,3	239	2,6
Kino, Theater, Konzert	154	2,1	208	2,2
Heimwerken	80	1,1	78	0,9
Sonstige Ausg.	746	10,4	917	10,2
Insgesamt	7 177	100,0	9 022	100,0

Freizeit-Ausgaben-Trends
Über das künftige private Ausgabeverhalten für Freizeit und Tourismus kann man sagen:
■ Der Anteil der Freizeitausgaben an den Haushaltsausgaben wird weiter wachsen, obgleich mit einer flacheren Kurve.
■ Man wird das Geld für die Freizeit kritischer ausgeben, d.h., man wird sich weniger, aber dafür teurere Freizeitwünsche leisten.
■ Nicht-materielle, besonders ökologische Überlegungen werden das Freizeitverhalten immer mehr beeinflussen.
■ Es wird eine zunehmende Gruppe von Menschen geben, die sich viele Freizeitangebote und -produkte nicht mehr leisten können.

3 Lesen Sie die **Freizeit-Ausgaben-Trends**. Was sind Ihrer Meinung nach die Gründe für diese Trends? Z.B.:

Die Zahl der Arbeitslosen/Teilzeitarbeiter wird steigen.
Mehr Leute werden einen Nebenberuf haben.
Die Lebenskosten/Steuern werden steigen.
Die Kaufkraft wird stagnieren/sinken.
Das Umweltbewußtsein wird weiter wachsen.

SPRACHARBEIT

Unterstreichen Sie alle Beispiele des **Futurs** in dem Text Freizeit-Ausgaben-Trends. Wie wird es gebildet?
Achtung: Wenn Sie sich auf die Zukunft beziehen, können Sie das Präsens verwenden, z.B.
Ich rufe Sie morgen an.
Ich reserviere einen Tisch für Donnerstag abend.   ▶ 6.10

E 1 Machen Sie eine Umfrage zum Thema Freizeit. Welche sind die drei beliebtesten Freizeitaktivitäten? Vergleichen Sie Ihre Ergebnisse mit der Tabelle in **A**.

2 Stellen Sie Ihre Freizeitausgaben graphisch in einer Tabelle dar.
Vergleichen Sie Ihr Freizeitbudget mit dem Ihres Partners.

3.5 Wo waren Sie im Urlaub?

A 1 Das Hauptreiseland der Deutschen ist Deutschland. Einige beliebte Reiseziele
sehen Sie unten. Ordnen Sie die Beschreibungen den Bildern zu.

▲ *Vesper im Weinberg*

Sonne, Strand, Meer ▶

▲ *Die Wald-Romantik
erleben*

*Eisstockschießen
in den Alpen* ▶

A

Bayern ist Deutschlands beliebtestes Reiseland.
Hauptattraktionen sind die bayerischen Alpen – mit
Deutschlands höchstem Berg, der Zugspitze – die
malerischen Seen des Alpenvorlands, der Bayerische
Wald mit dem ersten deutschen Nationalpark oder die
Täler von Donau und Main.

B

Schleswig-Holstein liegt als einziges deutsches
Bundesland an zwei Meeren: Nord- und Ostsee.
Tausende von Touristen fahren an die Ostsee nach
Lübeck oder Travemünde. Für einen Badeurlaub sind
die Nordfriesischen Inseln sehr beliebt, darunter die
Insel Sylt. Naturfreunde lockt der Nationalpark
Wattenmeer an der Nordsee.

C

Das Gebiet rund um die Mosel ist nicht nur bekannt
für seine landschaftlichen Schönheiten und sein
angenehmes Klima, sondern auch für seine
kulinarischen Spezialitäten und natürlich seinen Wein.
Fast jede Stadt hat ihr Weinfest, das manchmal
mehrere Tage dauert. Höhepunkte sind die Krönung
einer Weinkönigin, ein Festumzug und abendliches
Feuerwerk. Der Humor und die Kontaktfreudigkeit
der Moselaner machen es Gästen leicht, fröhlich
mitzufeiern.

D

Thüringen nennt man das „Grüne Herz
Deutschlands". Der Thüringer Wald, mit seinen
anziehenden Tälern und prächtigen Wäldern, ist ein
vielbesuchtes Reiseziel von Wanderfreunden und
Liebhabern der Natur. Attraktive Ausflugsorte sind
auch die historischen Städte im Thüringer Becken,
wie die über 1.250 Jahre alte Landeshauptstadt Erfurt,
oder Eisenach, Geburtsort von Johann Sebastian
Bach.

2 Welches sind die beliebtesten Ferienorte bzw. -gebiete in Ihrem Land? Warum sind sie beliebt?

3 Die Urlaubsgewohnheiten der Deutschen haben sich geändert. Früher ruhten sie sich lieber aus
und lagen am Strand, heute bevorzugen sie den Aktiv-Urlaub mit viel Bewegung. Welche Art
von Urlaub bevorzugen Sie? Den Strandurlaub, den Stadturlaub, den Aktiv-Urlaub? Warum?

B **1** Österreich ist auch ein beliebtes Ferienland. Können Sie einige Reiseziele nennen?

2 Informieren Sie sich über St. Gilgen. Lesen Sie den Text aus einem Reiseprospekt.

1 Wo liegt dieser Ferienort? 3 Was kann man dort machen?
2 Was für ein Ort ist das? 4 Wo kann man dort wohnen?

ÖSTERREICH SALZKAMMERGUT

WOLFGANGSEE (550 m)

St. Gilgen ist ein bekannter Urlaubsort am Westufer des Wolfgangsees. Dieses malerische Städtchen, einst Wohnort der Familie Mozart, bietet seinen Gästen Ruhe und Erholung, aber auch viel Abwechslung. Machen Sie einen gemütlichen Stadtbummel durch die bunten Straßen und Gassen mit ihren faszinierenden Geschäften und schmucken Häusern. Besichtigen Sie die alte Kirche mit ihrem Zwiebelturm, den Mozartbrunnen, das Geburtshaus der Mutter Mozarts.

HOTEL JODLERWIRT und
PENSION SALZKAMMERGUT

GASTHOF PENSION ZUR LINDE

Von der Uferpromenade genießen Sie den Blick über den See zum Schafberg. Fahren Sie mit der Seilbahn zum Zwölferhorn hinauf und wandern Sie in den umliegenden Bergen.
An sportlichen Aktivitäten steht der Wassersport im Vordergrund: Baden oder Surfen, Segeln und Rudern. Das Hallenbad mit Sauna und Solarium sowie Minigolf, Kegelbahnen und Fahrradvermietung runden das sportliche Angebot ab. Oder Sie können einfach am Strand in der Sonne liegen!
Konzerte im Park oder in der Kirche, Kinderfeste, Folkloreabende mit Musik und Tanz und vieles mehr erwarten Sie.
Kosten Sie die österreichische Küche und österreichische Weine in den vielen Restaurants und Cafés.
Machen Sie Tagesausflüge in die Mozartstadt Salzburg oder nach Wien und entdecken Sie diese traditionsreichen Städte.
Unsere gemütlichen, familiären Gasthöfe, Pensionen und Hotels liegen rund um den See. Noch mehr Auswahl gibt's in unserem neuen Katalog: Bauernhöfe und Ferienwohnungen für Selbstversorger!

3 Würden Sie diesen Ferienort wählen? Warum? Warum nicht? Sprechen Sie darüber mit Ihrem Partner.

C Herr Weber erzählt Herrn Noske von seinem letzten Urlaub, den er in St. Gilgen verbracht hat. Was ist richtig? Was ist falsch?

1 Herr Weber und seine Familie haben eine Woche in St. Gilgen verbracht.
2 Es hat ihnen sehr gut gefallen.
3 Sie haben in einer Familienpension gewohnt.
4 Sie sind viel in den Bergen gewandert.
5 Herr Webers Sohn ist auf dem See gesegelt.
6 Sie haben einen Tagesausflug nach Wien gemacht.
7 Abends ist Herr Weber mit seiner Frau oft ins Konzert gegangen.
8 Es hat viel geregnet.

SPRACHARBEIT

In gesprochenem Deutsch benutzt man vorzugsweise das **Perfekt**, um in der Vergangenheit Erlebtes zu beschreiben. Wie wird es gebildet? Schauen Sie sich die folgenden Sätze an. Können Sie eine Regel zum Gebrauch der Hilfsverben *haben* und *sein* ableiten?

Wir **haben** einige Wanderungen in den Bergen **gemacht**.
Wir **sind** viel in den Bergen **gewandert**.
Ich **bin** auf dem See **gesegelt**.
Ich **habe** mein Boot auf dem See **gesegelt**.

▶ 6.7

D **1** Herr Weber fragt Herrn Noske nach seinem letzten Urlaub. Ergänzen Sie die Verben im Perfekt mit der richtigen Form von *haben* oder *sein*. Dann lesen Sie den Dialog mit Ihrem Partner und vergleichen Ihre Antworten.

■ Wo waren Sie letztes Jahr im Urlaub?
▶ Wir (1)... in die Türkei geflogen und (2)... zwei Wochen in Side verbracht.

■ Aha! Da war ich noch nie. Wie (3)... es Ihnen gefallen?
▶ Es war wunderbar. Wir (4)... uns richtig erholt!

■ Prima! Wo (5)... Sie denn gewohnt?
▶ Wir (6)... in einem Luxushotel gewohnt, direkt am Strand. Der Service war ausgezeichnet, und das Essen (7)... uns sehr gut geschmeckt. Die Leute waren auch sehr freundlich.

■ Und was (8)... Sie dort gemacht?
▶ Natürlich (9)... wir viel am Strand gelegen und wir (10)... auch jeden Tag geschwommen. Wir (11)... die römischen Ruinen besucht, die direkt in Side sind. Wir (12)... auch einige Ausflüge mit dem Bus ins Landesinnere gemacht. Und abends (13)... wir durch die Bazars gebummelt. Es war ein sehr schöner Urlaub.

■ Und wie war das Wetter?
▶ Meistens herrlich, nur am letzten Tag (14)... es geregnet!

■ Wunderbar. Da muß ich auch mal hin! Und haben Sie schon Reisepläne für dieses Jahr?
▶ Ja, dieses Jahr wollen wir wahrscheinlich nach Spanien fahren.

2 Kontrollieren Sie Ihre Antworten anhand der Kassette.

SPRACHARBEIT

1 Suchen Sie alle Formen des **Partizip II** in **C** und **D**. Können Sie die Infinitiv-Formen bilden?
Z.B.:
gegangen – gehen   gewohnt – wohnen
Ordnen Sie nun die Verben danach, wie ihr Partizip II gebildet wird.   ▶ 6.8
2 Sehen Sie sich in **D** die Beispiele für *sein* und *haben* als Vollverben an.   ▶ 6.9

E Wo und wie haben Sie Ihren letzten Urlaub verbracht? Tauschen Sie Ihre Urlaubserlebnisse mit einem Partner aus.

3.6 Was kann man hier tun?

A Sie sind auf Geschäftsreise in Frankfurt und haben einen freien Tag. Lesen Sie das Informationsblatt rechts und entscheiden Sie, was Sie am Tag/am Abend machen möchten. Dann vergleichen Sie Ihre Wahl mit Ihrem Partner, z.B.:

> Ich möchte den Römer besichtigen. Ich interessiere mich nämlich für deutsche Geschichte. Und Sie?

> Ich möchte einen Schaufensterbummel auf der Zeil machen. So was macht mir immer Spaß.

SPRACHARBEIT

Schauen Sie sich die folgenden Beispiele der **Passivform** im Text über Frankfurt an.
   Das Museum für Moderne Kunst **wurde** 1991 **eröffnet**.
   Der Palmengarten **wurde** 1869 von Frankfurts Bürgern **gegründet**.
Das Passiv wird mit der entsprechenden Zeitform von *werden* und dem Partizip II des Verbs gebildet. Können Sie noch mehr Beispiele im Text finden?   ▶ 6.11

B **1** Herr Weber und Herr Noske sprechen darüber, was es in Frankfurt zu tun gibt. Was möchte Herr Weber tun? Was empfiehlt Herr Noske? Suchen Sie die Orte auf dem Informationsblatt rechts.

2 Hören Sie noch einmal zu. Was sagt Herr Noske über
   a) das Museumsufer?   b) die Zeil?   c) die Alte Oper?

SPRACHARBEIT

Die **Konjunktionen** *wenn* und *weil* leiten einen Nebensatz ein.

Nebensatz	Hauptsatz
Wenn Sie sich für Filme interessieren,	**könnten** Sie das Filmmuseum besuchen.
Hauptsatz	**Nebensatz**
Die Straße dort nennt man „Museumsufer",	**weil** es dort so viele Museen **gibt**.

Was geschieht mit dem Verb im Nebensatz?
Womit beginnt der Hauptsatz, wenn der Nebensatz an erster Stelle steht?
Beachten Sie, daß man Haupt– und Nebensatz immer durch ein Komma trennt.   ▶ 7.5

C Bilden Sie *Wenn*-Sätze mit Hilfe des Informationsblatts, z.B.:

Wenn Sie ...

einige Sehenswürdigkeiten besichtigen wollen,	könn(t)en Sie	[den Römer] besuchen.
sich für Naturkunde/Kunst interessieren,	sollten Sie	ins [Naturmuseum]
Andenken/Geschenke kaufen wollen,	müssen Sie	in die [Zeil]
gern Oper/Jazz hören/ins Theater gehen,		nach [Sachsenhausen]
Spezialitäten der Gegend probieren wollen,		gehen.

D Spielen Sie abwechselnd die Rolle von Gast und Gastgeber in Frankfurt. Stellen Sie diese oder ähnliche Fragen.

> Was kann man hier tun/sehen?
> Wo kann ich am besten einkaufen gehen?
> Was kann man am Abend machen?

> Was möchten Sie machen?
> Haben Sie besondere Interessen/Wünsche?
> Es kommt darauf an, was Sie machen wollen/ wofür Sie sich interessieren.

PARTNER A benutzt Datenblatt A8, S. 150.
PARTNER B benutzt Datenblatt B8, S. 158.

E Machen Sie eine Liste von Dingen, die man in Ihrer Stadt sehen und tun kann, und beraten Sie einen deutschsprachigen Gast. Laden Sie ihn/sie eventuell zu etwas ein.

Frankfurt Welcome

Sehenswürdigkeiten

Alle interessanten Sehenswürdigkeiten liegen zentrumsnah und sind ohne Mühe zu Fuß zu erreichen. Besonders empfehlenswert:

der Römerberg
Frankfurts ältester Platz im historischen Zentrum der Stadt. Auf dem Römerberg fanden im 11. Jahrhundert erstmals Messeveranstaltungen statt.

der Römer
Das mittelalterliche Rathaus Frankfurts, seit 1405 Wahrzeichen der Stadt.

der Kaiserdom
Seit 1356 offizieller Wahlort und seit 1562 die Krönungsstätte der deutschen Könige und Kaiser.

St. Leonhard
Die älteste Kirche Frankfurts.

die Paulskirche
Die Paulskirche wurde 1789-1833 erbaut und war Sitz der ersten Deutschen Nationalversammlung 1848/49.

das Goethehaus
Hier wurde Deutschlands größter Dichter, Johann Wolfgang von Goethe, am 28.8.1749 geboren.

Unser Tip: Eine Stadtrundfahrt – täglich ab Römer oder Hauptbahnhof – oder ein individueller Stadtrundgang mit Walkman und Cassette.

Museen

Frankfurt hat fast 40 Museen. Acht davon finden sich am Ufer des Mains, gennant das „Museumsufer". Besonders empfehlenswert:

Historisches Museum
Besonders interessant ist das Altstadtmodell.

Museum für Moderne Kunst
Das Museum wurde von dem österreichischen Architekten Hans Hollein erbaut und 1991 eröffnet. Ein besonders spektakuläres Beispiel Frankfurter Museumsarchitektur.

Kunsthalle Schirn
Hier finden erstklassige internationale Wechselausstellungen statt.

Deutsches Filmmuseum
Das Kommunale Kino im Filmmuseum präsentiert täglich (außer montags) mehrere Vorstellungen.

Naturmuseum Senckenberg
Das größte Museum seiner Art in der BRD. Besonders sehenswert sind die riesigen Skelette der Donnerechsen und Saurier.

Öffnungszeiten: Alle Frankfurter Museen sind, außer montags, von 10 bis 17 Uhr geöffnet, mittwochs oft länger.

Einkaufsstraßen und Märkte

Einkaufen in Frankfurt ist angenehm und bequem. Die wichtigsten Einkaufsstraßen der Innenstadt sind:

die Zeil
Frankfurts berühmte Einkaufsmeile ist auch Fußgängerzone durch den Stadtkern. Auf der Zeil befinden sich fast alle großen Kauf- und Warenhäuser.

die Große Bockenheimer Straße / Goethestraße
Frankfurts exklusive Einkaufszone. Hier findet man Niederlassungen internationaler Modeschöpfer und Juweliere. Die Große Bockenheimer Straße nennt man die „Freßgass", weil man hier eine Vielzahl von Delikatessenläden und Feinschmeckerrestaurants findet. Die meisten Geschenk- und Andenkenläden findet man **unter der Hauptwache**, im **Bahnhofsviertel** und in **Sachsenhausen**.

Typische Souvenirs sind der Frankfurter *Äppelwoi*-Bembel, aus Steinzeug, blau bemalt, und das Bethmännchen aus Marzipan.

Wer Wochenmärkte liebt, kann samstags vormittags den **Flohmarkt am Museumsufer** besuchen. Hier findet man alles vom wertlosen Gerümpel bis zur Antiquität.

Freizeit in und um Frankfurt

Frankfurt hat viele Grünflächen und Parks. Besonders beliebt sind Ausflüge in den ...

Frankfurter Zoo
Der ca. 11 ha. große Zoo wurde 1858 vom Tierarzt Max Schmidt gegründet.

Palmengarten
Der Palmengarten, 1869 von Frankfurts Bürgern gegründet, zeigt tropische und subtropische Pflanzen. Besonders berühmt für seine Orchideensammlung.

Frankfurt und seine Umgebung bieten viele Ausflugsmöglichkeiten. Attraktive Ziele für Tagesausflüge sind **das Taunusgebirge, Heidelberg, Rothenburg ob der Tauber** oder **Würzburg.**

Unser Tip: Eine Schiffsfahrt auf dem Main oder Rhein.

Unterhaltung

Frankfurt bietet viele Unterhaltungsmöglichkeiten: Theater, klassische Konzerte, Ballett- oder Opernveranstaltungen, Kinos, Diskotheken, Musikkeller usw. Für Kulturinteressenten:
die Alte Oper

Konzert- und Kongreßhaus. International renommierte Konzertinterpreten gastieren regelmäßig hier.
die Stadtoper Frankfurt
das Schauspielhaus Frankfurt
Genauere Informationen über alle wichtigen Ereignisse findet man in den verschiedenen Veranstaltungskalendern oder in der Tagespresse.

Unser Tip: ... besonders sehenswert:
Alt-Sachsenhausen
Frankfurts Vergnügungsviertel am südlichen Mainufer. Hier erlebt man die echte Frankfurter Atmosphäre. Traditionelle Lokale mit Frankfurter Spezialitäten wie

Äppelwoi (Apfelwein), *Handkäs' mit Musik* (Käse mit Zwiebeln), Straßencafés, Jazzkeller.

Wie in den meisten Ländern gibt es in Deutschland verschiedene Landschaftstypen, klimatische, wirtschaftliche, kulturelle und sprachliche Unterschiede zwischen den einzelnen Regionen.

1 Sehen Sie sich die Landkarte an. Können Sie die Städte nennen? Z.B.:
D steht für *Düsseldorf,* oder *Duisburg* oder ...

2 Lesen Sie die Kurzinformationen in den Kästen. Welche landschaftlichen Unterschiede gibt es zwischen den einzelnen Regionen? Was sind die wichtigsten Industriegebiete?

3 Können Sie einem deutschsprechenden Gast ähnliche Informationen über Ihr Land/Ihre Region geben?

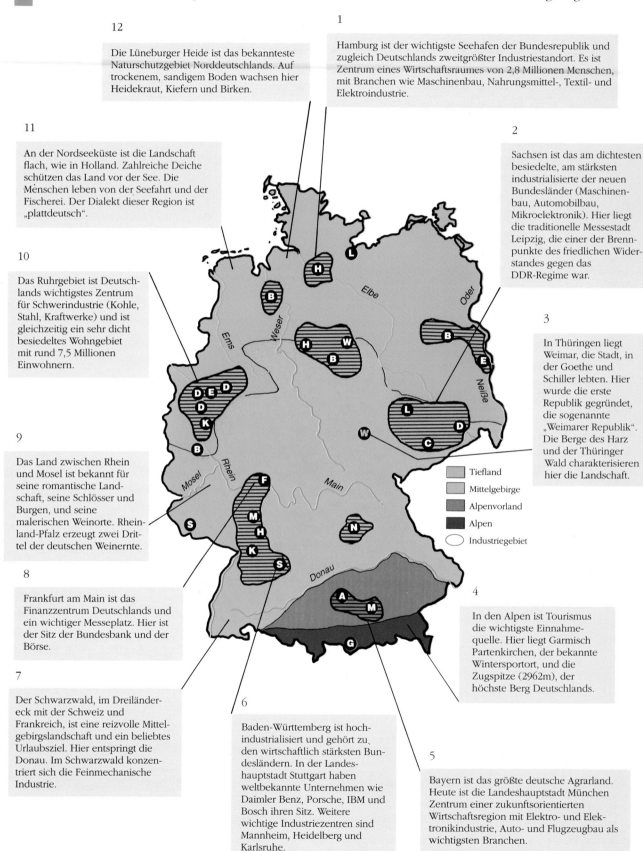

12
Die Lüneburger Heide ist das bekannteste Naturschutzgebiet Norddeutschlands. Auf trockenem, sandigem Boden wachsen hier Heidekraut, Kiefern und Birken.

1
Hamburg ist der wichtigste Seehafen der Bundesrepublik und zugleich Deutschlands zweitgrößter Industriestandort. Es ist Zentrum eines Wirtschaftsraumes von 2,8 Millionen Menschen, mit Branchen wie Maschinenbau, Nahrungsmittel-, Textil- und Elektroindustrie.

11
An der Nordseeküste ist die Landschaft flach, wie in Holland. Zahlreiche Deiche schützen das Land vor der See. Die Menschen leben von der Seefahrt und der Fischerei. Der Dialekt dieser Region ist „plattdeutsch".

2
Sachsen ist das am dichtesten besiedelte, am stärksten industrialisierte der neuen Bundesländer (Maschinenbau, Automobilbau, Mikroelektronik). Hier liegt die traditionelle Messestadt Leipzig, die einer der Brennpunkte des friedlichen Widerstandes gegen das DDR-Regime war.

10
Das Ruhrgebiet ist Deutschlands wichtigstes Zentrum für Schwerindustrie (Kohle, Stahl, Kraftwerke) und ist gleichzeitig ein sehr dicht besiedeltes Wohngebiet mit rund 7,5 Millionen Einwohnern.

3
In Thüringen liegt Weimar, die Stadt, in der Goethe und Schiller lebten. Hier wurde die erste Republik gegründet, die sogenannte „Weimarer Republik". Die Berge des Harz und der Thüringer Wald charakterisieren hier die Landschaft.

9
Das Land zwischen Rhein und Mosel ist bekannt für seine romantische Landschaft, seine Schlösser und Burgen, und seine malerischen Weinorte. Rheinland-Pfalz erzeugt zwei Drittel der deutschen Weinernte.

Tiefland
Mittelgebirge
Alpenvorland
Alpen
Industriegebiet

8
Frankfurt am Main ist das Finanzzentrum Deutschlands und ein wichtiger Messeplatz. Hier ist der Sitz der Bundesbank und der Börse.

7
Der Schwarzwald, im Dreiländereck mit der Schweiz und Frankreich, ist eine reizvolle Mittelgebirgslandschaft und ein beliebtes Urlaubsziel. Hier entspringt die Donau. Im Schwarzwald konzentriert sich die Feinmechanische Industrie.

6
Baden-Württemberg ist hochindustrialisiert und gehört zu den wirtschaftlich stärksten Bundesländern. In der Landeshauptstadt Stuttgart haben weltbekannte Unternehmen wie Daimler Benz, Porsche, IBM und Bosch ihren Sitz. Weitere wichtige Industriezentren sind Mannheim, Heidelberg und Karlsruhe.

4
In den Alpen ist Tourismus die wichtigste Einnahmequelle. Hier liegt Garmisch Partenkirchen, der bekannte Wintersportort, und die Zugspitze (2962m), der höchste Berg Deutschlands.

5
Bayern ist das größte deutsche Agrarland. Heute ist die Landeshauptstadt München Zentrum einer zukunftsorientierten Wirtschaftsregion mit Elektro- und Elektronikindustrie, Auto- und Flugzeugbau als wichtigsten Branchen.

Als Besucher beginnen Sie eine Unterhaltung am besten, indem Sie Interesse an Land und Leuten zeigen, und nicht mit einer persönlichen Frage oder Bemerkung. Die Deutschen sind mit Recht stolz auf ihr Land, ihre Geschichte, Kultur und ihren wirtschaftlichen Erfolg.

1 Stellen Sie sich vor, Sie besuchen einen Geschäftspartner in Berlin oder Bayern. Bereiten Sie einige allgemeine Fragen über das Land/die Stadt und die Bewohner vor, die Ihr Partner dann mit Hilfe des Textes beantwortet.

2 Stellen Sie ein kurzes Profil einer Stadt oder einer Region Ihres Landes für einen deutschsprechenden Besucher zusammen.

Berlin

Einwohner	3,4 Mio.
Landeshauptstadt	Berlin

Landtagswahl 1990	
CDU	40,4%
SPD	30,4%
PDS	9,3%
FDP	7,1%
Bündnis 90/ Die Grünen	4,4%

Kurfürstendamm. Im Hintergrund: Kaiser-Wilhelm-Gedächtniskirche

Bereits in den zwanziger Jahren war Berlin eines der wichtigsten kulturellen und wirtschaftlichen Zentren Europas. Seit 1991 ist Berlin wieder Hauptstadt des vereinten Deutschlands. Bis zur Jahrhundertwende wird die Bundesregierung auch von Bonn nach Berlin umziehen.

Berlin gilt mit Recht als die aufregendste Stadt Deutschlands. Für jeden Geschmack hat die Stadt ein passendes Angebot bereit: Es gibt Tausende von Kneipen, Restaurants, Nachtlokalen, Einkaufszentren, über 50 Theater, drei Opernhäuser, die Berliner Philharmoniker, zahlreiche Museen, Galerien, Konzertsäle und mehr als hundert Kinos.

Berlin ist auch die größte deutsche Industriestadt (besonders wichtig ist die Elektroindustrie, der Maschinenbau und die chemische Industrie) und ein Zentrum für Bank- und Finanzwesen.

Berlin ist eine Stadt am Wasser. Die beiden Flüsse Spree und Havel haben viele kleine Seen und Inseln gebildet und sind durch zahlreiche Kanäle miteinander verbunden. Berlin hat 1.662 Brücken!

Das Umland Berlins ist bekannt für seine Seen, Wälder und historischen Sehenswürdigkeiten. Die Mark Brandenburg, Potsdam mit seinen Parkanlagen und Schlössern, die von den preußischen Königen gebaut wurden, gehören zu den beliebtesten Ausflugszielen der Berliner.

Gibt es den „typischen" Berliner? Natürlich kann man nicht verallgemeinern, aber es gibt doch einige typische Eigenschaften in der Bevölkerung. Die Berliner sind Großstadtmenschen, an Tempo gewöhnt, schnell in der Reaktion, weltoffen. Sie sprechen „berlinerisch" und sind bekannt für ihren Witz und für ihre Schlagfertigkeit. Keine andere Stadt erfindet so viele neue Wörter!

Bayern

Einwohner	11,8 Mio.
Landeshauptstadt	München

Landtagswahl 1994	
CSU	52,8%
SPD	30,1%
Die Grünen	6,1%
FDP	2,8%
Republikaner	3,9

Bayern – da denkt man an Bauernhöfe mit blumengeschmückten Holzbalkonen, Kühe auf grünen Wiesen, im Hintergrund hohe Berge. Man denkt an Urlaub, Wandern, Bergsteigen und Skilaufen. Das alles gilt aber nur für den südlichsten Teil, nämlich für die Alpen.

Bayern bedeutet auch das fruchtbare Hügelland in Niederbayern (die bayerische Kornkammer südlich der Donau), oder Weinberge und malerische alte Städtchen mit Fachwerkhäusern im Frankenland oder bewaldete Hügel und kleine Seen im Bayerischen Wald an der Grenze zur tschechischen Republik.

Neben der Landwirtschaft haben sich auch neuere Industrien angesiedelt, besonders Elektrotechnik und Elektronik. Eine alte Tradition hat in Bayern die Bierbrauerei.

Wie sind die Bayern? „Sie tragen alle Lederhosen, singen und jodeln bei jeder Gelegenheit und trinken Unmengen von Bier". Das ist natürlich ein Klischee, aber man kann sagen, daß die Bayern ursprünglich ein Bauernvolk sind und Sinn für Tradition haben. Sie schätzen Ruhe und Gemütlichkeit und mögen keine Hektik. Die überwiegende Mehrheit der Bevölkerung ist katholisch (Norddeutschland ist hauptsächlich protestantisch) und feiert gern farbenfrohe Feste. Der bayerische Dialekt, der auch in Österreich gesprochen wird, ist nicht nur für Fremde, sondern auch für die Nord- und Ostdeutschen manchmal schwer zu verstehen.

Oktoberfest im Bierzelt

4 Am Arbeitsplatz

Die Lexik und sprachlichen Strukturen in dieser Lektion helfen Ihnen,
- den Aufbau und die Funktionen verschiedener Abteilungen in einem Unternehmen zu benennen,
- über Arbeitszeiten und Bezahlung zu sprechen,
- nach Orten in einem Gebäude zu fragen und entsprechende Wegbeschreibungen zu verstehen,
- über Arbeitsaufgaben und -abläufe zu sprechen,
- zu fragen und zu erklären, wie verschiedene Geräte im Büro funktionieren,
- Einstellungen zur Arbeit zu diskutieren.

Sie werden außerdem darüber informiert, wonach junge Leute in Deutschland in ihrem Beruf suchen.

4.1 Die Firmenorganisation

A **1** Sehen Sie sich das Organigramm der Maschinenbaufirma Rohrbach an. Welche Abteilungen kennen Sie schon?

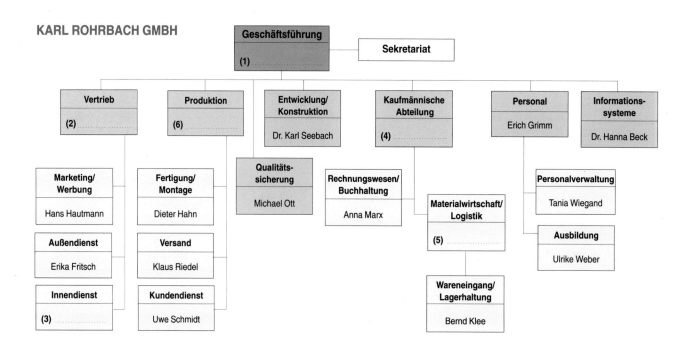

2 Ergänzen Sie die Beschreibung der Firmenorganisation.

> Bei der Firma Rohrbach GmbH gibt es eine Geschäftsführung und sieben Hauptbereiche.
> Die Hauptbereiche sind: Vertrieb, Produktion, (1)..., Entwicklung und (2)..., die (3)...
> Abteilung, Personal und (4)...
> Der Bereich (5)... umfaßt die Abteilung Marketing und Werbung, den Außendienst und
> den (6)...
> Die Produktion umfaßt die (7)..., den Versand und den (8)...
> Zum kaufmännischen Bereich gehören die Abteilungen (9)..., (10)... und die Lagerhaltung.
> Der Bereich (11)... besteht aus den Abteilungen Personalverwaltung und (12)...

B **1** Wolfgang Wenz, ein Student, macht sein Praktikum bei Rohrbach. Der Personalleiter, Herr Grimm, erklärt ihm den Ablauf seines Praktikums.
Sehen Sie sich das Organigramm an. In welchen Abteilungen soll Herr Wenz arbeiten?

2 Hören Sie noch einmal zu. Schreiben Sie die im Organigramm fehlenden Namen auf.

C Stellen und beantworten Sie Fragen über das Personal von Rohrbach, z.B.:

Wie heißt	(der/die)	Leiter/in Vertrieb?
Wer ist		Abteilungsleiter/in Innendienst?

Wer leitet die Produktionsabteilung/den Kundendienst?
Wer ist für das Personal/die Buchhaltung verantwortlich?

D Was für Funktionen haben diese Rohrbach-Abteilungen? Ordnen Sie zu.

1 Die Entwicklung/Konstruktion
2 Die Fertigung/Montage
3 Die Materialwirtschaft/Logistik
4 Der Vertrieb
5 Der Außendienst

a) beschafft das nötige Produktionsmaterial.
b) betreut die Kunden.
c) verkauft die Produkte.
d) fertigt, bzw. montiert die Produkte.
e) entwickelt die Produkte und konzipiert Prototypen.

E Stellen und beantworten Sie Fragen zu den Funktionen anderer Abteilungen.

Welche Abteilung ...
1 beobachtet den Markt und den Wettbewerb?
2 schickt den Kunden Rechnungen?
3 ist verantwortlich für die Planung, Einrichtung und Betreuung der EDV-Systeme?
4 entscheidet über die Marketing-Strategie?
5 nimmt Rohmaterialien an, prüft und lagert sie?
6 versorgt die Kunden mit Ersatzteilen?
7 ist für die Fertigungsplanung und -steuerung verantwortlich?
8 ist für die Aus- und Weiterbildung der Mitarbeiter verantwortlich?
9 bearbeitet schriftliche und telefonische Aufträge?
10 verwaltet das Qualitätssicherungssystem im Gesamtbetrieb?

F **1** Ordnen Sie die Berufe den Kategorien im Schaubild zu.

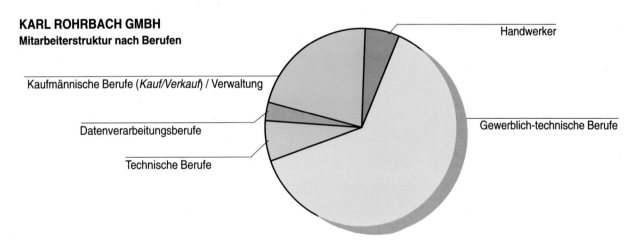

KARL ROHRBACH GMBH
Mitarbeiterstruktur nach Berufen

Handwerker

Kaufmännische Berufe (*Kauf/Verkauf*) / Verwaltung

Datenverarbeitungsberufe

Technische Berufe

Gewerblich-technische Berufe

Buchhalter/in	Industriemechaniker/in	Verpackungshelfer/in	Dreher/in
Diplom-Ingenieur/in	Programmierer/in		Technische/r Zeichner/in
Verkaufsberater/in	Service-Monteur/in	Einkäufer/in	Chemiker/in
Systemanalytiker/in	Industriekaufmann/-frau		Elektroniker/in
Lagerist/in	Architekt/in	Sachbearbeiter/in	Maurer/in

2 In welchen Abteilungen bei Rohrbach findet man diese Berufe?
Welche Berufe gibt es bei Rohrbach nicht?

G Welche sind Ihrer Meinung nach die wichtigsten Abteilungen bei folgenden Unternehmen?

- Versicherungsgesellschaft
- Automobilhersteller
- Chemieunternehmen
- Hersteller von Genußmitteln

4.2 Zeit und Geld

A **1** Der Praktikant Wolfgang Wenz fragt den Personalleiter Herrn Grimm nach den Arbeitszeiten bei der Firma Rohrbach. Ergänzen Sie die Lücken mit Hilfe der Wörter im Kasten.

Kernzeit	Überstunden	Mittagspause	Schichtarbeit
Feiertage	gleitende Arbeitszeit	Urlaubstage	Feierabend

Wie sind die Arbeitszeiten bei der Firma?

▶ In der Fabrik gibt es (1)..., aber in der Verwaltung haben wir (2)... . Die (3)... geht von 9.00 bis 16.00 Uhr.

Und wann kann man morgens anfangen?

▶ Man kann zwischen halb acht und neun Uhr anfangen, und aufhören kann man zwischen 16.00 Uhr und 18.30 Uhr, außer freitags. Freitags machen wir schon um 16.00 Uhr (4)...

Wie viele Stunden muß man pro Woche arbeiten?

▶ 37,5 Stunden einschließlich einer halben Stunde (5)...

Muß man auch (6)... machen?

▶ Die gibt es normalerweise hier in der Verwaltung nicht, aber in der Fabrik manchmal schon, wenn viel Arbeit da ist.

Eine Frage noch: Wie viele (7)... gibt es im Jahr?

▶ 30, und die gesetzlichen (8)... kommen noch dazu.

2 Kontrollieren Sie Ihre Antworten anhand der Kassette.

SPRACHARBEIT

Schauen Sie sich die folgenden Zeitangaben an. Worin besteht der Bedeutungsunterschied?
Freitags machen wir um 16.00 Uhr Feierabend.
Am Freitag bin ich nicht im Büro.
Vervollständigen Sie die folgenden Paare:
am Morgen/... .../nachmittags am Abend/... ▶ 9.2

B Machen Sie eine Umfrage zum Thema Arbeitszeit. Fragen Sie andere Kursteilnehmer, z.B.:

Wann fangen Sie mit der Arbeit an? Wie lange machen Sie Mittagspause?

Gibt es große Unterschiede?

C **1** Anhand der Tabelle beantworten Sie die Fragen zu den durchschnittlichen Wochenarbeitszeiten in verschiedenen Ländern.

1 Wie viele Stunden arbeiten die Deutschen pro Woche? Und die Österreicher? Die Schweizer?
2 Vergleichen Sie die Arbeitswoche in Ihrem Land mit anderen Ländern. Ist sie länger, kürzer oder so lang wie bei Ihnen?
3 In welchen Ländern arbeitet man am meisten/am wenigsten?

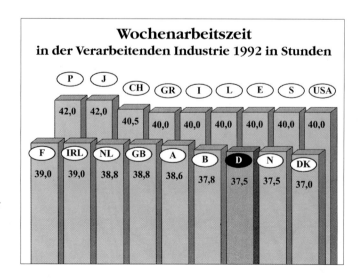

Wochenarbeitszeit
in der Verarbeitenden Industrie 1992 in Stunden

P	J	CH	GR	I	L	E	S	USA
42,0	42,0	40,5	40,0	40,0	40,0	40,0	40,0	40,0

F	IRL	NL	GB	A	B	D	N	DK
39,0	39,0	38,8	38,8	38,6	37,8	37,5	37,5	37,0

2 1950 arbeitete man in Deutschland durchschnittlich 48 Stunden pro Woche.
Gibt es auch in Ihrem Land den Trend zu kürzeren Wochenarbeitszeiten?
Glauben Sie, daß diese Entwicklung positiv oder negativ ist?

D **1** Herr Wenz stellt Herrn Grimm einige Fragen zu
seiner Bezahlung. Welche Aussagen sind richtig?

1 Herr Wenz verdient DM 850 pro Woche/pro Monat.
2 Das ist sein Bruttogehalt/Nettogehalt.
3 Als Praktikant bekommt er noch Wohngeld/Fahrgeld.
4 Angestellte bei Rohrbach bekommen zu Weihnachten
eine Zulage/ein 13. Monatsgehalt.
5 Herr Wenz bittet um eine Gehaltserhöhung/
einen Vorschuß.

2 Vergleichen Sie diese Bedingungen mit Ihrem Land.

E **1** Wieviel man in Deutschland verdient,
kommt auch auf die Branche an.
Stellen und beantworten Sie Fragen zu
dem Schaubild, z.B.:

> Was ist der durchschnittliche Monatsverdienst [im
> Gastgewerbe/im Dienstleistungssektor]?
>
> Ist der Monatsverdienst [im Handel/im
> öffentlichen Dienst] höher/niedriger als [in der
> Industrie]?
>
> In welcher Branche verdient man
> mehr/weniger: [im Verkehrssektor] oder
> [im Baubereich]?
>
> In welcher Branche verdient man das
> meiste/wenigste Geld?
> Welche Branche zahlt die höchsten/
> niedrigsten Löhne?

2 Können Sie dieselben Fragen in bezug
auf Ihr Land beantworten?

Verdiener 1992

Durchschnittliche Brutto-monatsverdienste 1992 in Westdeutschland (Sonderzahlungen eingerechnet)

2 560 DM	**Gastgewerbe**
2 780 DM	**Dienstleistungen**
3 500 DM	**Handel**
3 850 DM	**Bau**
Bahn, Post, Verkehr 4 060 DM	
Öffentlicher Dienst 4 260 DM	
Industrie 4 440 DM	
Banken, Versicherungen 4 840 DM	

© Globus Quelle: DIW 1256

SPRACHARBEIT

1 Wie bildet man im Deutschen den **Superlativ** von Adjektiven und Adverbien?
Bilden Sie die Komparativ– und Superlativformen von folgenden Wörtern:
lang/kurz   hoch/niedrig   viel/wenig   früh/spät
2 Wie wird im Deutschen ein Vergleich ausgedrückt? Vervollständigen Sie das Beispiel:
Die Briten arbeiten ... viele Stunden pro Woche ... die Holländer   ▶ 4.9

F Vergleichen Sie Deutschland und Ihr Land in bezug auf Arbeitszeiten,
Urlaubstage, Einkommen usw., z.B.:

> Die Arbeitswoche ist kürzer/gleich lang.
> Wir fangen mit der Arbeit früher/später an.
> Bei uns gibt es (nicht) so viele Urlaubstage wie in Deutschland.

4.3 Wo ist das Büro?

Geländeplan

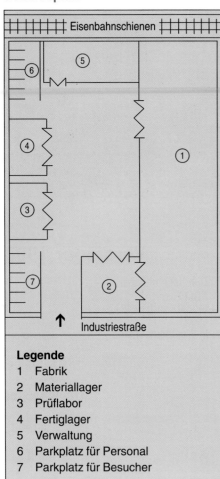

Industriestraße

Legende
1 Fabrik
2 Materiallager
3 Prüflabor
4 Fertiglager
5 Verwaltung
6 Parkplatz für Personal
7 Parkplatz für Besucher

Plan des Verwaltungsgebäudes

2.Stock

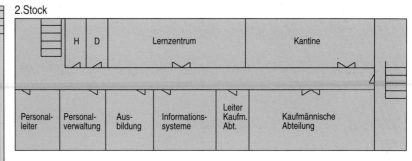

1. Stock

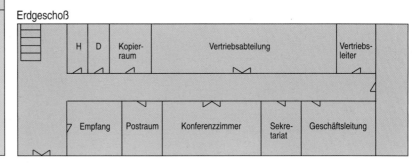

Erdgeschoß

				Vertriebs-leiter
H	D	Kopier-raum	Vertriebsabteilung	
Empfang	Postraum	Konferenzzimmer	Sekre-tariat	Geschäftsleitung

A **1** Sehen Sie sich den Geländeplan von Rohrbach an. Setzen Sie das richtige Wort ein.

in	hinter	gegenüber	rechts vom	neben	zwischen	links vom

1 Der Haupteingang ist ... der Industriestraße.
2 Das Verwaltungsgebäude ist ... dem Haupteingang.
3 ... Haupteingang sind das Materiallager und die Fabrik.
4 ... Haupteingang ist der Parkplatz für Besucher.
5 ... dem Verwaltungsgebäude ist der Parkplatz für das Personal.
6 Das Fertiglager ist ... der Fabrik.
7 Das Prüflabor ist ... dem Fertiglager und dem Parkplatz.
8 ... dem Verwaltungsgebäude sind die Eisenbahnschienen.

2 Vergleichen Sie Ihre Antworten mit Ihrem Partner.

Wo ist der Haupteingang? ▶ In der Industriestraße.

SPRACHARBEIT

Schauen Sie sich die folgenden Beispiele an:
  links/rechts **vom** (= von dem) Haupteingang
  neben/gegenüber **der** Fabrik
  hinter **dem** Verwaltungsgebäude
In welchem Kasus steht das Nomen, das auf die Präpositionen folgt? ▶ 5.3, 5.4

B **1** Sehen Sie sich den Plan des Verwaltungsgebäudes an. Stellen und beantworten Sie Fragen dazu, z.B.:

Wo ist der Empfang? ▶ Im Erdgeschoß.
Wo ist das Büro des
Produktionsleiters? ▶ Im ersten Stock.

2 Am Anfang seines Praktikums kennt sich Herr Wenz bei Rohrbach nicht sehr gut aus. Er muß öfter nach dem Weg fragen. Lesen Sie die Dialoge. Wo will er hin?

Dialog 1
Entschuldigung, wo ist das Büro des ... ? ▶ Sein Büro ist im zweiten Stock. Vom Empfang aus gehen Sie zwei Treppen hoch. Wenn Sie oben sind, sehen Sie seine Tür schon vor sich.

Dialog 2
Wie komme ich zur Abteilung ... ? ▶ Gehen Sie wieder nach unten ins Erdgeschoß, dann links um die Ecke, den Gang entlang, und es ist die vierte Tür links.

Dialog 3
Ich muß in die ... . Wie komme ich dahin? ▶ Gehen Sie zurück zum Empfang, dann eine Treppe hinauf in den ersten Stock. Dort gehen Sie links, dann geradeaus bis fast zum Ende. Sie sehen die Abteilung auf der linken Seite.

Dialog 4
Wo ist der ... ? ▶ Gehen Sie hier rechts raus, zurück zur Treppe, dann die Treppe runter ins Erdgeschoß. Wenn Sie unten sind, gehen Sie links, und er ist auf der rechten Seite gleich hinter dem Empfang.

3 Kontrollieren Sie Ihre Antworten anhand der Kassette. Folgen Sie auf dem Plan links.

SPRACHARBEIT

1 Vergleichen Sie diese Beispiele.
Der Haupteingang ist **in der** Industriestraße.
Gehen Sie hinauf **in den** ersten Stock.
Die Präposition ist gleich, aber die folgenden Nomen haben einen unterschiedlichen Kasus.
In welchem Kasus stehen sie und warum? ▶ 5.4
2 Wenn die Bedeutung klar ist, kann man das Hauptverb nach Modalverben oft weglassen. Welches Verb fehlt in den Beispielen?
Wo wollen Sie hin? Ich muß in die Produktionsabteilung. ▶ 6.4

C **1** Üben Sie die Dialoge in **B**.

2 Spielen Sie weitere Dialoge.
PARTNER A benutzt Datenblatt A9, S. 150.
PARTNER B benutzt Datenblatt B9, S. 158.

D Skizzieren Sie einen Plan Ihrer Firma/Ihrer Schule. Schreiben Sie die Namen der Abteilungen bzw. Zimmer nicht auf den Plan, sondern schreiben Sie eine Legende dazu. Geben Sie einem/einer Besucher/in Anweisungen, wie er/sie vom Eingang aus verschiedene Räume erreicht. Kann sich der/die Besucher/in mit Hilfe Ihrer Anweisungen gut orientieren?

4.4 Wofür sind Sie zuständig?

A

1 Herr Wenz beginnt sein Praktikum in der Vertriebsabteilung. Der Chef, Herr Dorn, stellt ihn einigen Kollegen vor. Welche Position haben sie? Ordnen Sie zu.

1	Frau Kern	a)	Verkaufsberater
2	Herr Barth	b)	Auftragssachbearbeiterin
3	Herr Abt	c)	Sekretärin
4	Frau Richter	d)	Marketing-Assistent

2 Hören Sie noch einmal zu. Welche/r Kollege/Kollegin ...

1 ist für die Kundenbetreuung verantwortlich?
2 ist für allgemeine Büroarbeiten zuständig?
3 kümmert sich um die Aufträge?
4 befaßt sich mit Marktforschung und Werbung?

SPRACHARBEIT

1 Schauen Sie sich die folgenden Sätze an. Sie enthalten jeweils ein reflexives Verb.
  Ich **kümmere mich** um die Aufträge.
  Er **befaßt sich** mit Marktforschung und Werbung.
  Warum verändert sich das Reflexivpronomen?
  Welche anderen Reflexivpronomen kennen Sie? ▶ 6.15
2 Um zu fragen *Für was sind Sie zuständig?* sagt man gewöhnlich:
  Wofür sind Sie zuständig?
  Können Sie erkennen, wie das Fragewort gebildet wird?
  Formen Sie die folgenden Fragen in gleicher Weise um.
  Mit was befassen Sie sich? **Um was** kümmern Sie sich? ▶ 3.11

B PARTNER A: Stellen Sie Herrn Wenz den Kollegen vor.
PARTNER B/C: Spielen Sie die Rollen von Herrn Wenz und den Kollegen.

C Die Auftragsabwicklung ist eine wichtige Aufgabe der Vertriebsabteilung.
Wofür benutzt man folgende Formulare?

der Auftrag	die Anfrage	die Auftragsbestätigung
der Lieferschein	die Rechnung	das Angebot

1 Ein Kunde möchte etwas kaufen. Mit einer ... fragt er nach Preis und Lieferzeit der Ware.
2 Der Lieferant beantwortet die Anfrage mit einem ..., in dem er eine Produktspezifikation, den Preis und die Lieferzeit angibt.
3 Wenn ein Kunde bestellen möchte, schickt er dem Lieferanten einen ...
4 Mit der ... nimmt der Lieferant den Auftrag an.
5 Der ... geht mit der Ware zum Kunden.
6 Mit der ... fordert der Lieferant Zahlung.

D **1** Frau Kern erklärt Herrn Wenz, worin ihre Arbeit als Auftragssachbearbeiterin besteht. Numerieren Sie ihre Aufgaben in der richtigen Reihenfolge.

☐ a) Angebote erstellen
☐ b) Aufträge bestätigen
☐ c) Verkaufsberichte schreiben
☐ d) Liefertermine überwachen
☐ e) Kundenanfragen entgegennehmen
☐ f) Reklamationen bearbeiten

2 Hören Sie noch einmal zu. Beantworten Sie die Fragen.

1 Mit welchen Abteilungen arbeitet Frau Kern eng zusammen?
2 Wie oft muß sie Verkaufsberichte schreiben?
3 Kommen Reklamationen oft vor?

E Lesen Sie die Stellenbeschreibungen. Ergänzen Sie die fehlenden Informationen (s. auch S. 52/53).

1

Name: Birgit Richter

Stellenbezeichnung: ....

Abteilung: Vertrieb (Innendienst)

Zuständigkeiten: allgemeine Büroarbeiten/Büroorganisation

Aufgaben: die Korrespondenz erledigen, die Ablage machen, Termine vereinbaren und überwachen, bei Sitzungen das Protokoll führen, Kunden empfangen

2

Name: Jochen Barth

Stellenbezeichnung: ....

Abteilung: Vertrieb (Außendienst)

Zuständigkeiten: Betreuung der Kundschaft, Gewinnung neuer Kunden

Aufgaben: Kundenbesuche machen, den Kundenbedarf besprechen, fachliche Beratung geben, Produkte vorführen, Verkaufsbedingungen besprechen, die Verkaufsstatistik führen

3

Name: Anna Doliwa

Stellenbezeichnung: ....

Abteilung: ....

Zuständigkeiten: Finanzbuchhaltung

Aufgaben: Kundenkonten verwalten, Rechnungen schreiben und an die Kunden schicken, Monats- und Jahresabschlüsse erstellen

4

Name: Jörg Walisch

Stellenbezeichnung: ....

Abteilung: ....

Zuständigkeiten: Materialauswahl und -beschaffung

Aufgaben: den Lagerbestand überwachen, Angebote von Lieferanten einholen, Bestellungen vorbereiten, Liefertermine festlegen und überwachen

F **1** Sie sind neu bei der Firma. Stellen Sie sich den Kollegen oben vor, dann fragen Sie sie nach ihrer Arbeit.

In welcher Abteilung arbeiten Sie? Was ist Ihre Funktion in der Firma/Abteilung? ▶	Ich arbeite in der Abteilung ... Ich bin [Sekretärin].
Wofür sind Sie zuständig/verantwortlich? ▶	Ich bin für ... zuständig/verantwortlich. Ich befasse mich mit [den Büroarbeiten].
Was müssen Sie bei der Arbeit (alles) machen? Worin besteht Ihre Arbeit? ▶	Ich [erledige die Korrespondenz], ... Zu meinen (Haupt)Aufgaben gehören: ..., ... Jeden Tag/Einmal im Monat/in der Woche muß ich ... Ich muß manchmal/oft/regelmäßig/ständig ...

2 Fragen Sie zwei andere Kollegen nach ihrer Arbeit.
PARTNER A benutzt Datenblatt A10, S. 150.
PARTNER B benutzt Datenblatt B10, S. 158.

G Schreiben Sie Ihre eigene Stellenbeschreibung. Tauschen Sie Informationen über Ihr Aufgabengebiet mit anderen Kursteilnehmern aus.

4.5 Wie funktioniert das Gerät?

A Wie heißen die Teile eines Fotokopierers?

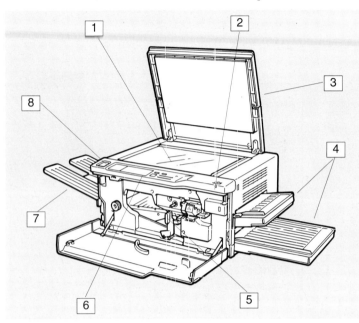

a) **Kopienauffang**
b) **Bedienfeld**
   Hier finden Sie die zur Bedienung des Kopierers nötigen Tasten und Anzeigen.
c) **Papierkassetten**
d) **Hauptschalter**
   Stellung „1": an.
   Stellung „2": aus.
e) **Grüner Hebel**
   Mit diesem Hebel können Sie gestautes Papier im Inneren des Kopierers lösen.
f) **Ablage für Heftklammern**
g) **Originalabdeckung**
h) **Vorlagenglas**

B Frau Richter erklärt dem Praktikanten Herrn Wenz, wie der Fotokopierer in der Vertriebsabteilung funktioniert. Welche Sätze spricht sie?

1 a) Hier kann man das Gerät ein- und ausschalten.
   b) Mit diesem Hauptschalter hier schalten Sie das Gerät ein.
2 a) Das Gerät ist nicht angeschlossen.
   b) Der Stecker ist nicht in der Steckdose.
3 a) Die Steckdose ist hier unter dem Schreibtisch.
   b) Hier schließt man das Gerät an.
4 a) Wenn Sie eingeschaltet haben, müssen Sie etwas warten, bis diese Anzeige grün leuchtet.
   b) Wenn Sie eingeschaltet haben, warten Sie einige Sekunden, bis das Gerät betriebsbereit ist.
5 a) Heben Sie die Abdeckung hoch und legen Sie den Text auf das Vorlagenglas.
   b) Öffnen Sie die Abdeckung und legen Sie den Text hier auf.
6 a) Schließen Sie die Abdeckung.
   b) Vergessen Sie nicht, die Abdeckung zu schließen.
7 a) Wählen Sie die Kopienanzahl mit den Zahlentasten.
   b) Mit diesen Tasten hier stellen Sie die Kopienanzahl ein.
8 a) Dann drücken Sie die Starttaste – fertig!
   b) Dann drücken Sie den Startknopf – fertig!

SPRACHARBEIT

1 Für Aufforderungen und Anweisungen benutzt man normalerweise den **Imperativ**. Finden Sie alle Verben in der Imperativform in **B**. Unterstreichen Sie diese. Was fällt Ihnen an der Stellung des Verbs im Haupt- oder Nebensatz auf?
2 Die Imperativform ist abhängig von der Person, zu der man spricht. Wenn man eine oder mehrere Personen mit dem formalen Sie anredet, benutzt man die gleiche Form wie beim Infinitiv des Verbs und fügt *Sie* hinzu.
   Wie würden Sie die Anweisungen in **B** ausdrücken, wenn Sie jemanden mit dem ungezwungeneren *du* a) im Singular b) im Plural anreden würden? ▶ 6.12

C PARTNER A: Bitten Sie Ihren Partner, Ihnen zu zeigen, wie man den Fotokopierer benutzt.
PARTNER B: Mit Hilfe der Sätze in **B** erklären Sie, wie der Fotokopierer funktioniert.

D **1** Lesen Sie die Bedienungsanleitungen für ein Faxgerät und numerieren Sie sie in der richtigen Reihenfolge anhand der Piktogramme.

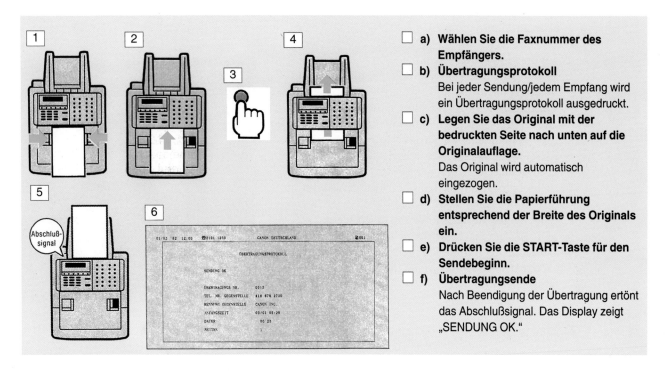

☐ **a) Wählen Sie die Faxnummer des Empfängers.**

☐ **b) Übertragungsprotokoll**
Bei jeder Sendung/jedem Empfang wird ein Übertragungsprotokoll ausgedruckt.

☐ **c) Legen Sie das Original mit der bedruckten Seite nach unten auf die Originalauflage.**
Das Original wird automatisch eingezogen.

☐ **d) Stellen Sie die Papierführung entsprechend der Breite des Originals ein.**

☐ **e) Drücken Sie die START-Taste für den Sendebeginn.**

☐ **f) Übertragungsende**
Nach Beendigung der Übertragung ertönt das Abschlußsignal. Das Display zeigt „SENDUNG OK."

2 Frau Kern erklärt Herrn Wenz, wie man das Faxgerät benutzt.
Kontrollieren Sie Ihre Antworten anhand der Kassette.

E PARTNER A: Sie haben folgende Probleme mit dem Fotokopierer:

1 Es ist kein Papier mehr im Fotokopierer. Sie wissen nicht, wie man es auffüllt.

2 Diese Anzeige leuchtet: 8⅄ Sie wissen nicht, was es bedeutet.

Bitten Sie eine/n Kollegen/Kollegin um Hilfe.

PARTNER B: Mit Hilfe der Stichwörter unten erklären Sie einem/einer neuen Kollegen/Kollegin, was er/sie machen muß, damit der Fotokopierer wieder funktioniert.

PAPIERZUFUHR: ▣ LEUCHTET

Papierkassette herausziehen/ca. 250 Blatt Papier einlegen/darauf achten, daß das Papier unter den Befestigungsecken liegt/Kassette in den Kopierer zurückschieben/weiter kopieren

---

PAPIERSTAU: 8⅄ LEUCHTET

vordere Abdeckung öffnen/grünen Hebel nach links umlegen/gestautes Papier vorsichtig herausziehen/ darauf achten, daß das Papier nicht reißt/Abdeckung wieder zumachen/weiter kopieren

---

F **1** In den Texten in **B**, **D** und **E** kommen viele Verben vor, die wichtig sind, wenn man ein Gerät bedienen oder seine Funktion erklären muß. Machen Sie eine Liste von Verben, die Sie benutzen könnten, um die Funktion der folgenden Geräte zu erklären.

1 ein Kassettenrecorder   2 ein Videogerät   3 eine Kaffeemaschine   4 ein Overheadprojektor

2 Wählen Sie eins von diesen Geräten und erklären Sie Ihrem Partner, wie man es benutzt.

4.6 Wie finden Sie Ihre Arbeit?

A

1 Bei einer Kaffeepause im Büro sprechen Frau Kern, Frau Richter und der Praktikant, Herr Wenz, über ihre Einstellung zur Arbeit. Wer sagt was? Schreiben Sie *K*, *R* oder *W*.

1 „Wie ich Reklamationen hasse!"

2 „Unangenehme Telefongespräche mit Kunden mag ich nicht."

3 „Anfragen entgegennehmen, neue Produkte anbieten, solche Sachen mache ich gerne."

4 „Ich verhandle auch gern mit Kunden über Preise."

5 „Ich arbeite am liebsten selbständig."

6 „Mir gefällt die Arbeit ganz gut."

7 „Geschäftsreisen für den Chef zu organisieren macht mir Spaß."

8 „Die langen Arbeitsstunden mag ich nicht."

9 „Die Ablage machen finde ich todlangweilig!"

10 „Bei Sitzungen führe ich nicht gern Protokoll."

11 „Ich arbeite gern hier, denn die Arbeit ist sehr abwechslungsreich."

12 „Das beste an dem Job sind die netten Kollegen!"

2 Wem gefällt die Arbeit besser, Frau Kern oder Frau Richter?

SPRACHARBEIT

Finden Sie in **A** Beispiele für die folgenden Möglichkeiten, Gefallen und Mißfallen auszudrücken:

1 Verb + *(nicht) gern(e)*
Diese Möglichkeit wird am häufigsten verwendet, wenn man etwas (nicht) mag. ▶ 4.10

2 das Modalverb *mögen* + Akkusativobjekt
Beachten Sie, daß *mögen* meistens in verneinter Form gebraucht wird. ▶ 6.4

3 *jemandem gefallen*
Können Sie das **Subjekt** sowie das **Objekt** des Verbs im nachfolgenden Beispiel bestimmen? In welchem Kasus steht das Objekt? Beachten Sie, daß *gefallen* meist gebraucht wird, um erste Eindrücke zu äußern, z.B.
   Mir gefällt das neue Büro nicht. ▶ 6.14

B 1 Schreiben Sie möglichst viele Sätze über Ihre Einstellung zur Arbeit.
(Wenn Sie noch nicht berufstätig sind, wählen Sie eine Stelle aus **4.4**.)
Benutzen Sie folgende Fragen.

Gefällt Ihnen Ihre Arbeit? / Arbeiten Sie gern bei der Firma?
Welche Aufgaben machen Sie gern/nicht gern?
Was machen Sie am liebsten?
Was gefällt Ihnen am besten an Ihrer Stelle? / Was gefällt Ihnen nicht so gut?

Beispiele:
Ich mache gern/nicht gern Kundenbesuche.
Ich nehme gern/nicht gern an Besprechungen teil.
Ich telefoniere gern/nicht gern.
Ich arbeite gern/nicht gern am Computer/im Büro.
Am besten gefällt mir die selbständige Arbeit.
Routinearbeiten mag ich nicht.
Ich reise nicht gern/übernachte nicht gern im Hotel.

2 Vergleichen Sie Ihre Einstellung zur Arbeit mit Ihrem Partner.

C   Man arbeitet besser, wenn das Arbeitsklima gut ist, d.h. wenn man mit seinen
Kollegen und Vorgesetzten gut auskommt. Welche der folgenden Eigenschaften
sind Ihrer Meinung nach besonders wichtig für einen Vorgesetzten? Einen Kollegen?

Beispiel: Ein Vorgesetzter soll zugänglich sein.

teamfähig	hilfsbereit	ehrgeizig	geduldig
zuverlässig	einsatzbereit	sympathisch	gelassen
fair	freundlich	genau	höflich	gutmütig
zugänglich	humorvoll	flexibel	intelligent

D   In der Kantine lernt Wolfgang Wenz den Praktikanten Udo
Petzold kennen. Sie unterhalten sich über das Arbeitsklima
in ihren Abteilungen.

1   Wie lange arbeitet Udo Petzold schon bei der Firma?
2   In welcher Abteilung arbeitet er zur Zeit?
3   Ist das Arbeitsklima in der Abteilung gut oder schlecht?
4   Wie findet Udo seinen Chef, Herrn Swoboda, und die
    Kollegen Herrn Marek und Herrn Uhl?
5   Wie beschreibt Wolfgang Wenz das Arbeitsklima in seiner
    Abteilung?

KULTURELLES

Beachten Sie, daß die zwei Aus-
zubildenden das ungezwungene *du*,
nicht das formale *Sie* benutzen,
wenn sie miteinander sprechen.
Dies zeigt einen gewissen Grad an
Bekanntschaft und Vertrautheit an.
Der Gebrauch der *du*-Form ist heute
unter Kollegen gebräuchlicher als
früher. Benutzen Sie jedoch immer
die *Sie*-Form, und warten Sie, bis
Ihnen jemand das *du* anbietet.

E   Die Tabelle unten zeigt die Ergebnisse einer Mitarbeiterbefragung bei einem großen deutschen
Unternehmen. Die Prozentzahlen drücken aus, für wie viele der Befragten die Aussagen zutreffen.

Einflußfaktoren für gutes und schlechtes Betriebsklima

+		−	
Man arbeitet gut zusammen.	82%	Ich kann die Kollegen nicht um Rat fragen.	15%
Man hilft sich gegenseitig.	73%	Man informiert sich zu wenig gegenseitig.	12%
Ich fühle mich im Kollegenkreis sehr wohl.	58%	Man hat zu wenig Freiraum, die Arbeit selbst zu gestalten.	11%
Wir treffen uns auch privat.	48%	Wir konkurrieren fast immer miteinander.	8%
Wir versuchen, die Arbeit selbständig aufzuteilen.	46%	Man macht oft Doppelarbeit, weil man zu wenig miteinander spricht.	7%
Wir halten in allen Situationen zusammen.	30%	Meist herrscht ein gespanntes Klima.	6%

1   Wie würden Sie das Arbeitsklima
    bei dieser Firma beurteilen?

a) sehr gut
b) gut
c) könnte besser sein
d) nicht gut

2   Mit Hilfe der Befragungsergebnisse
    numerieren Sie folgende Faktoren
    in Rangordnung (von sehr wichtig
    bis weniger wichtig).

☐ private Kontakte mit den Kollegen
☐ selbständige Arbeitsaufteilung
☐ effektive Kommunikation
☐ nette Kollegen
☐ gute Zusammenarbeit
☐ Teambewußtsein

F   **1**   Welche von den Aussagen in der Tabelle oben treffen für Ihre Firma/Schule zu?

    2   Wenn das Arbeitsklima schlecht ist, wie könnte man versuchen, es zu verbessern?
      Machen Sie Vorschläge.

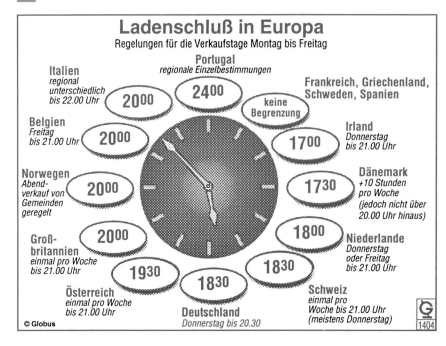

Feiertage und Öffnungszeiten

Im Vergleich zu anderen Ländern ist die Zahl der Feiertage in der Bundesrepublik Deutschland relativ hoch. Die meisten dieser Feiertage sind religiöse Feste. Deshalb gibt es manchmal Unterschiede von Land zu Land je nach Konfession (katholisch oder protestantisch). Außerdem gibt es politisch begründete Feiertage wie z.B. den 1. Mai (Tag der Arbeit).

NB Die Daten von einigen Feiertagen sind vom Kalender abhängig. In dieser Tabelle sind nur die unveränderlichen Daten angegeben.

1 Füllen Sie die Spalte für Ihr Land aus. Haben Sie noch weitere Feiertage in Ihrem Land?

2 Vergleichen Sie die Zahl der Feiertage in Ihrem Land mit Deutschland, Österreich und der Schweiz.

Gesetzliche und religiöse Feiertage		BRD	Österreich	Schweiz	Großbritannien	Frankreich	Italien	Spanien	Dänemark	Niederlande	Schweden	Norwegen	Finnland
1. Januar	Neujahr	■	■	■									
6. Januar	Heilige Drei Könige	■	■										
-	Karfreitag	■		■									
-	Ostersonntag	■	■	■									
-	Ostermontag	■	■	■									
1. Mai	Maifeiertag	■	■	■									
-	Christi Himmelfahrt	■	■	■									
-	Pfingstsonntag	■	■	■									
-	Pfingstmontag	■	■	■									
-	Fronleichnam	■	■	■									
1. August	Nationaler Feiertag			■									
15. August	Mariä Himmelfahrt	■	■	■									
3. Oktober	Tag der Deutschen Einheit	■											
26. Oktober	Nationaler Feiertag		■										
1. November	Allerheiligen	■	■										
2. November	Allerseelen		■										
-	Buß- und Bettag	■											
8. Dezember	Mariä Empfängnis		■	■									
25. Dezember	1. Weihnachtstag	■	■	■									
26. Dezember	2. Weihnachtstag	■	■	■									

Vergleichen Sie Ihre Ladenschlußzeiten mit anderen europäischen Ländern.

Glauben Sie, daß Geschäfte bis spät/sonntags geöffnet sein sollen?

Was sind die Vor- und Nachteile?

Ladenschluß in Europa
Regelungen für die Verkaufstage Montag bis Freitag

Italien regional unterschiedlich bis 22.00 Uhr — 20.00

Portugal regionale Einzelbestimmungen — 24.00

Frankreich, Griechenland, Schweden, Spanien keine Begrenzung

Belgien Freitag bis 21.00 Uhr — 20.00

Irland Donnerstag bis 21.00 Uhr — 17.00

Norwegen Abendverkauf von Gemeinden geregelt — 20.00

Dänemark +10 Stunden pro Woche (jedoch nicht über 20.00 Uhr hinaus) — 17.30

Großbritannien einmal pro Woche bis 21.00 Uhr — 20.00

Niederlande Donnerstag oder Freitag bis 21.00 Uhr — 18.00

Österreich einmal pro Woche bis 21.00 Uhr — 19.30

Deutschland Donnerstag bis 20.30 — 18.30

Schweiz einmal pro Woche bis 21.00 Uhr (meistens Donnerstag) — 18.30

© Globus — 1404

Die Läden in Deutschland sind normalerweise von 9.00 Uhr bis 18.00 Uhr oder 18.30 Uhr geöffnet, donnerstags oft bis 20.30 Uhr. Samstags machen sie nur bis 13.00 Uhr auf, außer am ersten Samstag im Monat. Am „langen Samstag" bleiben sie bis 16.00 Uhr geöffnet.

Das deutsche Ladenschlußgesetz wird aber immer wieder diskutiert. Sprecher von CDU, FDP und SPD fordern die Aufhebung der Ladenschlußzeiten. Jeder Geschäftsinhaber sollte tun können, was er für richtig hält – so wie in Frankreich, Griechenland, Schweden und Spanien. Hier ist es Ladenbesitzern oder Tarifpartnern überlassen, wie die Verkaufszeiten eingeteilt werden.

Ansprüche junger Menschen an Arbeit und Beruf

„Wichtige Dinge an einer (späteren) Arbeit/Berufstätigkeit sind für mich…"

	1989	1984	Mädchen 1989	Jungen 1989
ein sicherer Arbeitsplatz	74	75	73	76
finanziell unabhängig zu sein	63	68	64	62
mit Menschen umzugehen	44	52	57	29
etwas Nützliches zu tun	42	56	43	40
die Existenzgrundlage für mich bzw. meine Familie zu sichern	41	47	31	54
vorzusorgen für das Alter	39	40	37	42
eine berufliche Perspektive	38	30	32	46
viel Geld zu verdienen	38	32	26	52
viel Zeit für andere Dinge zu haben	32	30	26	38
etwas organisieren zu können	29	30	28	30
für andere Menschen dazusein	26	35	33	18
mit moderner Technik umzugehen	26	24	14	39
flexible Arbeitszeiten			26	25
Karriere zu machen	22	18	16	30
etwas selbst herzustellen	21	26	15	28
mit anderen zusammen etwas aufzubauen	16	22	16	17
mit Tieren umzugehen	5	6	6	5

1989 / 1984   Mädchen 1989 / Jungen 1989   } n = 1497

Angaben jeweils in Prozent der befragten Personen im Erwerbsleben (Auszubildende/Erwerbstätige/Praktikanten); Mehrfachnennungen möglich
Quelle: Institut für Entwicklungsplanung und Strukturforschung Hannover: Jugend Kompass '89

Die Berufswahl wird nicht nur von den Verhältnissen am Arbeitsmarkt beeinflußt, sondern auch von den persönlichen Zukunftsvorstellungen und Wertorientierungen der Jugendlichen, wie die Ergebnisse einer Meinungsumfrage unter jungen Menschen in Deutschland zeigen.

1 Sehen Sie sich zuerst die rechte Spalte der Tabelle an. Was ist wichtiger für Mädchen bzw. Jungen in bezug auf den Beruf?

2 Lesen Sie jetzt die linke Spalte. Welche Ziele waren am Anfang der 80er Jahre wichtiger oder weniger wichtig als am Ende? Gab es einen merklichen Wandel in den Wertorientierungen junger Menschen?

3 Wählen Sie fünf Punkte, die für Sie im Berufsleben besonders wichtig sind. Dann vergleichen Sie Ihre Liste mit Ihrem Partner.

5 Am Telefon

Am Ende dieser Lektion werden Sie in der Lage sein,
* einen internationalen Anruf auf deutsch zu tätigen,
* zu der richtigen Person durchzukommen und einen Rückanruf zu arrangieren,
* Ihr Anliegen zu erklären und die zuständige Person herauszufinden,
* eine Nachricht zu hinterlassen und eine aufgenommene Nachricht zu verstehen.

Außerdem bekommen Sie Informationen über die Auswirkungen der modernen Kommunikationstechnologien auf dem Arbeitsplatz.

5.1 Das Auslandsgespräch

A **1** Lesen Sie folgende Texte. Was bedeuten die <u>unterstrichenen</u> Wörter in Ihrer Sprache?

Rund ums Telefon

Anrufe aus dem Ausland
Wenn Sie vom Ausland zu Hause oder in ein anderes Land anrufen wollen, wählen Sie zunächst die <u>Vorwahl</u> für ein internationales Gespräch. Sie ist abhängig vom Land, aus dem Sie telefonieren (oft <<00>>, wie aus Deutschland, aus den USA z.B. <<001>>). Wählen Sie dann die <u>Kennzahl</u> 49 für Deutschland. Es folgt die <u>Ortsnetzkennzahl</u> (ohne die erste 0) und die <u>Rufnummer des Teilnehmers</u>. Also in der Reihenfolge: internationale Vorwahl, Land, Ort, Teilnehmer.
■ Manchmal müssen Sie nach der Landeskennzahl erneut einen <u>Wählton</u> abwarten, bevor Sie weiterwählen.

Zeichenerklärung

Es bedeuten:

432-1 543-0 654-01 765-00	Rufnummern von Telefonanlagen mit <u>Durchwahl</u>. Wenn Sie -1, -0, -01 oder -00 nach der Rufnummer wählen, erreichen Sie die <u>Nebenstellenvermittlung</u> (die Zentrale).
432-516	Durchwahlnummer einer <u>Nebenstelle</u>. Wenn die Nummer der Nebenstelle bekannt ist, läßt man nach der Rufnummer die -0/-1 weg und wählt die Durchwahlnummer.
Ω 65 43 21	Anschluß mit einem automatischen <u>Anrufbeantworter</u> bzw. Auskunftgeber.

Selbstwahl für Deutschland, Österreich und die Schweiz

Internationale Vorwahl von		Landeskennzahl (Landesvorwahl)		Ortsnetzkennzahl (Ortsvorwahl) z.B.:	
GB	00	D	49	Berlin	(0)30
DK	00			Bonn	(0)2 28
I	00			München	(0)89
F	19	A	43	Wien	(0)1 / 222
S	009	CH	41	Genf	(0)22

2 Beantworten Sie die Fragen mit Hilfe der Informationen oben.

1 Die Firma Vontobel hat die Telefonnummer (41) 022/9 25 11 41.
- Identifizieren Sie die Landeskennzahl, die Ortsnetzkennzahl und die Rufnummer.
- In welchem Land ist die Firma?
- Was wählen Sie, wenn Sie die Firma aus Deutschland anrufen?
2 Wenn man die Nummer 84 00 03-43 wählt, erreicht man a) eine Nebenstelle b) die Zentrale?
3 Bei welcher Nummer kann man eine Nachricht hinterlassen?
   a) (Ω 0 40) 0 78 74 64   b) (04 21) 1 47 78

B

Elke Novak, Auszubildende bei einer österreichischen Firma, muß Frau Seidel bei der Firma Gummimeyer in München anrufen. Die Nummer ist 17 33 - 24. Eine Kollegin erklärt, wie man das macht. Vervollständigen Sie den Text mit Hilfe der Informationen links, dann kontrollieren Sie Ihre Antworten anhand der Kassette.

„ Sie wählen zuerst die (1)..., also von uns aus 00. Dann wählen Sie die (2)..., das heißt 49 für Deutschland.

Danach kommt die (3)... für München. Sie lassen da die (4)... weg und wählen also 89.

Dann kommt die (5)... der Firma, also 17 33. Auf diesem Brief steht auch Frau Seidels (6)... . Wenn Sie direkt nach der (7)... -24 wählen, erreichen Sie Frau Seidel direkt.
So, alles klar? Oder soll ich's wiederholen? Also, noch einmal ... „

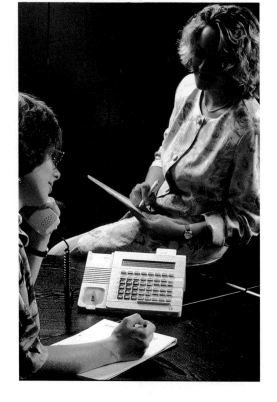

C

Erklären Sie Ihrem Partner, wie man folgende Firmen von Ihrem Land aus anruft.

1 Zimmerli & Co. AG in Basel, Tel. (0 61) 2 43 31 95
2 Frau Wittich bei Gerberich GmbH in Bonn, Tel. (02 28) 16 78 - 34

D

Vier Personen in Deutschland rufen die internationale Auskunft an, um nach einer Telefonnummer zu fragen. Notieren Sie die Nummern.

1 Flora-Print, Wien   3 UNISYS España, Madrid
2 Intrex Trading, Paris   4 International Watch & Co., Schaffhausen

---

SPRACHARBEIT

Im Deutschen wird *die Vorwahl* immer in einzelnen Ziffern angegeben. *Die Rufnummer* wird in einzelnen Ziffern oder in Paaren angegeben, z.B.
(089) 23316   null acht neun – zwei (zwo) – drei drei – eins sechs *oder*
                       null acht neun – zwei (zwo) – dreiunddreißig – sechzehn
Tip: Wenn Sie eine Telefonnummer aufschreiben, die in Paaren angegeben wird, schreiben Sie die Zahlen so auf, wie Sie sie hören, d.h. von hinten nach vorn!

E

Vergleichen Sie Ihre Antworten in **D** mit Ihrem Partner. Benutzen Sie diese Ausdrücke.

Was ist die Telefonnummer der Firma ...?
Geben Sie mir bitte die Nummer von ...

Könnten Sie das in einzelnen Ziffern sagen?
Bitte langsamer.

Sie wählen ... für [Österreich].
Die Vorwahl für [Wien] ist ... , die Rufnummer ist ...

Haben Sie das? / Soll ich das wiederholen?
Also, ich wiederhole ...

F

Rufen Sie die nationale Auskunft an.
PARTNER A benutzt Datenblatt A11, S. 151.
PARTNER B benutzt Datenblatt B11, S. 159.

5.2 Kann ich Herrn Schuster sprechen?

A **1** Hören Sie zu und identifizieren Sie die Signaltöne des deutschen Telefonnetzes (1 - 3).

	Töne im Inlandsverkehr	Bedeutung
a)	t ü ü ü ü ü ü	**Wählton:** Bitte wählen.
b)	tüüt tüüt	**Freiton:** Der erreichte Anschluß ist frei und wird gerufen.
c)	tüt tüt tüt tüt tüt tüt	**Besetztton:** Der erreichte Anschluß oder die Leitungswege sind besetzt.
d)	tüt tüt tüt tüt	**Aufschalteton:** Eine Dienststelle der Deutschen Bundespost Telekom hat sich eingeschaltet (z. B. beim Eingrenzen von Störungen).
e)	t ü ü ü ü ü ü	**Datenton:** (anhaltend hoher Ton): Anschluß für Datenübertragung oder Telefaxanschluß mit automatischer Empfangsstation ist angewählt.

2 Sie hören vier automatische Hinweisansagen. Vervollständigen Sie die Sätze, dann kontrollieren Sie Ihre Antworten anhand des Hörtextes.

1 „Kein ... unter dieser Nummer."
2 „Die Rufnummer des ... hat sich ... . Bitte ... Sie 6 72 85 60."
3 „Die ... für Hinterliederbach hat sich ... . Bitte ... Sie vor der ... 20."
4 „Alle ... sind zur Zeit ... . Bitte ... Sie nicht ... ! Sie werden gleich ... !"

B Sie hören den Anfang von drei Telefongesprächen. Beantworten Sie die Fragen zu jedem Gespräch.

Anruf 1
1 Welche Firma ruft Frau Henrik an?
2 Wen möchte sie sprechen?

Anruf 3
1 Welche Firma wollte der Anrufer?
2 Warum erreicht er die Firma nicht?

Anruf 2
1 Aus welchem Land ruft Herr Werner an?
2 Ist Frau Pfeiffer gleich zu sprechen?

C Üben Sie ähnliche Dialoge mit Hilfe der Sprachmuster.

Guten Tag. / Firma [Krone GmbH], guten Morgen/Tag.

Ist da (nicht) die Firma [Adler]?

Guten Morgen/Tag. Hier spricht/ist [Berg] von der Firma [Arco] in [London].
Kann/Könnte ich bitte Herrn [Holt] sprechen?
Ich möchte Frau [Raue] von der [Buchhaltung] sprechen.

Nein, hier [Krone GmbH, Bielefeld].
Nein, hier ist eine Privatnummer.
Sie sind falsch verbunden.

Verzeihung, ich habe die falsche Nummer gewählt!

(Einen) Moment, bitte. Ich verbinde.

Der Anschluß ist besetzt. / Es meldet sich niemand. Wollen Sie warten?

Guten Morgen/Tag, [Holt] am Apparat. ◄ Ja, ich warte.

Nein danke, ich rufe zurück.

Vergleichen Sie diese Beispiele.
Herr Schuster arbeitet bei Videco.
Kann ich **Herrn** Schuster sprechen?

Herr gehört zu der kleinen Gruppe der maskulinen Nomen, die mit Ausnahme des Nominativs in allen Formen auf *-n,/-en* enden. Kennen Sie weitere Beispiele? Z.B.:
Kollege (-n,-n), Kunde (-n,-n)

► 2.4

D In folgenden drei Anrufen bei der Firma Braun sind die Gesprächspartner im Moment nicht zu erreichen. Notieren Sie zu jedem Gespräch:

1 den Namen des gewünschten Gesprächspartners
2 warum der Gesprächspartner nicht zu erreichen ist
3 wann der Anrufer wieder anruft

E Üben Sie ähnliche Dialoge mit Hilfe der Sprachmuster und der Zeitangaben.

[Steinke], Apparat [Müller] / Büro [Bach], guten Tag. / [Linz] (am Apparat).

Ich möchte bitte Herrn/Frau [Müller] sprechen. / Ist da Herr/Frau [Bach]?

Herr/Frau [Müller] ist im Moment leider nicht da/in einer Besprechung/auf Geschäftsreise.

Soll ich etwas ausrichten? / Kann ich Ihnen helfen?

Wollen Sie zurückrufen?

Nein, danke. (Ich muß ihn/sie persönlich sprechen.)

Wann kann ich ihn/sie erreichen?
Können Sie mir sagen, wann ich ihn/sie erreichen kann?
Wissen Sie, ob er/sie diese Woche wieder im Büro ist?

Sie könnten es [in einer halben Stunde/gegen 16.00 Uhr] wieder probieren.
Am besten rufen Sie [morgen] zurück. (Er/Sie ist ab [8.30 Uhr] im Büro.)
Er/Sie ist [(erst) nächsten Montag] wieder da.

Gut, dann rufe ich ... wieder an. Vielen Dank, auf Wiederhören.

ZEITANGABEN FÜR DEN RÜCKRUF

Sie können ...
etwas später/in 10 Minuten/in zwei Stunden
nach der Mittagspause/nach 14.00 Uhr
heute nachmittag
... zurückrufen.

Er/Sie ist (erst) ...
übermorgen/am Freitag/Montag
nächsten Dienstag/Donnerstag
nächste Woche
... wieder im Büro.

---

1 Was bedeutet *erst* in diesen Beispielen?
Er ist **erst** übermorgen wieder im Büro.
Ich arbeite **erst** seit zwei Monaten bei der Firma.

► 9.4

2 Schauen Sie sich die folgenden Beispiele für indirekte Fragen an.
Können Sie mir sagen, **wann er wieder da ist?**
Wissen Sie, **ob er morgen im Büro ist?**
Können Sie die direkten Fragen formulieren? Was bedeutet *ob*?

► 7.7

F Spielen Sie weitere Telefongespräche.
PARTNER A benutzt Datenblatt A12, S. 151.
PARTNER B benutzt Datenblatt B12, S. 159.

5.3 Mit wem spreche ich am besten?

HINWEISE ZUM TELEFONIEREN

Wenn Sie ein Telefongespräch in einer Fremdsprache führen wollen, überlegen Sie sich am besten vorher, was Sie sagen wollen. Dies gilt besonders
dann, wenn Sie Ihr Anliegen erst jemandem in der Telefonzentrale
erklären müssen. Fassen Sie sich so kurz wie möglich, so daß Sie schnell
verbunden werden können. Wenn Ihnen der Name einer Person oder
einer Abteilung gegeben wird, schreiben Sie ihn auf, da dies die Ansprech-
adresse innerhalb der Organisation ist. Haben Sie immer alle wichtigen
Unterlagen bereit, wenn Sie wegen einer Bestellung oder einer Lieferung
anrufen.

A

1 Wenn man nicht weiß, mit wem man in einer Organisation sprechen
soll, muß man der Zentrale den Grund seines Anrufs kurz erklären.
Sie hören den Anfang von drei Anrufen nach Deutschland.
Beantworten Sie die Fragen zu jedem Gespräch.

1 Was ist der Grund des Anrufs?
2 Mit wem/mit welcher Abteilung wird der Anrufer verbunden?

2 Hören Sie noch einmal zu. Welche Sätze benutzen die Sprecher?

Dialog 1

| Ich möchte gern Informationsmaterial | über | Ihre Konferenzeinrichtungen. |
| Ich brauche einige Informationen | | Ihre Firma. |

Können Sie mir das schicken? / Wer kann mir das senden?
▼
Ich verbinde Sie mit der Bankettabteilung/der Öffentlichkeitsabteilung.

Dialog 2

Ich muß eine Lieferung reklamieren.
Es geht um die Reklamation einer mechanischen Presse.

Mit wem spreche ich am besten darüber? / Wer kann mir da helfen?
▼
Ich verbinde Sie mit dem Kundendienst/der Verkaufsabteilung.

Dialog 3

Es handelt sich um eine Rechnung. / Ich rufe an wegen einer Rechnung.
Mit wem kann ich darüber sprechen? / Wer ist dafür zuständig?
▼
Ich verbinde Sie mit Herrn ... von der Buchhaltung/vom Finanzwesen.
▼
Es geht um folgendes: mit Ihrer letzten Rechnung gibt es ein Problem.
Ich habe eine Frage zu Ihrer letzten Rechnung Nr. ...
▼
Da sprechen Sie am besten mit ... . Ich verbinde Sie weiter.
Ich verbinde Sie mit Frau ... weiter.

SPRACHARBEIT

Schauen Sie sich diese Beispiele an.
　　Es handelt sich/geht **um** einen Auftrag/eine Reklame/folgendes.
　　Ich rufe an **wegen** eines Auftrags/einer Rechnung/eines Angebots.
　　Ich habe eine Frage **zu** Ihrem letzten Auftrag/unserer Bestellung/Ihrem Angebot.
Welchen Kasus erfordern die Präpositionen *um, wegen* und *zu*?　　▶ 5

B   Mit Hilfe der Ausdrücke in **A** spielen Sie abwechselnd die Rolle von Anrufer und
Zentrale in folgenden Situationen. Anrufer, fassen Sie sich kurz!

ANRUFER: Sie rufen die Firma Dresselhaus, München, aus folgenden Gründen an:

1   Sie interessieren sich für die Produkte der Firma, die Sie bei der Hannover-
Messe gesehen haben, und möchten die neueste Broschüre mit Preisliste haben,
bzw. die Adresse einer Vertretung in Ihrem Land.

2   Ihr Lagerbestand an Kaffeemaschinen geht bald zu Ende. Ihr jetziger Lieferant
kann im Moment nicht liefern. Sie möchten ein Angebot für 100 Stück.

3   Die Lieferung Ihres Auftrags Bestell-Nr. 281/A ist gerade eingetroffen.
Einige der bestellten Produkte sind defekt.

4   Sie haben vor zwei Wochen eine Bestellung über Ersatzteile aufgegeben
(Bestell-Nr. 361-10), aber noch keine Bestätigung erhalten. Sie brauchen die
Ersatzteile dringend.

5   Die Lieferung Ihres Auftrags Nr. AM/89 ist noch nicht eingetroffen, und Sie
möchten wissen, wo sie bleibt. Sie haben Kunden, die schon seit einigen
Wochen auf die Ware warten.

6   Sie haben vor sieben Wochen Ware geliefert und warten noch auf Zahlung
Ihrer Rechnung Nr. 98106.

ZENTRALE: Verbinden Sie den Anrufer mit der richtigen Abteilung:
der Kundendienst / die Verkaufsabteilung / die Öffentlichkeitsabteilung /
die Buchhaltung / die Marketing-Abteilung / die Versandabteilung

C   Am Telefon muß man oft Namen und Adressen buchstabieren.
Buchstabieren Sie folgende Namen mit dem Telefonalphabet.

1   Jäger   2   Münch   3   Swarowski   4   Zeiss   5   Weyhe   6   Quantas

---

Buchstabiertafel Inland

A	=	Anton	G	=	Gustav	O	=	Otto	U	=	Ulrich
Ä	=	Ärger	H	=	Heinrich	Ö	=	Ökonom	Ü	=	Übermut
B	=	Berta	I	=	Ida	P	=	Paula	V	=	Viktor
C	=	Cäsar	J	=	Julius	Q	=	Quelle	W	=	Wilhelm
Ch	=	Charlotte	K	=	Kaufmann	R	=	Richard	X	=	Xanthippe
D	=	Dora	L	=	Ludwig	S	=	Samuel/Siegfried	Y	=	Ypsilon
E	=	Emil	M	=	Martha	Sch	=	Schule	Z	=	Zacharias/Zeppelin
F	=	Friedrich	N	=	Nordpol	T	=	Theodor			

Beispiele

Bach: B wie Berta, A wie Anton, C wie Cäsar, H wie Heinrich *oder* Berta, Anton, Charlotte
Tøbol: Theodor, Otto mit Strich, Berta, Otto, Ludwig

D   Eine Mitarbeiterin einer französischen Firma ruft eine Firma in Deutschland an,
um sich einen Katalog schicken zu lassen. Notieren Sie ihren Namen und die
Adresse ihrer Firma. Dann vergleichen Sie Ihre Notizen mit Ihrem Partner.

E   Wählen Sie eine dieser Firmen. Stellen und beantworten Sie folgende Fragen am Telefon.

Kühlmann & Blasius
Rolladen-Fabrikation
Hemelinger Str. 30
85551 Kirchheim bei München
Tel. (0 89) 9 21 12 48

Wie heißt Ihre Firma?
Was ist die Adresse?
Wie schreibt man das? /
Können Sie das buchstabieren?

Wöbse & Co
Kunstglaserei
Bayreuther Str. 89
41189 Mönchengladbach
Tel. (021 66) 4 10 57

F   Spielen Sie weitere Telefongespräche.
PARTNER A benutzt Datenblatt A13, S. 151.   PARTNER B benutzt Datenblatt B13, S. 159.

5.4 Eine Nachricht hinterlassen

A Sie hören den Anfang von drei Telefongesprächen. Aus welchem Grund ist der gewünschte Gesprächspartner nicht zu erreichen?

Er/Sie ... ... ist krank.   ... ist beim Mittagessen.

... ist in einer Sitzung.   ... ist heute nicht im Haus.   ... ist auf Dienstreise.   ... ist nicht an seinem/ihrem Platz.   ... spricht auf der anderen Leitung.

B **1** In den folgenden drei Telefongesprächen hinterläßt der Anrufer eine Nachricht. Vergleichen Sie Gespräch 1 und 2 mit der entsprechenden Notiz und korrigieren Sie eventuelle Fehler.

> **HINWEISE ZUM TELEFONIEREN**
>
> Schreiben Sie Ihre Telefonnotizen während des Gesprächs auf deutsch. So können Sie auch nach dem Telefonat noch Nichtverstandenes erschließen.

1

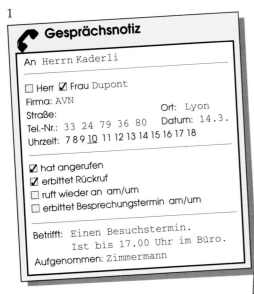

2

2 Schreiben Sie die dritte Nachricht selbst auf. Dann vergleichen Sie Ihre Notizen mit Ihrem Partner.

SPRACHARBEIT

Schauen Sie sich diese Beispiele an.
    Sagen Sie ihm/ihr/Herrn/Frau ... ,
daß ich angerufen habe.
daß ich bis 18.00 Uhr im Büro zu erreichen bin.
daß wir den Auftrag erhalten haben.
Das Wort *daß* leitet eine indirekte Aussage ein. Können Sie die direkten Aussagen formulieren? ▶ 7.5

C   **1**   Üben Sie ähnliche Dialoge mit Hilfe der Sprachmuster.

Büro Herr/Frau [Kaderli], guten Tag. / Zimmermann (am Apparat).

▼

Hier spricht/ist ... . Kann ich bitte Herrn/Frau [Kaderli] sprechen?

▼

Herr/Frau ... ist (leider) mit einem Kunden zusammen/hat heute einen Tag Urlaub/...

▼

| Soll ich etwas ausrichten? Wollen Sie ihm/ihr eine Nachricht hinterlassen? | Könnten Sie ihm/ihr etwas ausrichten? Könnte ich eine Nachricht hinterlassen? |

▼

Aber gern! / Natürlich! / Selbstverständlich!

▼

(Ja.) Sagen Sie bitte Herrn/Frau ..., daß ich angerufen habe.
Es geht um einen Besuchstermin/Ihren Auftrag Nummer ... /Ihre letzte Lieferung.
Könnte er/sie mich (sobald wie möglich) zurückrufen?
(Ich bin bis [17.00] im Büro zu erreichen. / Es ist (nicht) dringend.)

| Ist gut. Wiederholen Sie Ihren Namen, bitte. | ▶ | Mein Name ist ... . Ich buchstabiere: ... |

| Und von welcher Firma sind Sie? | ▶ | Von der Firma ... |

| Was ist Ihre Telefonnummer? Hat Herr/Frau ... Ihre Telefonnummer? | ▶ | Die Telefonnummer ist ... Ja, aber ich gebe sie Ihnen noch mal durch: ... |

In Ordnung, Herr/Frau ... . Ich sage Herrn/Frau ... Bescheid. / Das richte ich Herrn/Frau ... aus.

2   Hinterlassen Sie Telefonnachrichten und nehmen Sie welche entgegen.
Dann vergleichen Sie Ihre Notizen mit Ihrem Partner.
PARTNER A benutzt Datenblatt A14, S. 151.
PARTNER B benutzt Datenblatt B14, S. 159.

D   Sie hören drei Ansagen auf Anrufbeantwortern.
Beantworten Sie die Fragen zu jeder Ansage.

...BITTE SPRECHEN SIE NACH DEM SIGNALTON...

Ansage 1: Firma Wollgast & Co.
1   Warum ist das Büro geschlossen?
2   Wenn Sie eine Nachricht hinterlassen, wann können Sie einen Rückruf erwarten?

Ansage 2: Firma Klaus Forsbach
1   Wann ist das Büro geöffnet?
2   Welche Einzelheiten sollen Sie in einer Nachricht angeben?

Ansage 3: Jochen Schmidt
1   Warum hören Sie den Anrufbeantworter?
2   Sie müssen Herrn Schmidt dringend sprechen. Welche Nummer wählen Sie?

E   Schreiben Sie eine Nachricht, die Sie auf einem Anrufbeantworter hinterlassen können.
Benutzen Sie diese Notizen. Nehmen Sie Ihre Nachricht eventuell auf Band auf.

1
```
Name/Firma: ...
Datum/Uhrzeit: ...
Nachricht für: Frau Doliwa
Grund des Anrufs: Ankunft Montag
15.10 Uhr Frankfurter Flughafen,
Flugnummer LH 103. Abholen?
Bitte zurückrufen.
```

2
```
Name/Firma: ...
Datum/Uhrzeit: ...
Nachricht für: Herrn Fromme
Grund des Anrufs: Nächsten
Dienstag in Nürnberg. Treffen
möglich? Bitte zurückrufen, um
passenden Termin zu vereinbaren.
```

Können Sie die folgenden Fragen anhand des Textes und der Schaubilder beantworten?

Welche Konsequenzen hat die Multimedia-Revolution für ...
... den Arbeitsplatz?
... die Organisation der Arbeit?
... die Berufsmöglichkeiten der Zukunft?
... die Arbeitgeber?

DIE INFOTECHNIK REVOLUTIONIERT DIE BERUFE.

Unabhängigkeit vom Büro, Zugang zu Expertenwissen und Teamwork werden bald für alle Berufstätigen Realität. Für einige hat das neue Arbeiten schon begonnen

„Ich arbeite, wann und wo es mir gefällt."

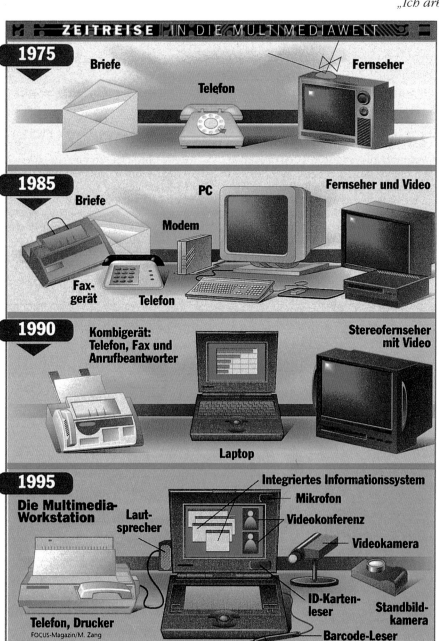

ZEITREISE IN DIE MULTIMEDIAWELT

1975
Briefe — Telefon — Fernseher

1985
Briefe — Fax-gerät — Telefon — Modem — PC — Fernseher und Video

1990
Kombigerät: Telefon, Fax und Anrufbeantworter — Laptop — Stereofernseher mit Video

1995
Die Multimedia-Workstation — Laut-sprecher — Integriertes Informationssystem — Mikrofon — Videokonferenz — Videokamera — ID-Karten-leser — Standbild-kamera — Barcode-Leser — Telefon, Drucker
FOCUS-Magazin/M. Zang

In der neuen Arbeitswelt stehen Informationen und Experten-Know-how allen Arbeitnehmern zur Verfügung.

Selbständig wickeln sie in immer neuen Teams unterschiedliche Projekte ab. Dabei sind sie nicht mehr an herkömmliche Büros und Arbeitszeiten gebunden, die Multimedia-Workstation läßt sich auch zu Hause an den Information-Highway anschließen.

„In der Kommunikationsbranche können bis zu fünf Millionen neue Arbeitsplätze entstehen", schätzt Unternehmensberater Roland Berger. Gut eine Million davon sind völlig neue Berufe wie Netzwerkintegrator oder Bildschirmdesigner.

Eigentlich gute Aussichten für Arbeitnehmer. Doch mit den Chancen steigen auch die Anforderungen. Der Umgang mit modernen Kommunikationsmitteln wie elektronischer Post (E-Mail), Videokonferenzen oder der gemeinsamen Arbeit an räumlich getrennten Computern gerät zur unvermeidbaren Notwendigkeit.

Teams bilden sich, die gemeinsam Probleme lösen. Diese Arbeitsweise wird bald für die meisten Berufstätigen alltägliche Realität sein. „Schon heute ist der Projektmanager der meistgesuchte Job in deutschen Unternehmen", erklärt Heide Huck, Geschäftsführerin der Personalberatung SCS in Frankfurt.

„Die Arbeit in Projektteams erfordert Flexibilität, Organisationstalent und Kommunikationsfähigkeit", definiert Huck die wichtigsten Qualifikationen der Zukunft.

Revolution der Arbeit alte Berufe werden frisch definiert neue entstehen

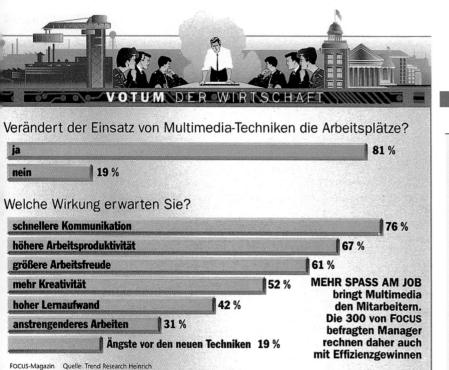

VOTUM DER WIRTSCHAFT

Verändert der Einsatz von Multimedia-Techniken die Arbeitsplätze?

- ja — 81 %
- nein — 19 %

Welche Wirkung erwarten Sie?

- schnellere Kommunikation — 76 %
- höhere Arbeitsproduktivität — 67 %
- größere Arbeitsfreude — 61 %
- mehr Kreativität — 52 %
- hoher Lernaufwand — 42 %
- anstrengenderes Arbeiten — 31 %
- Ängste vor den neuen Techniken — 19 %

MEHR SPASS AM JOB bringt Multimedia den Mitarbeitern. Die 300 von FOCUS befragten Manager rechnen daher auch mit Effizienzgewinnen

FOCUS-Magazin Quelle: Trend Research Heinrich

Büros sind nicht mehr nötig. Denn wer ständig neue Aufgaben mit anderen Partnern erledigt, muß seinen On-line-Computer nicht unbedingt am festen Arbeitsplatz in der Firma stehen haben. Er kann überall dort arbeiten, wo ein Anschluß an die Datenautobahn existiert. So zum Beispiel die 75 Mitarbeiter der Werbeagentur Rauser in Reutlingen: Nur fünf sind ständig im Unternehmen, die anderen brüten zu Hause über Kampagnen. In den USA wird die Zahl der Teleworker schon auf sechs Millionen geschätzt.

Via Datenleitung können diese modernen Heimarbeiter sämtliche Informationen nutzen, die ihnen sonst nur im Büro zur Verfügung stehen. Ein Vorteil, den sich die Unternehmen vor allem im Vertrieb zunutze machen wollen.

Die Sparkassen zum Beispiel, LBS und Provinzial planen, ihre Finanzberater mit Multimedia-Laptops auszurüsten. „Mit den interaktiven Programmen können sie beim Kundenbesuch gleich individuelle Angebote errechnen, die das gesamte Fachwissen der Zentrale enthalten", erklärt Holger Stiebing.

Völlig neue Berufe wie Screen-Designer entstehen täglich. „In der Kommunikationstechnik, der Produktion der Inhalte und bei Informationsdiensten entwickelt sich ein riesiger Arbeitsmarkt mit ganz neuen Tätigkeiten", weiß Waldemar Timm, Personalberater bei Kienbaum und Partner.

Die Vorteile von Multimedia erkennen die Firmenstrategen sehr klar. Nach Schätzungen der EU-Kommission sind Einsparungen von durchschnittlich vier Prozent der Umsätze drin.

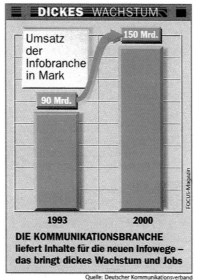

DICKES WACHSTUM

Umsatz der Infobranche in Mark

- 1993 — 90 Mrd.
- 2000 — 150 Mrd.

DIE KOMMUNIKATIONSBRANCHE liefert Inhalte für die neuen Infowege – das bringt dickes Wachstum und Jobs

Quelle: Deutscher Kommunikationsverband

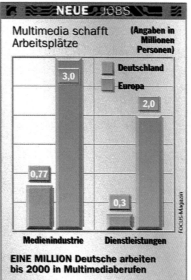

NEUE JOBS

Multimedia schafft Arbeitsplätze

(Angaben in Millionen Personen)
- Deutschland
- Europa

- Medienindustrie: 0,77 / 3,0
- Dienstleistungen: 0,3 / 2,0

EINE MILLION Deutsche arbeiten bis 2000 in Multimediaberufen

Quelle: Arthur D. Little

INTERVIEW

„Das Ende des Jobs"

Der alte Arbeitsplatz verschwindet in der Infogesellschaft

FOCUS: Wie verändert Multimedia die Arbeitsplätze?

Ehrhardt: Die neuen Kommunikationstechniken ändern nicht nur Jobs, sie schaffen sie ab. Den herkömmlichen Arbeitsplatz wird es bald nicht mehr geben.

> **Multimedia verändert das Sozialleben - ganz besonders die Art zu arbeiten**
>
> ANDY HOPPER
> OLIVETTI RESEARCH

FOCUS: Also noch mehr Arbeitslose?

Ehrhardt: Die Arbeitslosigkeit im traditionellen Sinn wird sicher steigen. Arbeitsplätze mit genau definierter Aufgabe, klarer Kompetenz und festem Vertrag fallen weg. Man wird nur noch für eine bestimmte Aufgabe eingekauft.

FOCUS: Aber die Arbeit wird doch nicht weniger.

Ehrhardt: Im Gegenteil, der Bedarf an Leistung steigt sogar. Die Bewältigung der Aufgaben wird aber anders organisiert. Man trennt zwischen der Arbeit, die getan werden muß, und dem festen Arbeitsverhältnis.

FOCUS: Wie funktioniert das?

Ehrhardt: Jeder bietet seine Kompetenz an und bringt sie in komplexe Projekte ein, die von immer neu zusammengesetzten Teams bearbeitet werden.

FOCUS: Wir sollen also alle kleine Unternehmer werden?

Ehrhardt: Ein Rest an Festangestellten bleibt sicher, zum Beispiel im Staatsdienst oder bei besonderen Aufgaben wie Piloten oder Krankenhausärzten. Die anderen aber müssen sich die Arbeit für ihre Fähigkeiten selbst suchen.

FOCUS: Und wie finden sie die?

Ehrhardt: Durch Teamarbeit bilden sich schnell persönliche Netzwerke. Außerdem bieten die Unternehmen ja die Projekte an.

6 Planen und Reservieren

Wortschatz und sprachliche Strukturen in dieser Lektion werden Ihnen helfen,
- bei der örtlichen Touristeninformation nach Hotelempfehlungen zu fragen,
- Hotelbroschüren zu verstehen,
- Preise für Konferenzeinrichtungen zu vergleichen,
- Besprechungen zu arrangieren und zu verschieben,
- Hotelbuchungen telefonisch und schriftlich vorzunehmen und zu ändern.

Sie werden außerdem etwas darüber erfahren, was Stuttgart tut, um Besucher anzuziehen.

6.1 Können Sie mir einige Hotels empfehlen?

A Claudia Lind, Personalreferentin bei HML, organisiert die internationale Jahreskonferenz der Firma und ihrer Auslandsgesellschaften für das folgende Jahr. Der Tagungsort ist Freiburg. Lesen Sie den Text. Warum, glauben Sie, hat die Firma diesen Ort gewählt?

Freiburg hat, was Sie suchen

Freiburg, die deutsche Universitätsstadt im Dreiländereck mit der Schweiz und Frankreich war schon immer – dank der Lage im Zentrum Europas – eine Stadt der Begegnungen. Zieht man um Paris – London – Berlin – Wien – Rom einen Kreis, dann liegt Freiburg zentral im Mittelpunkt. Hier kommen Menschen verschiedenster Nationalitäten zusammen, wählen Freiburg als internationalen Treffpunkt. Man weiß, hier läßt sich gut reden. Hier, wo andere Urlaub machen, ist der Geist frei für neue Eindrücke, Impulse, Kreativität.

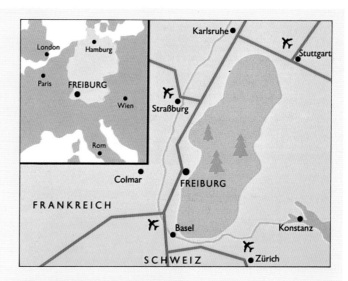

B **1** Frau Lind ruft das Verkehrsamt in Freiburg an, um sich nach Kongreß-Hotels zu erkundigen. Hören Sie dem ersten Teil des Gesprächs zu. Was für ein Hotel sucht Frau Lind? Beantworten Sie die Fragen.

1 Wie viele Teilnehmer hat die Konferenz?
2 Sollen alle Teilnehmer im Hotel wohnen?
3 Was für Tagungsräume soll das Hotel haben?
4 In welcher Preiskategorie soll das Hotel sein?
5 Welche Lage soll das Hotel haben?
6 Welche weiteren Wünsche hat Frau Lind?

2 Hören Sie weiter. Welche Hotels empfiehlt das Verkehrsamt? Schreiben Sie die Namen und die Telefonnummern auf und notieren Sie zusätzliche Informationen.

Hotels, Pensionen, Gasthöfe

	Kat	Km	🛏	1*	2*	3*	👪	♿	☎	TV	🍴	DIAT	P	P	↕	≈	S	☼	◇	🐕
Hotel AM RATHAUS, Rathausgasse 4–8, 79098 FR, Tel. 3 11 29, Fax 28 65 14	C	0,6 L1/5	60			EZ 98 DZ 175			x	x			x	x					x	x
Hotel BÄREN, Zum Roten, Oberlinden 12, 79098 FR, Tel. 3 87 87-0, Fax 3 87 87-17	B	1,0 L1	45			EZ 175–195 DZ 220–250	x	x	x	x	x	x			x	x			x	x
Hotel BARBARA, Poststraße 4, 79098 FR, Tel. 2 60 60, Fax 2 66 88	C	0,3	40			EZ 105–115 DZ 160–170			x	x				x						
Gasthaus DEUTSCHER KAISER, Günterstalstraße 38, 79100 FR, Tel. 7 49 10, Fax 70 98 22	D	2,0 L2/4 B12	30	EZ 65 DZ 90	EZ 75 DZ 100			x		x	x	x			x			x		x
INTERCITYHOTEL Freiburg, Bismarckallee 3, 79098 FR, Tel. 38 00-0, Fax 3 80 09 99	C	direkt	198			EZ 165–195 DZ 205–235	x	x	x	x	x	x	x	x	x			x	x	x
Hotel KREUZBLUME, Konviktstraße 31, 79098 FR, Tel. 3 11 94/95	C	1,0 L1	12			EZ 108 DZ 156			x	x	x			x						
Hotel MARKGRÄFLER HOF, Gerberau 22, 79098 FR, Tel. 3 25 40, Fax 3 79 47	C	1,0 L1,4,5	29	EZ 65–90 DZ 110–120		EZ 120–160 DZ 180–200			x	x	x			x					x	x
Hotel MINERVA, Poststraße 8, 79098 FR, Tel. 3 14 66, Fax 3 64 20	C	0,3	49			EZ 95–135 DZ 160–175			x	x	x			x	x				x	x
NOVOTEL, Am Karlsplatz, 79098 FR, Tel. 38 51-0, Fax 3 07 67	B	1,1 B14	228			EZ 160–170 DZ 190–206	x		x	x	x	x		x				x	x	x
PANORAMA Hotel Mercure, Wintererstraße 89, 79104 FR, Tel. 51 03-0, Fax 5 10 33 00	B	8,0 B14	145			EZ 170–225 DZ 190–275	x		x	x	x	x	x	x	x	x	x	x	x	x
Hotel RHEINGOLD, Eisenbahnstraße 47, 79098 FR, Tel. 28 21-0, Fax 28 21-111	B	0,1	95			EZ 165–210 DZ 220–320	x		x				x	x				x	x	
Hotel SCHIFF, Basler Landstraße 35–37, 79111 FR, Tel. 47 30 41, Fax 47 55 63	C	4,0 B14	120			EZ 115–145 DZ 155–185		x	x	x	x	x	x	x	x		x	x	x	x
Hotel SCHWARZWÄLDER HOF, Herrenstraße 43, 79098 FR, Tel. 3 23 86, Fax 3 08 53	D/C	0,8 L1	72	EZ 65–75 DZ 108–115	EZ 75 DZ 118	EZ 95–125 DZ 168–175			x	x	x			x			x			
Hotel VICTORIA, Eisenbahnstraße 54, 79098 FR, Tel. 3 18 81, Fax 3 32 29	B	0,2	100			EZ 135–165 DZ 185–235	x		x	x	x			x	x				x	x

Hotel-Kategorie: E = Economy   D = Standard   C = Komfort   B = First Class   A = Luxus

* Inklusivpreise pro Zimmer und Frühstück in DM

Kat	Kategorie
Km	Entfernung vom Hauptbahnhof in km L = Straßenbahn B = Omnibus
🛏	Bettenanzahl
1	Zimmer mit fließend kalt/warm Wasser
2	Zimmer mit Bad oder Dusche
3	Zimmer mit Bad/Dusche und WC
EZ	Einzelzimmer
DZ	Doppelzimmer
👪	Kinderermäßigung
♿	Behindertenfreundlich
☎	Zimmertelefon
TV	TV im Zimmer
🍴	Restaurant
DIAT	Diätkost auf Wunsch
P	Parkplatz
P	Garage
↕	Lift
≈	Schwimmbad
S	Sauna, Solarium
☼	Konferenzräume
◇	Kreditkarten
🐕	hundefreundlich

C

1 Sehen Sie sich den Auszug aus dem Freiburger Hotelverzeichnis an. Welche anderen Hotels kommen für Frau Lind in Frage?

2 Mit Hilfe des Hotelverzeichnisses empfehlen Sie einem Anrufer passende Hotels.
PARTNER A benutzt Datenblatt A15, S. 152.
PARTNER B benutzt Datenblatt B15, S. 160.

D Schreiben (oder faxen) Sie an das Verkehrsamt in Köln oder Stuttgart und bitten Sie um ein Hotelverzeichnis und Informationsmaterial über die Stadt. Benutzen Sie das Muster im Arbeitsheft.

COLONIA · ケルン
科隆 · KEULEN
COLOGNE · コラン
КЕЛЬН · КЁЛН
Stadt Köln

Verkehrsamt der Stadt Köln
Unter Fettenhennen 19,
50667 Köln
Tel. (02 21) 2 21 33 45
Fax (02 21) 2 21 33 20

STUTTGART
Lautenschlagerstraße 3
70173 Stuttgart
Telefon 07 11/22 28 - 0
Telefax 07 11/22 28 - 217

6.2 Wann dürfen wir Sie begrüßen?

A Frau Lind hat die Hotels, die das Verkehrsamt empfohlen hat, angerufen und sie gebeten, ihr Informationsmaterial über die Hotel- und Konferenzeinrichtungen zu schicken.
PARTNER A: Lesen Sie die Informationen über das Kongreß-Hotel Dorint rechts.
PARTNER B: Lesen Sie die Informationen über Schloß Reinach auf S. 80.
Machen Sie sich Notizen zu diesen Punkten.

• Hoteltyp (groß/klein; modern/traditionell; exklusiv/gemütlich)
• Lage
  Entfernung
  - vom Flughafen
  - vom Hauptbahnhof (= Stadtmitte)
  - von der Autobahn
• Zimmeranzahl
• Zimmerausstattung
• Tagungsräume
• Kapazität
• Küche
• Fitness- und Freizeitangebot
• Sonstige Vorteile

B Benutzen Sie folgende Fragen und tauschen Sie Informationen über die beiden Hotels mit Ihrem Partner aus. Machen Sie sich Notizen über das andere Hotel.

1 Was für ein Hotel ist das?
2 Wo liegt das Hotel?
3 Wie weit ist es vom Flughafen/Hauptbahnhof Freiburg/von der Autobahn entfernt?
4 Wie viele Zimmer hat das Hotel?
5 Wie sind die Hotelzimmer ausgestattet?
6 Was für Konferenzeinrichtungen bietet das Hotel?
7 Wie groß ist die Konferenz-Kapazität?
8 Was für eine Küche bietet das Hotel?
9 Was für Fitness- und Freizeitmöglichkeiten bietet das Hotel?
10 Bietet das Hotel sonst noch Vorteile?

C Welches Hotel würden Sie persönlich a) für eine Konferenz b) für einen Urlaub wählen? Warum? Sprechen Sie darüber mit Ihrem Partner.

D Lesen Sie beide Texte. Machen Sie eine Liste von allen Adjektiven, die das Hotel und die Ausstattung beschreiben. Schreiben Sie die Adjektive in der Form auf, in der sie im Wörterbuch stehen, z.B.:
ein alter Gutshof → alt

SPRACHARBEIT

1 Schauen Sie sich diese Beispiele von der Dorint-Hotel-Broschüre an.

	Präposition	Artikel	Adjektiv	Nomen
in guter Nachbarschaft	zu	dem	neuen	Hauptbahnhof
	zu	der	historischen	Altstadt
Das Haus ist eine Symbiose	aus	–	exklusivem	Stadthotel
und	(aus)	–	sympathischer	Eleganz

Bestimmen Sie Genus und Kasus der Nomen.
Welche Endungen haben die Adjektive, wenn a) ein bestimmter Artikel,
b) kein Artikel davor steht?
Können Sie in der Broschüre und im Brief weitere Beispiele für jeden Typ finden? ▶ 4.3, 4.6
2 Wieviele Beispiele für das Passiv können Sie in jedem Text finden? ▶ 6.11

E Tauschen Sie Informationen über zwei weitere Hotels in Freiburg aus.
PARTNER A benutzt Datenblatt A16, S. 152.
PARTNER B benutzt Datenblatt B16, S. 160.

Dorint®
KONGRESS - HOTEL · FREIBURG

Lage: Freiburg, die sonnenreichste Stadt Deutschlands, hat in doppelter Hinsicht eine exzellente Lage: ausgesprochen verkehrsgünstig und klimatisch überaus attraktiv. Im Stadtzentrum Freiburgs, in guter Nachbarschaft zum neuen Hauptbahnhof und zur historischen Altstadt, liegt das Dorint Kongreß-Hotel Freiburg-City.

Ausstattung: Ein modernes Hotel, das seinen Gästen erstklassige Wohnkultur, komfortable Ausstattung und professionellen Service bietet. Das Haus ist eine Symbiose aus exklusivem Stadthotel und sympathischer Eleganz. Alle Gasträume und die 219 eleganten Zimmer und Suiten sind im Art-Deco-Stil eingerichtet. Alle Zimmer haben Bad/Dusche, WC, Fön im Bad, Selbstwahltelefon, Kabel-TV, Minibar und Klima-Anlage. Als zusätzliches Angebot: Entspannung und Erholung. In der DORIMARE-Badelandschaft mit Sauna, Solarien und Dampfbad können Sie den Alltag abschalten und sich entspannen.

Tagungsangebot: Im Hotel steht ein modernes Tagungszentrum zur Verfügung. Unsere exklusive Business-Etage bietet 7 vollklimatisierte Konferenz- und Seminarräume für 10 bis 200 Personen. Alle Zimmer haben Tageslicht und sind mit modernster Kommunikationstechnik ausgestattet. Ihr Freizeitprogramm – ein Bummel durch die Altstadt oder eine Bootsfahrt auf dem Rhein – steht vor der Tür. Wir organisieren gern Veranstaltungen für Sie.

Gastronomie: Kaum ein Ort in Deutschland wird wegen seiner guten Küche so gelobt wie Freiburg. Die Freiburger Tradition guter Gastlichkeit wird im Dorint Hotel kultiviert und fortgeführt. Verwöhnen Sie Ihren guten Geschmack im Spezialitäten-Restaurant „La Rotonde" oder in der eleganten Lobby Lounge, die kulinarische Spezialitäten den ganzen Tag serviert. *Als Gast werden Sie es erleben – wann dürfen wir Sie begrüßen?*

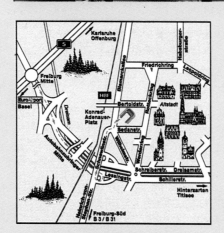

So finden Sie uns:

ICE Intercity-Express
200m bis zum Hotel

✈ Flughafen EuroAirport
70 km bis zum Hotel

BAB5 Freiburg-Mitte
7 km bis zum Hotel

P hoteleigene Tiefgarage mit 100 Einstellplätzen

P Busparkplatz am Hotel

SCHLOSS REINACH MUNZINGEN GMBH - ST. ERENTRUDIS-STR. 12 -

Frau Claudia Lind
Firma HML

...

Munzingen, 14.06.19--

Sehr geehrte Frau Lind,

ich beziehe mich auf unser gestriges Telefongespräch und übersende Ihnen wunschgemäß unsere Unterlagen über unser Haus, eine Tagungsmappe und Bankettunterlagen.

Schloß Reinach ist ein alter, traditionsreicher Gutshof aus dem 16. Jahrhundert. Nach aufwendigen Renovierungsarbeiten wurde es Mitte 1993 eröffnet und wird seither von der Freiburger Familie Hosp geführt. Durch den aufmerksamen und freundlichen Service spürt der Gast das persönliche Engagement der Inhaber.

Unser Haus liegt nur neun Kilometer von Freiburg entfernt. Von der Autobahn Karlsruhe - Basel erreichen Sie uns in zehn Minuten. Eine hoteleigene Tiefgarage und genügend Parkplätze sind vorhanden. Die Fahrzeit vom Flughafen Basel/Mulhouse beträgt circa 30 Minuten. Vom Freiburger Hauptbahnhof fahren Sie mit dem Bus Linie 33 bis vor das Hotel, Fahrzeit circa 20 Minuten. Ein Hol- und Bringservice vom Flughafen oder Bahnhof steht auf Wunsch bereit.

Für Tagungen, Kongresse und Bankette bietet Schloß Reinach ein stimmungsvolles Ambiente. In modernsten Seminarräumen können 10 bis 400 Teilnehmer ungestört arbeiten. Alle Räume haben Tageslicht und sind mit neuester Tagungstechnik ausgestattet. Ruhig gelegen im Obergeschoß befinden sich Seminarraum I und II, mit Kapazitäten von 35 bis zu 70 Personen. Im Erdgeschoß befindet sich der Saal Reinach, unser Bankettsaal, der bis zu 400 Personen faßt, und der in zwei kleinere Säle unterteilt werden kann, mit Platz für 100 bzw. 200 Personen. Durch die stilvolle Kulisse wird eine angenehme Atmosphäre vermittelt.

Unsere 72 elegant und modern eingerichteten Zimmer sind mit Bad oder Dusche, Selbstwahltelefon und Farb-TV ausgestattet. Im Schloß befinden sich vier Appartements. Selbstverständlich stehen Nichtraucherzimmer sowie ein behindertengerechtes Zimmer zur Verfügung.

Kulinarisch verwöhnt werden die Gäste mit exzellenten badischen und internationalen Spezialitäten in unseren zwei geschmackvoll restaurierten Restaurants. Weinliebhaber können sich im Barrique treffen, unserem rustikal-eleganten und romantischen Weinlokal mit großem offenen Kamin.

Für Ihre Gäste stellen wir gerne ein individuelles Programm zusammen. Freiburg, Colmar und Basel bieten dem Kunst- und Kulturliebhaber fast alles, was er in einer Metropole finden könnte. Ein Golfplatz, Joggingpfade und Kanutouren stehen Sportlern zur Verfügung. Wer Sport am liebsten passiv treibt, kann sich in der dem Haus angeschlossenen Massagepraxis massieren und im Solarium bräunen lassen.

Wir freuen uns, wenn Ihnen unser Haus und unsere Leistungen zusagen. Rufen Sie uns einfach an, und wir vereinbaren gerne einen Termin für eine individuelle Hausführung, bei der wir uns persönlich kennenlernen können.

Mit freundlichen Grüßen

Angelika Fell
Bankettabteilung

6.3 Einige Fragen zu Ihren Preisen

A **1** Viele Kongreß-Hotels bieten eine Konferenzpauschale an, d.h. einen inklusiven Tagespreis für Konferenzraum, Tagungstechnik und Essen. Wenn Sie die Konferenzpauschale buchen, bekommen Sie oft eine Zimmerpreisermäßigung. Informieren Sie sich über den Tagungstarif des Hotels Dorint.

1 Wovon hängt der Zimmerpreis ab?
2 Ist die Konferenzpauschale zahlenunabhängig?
3 Ist die Konferenzpauschale inklusive oder exklusive Abendessen?
4 Welche Geräte sind in der Grundausstattung inbegriffen?
5 Werden zusätzliche Konferenzräume separat berechnet?

Übernachtung / Zimmer

- 219 elegant und modern ausgestattete Zimmer und Suiten stehen Ihnen zur Verfügung.
- Alle Zimmer haben Bad/Dusche, WC, Fön im Bad, Selbstwahltelefon, Kabel-TV, Minibar und (individuell regelbare) Klima-Anlage.

Alle Zimmerpreise erhalten Sie auf Anfrage. Die Zimmerpreise variieren bei Konferenzen und Seminaren nach Jahreszeit/Saison, Wochentagen, Teilnehmerzahl und Aufenthaltslänge.

Konferenzpauschale

Die Dorint-Konferenzpauschale ist gültig ab einer Teilnehmerzahl von 15 Personen – unabhängig von der Zimmerreservierung. Sie beinhaltet folgende Leistungen:

- Bereitstellung eines passenden Konferenzraumes
- Grundausstattung Tagungstechnik (Overhead- oder Diaprojektor mit Leinwand, Flipchart)
- Kaffeepause vormittags mit Obstkorb
- Mittagessen als Business-Lunch-Buffet
- Kaffeepause nachmittags mit Gebäck
- 2 Softgetränke im Konferenzraum

... und das alles für DM 69,- pro Person und Tag

Für Sie und Ihre Gäste arrangieren wir gerne den gemeinsamen Abend. Treffen Sie mit unserem Küchenchef die Auswahl aus feinen Menüs oder Büffets. Gerne erhalten Sie hierfür unsere Vorschläge.

Ihre Gesprächspartner

- Herr Olaf Offers – Direktor
- Frau Kerstin Emrich – Verkaufsleiterin

Tagungstechnik

Folgende Grundausstattung steht Ihnen im Rahmen der Konferenzpauschale zur Verfügung bzw. ist in den Bereitstellungskosten für das Plenum enthalten:
- Overhead- oder Diaprojektor mit Leinwand
- 1 Flipchart mit 1 Block Papier, 2 Stifte
- 2 Pinnwände/Metaplanwand
- Notizblöcke, Stifte für alle Teilnehmer
- Zeigestock
- Rednerpult
- 1 Videorecorder und Monitor

Zusätzliche mobile Tagungstechnik (pro Tag, gegen Berechnung auf Selbstkostenbasis)
- Kassettenrecorder	DM 40,-
- Videokamera	DM 150,-
- Mikrofon, Verstärker, Boxen	DM 150,-
- Schreibmaschine	DM 50,-

Weitere Geräte können auf Anfrage gemietet werden.

Bereitstellungskosten

Bereitstellungskosten und Raummieten für Konferenzräume entfallen bei der Buchung der Konferenzpauschale.

Alle genannten Preise beinhalten Bedienungsgeld und die Mehrwertsteuer. Preisänderungen vorbehalten.

2 Informieren Sie sich über das Raumangebot des Hotels Dorint. Welcher Konferenzraum und welche Bestuhlung wären am besten geeignet ...

1 für eine Plenarsitzung mit 70 Teilnehmern?
2 für eine Gruppendiskussion mit 35 Teilnehmern?

Dorint®
KONGRESS · HOTEL · FREIBURG
Raum- und Saalangebot

Konferenzräume	Fläche	Maximale Anzahl der Personen/Plätze Bestuhlung				Bereitstellungs- kosten pro Tag
	qm	Stuhlreihen	Parlament	U-Form	Bankett	
Baden-Baden	122	70	76	-	80	800,-
Mühlhausen	71	55	32	22	42	500,-
Basel	53	45	28	19	30	350,-
Baden-Baden + Mühlhausen	193	140	120	-	115	1200,-
Mühlhausen + Basel	124	100	74	-	75	800,-
Baden-Baden, Mühlhausen, Basel, kombiniert	246	200	150	-	180	1500,-
Colmar	43	35	26	18	30	300,-
Straßburg	43	35	26	18	30	300,-
Luzern (teilbar)	44	35	26	18	30	300,-
Kehl (teilbar)	44	35	26	18	30	300,-

B **1** Frau Lind ruft das Hotel Dorint an, um weiteres über die Preise zu erfahren. Hören Sie dem ersten Teil des Gesprächs zu. Richtig oder falsch?

1 Die HML-Konferenz findet Mitte Juni nächstes Jahr statt.
2 Der Anreisetag ist Sonntag und die Abreise ist Dienstag.
3 Das Hotel Dorint ist in der 3. Juniwoche völlig ausgebucht.

2 Hören Sie weiter. Frau Lind stellt folgende Fragen.
Notieren Sie die Antworten.

1 Was wäre der Zimmerpreis für 70 Teilnehmer für drei Nächte?
2 Was kosten zusätzliche Konferenzräume?
3 Können Sie einige Menüpreise nennen?

C Lesen Sie das Angebot rechts, das Frau Lind von Schloß Reinach bekommen hat. Vergleichen Sie die Preise mit denen des Hotels Dorint. Welches Hotel ist billiger?

D Welches Hotel soll Frau Lind Ihrer Meinung nach für ihre Konferenz wählen? Überlegen Sie: Welches Hotel ...

1 hat eine günstigere Lage, d.h. ist für die Teilnehmer leichter zu erreichen?
2 hat geeignetere Konferenzräume?
3 hat eine gemütlichere Atmosphäre, so daß sich die Teilnehmer besser kennenlernen können?
4 bietet bessere Möglichkeiten für ein Freizeitprogramm?
5 ist preisgünstiger?

SCHLOSS REINACH
FREIBURG-MUNZINGEN

Frau Claudia Lind
Firma HML
...

Munzingen, 05.07.19--

Angebot für Ihre Veranstaltung im Juni 19--

Sehr geehrte Frau Lind,

vielen Dank für Ihre Anfrage und das Interesse an unserem Haus. Gerne unterbreiten wir Ihnen das gewünschte Angebot wie folgt:

Anreise: Sonntag, 18.06.19--
Abreise: Mittwoch, 21.06.19--

70 Einzelzimmer zum Preis von DM 105,00 pro Person und Tag, inklusive Frühstück.

Veranstaltungsablauf:
Sonntag: individuelle Anreise von 70 Personen
Montag: gemeinsames Frühstück
Tagungsbeginn
Tagungspauschale No. 1 DM 55,00 pro Person/Tag inklusive folgender Leistungen:
2 Tagungsgetränke pro Person in den Räumen, 2 Pausen mit Kaffee/Tee, feinem Gebäck und Joghurt/Obstkorb, ein 3-Gang-Tagungsmenü oder Lunch-Buffet, die Bereitstellung der Räume und die Standardtagungstechnik
oder
Tagungspauschale No. 2 DM 70,00
bei der zusätzlich zur Tagungspauschale No. 1 ein Drei-Gang-Menü zum Abendessen enthalten ist.
3 Tagungsräume zu Ihrer Verfügung:
Tagung in einem Konferenzraum für 70 Personen, 2 weitere Räume für je 35 Personen
Standardtagungstechnik in den Räumen: Overheadprojektor mit Leinwand, Rednerpult, Flipchart, Pinnwand

Dienstag: **siehe Montag**
Mittwoch: **siehe Montag**
Abreise der Tagungsteilnehmer

Für eine Abendveranstaltung in unserem Haus möchten wir Ihnen folgendes vorschlagen:
- eine Weinprobe mit verschiedenen Weinen und Baguette für DM 18,00 pro Person
- musikalische Unterhaltung
- Volkstanz-Vorführung mit Musik
- ein badisches Buffet

Die Zimmer und den Veranstaltungsraum haben wir gerne vorreserviert und möchten Sie um eine Entscheidung bis zum 30.09.19-- herzlich bitten. Sollten Sie noch weitere Fragen bezüglich der Tagungsorganisation haben, rufen Sie uns an, wir stehen Ihnen gerne jederzeit zur Verfügung.

Herzliche Grüße von SCHLOSS REINACH

Ihre

Angelika Fell
Bankettabteilung

6.4 Können wir einen Termin vereinbaren?

A Frau Lind ruft das Schloß Reinach an, um einen Termin für eine Hausführung zu vereinbaren. Danach ruft sie Herrn Frey, den Geschäftsführer einer HML-Tochtergesellschaft in Stuttgart, an. Beantworten Sie die Fragen zu jedem Gespräch.

Dialog 1

1 In welcher Woche möchten Frau Lind und ihr Chef das Hotel besichtigen?
2 Welcher Tag paßt ihnen am besten?
3 Für welche Uhrzeit ist der Termin?

Dialog 2

1 Warum ist Herr Frey im Moment nicht erreichbar?
2 Worum geht es bei dem Anruf?
3 Wann ist Herr Frey frei?
4 Für welchen Tag und welche Uhrzeit wird der Termin vereinbart?

SPRACHARBEIT

1 Ordnungszahlen wie *der erste, zweite, dritte, vierte* etc. gebraucht man, um Daten anzugeben. Können Sie in dieser Reihenfolge bis zum *einunddreißigsten* weiterzählen? An welcher Stelle wechseln die Endungen der Ordnungszahlen von *-te* zu *-ste*? ▶ 8.2
2 Schauen Sie sich an, wie man das Datum ausdrücken kann.
   Heute ist Montag, der 21. (einundzwanzigste) Juni.
   Wir sehen uns am Donnerstag, dem 7. (siebten) Oktober.
Ordnungszahlen sind Adjektive und verlangen Adjektivendungen.
Warum wird bei den obigen Beispielen eine maskuline Endung verwendet? ▶ 9.3

B Üben Sie Dialoge, in denen Sie einen Termin vereinbaren.

Ich möchte Sie/Ihre Firma gerne besuchen. Können wir einen Termin vereinbaren?
Ich möchte (gern) einen Termin/eine Besprechung mit Ihnen (in den nächsten Tagen/
in der nächsten Woche/in der Woche vom 13. März) vereinbaren.

Geht es am [Mittwoch, dem 7. Juni]?
Paßt Ihnen [Montag, der 13. März]?
Wäre Ihnen [Donnerstag vormittag] recht?
Hätten Sie [nächsten Dienstag] Zeit?

◄ Wann möchten Sie kommen?
Welches Datum/Welcher Tag paßt Ihnen am besten?

Vormittags oder nachmittags?
Um welche Uhrzeit? / Um wieviel Uhr möchten Sie kommen?

Vormittags/Nachmittags wäre mir lieber.
Sagen wir um [10.00 Uhr]?

Einen Moment, ich sehe in meinem Terminkalender nach.

Ja, das paßt sehr gut.
Ja, [Mittwoch um 10.00 Uhr] geht.
Ja, am [Donnerstag] bin ich den ganzen Tag frei.

Das geht leider nicht/paßt mir schlecht.
Da habe ich schon einen Termin/eine Besprechung.
Da bin ich nicht im Haus.
[Nachmittag um 14.00 Uhr] / [Donnerstag vormittag] paßt mir besser.

Gut, wir treffen uns also am ... um ... Uhr. (Ich bestätige Ihnen den Termin per Fax.)

C **1** Sie hören drei Telefongespräche. Aus welchen Gründen müssen
die Anrufer ihre Termine absagen bzw. verschieben?

Ich muß unseren Termin leider absagen/verschieben ...
1 ... Es ist nämlich etwas dazwischen gekommen.
2 ..., denn ich stehe im Moment auf der Autobahn im Stau.
3 ..., da ich ganz plötzlich eine Geschäftsreise machen muß.
4 ..., weil die Fluglotsen hier am Flughafen streiken.
5 ..., weil ich im Moment zu beschäftigt bin.
6 ..., weil wir hier in der Firma im Augenblick einige Probleme haben.
7 ... Ich muß den Termin aus persönlichen Gründen absagen.

2 Hören Sie noch einmal zu. Welche neuen Vereinbarungen treffen die Gesprächspartner?

SPRACHARBEIT

Vier unterschiedliche Wörter für *weil* werden in **C** gebraucht. Welche sind es?
Welche zwei Wörter leiten einen Nebensatz ein, in dem das Verb an das Satzende rückt? ▶ 7.4, 7.5

D Ändern Sie Ihre Termine. Spielen Sie abwechselnd die Rolle
des Anrufers und des Angerufenen in folgenden Situationen.

Anruf 1
Sie haben einen Termin mit Herrn Krause von
der Fima Klingspor am Mittwoch, dem 29.
November um 11.15 Uhr, müssen aber leider
absagen. Rufen Sie ihn an und vereinbaren Sie
einen neuen Termin.

Anruf 2
Sie haben eine Besprechung mit Ihrer Kollegin,
Frau Walter, am nächsten Dienstag um 15.30
Uhr, können sie aber leider nicht einhalten und
möchten sie auf die folgende Woche
verschieben.

Benutzen Sie diese Ausdrücke und wählen Sie einen passenden Grund aus **C**.

Es geht um unseren Besuchstermin/unsere Besprechung am ...
Ich muß diesen Termin leider absagen. / Ich kann den Termin leider nicht mehr einhalten.
Wäre es möglich, einen neuen Termin zu vereinbaren?
Könnten wir den/unseren Termin um eine Woche/einige Tage / auf den [4. Dezember]/die
folgende Woche verschieben?

E Vereinbaren und ändern Sie einen Termin mit einem Geschäftspartner.
PARTNER A benutzt Datenblatt A17, S. 152.
PARTNER B benutzt Datenblatt B17, S. 161.

F Sie haben einen Kundentermin für die folgende Woche, müssen aber leider absagen.
Hinterlassen Sie eine Nachricht auf seinem/ihrem Anrufbeantworter. Sagen Sie:
• Namen und Firmennamen   • warum Sie den Termin absagen müssen
• für wann der Termin vereinbart wurde   • wann Sie wieder anrufen
Nehmen Sie Ihre Nachricht eventuell auf Band auf.

6.5 Ich möchte zwei Zimmer reservieren

A Frau Lind ruft zwei Hotels in Stuttgart an, um eine Zimmerreservierung
zu machen. Beantworten Sie die Fragen zu jedem Gespräch.

Dialog 1	**Dialog 2**
1 Welches Hotel ruft Frau Lind an?	1 Welches Hotel ruft Frau Lind dann an?
2 Wie hat sie den Namen des Hotels erfahren?	2 Was kostet ein Einzelzimmer?
3 Wie kann man das Hotel vom Hauptbahnhof erreichen?	3 Was ist der Unterschied zwischen den niedrigeren und höheren Zimmerpreisen?
4 Was möchte Frau Lind reservieren? Für wann?	4 Was ist im Zimmerpreis inbegriffen?
5 Was ist das Problem, und wie reagiert Frau Lind?	5 Wo liegt das Hotel?
	6 Für welchen Zimmerpreis entscheidet sich Frau Lind?

B Das Hotel schickt Frau Lind eine schriftliche Bestätigung ihrer Zimmerreservierung per Fax. Lesen
Sie den Text und vervollständigen Sie die fehlenden Informationen mit Hilfe Ihrer Notizen in **A**.
Dann beantworten Sie diese Fragen.

1 Ab wann stehen die Zimmer zur Verfügung?
2 Was muß ein Gast tun, wenn er spät anreisen will?

TELEFAX-NACHRICHT

HOTEL KETTERER
STUTTGART

Marienstr. 3, 70178 Stuttgart 1
Tel. (0711) 20 39-0
Fax (0711) 203 96 00
Telex 722340kettrd

An/To: Firma HML
zu Hd. von/Attention: Frau Lind
Telefax Nr./No.:
Betrifft/Subject: Reservierungsbestätigung
Seitenzahl/Pages: 1

Stuttgart, den <u>25. Juli 19--</u>

Sehr geehrte Frau Lind,

wir bedanken uns für Ihr Interesse an unserem Haus und
☒ bestätigen Ihre Reservierung wie folgt:
☐ unterbreiten Ihnen folgendes Angebot:

_____ Einzelzimmer mit Dusche/Bad/WC   zum Preis von DM _____ pro Tag/pro Zimmer
_____ Doppelzimmer mit Dusche/Bad/WC   zum Preis von DM _____ pro Tag/pro Zimmer

Der Zimmerpreis ist inklusive Frühstücksbüffet, Service und Mehrwertsteuer.

Anreise: _____ 19--
                              für _____ Nacht
Abreise: _____ 19--

Bitte berücksichtigen Sie, daß die Zimmer am Anreisetag ab 14 Uhr zur Verfügung stehen.
Im Falle einer Spätanreise bitten wir um telefonische Benachrichtigung, da die Zimmer
nur bis 18 Uhr freigehalten werden.

Für Rückfragen stehen wir Ihnen jederzeit gerne zur Verfügung.

Wir freuen uns auf Ihren Besuch und wünschen Ihnen schon heute eine angenehme Anreise.

Mit freundlichen Grüßen

C Sie hören zwei Telefongespräche, in denen der Anrufer eine Zimmerreservierung ändern bzw. absagen muß. Beantworten Sie die Fragen zu jedem Gespräch.

1 Was hat der Anrufer reserviert?
2 Was möchte er/sie jetzt tun?
3 Geht das in Ordnung, oder gibt es ein Problem?

D Ändern Sie folgende Hotelreservierungen, die Sie schon gemacht haben.

Ein Doppelzimmer vom 8.4. - 9.4. im Panorama-Hotel
Zwei Einzelzimmer vom 18.9. - 22.9. im Hotel Sieben Schwaben
Ein Einzelzimmer und ein Doppelzimmer vom 24.5. - 26.5. im City-Hotel
Zwei Einzelzimmer und drei Doppelzimmer vom 30.7. - 1.8. im Hotel Föhr

[Panorama-Hotel], guten Tag.

Guten Tag, hier spricht ... . Ich möchte bitte eine Reservierung ändern.

Was haben Sie reserviert?

[Ein Doppelzimmer/Zwei Einzelzimmer] auf den/die Namen ... und ... vom ... bis zum ...

Und was möchten Sie jetzt reservieren?

Ich hätte gern [zwei Einzelzimmer] anstatt [eines Doppelzimmers].
Ich möchte noch ein Zimmer reservieren, und zwar ...
Ich möchte die Buchung auf den [15. April] verschieben.
Ich möchte die Reservierung für Herrn/Frau ... absagen.

Es tut mir leid, aber in der Zeit haben wir keine [Einzelzimmer]/ überhaupt nichts mehr frei.

Ja, das geht in Ordnung.

Ach so. Haben Sie denn am ... / vom ... bis ... etwas frei?
(Dann muß ich die Reservierung leider absagen. Ich versuche es bei einem anderen Hotel. Fallen da Stornierungskosten an?)

Vielen Dank! Soll ich das Ihnen bestätigen?
Könnten Sie mir die Umbuchung schriftlich bestätigen?

Nein, eine kostenfreie Stornierung ist bis drei Wochen vor Anreisedatum möglich.

Ja, bitte. / Nein, das ist nicht nötig. / Ja, selbstverständlich.

Gut, danke schön. Auf Wiederhören.

SPRACHARBEIT

Schauen Sie sich dieses Beispiel an.
Ich brauche zwei Einzelzimmer **anstatt** eines Doppelzimmers.
In welchem Kasus steht das Nomen nach der Präposition *anstatt*?

▶ 5.6

E Nach ihrem Besuch in Freiburg macht Frau Lind die endgültige Hotelbuchung für die Jahreskonferenz der Firma HML in Freiburg. Beantworten Sie die Fragen und notieren Sie die Reservierung.

1 Für welches Konferenzhotel hat sich Frau Lind entschieden?
2 Bis wann kann sie kostenfrei absagen?
3 Welche Ermäßigung gibt das Hotel, wenn weniger Teilnehmer kommen?
4 Notieren Sie Frau Linds Reservierung.

F Machen und ändern Sie Zimmerreservierungen.
PARTNER A benutzt Datenblatt A18, S. 153.
PARTNER B benutzt Datenblatt B18, S. 161.

Die Stuttgart-Marketing GmbH gibt es seit 1993 als Nachfolgeinstitution des städtischen Amts für Touristik. Ihr Ziel: Die Spitzenposition der Region Stuttgart als hochrangige Tourismus- und Wirtschaftsregion stärken und ausbauen.

1 Eine Initiative der Stuttgart-Marketing GmbH ist der Stuttgarter City-Pass. Was ist der City-Pass? Welche Leistungen umfaßt er?

2 Was würden Sie anbieten, um Ihre Stadt für Touristen und die Industrie attraktiv zu machen?

Das ist Stuttgart:

▲ Landeshauptstadt von Baden-Württemberg, in reizvoller Lage und eine der grünsten Großstädte. 207 km² groß, 580.000 Einwohner.

▲ Bedeutendes Industriezentrum, in dem weltbekannte Unternehmen wie Daimler-Benz, Porsche, Bosch und IBM ihren Sitz haben. Wiege des Automobils!

▲ Hochrangiges Innovationszentrum: Zwei Universitäten, drei Fachhochschulen, mehrere Forschungseinrichtungen, darunter zwei Max-Planck-Institute.

▲ Eine der führenden Kongreßstädte und Messeplätze in Europa mit idealen Verkehrsanbindungen und 50.000m² Ausstellungsfläche.

▲ Kulturangebot von hohem, internationalem Rang.

Der Stuttgarter City-Pass

Mit dem Stuttgarter City-Paß wird ein Aufenthalt in Stuttgart erst so richtig zu einem Ereignis. Er bietet für wenig Geld viel Gutes. Und er ist so etwas wie der rote Faden, der Sie mit Gutscheinen und Vergünstigungen sicher durch die Landeshauptstadt führt.

Am Anfang steht eine Stadtrundfahrt. Sie verspricht zweieinhalb Stunden „Sehenswertes Stuttgart". An der Route liegen die wichtigsten Sehenswürdigkeiten der Stadt: Neue Staatsgalerie, Staatsoper, Landtag, Neues und Altes Schloß. Weiter geht es zu den Schauplätzen der Internationalen Gartenbauausstellung „IGA Stuttgart Expo 93", Baden-Württembergs erster Weltausstellung. Zur „Wilhelma", einem der schönsten zoologisch-botanischen Gärten in Europa. Über reizvolle Panoramastraßen auf die Höhen der Stadt zum Fernsehturm. Mit 217 Metern ist er das Wahrzeichen des modernen Stuttgarts.

Wo ist in Stuttgart was los? Die neuesten Ausgaben der „Stuttgarter Zeitung" oder der Stadtillustrierten PRINZ oder LIFT geben darüber detailliert Auskunft. Je ein Exemplar bietet Ihnen der City-Pass umsonst. Im Restaurant „Alte Kanzlei" wird das Mittagessen eingenommen; der City-Pass „spendiert" für den großen Durst ein Glas kühles Bier der „Stuttgarter Hofbräu AG".

Nach der Stadtrundfahrt der Einkaufsbummel. Königstraße und Calwer Passage, Eberhard-Straße und Schwabenzentrum – überall befinden sich viele gute

Geschäfte, Kaufhäuser, Boutiquen, Restaurants, Cafés und Weinstuben. In einer der Hochland-Filialen verhilft der City-Pass zu 125 Gramm Kaffee nach Wahl. Die Firma Steinmann verwöhnt mit einer leckeren Zuckertüte.

Bevor das Programm für den Abend festgelegt wird, sollte im Mineral-Bad Cannstatt etwas für die Gesundheit getan werden. Für diese und für weitere Erlebnisse bietet der City-Pass ermäßigte Eintrittspreise. Das gilt auch für eine Fahrt mit der Neckar-Personen-Schiffahrt neckarabwärts, an reizvollen Weinbergen vorbei, nach Ludwigsburg – bekannt für seine Gartenschau „Blühendes Barock".

Der beginnende Abend führt den City-Pass-Bummler zunächst in die „1. Stuttgarter Lokalbrauerei". Bei einem Glas „Calwer Eck Bräu" lassen sich am besten Pläne für den weiteren Verlauf schmieden. Darf es ein anspruchsvolles Schauspiel im Alten Schauspielhaus sein, modernes Theater im Theater der Altstadt, oder steht der musikalische Sinn mehr nach einem klassischen Konzert mit weltberühmten Orchestern, Solisten und Ensembles? Kein Problem, der City-Pass mit seinen Ermäßigungen bietet ungewöhnlich vieles.

Haben Sie Ihre Wahl getroffen? Prima, dann kann der Abend beginnen.

Stuttgart hat ein umfangreiches, internationales Hotelangebot aller Kategorien.
Sie wohnen im Hotel REGA. Lesen Sie die Hotel-Information. Was tun Sie in folgenden Situationen?

1 Sie möchten morgen um 6.00 Uhr geweckt werden.
2 Sie müssen Geld wechseln.
3 Sie möchten das Frühstück im Zimmer.
4 Es ist 11.00 Uhr abends. Sie haben Hunger.
5 Ihr Zimmer ist zu warm.
6 Ihr Anzug hat einen Fleck.
7 Sie möchten außer Haus anrufen.
8 Sie wollen eine Nacht länger bleiben.
9 Sie müssen ein Fax an Ihre Firma schicken.

HOTEL-INFORMATION

Anreise: Das Zimmer steht am Anreisetag ab 15.00 Uhr zur Verfügung und bleibt bis 18.00 Uhr reserviert, falls nicht eine spätere Ankunftszeit vereinbart wird.

Abreise: Bis 12.00 Uhr, Aufenthaltsverlängerung bitte bis 10.00 Uhr dem Empfangspersonal – Hausruf 100 – mitteilen.

Rezeption: Rund um die Uhr besetzt, Hausruf 100.

Frühstück: Das internationale Frühstücksbüffet servieren wir täglich von 6.00 Uhr bis 10.00 Uhr, an Wochenenden bis 10.30 Uhr, in unserem Restaurant im Erdgeschoß.

Warme Küche: Von 11.30 Uhr bis 14.00 Uhr und von 18.00 Uhr bis 22.00 Uhr.

Hotelbar: Die Bar ist geöffnet bis 24.00 Uhr. Neben Getränken sind auch kleinere Speisen, wie Suppen oder belegte Brote, erhältlich.

Autovermietung: Bitte wenden Sie sich an den Empfang, Hausruf 100.

Geldwechsel: Rund um die Uhr an der Rezeption.

Hotelsafe: Steht kostenlos an der Rezeption. Das Hotel haftet nicht bei Verlust von Bargeld oder anderen Wertgegenständen im Zimmer und in anderen Räumen!

Kreditkarten: Wir akzeptieren: Visa, Eurocard, American Express, Diners Club.

Telefon: Steht als Direktwahltelefon im Zimmer. Um eine Amtsleitung zu erhalten, wählen Sie bitte die 8. Die Einheiten der einzelnen Gespräche werden automatisch auf Ihre Rechnung gebucht.

Klimaanlage: In Ihrem Zimmer können Sie mit Hilfe eines Thermostats die Zimmertemperatur höher oder niedriger stellen.

Minibar: Wir bitten Sie, täglich den Minibarzettel ausgefüllt und unterschrieben am Empfang abzugeben.

TV: Mit der TV-Selbstbedienung wählen Sie ganz nach Wunsch Ihr Fernseh-, Kabel-, Video- oder Radioprogramm.

Stromanschluß: Achtung! Nur 220 Volt!

Schuhputzautomat: Steht in jeder Etage zu Ihrer Verfügung.

Post: An der Rezeption.

Fax- und Fotokopie-Service: An der Rezeption.

Taxi: Über Rezeption – Hausruf 100.

Friseur: Wir arrangieren für Sie gern einen Termin bei einem Stuttgarter Stylisten – Hausruf 100.

Wäsche und Reinigung: Geben Sie Ihre Wäsche montags bis freitags bis 9.00 Uhr an der Rezeption ab, erhalten Sie Ihre Kleidung am nächsten Tag spätestens um 12.00 Uhr zurück.

Wecken: Ihren Weckruf bestellen Sie bitte an der Rezeption, Hausruf 100.

Zimmerservice: Von 6.00 Uhr bis 24.00 Uhr über Hausruf 130.

Sauna und Solarium: Im Erdgeschoß, rund um die Uhr geöffnet, die Solariumbenutzung kostet fünf Mark.

Zimmerschlüssel: Bitte das Abgeben vor der Abreise nicht vergessen!

7 Unterwegs in Deutschland

In dieser Lektion werden Sie lernen, wie man in einem deutschsprachigen Land
- den Weg vom Flughafen zum Stadtzentrum findet,
- sich über Abfahrtszeiten von Zügen informiert, eine Fahrkarte kauft und einen Platz reserviert,
- sich in einer Stadt mit dem öffentlichen Nahverkehr oder zu Fuß fortbewegt,
- Wegbeschreibungen folgt, wenn man mit dem Auto unterwegs ist.

Sie werden außerdem etwas über Maßnahmen erfahren, um Verkehrsprobleme in den Innenstädten zu lösen.

7.1 Wie geht's vom Flughafen weiter?

A Wenn man zum ersten Mal mit dem Flugzeug in einer Stadt ankommt, muß man wissen, wie es vom Flughafen weitergeht. Das kann man im voraus erfahren, z.B. aus Informationsbroschüren des Verkehrsamts oder vom Flughafen selbst.

Informieren Sie sich über die Verkehrsverbindungen vom Flughafen Frankfurt/Main.

Situation 1
Sie fahren zur Frankfurter Messe. Das Messegelände befindet sich in der Stadtmitte, etwa zehn Gehminuten vom Hauptbahnhof entfernt.

1 Mit welchen öffentlichen Verkehrsmitteln kommt man zum Hauptbahnhof?
2 Wie kann man direkt zur Messe fahren?
3 Von wo fährt a) die S-Bahn b) der Messebus am Flughafen ab?
4 Wie oft fährt die S-Bahn nach Frankfurt-Hauptbahnhof? Wie lange dauert die Fahrt?
5 Wo kann man Fahrscheine bzw. Fahrkarten im Flughafen kaufen? Kann man sie im Zug kaufen?

Situation 2
Sie wollen mit dem Taxi zu Ihrem Hotel in der Innenstadt fahren.
1 Wo ist der Taxistand?
2 Was sollte die Fahrt kosten?
3 Wie lang ist die Fahrzeit?

Situation 3
Vom Flughafen müssen Sie weiter mit dem Zug nach Koblenz fahren.
1 Wie oft fahren die InterCity-Züge?
2 Von welchem Gleis fahren sie ab?

Situation 4
Sie fahren weiter mit einem Mietwagen nach Wiesbaden.
1 Welche Autobahn müssen Sie nehmen?
2 Wie kommen Sie auf die Autobahn?

SPRACHARBEIT

Sehen Sie sich die folgenden Häufigkeitsangaben an:
Züge fahren **stündlich/alle 60 Minuten** in Richtung [Koblenz].
Wie würden Sie diese Ausdrücke übersetzen:
täglich/wöchentlich/monatlich
alle 15 Minuten/jede halbe Stunde/alle zwei Stunden
Oft sieht man auch die folgende Häufigkeitsangabe in Zug- und Busfahrplänen:
Der Airport Bus fährt täglich **im 15 Minuten-Takt** zwischen Hauptbahnhof und Flughafen.

▶ 9.6

Flughafen
Frankfurt Main AG

Schiene

Der Flughafen-Bahnhof im **Terminal 1** ist über die Ebene „Unterm Flughafen" zu erreichen.
Elektronische Informationstafeln in der Ebene „Unterm Flughafen" und in der Ankunftsebene geben Auskunft über
- Zuganschluß
  Nahverkehr – S-Bahn (FVV)
  Fernverkehr – Intercity/Eurocity
- Fahrtrichtung
- Abfahrtszeit
- Gleisnummer
  Bahnsteig 1: S-Bahn Richtung Frankfurt-Innenstadt
  Bahnsteig 2: Fernzüge Richtung Süddeutschland
  Bahnsteig 3: S-Bahn Richtung Mainz/Wiesbaden
  Fernzüge Richtung Rheinland und Norddeutschland

Fahrscheine

An blauen FVV-Automaten und am Verkaufsschalter der Deutschen Bahn AG (DB Reisezentrum, Ebene „Unterm Flughafen", Bereich B) erhältlich. Im DB-Reisezentrum befinden sich auch Schalter zur Gepäckaufgabe und Gepäckausgabe. FVV-Automaten gibt es in der Ankunftsebene, Bereich B, in der Ebene „Unterm Flughafen" und auf den Bahnsteigen.

Fahrscheine bitte vor Fahrtantritt lösen; ein Nachlösen in der S-Bahn ist nicht möglich.

Fernverkehr

Ab Flughafen Frankfurt bestehen von 7.00 - 23.00 Uhr stündliche Intercity-Direktverbindungen in folgende Richtungen:
- Koblenz - Bonn - Köln - Dortmund - Bremen - Hamburg
- Würzburg - Nürnberg (München/Wien)

Straße

Autobahn

Die Terminals sind angeschlossen an die
A3 aus Richtung - München, Würzburg, Offenbach
- Köln, Mainz, Wiesbaden
A5 aus Richtung - Hamburg, Hannover, Kassel
- Basel, Karlsruhe, Heidelberg, Darmstadt

Abfahrten führen direkt vor die Terminals. Folgen Sie bitte den Hinweisschildern „Abflug" beziehungsweise „Ankunft".

Bus

Nahverkehr

Reise- und Linienbusse halten am **Terminal 1** am Busbahnhof vor der Ankunftshalle auf der Ebene 1 und am **Terminal 2** an der Haltebucht vor der Ankunfts-/Abflughalle.

Fahrscheine sind entweder beim Busfahrer oder aus den blauen FVV-Automaten erhältlich. Fahrpläne finden Sie im Terminal in der Ankunftsebene, in der Ebene „Unterm Flughafen" und an den Abfahrtsbuchten.

Taxis

Taxistände befinden sich vor beiden Terminals. Eine Fahrt von/nach Frankfurt-Innenstadt kostet ca. 40 Mark. Die Fahrzeit beträgt ca. 20 - 25 Minuten.

Mietwagen

Autovermietungen sind in beiden Terminals vertreten.
Im **Terminal 1** in der Ankunftshalle A.
Im **Terminal 2** in der Ebene 3, Mitte.

 S-Bahnen, Linien S14 und S15
Suburban Rail Services S14 and S15

Abfahrt vom Flughafen nach Frankfurt-Hauptbahnhof
Departure from Airport to Frankfurt Central Station

04.33	w 06.43●	w 08.43●	w 10.43●	w 12.43●	w 14.43●	a 16.43●	a 18.43●	21.13	00.23●
04.53	06.53	08.53	10.53	12.53	14.53	16.53	18.53	21.23●	00.33
w 05.03●	w 07.03●	w 09.03●	w 11.03●	w 13.03●	w 15.03●	a 17.03●	a 19.03●	21.33	
05.13	07.13	09.13	11.13	13.13	15.13	17.13	19.13	21.53	
05.23●	07.23●	09.23●	11.23●	13.23●	15.23●	17.23●	19.23●	22.13	
05.33	07.33	09.33	11.33	13.33	15.33	17.33	19.33	22.23●	
w 05.43●	w 07.43●	w 09.43●	w 11.43●	w 13.43●	w 15.43●	a 17.43●	a 19.43●	22.33	
05.53	07.53	09.53	11.53	13.53	15.53	17.53	19.53	22.53	
w 06.03●	w 08.03●	w 10.03●	w 12.03●	w 14.03●	a 16.03●	a 18.03●	20.13	23.13	
06.13	08.13	10.13	12.13	14.13	16.13	18.13	20.23●	23.23●	
06.23●	08.23●	10.23●	12.23●	14.23●	16.22●	18.23●	20.33	23.33	
06.33	08.33	10.33	12.33	14.33	16.33	18.33	20.53	23.53	

Fahrzeit Flughafen-Hauptbahnhof ca. 11 Minuten./Travel time from Airport to Frankfurt Central Station is about 11 minutes.
● Die Züge der **Linie S 14** halten im Tiefbahnhof des Frankfurter Hauptbahnhofs und fahren von dort aus weiter in die Frankfurter Innenstadt und nach Frankfurt-Sachsenhausen.
● The trains of the S 14 line stop at the underground station of Frankfurt Central Station and from there travel on into downtown Frankfurt and to Frankfurt-Sachsenhausen.

Busse
Buses

Haltestelle Bus Stop	Linie Line	Zielort Destination	Haltestelle Bus Stop	Linie Line	Zielort Destination
14	250	Darmstadt	18	964	Neu-Isenburg, Dreieich
	975	Offenbach			
	975	Rüsselsheim	19		Messe Frankfurt Walldorf-Mörfelden
15	62	Schwanheim, Kelsterbach			
	73	Kelsterbach	20		Heilbronn
16	61	Frankfurt-Niederrad, Südbahnhof	21		Prag
17	68	Zeppelinheim, Neu-Isenburg	22		Straßburg
	915	Bad Homburg	23		Seeheim (DLH-Werkverkehr)

Abfahrtszeiten bzw. Zwischenhalte sind den Aushangfahrplänen zu entnehmen.
For departure times and further stops see timetables.

B Welche Flughafen-Dienstleistungen passen zu welchen Piktogrammen?

 1   2   3   4   5   6

 7   8   9   10   11   12

a) Informationsschalter
b) Treffpunkt
c) Gepäcknachforschung
d) Mietwagen
e) Gepäckausgabe
f) Gepäckschließfach

g) Post
h) Linienbusse/Busbahnhof
i) Bank/Geldwechsel
j) Geschäfte/Zeitungskiosk
k) Gepäckwagen
l) Apotheke

C Vier Reisende bitten um Informationen bzw. Hilfe im Flughafen.
Beantworten Sie die Fragen zu jedem Gespräch.

1 Wo findet das Gespräch statt? Wählen Sie
   das entsprechende Piktogramm in **B**.
2 Welche Frage bzw. Bitte hat der/die Reisende?
3 Welche Antwort bekommt er/sie?

D Bilden Sie ähnliche Dialoge mit Hilfe der Stichwörter.

Dialog 1

helfen? / Koffer nicht angekommen!	▶	Von wo geflogen?
Maschine aus Istanbul	▶	Mit welcher Fluggesellschaft?
Lufthansa	▶	zum Lufthansa-Schalter/gehen
sagen/wo/Schalter?	▶	Ecke/drüben links

Dialog 2

Wie/am besten/in die Stadtmitte?	▶	S-Bahn Linie 14/15/zum Hauptbahnhof
sagen/wo/Bahnhof?	▶	unterm Terminalgebäude
Wie/dahinkommen?	▶	die Treppe runter/zwei Etagen tiefer
Wissen/wie oft/fahren?	▶	alle 10 Minuten

Dialog 3

hier/Haltestelle/Messebus?	▶	Nein/hier/Busse für den Fernverkehr
Wissen/wo/Messebus/abfahren?	▶	vom Busbahnhof/gegenüber / Haltestelle 19
Wo/Fahrschein/bekommen?	▶	beim Busfahrer/vom Automaten
sagen/was/kosten?	▶	7/8 Mark

Dialog 4

| 20 Mark in Kleingeld wechseln?/ Münzen für das Telefon | ▶ | Mal gucken/ Einen Zehnmarkschein/ … Fünfmarkstücke/ … Markstücke/ … Fünfzigpfennigstücke/den Rest in Zehnpfennigstücken/Groschen |

E Informieren Sie sich über die Verkehrsverbindungen von anderen Flughäfen.
PARTNER A benutzt Datenblatt A19, S. 153.
PARTNER B benutzt Datenblatt B19, S. 162.

7.2 Wann fahren die Züge?

A **1** Sehen Sie sich die Zeichenerklärungen an.

1 Wie viele Zugtypen gibt es bei der Deutschen Bahn?
2 Welche Zugtypen sind für den Fernverkehr? Für den Nahverkehr?
3 Welche Züge sind zuschlagpflichtig?
4 Wie viele Zugtypen haben Sie in Ihrem Land? Gibt es bei Ihnen auch zuschlagpflichtige Züge?
5 Was bedeuten die Symbole in Ihrer Sprache? Haben Sie die gleichen Symbole?

2 Sehen Sie sich den Streckennetzplan an. Er zeigt die IC-Verbindungen von Frankfurt/Main.

1 Über welche Städte fährt man von Frankfurt/Main nach
  a) Freiburg?   b) Dortmund?   c) München?
2 Was ist der kürzeste Weg zwischen Frankfurt und Berlin?
3 Kann man direkt von Frankfurt nach Wien fahren?
4 Wie oft fahren die Züge von Frankfurt nach Amsterdam?

Zeichenerklärungen

ICE **InterCityExpress**
Hochgeschwindigkeitszug mit bis zu 250 km/h. Besonderer Fahrpreis. Übergang aus anderen Zügen ist nur gegen Zahlung des Preisunterschiedes möglich.

EC **EuroCity-Zug**
Internationaler Qualitätszug. EC/IC-Zuschlag erforderlich.

IC **InterCity-Zug**
Nationaler Qualitätszug. Größtenteils im Stundentakt mit bis zu 200 km/h. EC/IC-Zuschlag erforderlich.

IR **InterRegio**
Überregionaler Zug mit gehobenem Komfort. Meistens im 2-Stunden-Takt. Bei Fahrten unter 50 Km Zuschlag erforderlich.

D **Schnellzug**
Bei Fahrten unter 50 Km Zuschlag erforderlich.

RSB **RegionalSchnellBahn**
Qualitätszug des Regionalverkehrs. Überbrückt die längeren Distanzen zwischen größeren Orten der Region. Fährt mindestens alle zwei Stunden.

E **Eilzug**
N **Zug des Nahverkehrs**
S **S-Bahn**
Zug des Verdichtungsverkehrs mit dichtem Taktverkehr.

🚌 Busverbindung
🚢 Schiffsverbindung
🚃 Kurswagen
🛏 Schlafwagen
🛏 Liegewagen 2. Klasse
✗ **Bord Restaurant,** Zugrestaurant
Ⓜ Bistro Café, Zugrestaurant
🍴 Imbiß und Getränke im Zug erhältlich

ICE/IC/EC-Verbindungen
ICE/IC/EC-Connections

Westerland, Kiel, Lübeck, Oslo Stockholm Kopenhagen, Rostok, Stralsund, Binz, Schwerin, Bremerhaven, Hamburg, Oldenburg, Bremen, Amsterdam, Emmerich, Osnabrück, Hannover, Braunschweig, Berlin, Potsdam, Münster, Hamm, Hildesheim, Magdeburg, Flughafen Berlin-Schönefeld, Oberhausen, Bochum, Bielefeld, Duisburg, Essen, Dortmund, Göttingen, Düsseldorf, Hagen, Wuppertal, Aachen, Solingen-Ohligs, Kassel, Leipzig, Köln, Oostende Brüssel Paris, Bonn, Bebra, Jena, Dresden, Koblenz, Erfurt, Wiesbaden, Frankfurt, Fulda, Mainz, Aschaffenburg, Darmstadt, Würzburg, Saarbrücken, Kaiserslautern, Mannheim, Nürnberg, Paris, Heidelberg, Karlsruhe, Regensburg, Baden-Baden, Stuttgart, Ingolstadt, Linz Wien (West) Budapest, Offenburg, München, Passau, Ulm, Augsburg, Salzburg, Freiburg, Rosenheim, Kufstein, Wien/Graz Klagenfurt Zagreb, Basel, Zürich Chur, Zürich, Innsbruck Mailand Rom, Genf, Interlaken Brig, Mailand Sestri Levante Bologna

IC/EC-Direktverbindungen Direct IC/EC Rail Service
IC/EC-Verbindungen IC/EC-Rail Service
System-Umsteigebahnhöfe System-Transfer Stations
2-Stunden-Takt der Züge – trains every 2 hours
unregelmäßiger Zeittakt der Züge trains various times daily

B Beantworten Sie die Fragen unten anhand des Fahrplans.

1 Wie oft fahren ICE-Züge direkt von Frankfurt/Main nach München? Wie lange dauert die Fahrt?

2 Mit welchen IC-Zügen können Sie direkt fahren? Wie lang ist die Fahrzeit?

3 Wo müssen Sie umsteigen, wenn Sie den EC-Zug um 12.14 Uhr von Frankfurt nehmen? Mit welchem Zugtyp fahren Sie weiter nach München?

4 Sie wollen in Stuttgart aussteigen. Können Sie mit dem IC-Zug um 7.14 Uhr fahren?

5 Welche Züge kommen nicht in Frage, wenn Sie an einem Sonntag nach München fahren wollen?

6 Welche Züge haben kein Zugrestaurant?

7 Sie haben einen Termin mit einem Kunden um 14.00 Uhr in München. Sie brauchen 20 Minuten vom Hauptbahnhof bis zu seiner Firma. Mit welchem Zug fahren Sie am besten ab Frankfurt?

Frankfurt(Main)Hbf → München Hbf

423 km

ab	Zug		Umsteigen	an	ab	Zug		an	Verkehrstage	
0.02	D	1123 🍽🛏🍸	München Ost	4.04	4.27	Ⓢ	2.Kl	4.35	täglich	01
5.42	IC	821 🍽						9.20	Mo - Sa	02
6.14	IC	721 🍽	Regensburg Hbf	9.29	9.37	IR 2068	🍴	11.01	täglich	
6.28	D	350	Heidelberg Hbf	7.22	8.07	EC 15	✳	11.10	täglich	
6.31	ICE	993 ✳						9.41	Mo - Fr	03
6.40	ICE	271 ✳	Mannheim Hbf	7.23	7.27	ICE 995	✳	10.15	täglich	
7.14	IC	723 ✳	Würzburg Hbf	8.26	8.41	D 2085	🍽	11.16	Mo - Sa	02
7.43	ICE	997 ✳						11.15	Mo - Sa	02
7.47	IR	2671 🍴	Heidelberg Hbf	8.40	9.07	EC 113	✳	12.10	täglich	
8.43	ICE	999 ✳						12.15	täglich	
8.51	IC	552 ✳	Mannheim Hbf	9.44	9.55	EC 13	✳	13.10	Mo - Sa	02
9.43	ICE	791 ✳						13.15	Mo - Sa	02
9.47	IR	2571 🍴	Heidelberg Hbf	10.40	11.07	IC 119	✳	14.10	täglich	
10.09	IC	771 ✳	Mannheim Hbf	10.50	10.55	IC 119	✳	14.10	täglich	
10.14	EC	25 ✳	Würzburg Hbf München Ost	11.26 14.35	12.02 14.39	IC 781 Ⓢ	🍽 2.Kl	 14.48	täglich	04
10.43	ICE	591 ✳						14.15	täglich	
11.14	IC	725 ✳						15.18	täglich	
11.43	ICE	793 ✳						15.15	täglich	
12.14	EC	27 ✳	Würzburg Hbf	13.26	13.41	D 2089	🍽	16.16	täglich	
12.43	ICE	593 ✳						16.15	täglich	
12.51	IC	556 ✳	Mannheim Hbf	13.44	13.55	IC 513	✳	17.10	täglich	
13.43	ICE	895 ✳						17.15	täglich	
13.47	IR	2575 🍴	Heidelberg Hbf	14.40	15.07	IC 613	✳	18.10	Mo - Fr, So	05
14.43	ICE	595 ✳						18.15	täglich	
14.51	EC	56 ✳	Mannheim Hbf	15.44	15.55	EC 19	✳	19.10	täglich	
15.14	IC	621 ✳						19.18	Mo - Fr, So	05
15.43	ICE	897 ✳						19.15	täglich	
16.14	IC	729 ✳	Würzburg Hbf	17.26	17.41	D 2183	🍽	20.16	täglich	
16.43	ICE	597 ✳						20.15	täglich	
16.51	IC	558 ✳	Mannheim Hbf	17.44	17.55	IC 617	✳	21.10	täglich	
17.43	ICE	899 ✳						21.15	täglich	
17.47	IR	2579 🍴	Heidelberg Hbf Stuttgart Hbf	18.40 19.50	19.07 20.02	IC 719 EC 67	✳ ✳	 22.10	täglich	
18.43	ICE	599 ✳						22.15	täglich	
19.14	IC	523 ✳	Würzburg Hbf	20.26	20.41	D 2187		23.16	täglich	
19.43	ICE	795 ✳						23.18	täglich	
19.47	IR	2673 🍴	Darmstadt Hbf Stuttgart Hbf	20.04 22.03	20.33 22.16	IC 619 IR 2299	🍽 	 0.35	Mo - Fr, So	05
20.43	ICE	695 ✳	Stuttgart Hbf	22.08	22.16	IR 2299		0.35	täglich	06

01 = an München Hbf (Tief); nicht 30. Okt bis 31. Mär
02 = nicht 3. Okt, 26. bis 31. Dez, 15., 17. Apr, 1. Mai
03 = ICE-Sprinter incl. Service; nicht 18. Jul bis 26. Aug, 3. Okt, 26. bis 30. Dez, 14., 17. Apr, 1., 25. Mai
04 = an München Hbf (Tief)
05 = nicht 2. Okt, 25. bis 30. Dez, 14., 16., 30. Apr
06 = nicht 24., 31. Dez

C Eine Reisende, Frau Brenner, ruft die Reiseauskunft am Frankfurter Hauptbahnhof an, um sich nach Zügen nach München zu erkundigen. Notieren Sie folgende Einzelheiten, dann vergleichen Sie Ihre Notizen mit Ihrem Partner.

- Reisetag
- gewünschte Reisezeit
- Abfahrts- u. Ankunftszeit der Züge
- Anschlußverbindungen
- Service im Zug

Die S-Bahn (Nahverkehrszüge)

Der ICE: der High-Tech-Zug der Deutschen Bahn

D Spielen Sie ähnliche Dialoge.
REISENDE/R: Entscheiden Sie, wann Sie nach München fahren wollen,
bzw. wann Sie dort sein müssen. Bitten Sie um Auskunft über Züge.
AUSKUNFT: Geben Sie einem Kunden/einer Kundin die
gewünschte Auskunft anhand des Fahrplans links. Beginnen Sie so:

> Deutsche Bahn Frankfurt, guten Tag. Wie kann ich Ihnen helfen?

> Guten Tag. Ich hätte gern eine Zugauskunft.
> Ich möchte [morgen vormittag gegen ... Uhr] nach München fahren. Wann fahren die Züge, bitte?

> Da fahren Sie um ... Uhr mit ... und kommen um ... Uhr in München an.

E Frau Brenner bucht ihre Fahrkarte telefonisch. Welche Aussagen sind richtig?

1 Sie fährt einfach/hin und zurück.
2 Sie möchte erste/zweite Klasse.
3 Sie möchte eine Platzreservierung für die
  Hinfahrt/für die Hin- und Rückfahrt.
4 Sie fährt am Samstag, dem 17. Juni/am Freitag, dem
  14. Juli.
5 Für die Platzreservierung muß sie extra
  bezahlen/braucht sie nicht extra zu bezahlen.
6 Sie möchte im Großraumwagen/im Abteilwagen sitzen.
7 Sie möchte einen Raucher-/einen
  Nichtraucherwagen.
8 Sie möchte einen Fensterplatz/einen Gangplatz.
9 Das macht DM 318,- mit/ohne DM 12,- ICE-Zuschlag.
10 Sie kann die Fahrkarte bei allen Fahrkartenschaltern/beim Schalter für vorbestellte
   Fahrscheine abholen.
11 Die DB akzeptiert Kreditkarten/keine Kreditkarten.

F Spielen Sie ähnliche Dialoge mit Hilfe der Alternativen in **E**. Beginnen Sie so:

> Guten Tag. Ich fahre mit dem [ICE/InterCity] nach München und möchte
> [eine Fahrkarte/zwei Fahrkarten] buchen.

> Fahren Sie einfach oder hin und zurück?

G Sie hören vier Durchsagen am Bahnhof. Was bedeuten die Durchsagen für Sie?

1 Sie kommen im Bahnhof an. Der Zug, mit dem Sie
  fahren wollen, steht auf Gleis 4. Was müssen Sie
  tun? Warum?
2 Sie stehen am Gleis 9 und warten
  auf den Zug nach Stuttgart. Ihr Zug wird
  angekündigt. Was müssen Sie tun?
3 Sie stehen am Gleis 8. Ihr Zug aus München hat
  Verspätung. Wie lange müssen Sie noch warten?
4 Sie stehen am Gleis 2 und warten auf den EC nach
  Amsterdam. Eine Gleisänderung wird angekündigt.
  Zu welchem Gleis müssen Sie gehen?

H Erkundigen Sie sich nach Abfahrts- und Ankunftszeit
eines Zuges und kaufen Sie Fahrkarten.
PARTNER A benutzt Datenblatt A20, S. 153.
PARTNER B benutzt Datenblatt B20, S. 162.

7.3 Wie komme ich hin?

A **1** Sehen Sie sich den Verkehrslinienplan des VVS (Verkehrsverbund Stuttgart) an.
Mit welchen öffentlichen Verkehrsmitteln kann man in Stuttgart und Umgebung fahren?

2 Am Stuttgarter Hauptbahnhof fragen vier Besucher nach dem Weg ...

1 nach Untertürkheim
2 zu den Mineralschwimmbädern, Bad Cannstatt

3 zum Hotel Ketterer
4 zur Universität

Notieren Sie die Anweisungen, die sie erhalten. Dann folgen Sie den Anweisungen auf den Plänen.

SPRACHARBEIT

1 Wenn man einen Weg erfragen will, beginnt man mit *Wie komme ich ... ?* und fügt *nach* oder eine der Formen von *zu (zum/zur/zu den)* hinzu. Wann sagt man *nach*, wann *zu*?
2 Schauen Sie sich dieses Beispiel an.
Sie können entweder mit der S-Bahn **fahren** oder zu Fuß **gehen**.
Wann sagt man *fahren* und wann *gehen*?

► 5.5

B **1** Suchen Sie folgende Ziele auf dem Verkehrslinienplan. Mit Hilfe der Sprachmuster
fragen bzw. erklären Sie, wie man vom Hauptbahnhof aus dorthin fährt.

1 Flughafen **S** 2/3
2 Killesberg-Messe **U** 7
3 Russische Kirche **🚋** 2 Russische Kirche

4 Hauptverwaltung, Porsche AG **S** 6 Neuwirtshaus
5 Fernsehturm in Degerloch **🚋** 15 Ruhbank/Fernsehturm
6 Gottlieb Daimler-Gedächtnisstätte **S** **U** Charlottenplatz, **🚋** 2 Kursaal

---

Wie komme ich am besten zum/zur/zu den ...?
(Mit welcher Linie fahre ich?)   (Wie viele Haltestellen sind das?)

▼

| Nehmen Sie | die [S2/U7] direkt [zum Flughafen/zur Messe]. |
| | die Straßenbahn [Nr. ...] Richtung [Heumaden]. |

Fahren Sie mit der [S-Bahn] bis [zum Rotebühlplatz]. (Das sind ungefähr ... Haltestellen.)
[Am Rotebühlplatz] steigen Sie in die ... um (und fahren [vier] Haltestellen).
Steigen Sie am .../an der Haltestelle ... aus.

---

2 Suchen Sie diese Sehenswürdigkeiten auf dem Stadtplan. Mit Hilfe der Sprachmuster
fragen bzw. erklären Sie, wie man sie zu Fuß vom Hauptbahnhof aus erreicht.

1 Staatsgalerie, Konrad-Adenauer-Str.
2 Altes Schloß

3 Haus der Wirtschaft, Willi-Bleicher-Straße
4 Leonhardskirche am Leonhardsplatz

Gehen Sie	hier rechts/links raus, die ... Straße entlang/runter/hoch.
	(immer) geradeaus (bis zur Kreuzung/zum Ende).
	rechts/links in die ... Straße.
	über die Kreuzung/quer durch den Park/am [Postamt] vorbei.
	durch die Straßenunterführung und nehmen Sie den Ausgang ...

Nehmen Sie die erste/zweite Straße rechts/links.
Überqueren Sie die ... Straße. (Nach zirka [500 Meter] kommen Sie zu [einer Grünanlage].)
Sie sehen es auf der rechten/linken Seite/direkt vor sich. Sie können es überhaupt nicht verfehlen.
Das sind nur [5] Minuten/gute [15] Minuten zu Fuß.

---

3 Spielen Sie weitere Gespräche.
PARTNER A benutzt Datenblatt A21, S. 154. PARTNER B benutzt Datenblatt B21, S. 163.

C Fragen Sie bzw. geben Sie Anweisungen, wie man bestimmte Orte in Ihrer Stadt
mit öffentlichen Verkehrsmitteln bzw. zu Fuß erreicht.

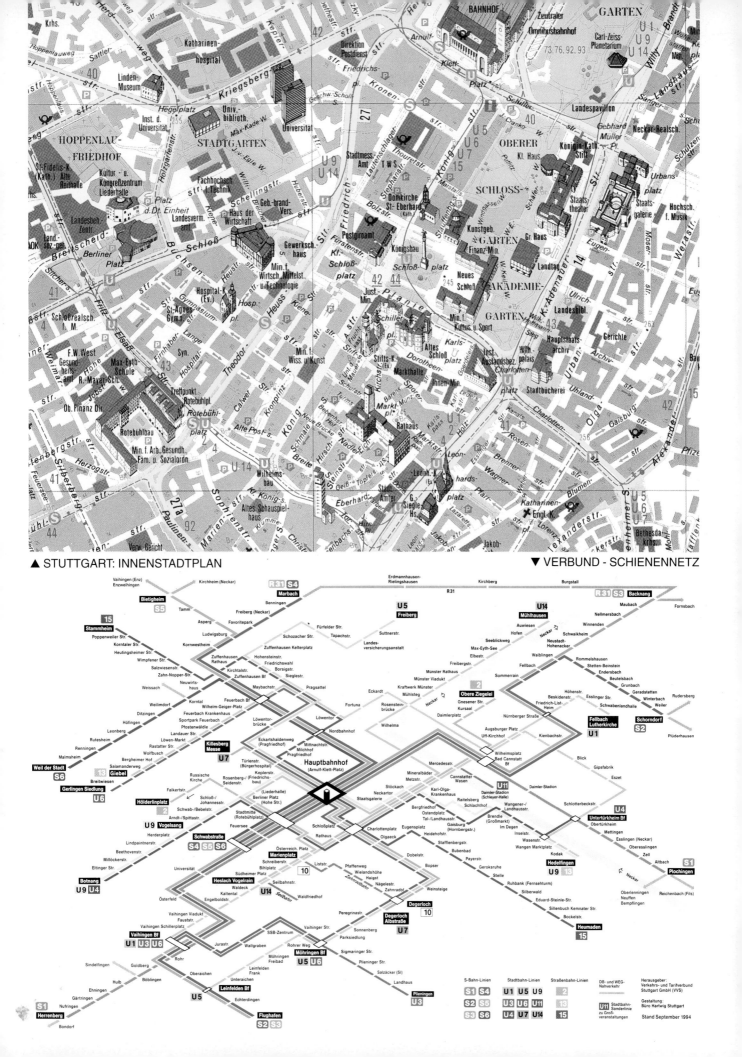

▲ STUTTGART: INNENSTADTPLAN

▼ VERBUND - SCHIENENNETZ

7.4 Mit dem Auto unterwegs

A **1** Die Firma Vorwerk & Co., die u.a. Elektrogeräte und Teppichböden herstellt, hat verschiedene Standorte in Wuppertal, einer Stadt im Ruhrgebiet (Nordrhein-Westfalen). Wie viele Firmen hat Vorwerk eine Karte mit Fahrthinweisen für Besucher.
Lesen Sie die Fahrthinweise rechts und sehen Sie sich die Karte an. Welche Standort-Adressen passen zu welchen Hinweisen?

1 Rauental 38   3 Mühlenweg 17 - 37
2 Am Diek 52

2 Lesen Sie die Anweisungen noch einmal. Was bedeuten die <u>unterstrichenen</u> Wörter in Ihrer Sprache?

B Ein Firmenbesucher hat einen Termin mit Herrn Blaue im Werk Am Diek.
Er ruft Herrn Blaue an, um sich zu erkundigen, wie er am besten dorthin kommt.
Hören Sie sich das Gespräch an und ergänzen Sie die fehlenden Wörter im Text.

„ Wenn Sie (1)... der A46 (2)... Düsseldorf kommen, (3)... Sie die Ausfahrt Wuppertal-Wichlinghausen.

Dann (4)... Sie geradeaus (5)... die erste Ampel. (6)... der zweiten Ampel (7)... Sie links (8)... in Richtung Wichlinghausen.

Dann (9)... Sie sich immer geradeaus, am Wichlinghauser Markt (10)..., und nach etwa einem Kilometer (11)... Sie das Vorwerk-Gebäude auf der rechten Seite. Sie können es gar nicht (12)... "

SPRACHARBEIT

Vergleichen Sie die schriftlichen und mündlichen Anweisungen, wie man zur Adresse *Am Diek 52* gelangt. Wie unterscheiden Sie sich? Vervollständigen Sie diese Regeln.
- Bei ... Anweisungen benutzt man die Infinitivform des Verbs. Manchmal läßt man auch das ganze Verb weg. Artikel und Präpositionen werden ebenso weggelassen.
- In ... Anweisungen benutzt man die Imperativform des Verbs.

Wandeln Sie die schriftlichen Anweisungen für die beiden anderen Adressen in mündliche um:
Schildern Zentrum folgen   →   ... Sie ... Schildern ... Richtung Zentrum
links einordnen   →   ... Sie sich links ...   ▶ 6.12

C Mit Hilfe der Fahrthinweise rechts spielen Sie ähnliche Dialoge wie in **B**.
PARTNER A: Erklären Sie, wie ein/e Firmenbesucher/in aus Richtung Düsseldorf zur Hauptverwaltung im Mühlenweg kommt.
PARTNER B: Erklären Sie, wie ein/e Firmenbesucher/in aus Richtung Köln zu den Elektrowerken in Rauental kommt.

D Fragen Sie bzw. geben Sie Anweisungen, wie man in die Mercedes-Benz Hauptverwaltung in Stuttgart-Untertürkheim kommt.
PARTNER A benutzt Datenblatt A22, S. 154.
PARTNER B benutzt Datenblatt B22, S. 163.

E Schreiben Sie Fahrthinweise für Ihre Firma/Schule und skizzieren Sie einen Plan.

Damit Sie uns leichter finden

VORWERK

A

A 46 aus Richtung Düsseldorf
<u>Ausfahrt</u> Wuppertal-Barmen (linke <u>Spur</u>)
<u>Schildern</u> Zentrum folgen
Carnaper Straße ca. 1 km hinunterfahren
Nach Eisenbahn-Viadukt in Abbiegespur <u>links einordnen</u>
<u>Einbahnstraße</u> bis zum Ende fahren
Dort scharf links in den Mühlenweg einbiegen

B

A1 aus Richtung Köln
Ausfahrt Wuppertal-Ost/Schwelm
B 7 Richtung Wuppertal
B 51 Richtung Remscheid/
Solingen abbiegen (links, über die Brücke)
linke Spur, geradeaus
100 m hinter der <u>Biegung</u> auf der rechten Seite

C

A 46 Ausfahrt Wuppertal-Wichlinghausen
1. <u>Kreuzung</u> (<u>Ampel</u>) geradeaus
2. Ampel links abbiegen in Richtung Wichlinghausen
Immer geradeaus halten, dem Straßenverlauf folgend. Am Wichlinghauser Markt vorbei.
Nach ca. 1,2 km auf der rechten Seite

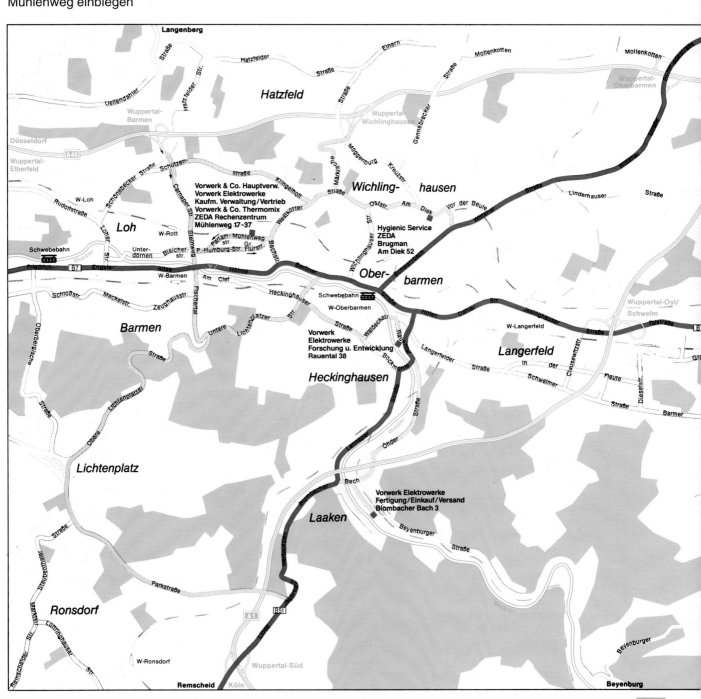

Überall auf der Welt sucht man Lösungen für das Problem der zunehmenden Verkehrsdichte auf unseren Straßen.

1 Was halten Sie von den Konzepten, die der Münchner Automobilhersteller BMW für die Lösung des Verkehrsproblems in der Innenstadt Münchens vorgelegt hat?

2 Mit welchen Maßnahmen hat Ihr Land/Ihre Stadt auf das Verkehrsproblem reagiert?

Kooperatives
Verkehrsmanagement

City-Konzept „Blaue Zone"

Die Vision einer fußgängerfreundlichen Innenstadt: Mit dem Projekt „Blaue Zone" will BMW die Münchner City für alle Verkehrsteilnehmer attraktiver machen. Trotzdem bleibt die Innenstadt gut erreichbar – ein durchdachtes öffentliches Verkehrssystem macht's möglich.

1987 erste Überlegungen zu einer besseren Verkehrs-steuerung

Heute besitzen rund 84 Prozent aller Haushalte in der Bundesrepublik Deutschland ein Kraftfahrzeug. Der zunehmende Verkehr auf unseren Straßen wird immer stärker als Belastung empfunden. Gegen die hohe Verkehrsdichte helfen rein fahrzeugbezogene technische Lösungen (z.B. Verringerung der Emissionen, sparsame Motoren usw.) allein nicht.

Angesichts dieser Entwicklung initiierte BMW 1987 das Forschungsprojekt „Kooperatives Verkehrsmanagement München". Zur Projektgruppe gehören heute über 50 Partner aus Politik, Verwaltung, Industrie und Wissenschaft.

Im Mittelpunkt steht das „Gesamtsystem Verkehr"

Im Mittelpunkt der Überlegungen steht nicht das Automobil, sondern das „Gesamtsystem Verkehr". Auto, Bus und Bahn dürfen nicht konkurrieren, sondern müssen in kooperativem Miteinander genutzt werden. Und die Attraktivität der Öffentlichen Verkehrsmittel muß erhöht werden.

City-Konzept „Blaue Zone"

Während sich das „Kooperative Verkehrsmanagement" vorwiegend mit den Verkehrsproblemen im Großraum München befaßt, behandelt ein weiteres BMW Verkehrskonzept in logischer Ergänzung die Münchner City. Dieses Konzept, „Blaue Zone" genannt, möchte die Ziele im Kern der Innenstadt – Geschäfte, Restaurants etc. – für alle Verkehrsteilnehmer gut erreichbar machen und damit die Lebens-qualität in der Großstadt verbessern.

Bisherige Konzepte europäischer Großstädte

In den vergangenen zehn Jahren haben einige europäische Städte bereits unterschiedliche Konzepte entwickelt. In Athen haben Fahrzeuge mit Katalysatoren bei extremer Witterung stets Vorrang. In den Kurorten Zermatt, Berchtesgaden und Oberstdorf gibt es elektrisch betriebene Citybusse. Bergen und Oslo verlangen Straßengebühren.

„Blaue Zone": keine Einzellösungen, sondern vernetzte Maßnahmen

Dies sind jedoch alles Einzelmaßnahmen, die „Blaue Zone" versucht, eine Gesamtlösung anzubieten. Die hier dargestellten Vorschläge sollen nicht als endgültiges Konzept verstanden werden, sondern als Anregung zur Diskussion. Bei entsprechendem politischen Willen könnte die „Blaue Zone" in 10 bis 15 Jahren Wirklichkeit werden.

Was verbirgt sich also hinter diesem Projektnamen?

Die Elemente der „Blauen Zone"

1. Automatisierte Tiefgaragen

Am Rand der Zone gibt es zehn automatisierte Parkgaragen mit je etwa 600 Stellplätzen. Im Parkhaus stellt der Autofahrer sein Fahrzeug in der Übergabebox ab. Er steigt aus und überläßt alles weitere der Technik: Sein Auto steht in der Box auf einer fahrbaren Palette. Auf dieser Palette wird das Fahrzeug ohne Insassen automatisch in die Parkebenen transportiert und dort eingelagert.

2. Das City-Straßennetz

Das komplette Straßennetz in der „Blauen Zone" besteht ausschließlich aus vorhandenen

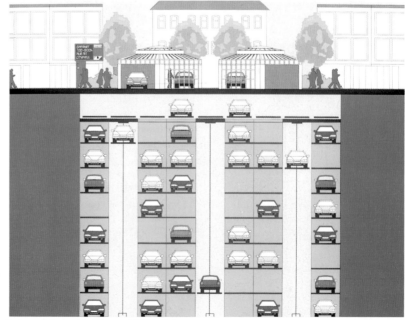

Automatisiertes Parkhaus: 600 Stellplätze, aber nur geringer Flächenbedarf

Umweltfreundliche Citybusse transportieren die Besucher der „Blauen Zone". Die nächste erreichbare Citybus-Haltestelle ist nie mehr als rund 3 Gehminuten entfernt.

EINFAHRT
7.00 - 19.00 h
NUR MIT
CITYPASS

Citybereich
Blaue Zone
München

Straßen. Die Citybusse fahren in einem rund 20 Kilometer langen Ringstraßennetz (s. Grafik). Die äußeren Ringlinien führen unmittelbar an den automatisierten Tiefgaragen vorbei. So können die Autofahrer bequem vom Auto in den Citybus umsteigen. Während der Spitzenzeiten fahren die Citybusse im Abstand von vier Minuten in beide Richtungen. Die fünf Citybus-Ringlinien sind an vier Umsteigeknoten miteinander und mit dem Schnellbahnnetz sowie den Straßenbahnlinien und Buslinien verbunden.

3. Die Citybusse
Die Citybusse sollen in der „Blauen Zone" so weit wie möglich das private Automobil ersetzen. Sie bieten etwa 40 bis 60 Fahrgästen Platz und können auch enge Altstadtstraßen befahren. Sie sind abgasarm und geräuschgekapselt. Als Antrieb kommt ein schadstoffarmer Dieselmotor mit Oxidationskatalysator in Betracht.

4. Fußgängerzonen
Zusätzlich zur zentralen Fußgängerzone in der Münchner Altstadt sind noch sechs weitere, kleinere Fußgängerzonen geplant.

5. Radwege
Das Radwege-Netz nutzt das gesamte Straßennetz der „Blauen Zone". Dies ist möglich, da auf allen Straßen in der „Blauen Zone" ein 30 km/h-Tempolimit gilt. Nur in den Grünanlagen und in den weniger stark besuchten Fußgängerzonen gibt es eigene Radwege.

Die Einfahrt: Wer darf hinein?
Am Gürtel um die „Blaue Zone" sind 12 Ein- und Ausfahrten vorgesehen. Der Zugang könnte per Ampelsystem geregelt werden. Je nach Tageszeit sind unterschiedliche

Regelungen für Einfahrtberechtigte geplant. So dürfen während der Geschäftszeiten in die „Blaue Zone":
• Anwohner
• Beschäftigte von Firmen und Behörden bei Nachweis eines eigenen Stellplatzes

• Fahrzeuge von Behinderten
• Hotelgäste
• Wirtschaftsverkehr und Taxen
• Rettungsdienste, Polizei, Ärzte im Einsatz
Außerhalb der Geschäftszeiten ist die Zufahrt für alle Verkehrsteilnehmer frei.

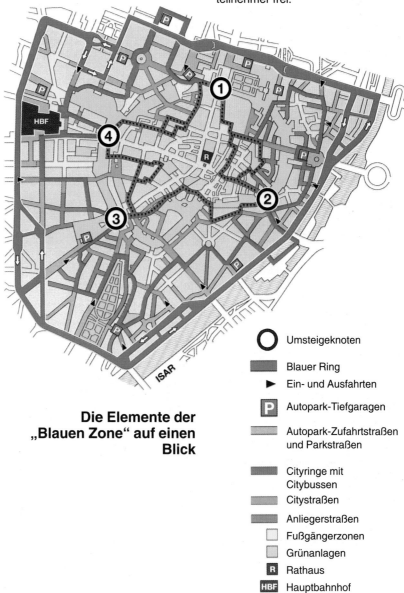

Die Elemente der „Blauen Zone" auf einen Blick

○ Umsteigeknoten

▬ Blauer Ring

► Ein- und Ausfahrten

P Autopark-Tiefgaragen

▬ Autopark-Zufahrtstraßen und Parkstraßen

▬ Cityringe mit Citybussen

▬ Citystraßen

▬ Anliegerstraßen

☐ Fußgängerzonen

☐ Grünanlagen

R Rathaus

HBF Hauptbahnhof

101

8 Auf der Messe

Wortschatz und sprachliche Strukturen in dieser Lektion werden Ihnen helfen,
- Gründe für den Besuch einer Messe zu verstehen und anzugeben,
- mit Besuchern umzugehen, wenn man einen Stand betreut,
- Produkte hinsichtlich ihrer Maße, ihres Gebrauchs oder Zwecks zu beschreiben,
- Produkte zu vergleichen und zu empfehlen,
- Kontakte weiterzuverfolgen, die auf einer Messe geknüpft wurden.

Ihnen werden außerdem Tips gegeben, wie man einen erfolgreichen Besuch einer Messe planen kann.

8.1 Messeplatz Deutschland

A Beantworten Sie die Fragen über das deutsche Messewesen
anhand der Informationen im Text rechts.

1 Warum könnte man Deutschland „Messeland Nr. 1" nennen?
2 Seit wann gibt es Messen in Deutschland?
3 Was war die erste „Messestadt" Deutschlands?
4 Nennen Sie einige Messestädte, die heute wichtig sind.
5 Was bedeutet der Ausdruck „Fachmesse"?
6 Welchen Nutzen hat die Messebeteiligung für Aussteller und Besucher?
7 Ungefähr welcher Prozentsatz a) der Aussteller b) der Besucher
  auf deutschen Messen kommt aus dem Ausland?

| Aussteller | ☐ 10% | ☐ 40% | ☐ 60% |
| Besucher | ☐ 5% | ☐ 15% | ☐ 30% |

8 Warum ist ein hoher Prozentsatz ausländischer Teilnehmer bei einer Messe wichtig?

B Diese sind fünf der wichtigsten Fachmessen in Deutschland.
Kennen Sie weitere Messen, die in Deutschland stattfinden?

Welt-Centrum
Büro ● Information ● Telekommunikation

Internationale
Fachmesse für
Sportartikel,
Campingbedarf
und Gartenmöbel
Köln

SPRACHARBEIT

1 Die Form des Präteritums hängt davon ab, ob das Verb **schwach** ist wie z.B. das Verb *entwickeln*,
  ob es **stark** ist wie z.B. das Verb *erhalten* oder ob es **unregelmäßig** ist wie z.B. das Verb *sein*.
  Suchen Sie im Text auf S. 103 alle Verben, die im Präteritum stehen, und kreisen Sie sie ein.
  Was wird dem Stamm von schwachen Verben hinzugefügt?
  Wie verändert sich der Stamm der starken Verben? ▶ 6.9
2 Suchen und unterstreichen Sie nun die Verben im Perfekt.
  Welcher Unterschied besteht hier im Gebrauch des Präteritums und des Perfekts? ▶ 6.7

Hier handelt die Welt

Messeplatz Deutschland

Durch seine geographische Lage im Herzen Europas ist Deutschland schon immer Knotenpunkt für den Handel gewesen. Heute gehört die Bundesrepublik mit einem Gesamtwert der Ein- und Ausfuhr von mehr als 1 308 Milliarden DM im Außenhandel zur Weltspitze.

Messe ist Kommunikation

Für den Handel sind Informationen ebenso wichtig wie die Waren selbst. Neue Produkte und Dienstleistungen müssen den Kunden präsentiert werden. Persönliche Kontakte müssen geknüpft und gepflegt werden. Wo könnte dies besser geschehen als auf Messen und Ausstellungen, im direkten Gespräch mit Kunden und Interessenten? Die Messe ist ein wichtiges Marketinginstrument im Marketing-Mix des Unternehmens.

Deutsche Messen haben Tradition

Deutsche Handelsmessen entwickelten sich im Mittelalter aus einzelnen Jahrmärkten, auf denen die Menschen zusammenkamen, um Handel zu treiben. Im Jahr 1240 verlieh Kaiser Friedrich II. der Stadt Frankfurt am Main das erste Messeprivileg und stellte die Kaufleute, die zur Messe reisten, unter seinen Schutz. Die Stadt Leipzig erhielt das Messeprivileg 1507. Jahrhundertelang war die Leipziger Messe ein Inbegriff für das Messewesen selbst.

Messestädte in Deutschland

Deutschland: Messeland Nr. 1

Nach dem Ersten Weltkrieg entstanden auch in anderen Ländern Messen, von denen einige sich zu weltweiter Bedeutung entwickelt haben. Deutsche Messen und Ausstellungen haben jedoch in den letzten Jahrzehnten eine dominante Position im Welthandel erlangt. Von den international etwa 150 führenden Fachmessen finden derzeit 110 bis 120 in Deutschland statt. Die wichtigsten deutschen Messestädte sind: Berlin, Düsseldorf, Essen, Frankfurt am Main, Hamburg, Hannover, Köln, Leipzig, München, Nürnberg und Stuttgart.

Deutsche Fachmessen: Branchentreffpunkte

Die Messeart, die heute am Messeplatz Deutschland vorherrscht, ist die Fachmesse. Ein immer größeres Produktangebot machte die Konzentration auf bestimmte Produktgebiete notwendig. Fast alle Branchen sind auf deutschen Fachmessen vertreten. Einige Beispiele: Büro- und Informationstechnik, Chemie, Elektronik und Elektrotechnik, Fotografie, Maschinenbau, Mode, Möbelindustrie und Unterhaltungselektronik.

Zahl der Aussteller und Besucher

Die Zahl der Aussteller ist kontinuierlich gewachsen. 1994 lag sie bei über 130 000. Die Auslandsbeteiligung stieg auf über 40 Prozent: 54 000 der Aussteller, die ihre Waren auf deutschen Fachmessen präsentierten, kamen aus dem Ausland. Von den jährlich über 9 Millionen Besuchern kommen ca. 1,5 Millionen aus dem Ausland. Ausländische Besucher gehören oft zum Top-Management. Je weiter die Anreise, desto größer die Entscheidungskompetenz im Unternehmen. Diese Multinationalität weckt noch mehr internationales Interesse.

**Messeplatz Deutschland:
Hier ist der Weltmarkt präsent.**

C Vor der Entscheidung über eine Messebeteiligung muß man genaue Ziele erarbeiten und definieren. Es ist möglich, verschiedene Ziele zu kombinieren. Welche der folgenden Beteiligungsziele sind Ihrer Meinung nach am wichtigsten ...

1 für eine kleine Firma, die versucht, ihre Exportmärkte aufzubauen?
2 für ein etabliertes Unternehmen, das ein neues Produkt auf den Markt bringt?

Allgemeine Beteiligungsziele
- neue Märkte kennenlernen, Marktnischen entdecken
- sich über Neuheiten und Entwicklungstrends informieren
- den Absatz steigern, Aufträge bekommen
- die Konkurrenz beobachten

Kommunikationsziele
- den Kontakt zu Stammkunden pflegen
- Wünsche und Ansprüche der Kunden herausfinden
- neue Kunden werben
- das Firmen- und Produktprofil erhöhen
- Marktinformationen sammeln

Produktziele
- Produktinnovationen vorstellen
- Prototypen vorstellen
- Akzeptanz des Produktsortiments am Markt testen

Distributionsziele
- Vertreter suchen
- Händler und Vertriebsgesellschaften suchen
- Kontakt mit potentiellen Lieferanten aufnehmen

D Vertreter der folgenden Unternehmen erklären einem Journalisten, warum sie auf der Messe ausstellen. Welche der Ziele oben erwähnen sie?

Interview 1: Herr Steiner, Sonnenstrand Freizeitartikel
Interview 2: Frau Burkart, Technotalk
Interview 3: Herr Lindner, Karat Fahrradwerk, Chemnitz

SPRACHARBEIT

1 Welche Konstruktion wird in diesem Beispiel gebraucht?
  Unser Ziel ist, Marktinformationen **zu sammeln.**
  Wir hoffen, deutsche Vertreter **zu finden.**
  Kennen Sie noch andere Verben, die diese Konstruktion erfordern? ▶ 7.8
2 Was bedeutet *um ... zu* in diesen Beispielen aus dem Transkript des Hörtextes?
  Wir sind hier, **um** Aufträge **zu** bekommen.
  Wir stellen aus, **um** den Prototyp unseres neuen Systems vor**zu**stellen.
  Was geschieht mit *zu* bei einem trennbaren Verb? ▶ 7.9

  Wandeln Sie die in **C** aufgeführten Ziele in Sätze um, und benutzen Sie eine oder beide der Konstruktionen.

E Was sind die wichtigsten Messen bzw. Ausstellungen in Ihrem Land? Wo finden sie statt? Waren Sie schon einmal als Besucher oder Aussteller auf einer Messe? Wenn ja, was waren Ihre Eindrücke?
Warum sollten sich gerade kleine und mittelständische Unternehmen an Messen beteiligen? Warum tun viele es nicht?

8.2 Ich sehe, Sie interessieren sich für ...

A 1 Sie hören zwei Gespräche auf einem Messestand der SPOGA-Messe in Köln.
(Das ist eine Fachmesse für Sportartikel, Campingbedarf und Gartenmöbel.)
Beantworten Sie die Fragen zu jedem Gespräch.

Dialog 1

1 Wofür interessiert sich die Standbesucherin?
2 Was bietet ihr der Standmitarbeiter an?
3 Was fragt die Besucherin dann?
4 Wann ist die nächste Produktvorführung?

Dialog 2

1 Ist der Standbesucher Großhändler oder
  Einzelhändler?
2 Worüber möchte der Besucher sprechen, und
  warum?
3 Mit wem und für wann vereinbart die
  Standmitarbeiterin einen Termin?

▼ *Hauszelte*

Garten-möbel ▶

▲ *Badeboote*

2 Hören Sie sich beide Gespräche noch einmal an. Welche von diesen Sätzen
spricht der/die Standmitarbeiter/in?

Die Aufmerksamkeit des Besuchers wecken	Ich sehe, Sie interessieren sich für unsere ... Wir haben ein umfangreiches Angebot in dieser Serie. Sind Sie an einem besonderen Modell interessiert? Dieses Modell ist besonders beliebt/gefragt. Diese Serie verkauft sich dieses Jahr besonders gut.
Produktliteratur überreichen	Darf ich Ihnen (vielleicht) unseren Katalog mitgeben? Da können Sie alles über unsere Produkte nachlesen. Da ist auch eine Preisliste drin. Darin ist eine Liste unserer Händler/Auslandsvertretungen. Wenn Sie weitere Fragen haben, stehe ich Ihnen gerne zur Verfügung.
Einen Termin vereinbaren	Möchten Sie zu einer Produktvorführung kommen? Die nächste Produktvorführung ist um ... Uhr. Am besten sprechen Sie mit unserem [Geschäftsführer] darüber. Unser [Verkaufsleiter] ist dafür zuständig. Ich vereinbare gern einen Termin für Sie.

B Mit Hilfe Ihrer Antworten und der Sätze in **A** üben Sie ähnliche Dialoge auf einem Messestand.
Spielen Sie abwechselnd die Rolle von Standmitarbeiter und Besucher.

C

Sie hören jetzt noch ein Gespräch auf dem Stand der Firma Sonnenstrand Freizeitartikel, die u.a. PVC-Luftmatratzen herstellt. Eine Besucherin erkundigt sich nach Preisen, Lieferzeiten und Zahlungsbedingungen. Wie beantwortet der Standmitarbeiter ihre Fragen?

1 Was kostet dieses Modell?	a) Der Katalogpreis ist 49,95 Mark.
	b) Alle Preise sind in der Preisliste.
2 Ist der Preis inklusive Zubehör?	a) Ja, da ist eine Pumpe dabei.
	b) Nein, die Pumpe wird extra berechnet.
3 Wieviel Rabatt geben Sie für Händler?	a) Ich kann Ihnen unsere Händlerpreisliste geben.
	b) Das kommt auf die Stückzahl an.
4 Wie sind Ihre Lieferzeiten?	a) Kleinere Mengen können wir ab Lager innerhalb einer Woche liefern.
	b) Die Lieferzeit ist normalerweise eine Woche.
5 Wie sind Ihre Zahlungsbedingungen?	a) Die üblichen Zahlungsbedingungen.
	b) 30 Tage nach Rechnungsdatum.
6 Soll ich Ihnen einen Katalog schicken?	a) Ja, bitte, hier ist meine Karte.
	b) Nein, danke, ich nehme ihn lieber mit.

Les Exposants • List of firms • Firmen

Bent Krogh A/S, Grønlandsvej 5, DK-8660 Skander-borg/Dänemark – ☎ +45 / 86-520922. [Tx] 63120 bksdk. [Fax] +45 / 86-523698 – Hochwertige Garten- und Objektmöbel aus Aluminium und Stahlrohr – Vertretung für Deutschland: Robinson GmbH, Tegelbarg 43, D-24576 Bad Bramstedt – ☎ 04192 / 7901. [Fax] 04192 / 7996 – In Köln anwesend: Herren P. Rasmussen, E. Raunsgaard. **Halle 11.1, Gang C Stand 21; Gang D Stand 20**

Bent Krogh

INTERSWING SA, Via Bernasconi, 16, CH-6850 Mendrisio/Switzerland – ☎ 4191 /  **Interswing** 466477. [Fax] 4191 / 466065 – Campingmöbel (weltweit die einzigen Campingstühle mit TÜV-GS-Zertifikat sowie patentier-tem Gelenk), Gartenmöbel aus Metall, Vollkunststoff und Holz, Garten-schaukeln, Gartenschirme, Gartenschirmständer, Schutzhüllen für Garten-möbel, Camping und Gartenmöbelauflagen, Badeboote, Luftmatratzen, Stahlrohrbecken, Blasebälge, Paddel, Kühltaschen. **Halle 2.1, Gang C Stand 30; Gang D Stand 31**

Landmann GmbH & Co. KG, Am Binnenfeld 3, D-27711 Oster-holz-Scharmbeck – ☎ 04791 / 3080. [Fax] 04791 / 30835 – Holzkohle-Grillgeräte, Gas-Grillgeräte, Elektro-Grillgeräte, Grill-Zubehörartikel, Holzkohle und Grillbriketts; Marke: «Grill-Chef» – In Köln anwesend: Geschäftsleitung, Verkaufsmana-gement, Inlands- und Auslandsvertretungen. **Halle 10.2, Gang F Stand 81** – Stand-Tel. 81 91 17

Landmann grill chef

Zimmermann U., Einzel- und Großhandel, Im- und Ex-port GmbH, Gerhard-Stalling-Str. 9, D-26135 Oldenburg – ☎ 0441 / 92070-0. [Tx] 254983 uzett. [Fax] 0441 / 92070-98 – Importeur von Schlafsäcken, Haushalts- und Freizeitartikel, Gartenartikel – Marken: «PULLY'S» / «ZIMMERMANN» – In Köln anwesend: Geschäftsleitung, Verkaufsmitarbeiter. **Halle 10.2, Gang G Stand 72**

ZIMMERMANN

D

Benutzen Sie die Alternativ-antworten in **C** und üben Sie ähnliche Dialoge.

E

Der Messe-Katalog ist eine wichtige Informationsquelle für Aussteller und Besucher. Lesen Sie die Eintragungen im Katalog der SPOGA-Messe. Welche Stände würden Sie in folgenden Situationen besuchen?

1 Ihre Firma stellt Schlafsäcke her und möchte ein Vertriebsnetz in Deutschland aufbauen.

2 Ihre Firma ist Großhändler für Grillgeräte und sucht einen neuen Lieferanten.

3 Sie arbeiten bei einer Firma, die Gartenmöbel herstellt, und möchten etwas Marktforschung betreiben (Produkte, Preise und Bedingungen vergleichen).

4 Sie sind Wassersportfan und interessieren sich für die neuesten Boote.

F

Schreiben Sie einen ähnlichen Katalog-Eintrag für Ihre Firma/eine imaginäre Firma.

8.3 Können Sie mir etwas zu diesem Produkt sagen?

A **1** Astra Products, ein Hersteller von Campingbedarf, stellt auf der ISPO-Messe in München aus. (Das ist eine internationale Fachmesse für Sportartikel und -mode.) Sehen Sie sich die Eintragung im Firmenkatalog an. Für wen ist dieser Schlafsack geeignet?

2 Ein Besucher interessiert sich für diesen Schlafsack. Hören Sie sich das Gespräch auf dem Stand an und vervollständigen Sie die Produktspezifikation.

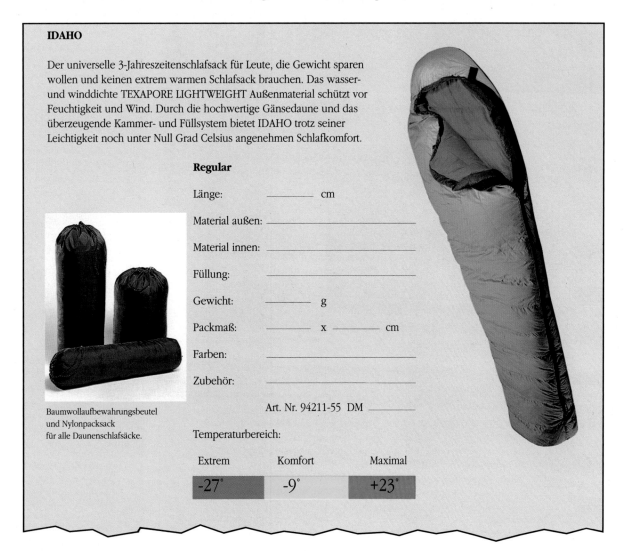

IDAHO

Der universelle 3-Jahreszeitenschlafsack für Leute, die Gewicht sparen wollen und keinen extrem warmen Schlafsack brauchen. Das wasser- und winddichte TEXAPORE LIGHTWEIGHT Außenmaterial schützt vor Feuchtigkeit und Wind. Durch die hochwertige Gänsedaune und das überzeugende Kammer- und Füllsystem bietet IDAHO trotz seiner Leichtigkeit noch unter Null Grad Celsius angenehmen Schlafkomfort.

Regular

Länge: _____ cm

Material außen: _____

Material innen: _____

Füllung: _____

Gewicht: _____ g

Packmaß: _____ x _____ cm

Farben: _____

Zubehör: _____

Art. Nr. 94211-55 DM _____

Baumwollaufbewahrungsbeutel
und Nylonpacksack
für alle Daunenschlafsäcke.

Temperaturbereich:

Extrem	Komfort	Maximal
-27°	-9°	+23°

B Vergleichen Sie Ihre Notizen in **A** mit Ihrem Partner. Stellen und beantworten Sie diese Fragen über den IDAHO.

1 Für welchen Temperaturbereich ist dieser Schlafsack geeignet?
▶ Für den Temperaturbereich bis zu minus ... Grad.

2 In wie vielen Größen ist er erhältlich?
▶ In zwei Größen, ...

3 Wie lang ist der Schlafsack?
▶ Die Regular-Ausführung hat eine Länge von ... Zentimetern.

4 Aus welchem Material ist er?
▶ Das Außenmaterial ist ... . Die Füllung ist aus ...

5 Wieviel wiegt er?
▶ Das Gewicht ist ... Gramm.

6 Wie groß ist der Schlafsack eingepackt?
▶ Er hat ein Packmaß von ... mal ...

7 In welchen Farben ist er erhältlich?
▶ In der Farbkombination ...

8 Gibt es dafür Zubehör?
▶ Ja, der Schlafsack wird mit ... geliefert.

9 Was kostet er?
▶ Der Katalogpreis ist ...

C   Welche Produktbeschreibung paßt zu welchem Bild?

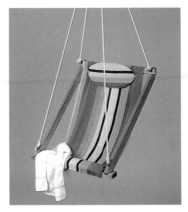

1   Hängesitz

2   CITY-CRUISER Fahrrad

3   „E-Z Up INSTANT SHELTERS®"

4   LUFTIKUS
Wanderrucksack

C

Für Wanderfreunde und Liebhaber der freien Natur. Zwei geräumige Seitentaschen, eine große Deckeltasche, alle mit Reißverschluß. Das integrierte Tragegestell verbessert den Tragekomfort. Weitere Komfortdetails: höhenverstellbarer Brustgurt, abnehmbarer Bauchgurt.

Material:	Nylon
Maße:	Höhe: 44 cm,
	Breite: 34 cm,
	Tiefe: 17 cm
Volumen:	ca. 30 l
Gewicht:	1150 g
Farben:	Rot/Violett,
	Art. Nr. 23420-30
	Blau/Beige
	Art. Nr. 23420-34
	DM 149,-

A

Speziell für die Stadt geeignet. Fahren Sie bequem ohne Stau und Streß zur Arbeit oder zum Shopping.

❏ Aluminium-Rahmen mit Kunststoff beschichtet
❏ 7 Gänge
❏ Aluminium Cantileverbremse vorne

❏ bequemer, verstellbarer Sattel für entspanntes Fahren
❏ ergonomisch geformter Lenker
❏ leistungsstarke Lichtanlage
❏ attraktives Design
❏ Farbkombination: Silber/Schwarz
❏ Herren- und Damenausführung

unverbindliche Preisempfehlung **DM 1.098,-**

B

Ideal für entspanntes Schaukeln im Garten, auf Balkon und Terrasse.
Stabiler Rahmen aus Hartholz, feuchtigkeitsbeständig,
Bezug aus festem Baumwollstoff.
Sitzpolster und Kopfkissen in den Bezug eingearbeitet.
Aufhängeseile längenverstellbar, mit Montageanleitung.
Rahmengröße 90 x 70 cm.

In Verkaufskarton mit Klarsichtfenster.

„Acapulco"	36 001 8
Baumwollbezug in buntem Streifenmuster	
„Amalfi"	36 002 5
Baumwollbezug naturbelassen	
	Verbraucherpreis DM 80,-/85,-.

D

• *Ideal für Gartenfeste. Als Regen- oder Sonnenschutz geeignet. Auch bei Ausstellungen einsetzbar.*
• *Schnelle Aufbauzeit (kann innerhalb von 60 Sekunden aufgebaut werden).*
• *Verstärkter Stahlrahmen und Qualitätsdach aus wasserdichtem Kunststoff garantieren eine lange Lebensdauer.*
• *Pflegeleichtes Design.*
• *Bequem und kompakt zusammenlegbar, mit praktischer Aufbewahrungstasche.*
• *Leicht zu transportieren.*
• *Farbauswahl: blau, rot, weiß, grün, champagne sind Standardfarben für sofortige Lieferung.*
• *Lieferbar mit viel Zubehör (extra berechnet), z.B. Seitenwände, Halbwände, Gardinen usw.*
• *Erhältlich in den Größen 2,5m x 2,5m, 3,0m x 3,0m, 3,0 x 4,5m.*

D   Lesen Sie die Produktbeschreibungen in **A** und **C** noch einmal.

1   Machen Sie eine Liste von allen Farbwörtern. Welche anderen Farbwörter kennen Sie?

2   Machen Sie eine Liste von allen Materialien. Kennen Sie weitere Materialien?

3   Machen Sie eine Liste der Adjektive, die diese Produkte beschreiben.
Ordnen Sie die Wörter in zwei Gruppen:

GRUPPE 1: Adjektive, mit denen man Produktmerkmale objektiv beschreibt.
GRUPPE 2: Adjektive, die man für subjektive Produktbeschreibungen benutzt.

4   Aus welchen Verben sind diese Adjektive gebildet? Was bedeutet die Endung *-bar*?

verstellbar   abnehmbar   einsetzbar   lieferbar   zusammenlegbar

E   Spielen Sie Gespräche auf einem Messestand.
BESUCHER: Wählen Sie ein Produkt aus **C**. Bereiten Sie einige Fragen
über das Produkt vor, die Sie einem Standmitarbeiter stellen können.
STANDMITARBEITER: Beantworten Sie die Fragen eines potentiellen Kunden
über Ihr Produkt. Dann bieten Sie ihm/ihr Produktliteratur an.

> Guten Tag, mein Name ist ... Ich sehe, Sie interessieren sich für unsere [Fahrräder].

> Ja, ich bin an diesem Modell besonders interessiert.
> Können Sie mir etwas mehr darüber sagen? Zum Beispiel, wofür ist das geeignet?
> ...
> Gut, vielen Dank für das Gespräch.

> Darf ich Ihnen also unseren Katalog mitgeben?
> Er enthält eine Preisliste/eine Liste unserer Händler.

F   Bereiten Sie eine kurze
Präsentation eines Produktes
in **C** oder eines Produktes
Ihrer Firma vor. Erwähnen
Sie folgende Punkte.

- für wen/wofür das
  Produkt geeignet ist
- die Spezifikationen/
  technischen Daten
- Besonderheiten

Beginnen Sie so:

> Meine Damen und Herren,
> Sie sehen hier ...

*Verkaufsgespräch
auf dem Messestand* ▶

8.4 Welches Modell würden Sie empfehlen?

A Sie arbeiten bei einer Firma, die Laser- und Tintenstrahldrucker herstellt. Die Firma stellt auf der CeBIT-Messe aus (die Fachmesse für Büro- und Kommunikationstechnik). Informieren Sie sich im voraus über die Vor- und Nachteile ihrer Produkte und vervollständigen Sie die Sätze unten.

Welcher Drucker der richtige ist, hängt davon ab, welche Dokumente für wen produziert werden sollen. Kommt es auf hohe Druckqualität an, auf schnellen Druck, große Auflagen, farbige Darstellung oder eine Kombination aus diesen Kriterien? Jeder Druckertyp hat seine Vor- und Nachteile, die ihn für unterschiedliche Einsatzzwecke mehr oder weniger geeignet machen.

	Vorteile	Nachteile
Tintenstrahl-drucker	leise; gute Druckqualität; ausreichende Druckgeschwindigkeit; relativ niedriger Kaufpreis (ab 300 DM); niedrige Betriebskosten	sehr gute Druckqualität nur auf speziellem Papier; wenige eingebaute Schriftarten
Laser-drucker	hervorragende Druckqualität; schneller Druck; große Auswahl von Schriftarten; relativ leise	relativ teuer (ab 1.000 DM); hohe Betriebskosten

Laserdrucker bieten (1)... Druckqualität, (2)... Druckgeschwindigkeit und eine (3)... Auswahl von Schriftarten als Tintenstrahldrucker.
Auf der anderen Seite bieten Tintenstrahldrucker (4)... Druckqualität bei relativ geringen Kosten. Sie sind (5)... als Laserdrucker und die Betriebskosten sind auch (6)... .
Tintenstrahldrucker sind auch etwas (7)... als Laserdrucker.

B Ein Standbesucher fragt, welche Art von Drucker für seine Bedürfnisse geeigneter wäre. Wie beantwortet er folgende Fragen? Was würden Sie diesem Kunden empfehlen?

1 Wofür braucht der Kunde den Drucker? ☐ für die Heimanwendung ☐ für das Büro
2 Was möchte er drucken?
   ☐ Routinearbeiten ☐ Korrespondenz ☐ Tabellen und Grafiken ☐ Publikationen
3 Druckt er große Auflagen? ☐ Ja ☐ Nein
4 Was ist für ihn wichtig/nicht so wichtig?

	wichtig	nicht so wichtig
die Druckgeschwindigkeit	☐	☐
die Druckqualität	☐	☐
der Kaufpreis	☐	☐
die Betriebskosten	☐	☐
der leise Druck	☐	☐

C Vergleichen Sie die beiden Tintenstrahldrucker rechts in bezug auf Druckqualität (Auflösung), Geschwindigkeit, Geräuschpegel usw., z.B.:

Bei dem ... ist die [Druckqualität] ebenso gut/nicht so gut wie bei dem ...
Der ... ist [schneller/lauter/leichter] als/nicht so [schnell/laut/leicht] wie der ...
Der ... hat mehr/weniger [Schriften] als der ...
Beide Modelle drucken/bieten ...
Nur der ... ist [aufrüstbar]/bietet ...
Ein Vorteil/Eine Besonderheit des ... : Er ...

D Beraten Sie einen Interessenten/eine Interessentin auf dem Messestand.
PARTNER A benutzt Datenblatt A23, S. 155.
PARTNER B benutzt Datenblatt B23, S. 164.

Canon

Der BJ-300 ist der perfekte Drucker für den Einsatz direkt am Arbeitsplatz. Mit einer Geschwindigkeit von bis zu 300 Zeichen pro Sekunde druckt er Briefe, Tabellen, Grafiken oder Adreßaufkleber in außergewöhnlicher Qualität. Außerdem arbeitet er extrem leise. Weitere Vorteile sind seine hohe Zuverlässigkeit und Belastbarkeit. Der BJ-300 läßt sich problemlos an Ihr vorhandenes System anschließen. Er emuliert den IBM Proprinter sowie den Epson LQ 850. Damit können Sie mit einer Vielzahl von Softwareprogrammen arbeiten.

Die Bedienung ist äußerst anwenderfreundlich, und die Wartung beschränkt sich auf ein Minimum. Dieses Modell hat 3 integrierte Schriften. Optional zusätzliche Schriftkarten stehen zur Verfügung. Außerdem kann der interne Speicher mit einer Speichererweiterung um 128 KB aufgerüstet werden.

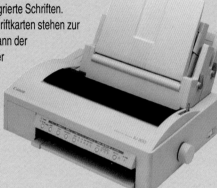

BJ-300

Büro- / Desktopdrucker

Technische Daten:

Auflösung:	360 x 360 dpi
Geschwindigkeit:	300 Zeichen/Sekunde
Schriften fest:	3 (5 Punktgrößen)
Emulationen:	IBM Proprinter X24E, Epson LQ 850
Tintenpatrone (schwarz):	Lebensdauer ca. 1 Mio. Zeichen
Druckpapier:	Normalpapier, Briefumschläge, OHP-Folien
Papierformat:	A4 (Hoch- und Querformat) A3 (Hochformat), Endlospapier
Papier-Management:	Einzelblatt-, Endlospapier
Geräuschpegel:	< 45 dB
Speicherkapazität:	30 KB
Abmessungen (BxTxH):	45,8 x 33,3 x 13,7 cm
Gewicht:	ca. 6,9 kg
Optionen:	automatischer Einzelblatteinzug – Schriftkarten – Speichererweiterung

Preis: 1.495 DM* zuzüglich Mehrwertsteuer

* unverbindlich empfohlener Verkaufspreis

BJ-230

Kompakter DIN A3-Drucker

Der BJ-230 überzeugt durch Laserdruckqualität, hohe Druckgeschwindigkeit von 248 Zeichen pro Sekunde und extrem niedrige Geräuschentwicklung. Mit 40 Dezibel gehört er zu den leisesten Tintenstrahldruckern der Welt und ist somit für den täglichen Einsatz in Großraumbüros bestens geeignet.

Der BJ-230 druckt mit wasserlöslicher und ungiftiger Tinte. Sie haben außerdem die Wahl zwischen Normal- und Recyclingpapier. So wird die Umwelt geschont.

Trotz seinen kompakten Abmessungen und geringem Gewicht (nur 3,5 kg inkl. automatischer Einzelblattzuführung und integriertem Netzteil) druckt der BJ-230 auf A3-Formaten. Das macht ihn für alle interessant, die z.B. mit CAD-Anwendungen und großformatigen Tabellen arbeiten.

Technische Daten:

Auflösung:	360 x 360 dpi
Geschwindigkeit:	max. 248 Zeichen/Sekunde
Schriften:	8 interne Fonts in 6 verschiedenen Punktgrößen
Emulationen:	IBM ProPrinter, Epson LQ
Druckpapier:	Normal- oder Recyclingpapier, Overheadfolien DIN A4, Briefumschläge, Zweckform-Etiketten
Papierverarbeitung:	max. Papierformat: DIN A3 Hochformat automatische Einzelblattzuführung (100 Blatt)
Geräuschpegel:	ca. 40 dB
Abmessungen:	42,8 x 20,8 x 20,1 cm (BxHxT)
Gewicht:	ca. 3,5 kg

Preis: 1.090,00 DM* exkl. MwSt.

* unverbindlich empfohlener Verkaufspreis

8.5 Nach der Messe

A Nach der Messe schreiben viele Aussteller an ihre Standbesucher, um die gewünschten Unterlagen zu senden, oder einfach, um den Kontakt aufrechtzuerhalten. Lesen Sie den Brief rechts und beantworten Sie die Fragen.

1 Auf welcher Messe hat der Absender ausgestellt?
2 Was für ein Produkt stellt die Firma her?
3 Was ist in der Anlage?
4 Welche Produkteigenschaften werden im Brief noch einmal erwähnt?

B 1 Die Bestandteile des deutschen Geschäftsbriefes sind unten aufgelistet.
Lesen Sie den Brief rechts noch einmal und numerieren Sie die Bestandteile (1 - 9).

---

1 Briefkopf
Der Briefkopf besteht aus dem Namen und der Anschrift der Firma, gegebenenfalls mit dem Firmenzeichen oder -logo.

2 Anschrift des Empfängers
Die Anschrift besteht aus dem Namen und der Postanschrift des Empfängers.
Wenn der Brief einer bestimmten Person in einer Firma zugeleitet werden soll, setzt man den Namen dieser Person unter den Firmennamen.

```
Graphopack GmbH
Herrn Dr. Rolf Schwarz
```

Bei Briefen an Einzelpersonen setzt man den Namen oberhalb des Firmennamen.

```
Herrn Dr. Rolf Schwarz
Graphopack GmbH
```

Die Postanschrift besteht aus:
a) Straße und Hausnummer bzw. Postfachnummer
b) Postleitzahl und Ortsangabe.

3 Datum
So kann man das Datum schreiben:
04.08.19--   4. Aug. 19--
4.8.19--   4. August 19--

4 Betreffzeile
Die Betreffzeile – eine stichwortartige Inhaltsangabe – steht vor der Anrede, gegebenenfalls mit dem Vermerk *Betreff* oder *Betr.*

5 Anrede
Nach der Anrede kann man entweder ein Ausrufezeichen (!) oder ein Komma (,) setzen.
Nach einem Ausrufezeichen hat das erste Wort

des Brieftextes einen Großbuchstaben, nach einem Komma einen Kleinbuchstaben.
Die Standardanrede für Firmen und Organisationen lautet:
Sehr geehrte Damen und Herren
Bei Einzelpersonen lautet die Standardanrede:
Sehr geehrter Herr Schmidt oder
Sehr geehrte Frau Müller

6 Brieftext
Damit der Inhalt übersichtlich wird, macht man für jedes neue Thema einen Absatz.
Der Brieftext und alle Absätze beginnen am linken Rand des Briefblatts.

7 Schlußformel
Die meistgebrauchte Schlußformel bei Geschäftsbriefen ist: *Mit freundlichen Grüßen*
Andere Varianten sind: *Mit freundlichem Gruß* oder *Freundliche Grüße*

8 Unterschrift
Die Abkürzungen *i.V.* (*in Vollmacht / in Vertretung*) bzw. *i.A.* (*im Auftrag*) vor der Unterschrift bedeuten, daß ein Bevollmächtigter den Brief in Abwesenheit des Absenders unterschrieben hat.

```
Mit freundlichen Grüßen
i.A. H. Maschlich
```

9 Anlagevermerk
Der Anlagevermerk steht links unten auf dem Briefblatt. Es gibt verschiedene Möglichkeiten:

```
Anlage
```

```
2 Anlagen
```

```
Anlage:
Katalog
```

```
Prospekt
Preisliste
```

---

2 Vergleichen Sie einen deutschen Geschäftsbrief und einen Geschäftsbrief in Ihrer Sprache in bezug auf die äußere Form.

E-Z UP Europe B.V.
Zandweg 19
P.O. Box 339
3960 BG Wijk bij Duurstede
The Netherlands
Tel.: (31) 3435-78269
Fax: (31) 3435-78254
ID. no.: NL-801754732

Ellermann KG
Frau Katrin Busch
Gottfried-Daimler-Ring 49
63654 Büdingen
DEUTSCHLAND

20. September 19--

SPOGA 19--
Ihr Besuch vom 05.09.19--

Sehr geehrte Frau Busch,

wir bedanken uns recht herzlich für Ihren Besuch auf unserem Stand während der SPOGA '9-
und für Ihr Interesse an unserem Schutzdach **E-Z Up Instant Shelter**®. In der Anlage senden
wir Ihnen unsere neueste Broschüre sowie die aktuelle Preisliste.

Auf einer Messe bekommt man so viele Informationen, daß es manchmal schwierig ist, alle
Einzelheiten zu behalten. Deshalb möchten wir Sie gern noch einmal kurz über unser **E-Z Up
Instant Shelter**® informieren. Das **E-Z Up Instant Shelter**® ist berühmt als "das schnellste
Dach der Welt". Innerhalb von 60 Sekunden entsteht aus einem golftaschenähnlichen Paket ein
fertiges, freistehendes Schutzdach. Das Gestell ist aus verzinktem Stahl, und das Dach ist aus
Polyester mit Poly-Urethane beschichtet. Eine Kreuzrahmen-Konstruktion verhindert ein
Verbiegen des Rahmens unter größter Belastung und bei Dauergebrauch. So ist das **E-Z Up
Instant Shelter**® ein starkes Schutzdach für die höchsten Ansprüche. Das Dach ist in 12
Standardfarben erhältlich und auch Farbkombinationen sind lieferbar. Das **E-Z Up**-Zubehör
umfaßt z.B. Seitenwände, Eckgardinen und vieles mehr. **E-Z Up Instant Shelters**® können
u.a. als Gartenpavillon, als Festzelt oder als Verkaufsstand eingesetzt werden. Als Innovation
können wir das Schutzdach jetzt mit Kundenaufschrift bzw. -Logo anbieten.

Für weitere Informationen oder für ein individuelles Angebot stehen wir Ihnen jederzeit gerne
zur Verfügung.

Wir würden uns freuen, bald von Ihnen zu hören.

Mit freundlichen Grüßen,

i. A. J. Ewalude

Eveline van Gemert
Director of European Operations

Anlage

C   Ihre Firma hat auf einer Messe in Deutschland ihre Produkte ausgestellt.
Schreiben Sie einen Brief an einen deutschsprechenden Messestandbesucher.
(Sie können auch eine der Firmen aus **8.3** wählen.) In diesem Brief ...

- danken Sie für seinen Besuch bei Ihrem Stand und sein Interesse an Ihrem Produkt
- übersenden Sie einen Katalog und eine Preisliste
- erinnern Sie nochmals an Ihr Produkt, indem Sie Eigenschaften und
  Verwendungszweck(e) kurz erwähnen
- bieten Sie weitere Informationen an, falls erwünscht.

Eine erfolgreiche Messebeteiligung erfordert eine gezielte Planung und Budgetfestlegung. Aus diesen Texten können Sie ersehen, welche Faktoren zu berücksichtigen sind.

1 Sehen Sie sich die **Checkliste für die Messebeteiligung** an. Können Sie die Aktivitäten den drei Überschriften zuordnen?

2 Sehen Sie sich die Checkliste **Kosten einer Messebeteiligung** an. Welche Überschrift paßt zu welcher Spalte?

3 Würde sich eine Messebeteiligung für Ihre Firma/eine Firma, die Sie kennen, lohnen?

Wie plane ich die Messebeteiligung und deren Erfolg?

Bevor sich der Messeverantwortliche mit der Beantwortung dieser wichtigen Fragen beschäftigt, muß er sich darüber im klaren sein, daß eine optimale und erfolgreiche Messebeteiligung gut durchdacht, detailliert geplant und straff organisiert werden sollte. Bei einer Messebeteiligung handelt es sich um einen Prozeß, der schon vor der Messe beginnt und nicht mit dem letzten Messetag endet. Die Aufgaben unterteilen sich in die, die vor, während und nach einer Messe durchgeführt werden. Dabei fallen die meisten Aufgaben in die Vorplanung. Bereits in der Planungsphase läßt sich feststellen, ob sich eine Messebeteiligung lohnt.

Die Kölner Messe:
Treffpunkt der SPOGA

Checkliste für die Messebeteiligung
1. Vor der Messe: Planung und Vorbereitung
2. Während der Messe: Messedurchführung
3. Nach der Messe: Messenachbearbeitung

- Messeziele erarbeiten und exakt definieren
- Manöverkritik am letzten Messetag
- Anmeldung beim Veranstalter
- Internen Abschlußbericht anfertigen
- Werbe-Konzeption
- Auswerten der Gesprächsprotokolle
- Tägliche Lagebesprechungen

- Bearbeitung des Serviceangebotes vom Veranstalter
- Besucher-Einladungen versenden
- Dankeschön an das Messeteam
- Terminplanung
- Training des Messeteams
- Unterkunftsreservierung für das Standpersonal
- Nachbearbeiten der Messekontakte

- Budgetfestlegung
- Pressekonferenz
- Bestellung der benötigten Standausstattung
- Standabbau und Abreise
- Bestätigung der Standfläche durch den Veranstalter
- Gesprächsprotokolle ausfüllen
- Auswahl der Exponate und Ausstellungsprogramm

Das Kölner Messehaus

Die Hannover Messe: Treffpunkt der CeBIT

Personalkosten

Kosten für das Ausstellungsgut

Kostenbeiträge an den Veranstalter

Kosten für Standbau und Versorgung

Kosten für Werbung, Presse und Verkaufsförderung

Kosten einer Messebeteiligung

1. ...
- Standmiete
- evtl. Zuschläge
- Eintragung in den Messe-Katalog
- Eintragung in Messe-Informationssysteme
- Ausstellerausweise
- Parkscheine

2. ...
- Vorführmodelle
- Transport und Lagerung
- Versicherung

3. ...
- Standbaumaterial
- Leistungen des Standbauunternehmens
- Transport

- Standausstattung (Möbel, Bodenbeläge, Beleuchtung usw.)
- Standbeschriftung
- Technische Versorgung (Strom, Wasser usw.)
- Telekommunikationsanschluß
- Standreinigung und -bewachung

4. ...
- Direktwerbung
- Besondere Einladungen
- Anzeigen
- Drucksachen und Prospekte
- Pressemappen
- Übersetzungen

5. ...
- Reisekosten
- Tagegeld
- Unterkunft
- Dolmetscher
- Aushilfskräfte

Sehen Sie sich den Geländeplan unten an. Welche von diesen Dingen kann man oder kann man nicht auf der Messe machen?

1   seinen Mantel abgeben
2   Reiseschecks einlösen
3   Briefmarken kaufen
4   zum Friseur gehen
5   Schmerztabletten kaufen

6   ins Kino gehen
7   einen Arzt konsultieren
8   mit dem Hubschrauber fliegen
9   einen Imbiß einnehmen
10   ein Geschenk kaufen

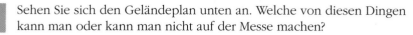

Die CeBIT bietet mehr als jede andere Messe

Als internationale Leitmesse der Büro-, Informations- und Telekommunikationstechnik stellt die CeBIT den Weltmarkt in konzentrierter Form dar. Hier treffen über 5.000 Aussteller aus 50 Nationen auf mehr als eine halbe Million Besucher aus über 100 Ländern.
Weil Entscheidungsträger und Fachleute aus allen Anwenderbereichen wie Industrie, Handel, aus Handwerk, den freien Berufen, der Verwaltung und Wissenschaft nach Hannover kommen, erspart Ihnen die CeBIT viele Messen im Laufe des Jahres. Auf einen Schlag können Sie in mehreren Anwendungsbereichen neue Kontakte knüpfen und Ihre Absatzchancen erhöhen.

Ausstellungsprogramm

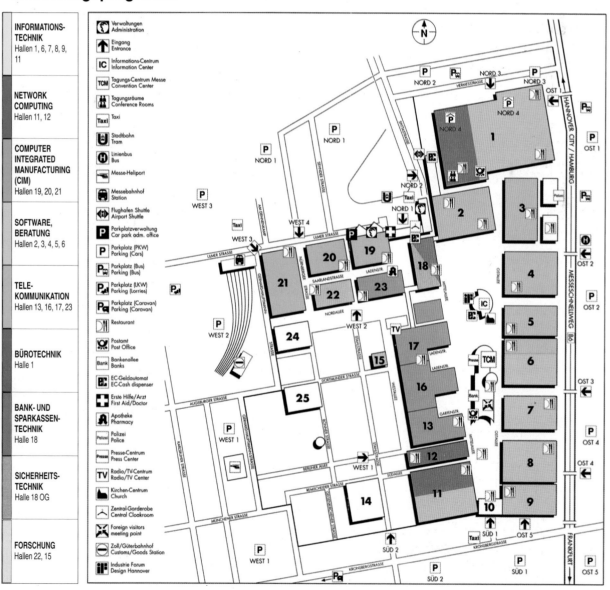

9 Import-Export

Wortschatz und sprachliche Strukturen in dieser Lektion werden Ihnen helfen,
- allgemeine Termini und Handelsbedingungen zu verstehen,
- mit Anfragen und Wünschen nach einem Kostenvoranschlag umzugehen,
- Bestellungen anzunehmen und zu bestätigen,
- mit Lieferungsproblemen umzugehen,
- mit Beschwerden umzugehen.

Sie werden außerdem etwas über deutsche Standards hinsichtlich Technik und Sicherheit und den Umweltschutz erfahren.

9.1 Allgemeine Geschäftsbedingungen

A 1 Der Kauf und Verkauf von Produkten erfolgt in mehreren Schritten. Numerieren Sie die Schritte in einer logischen Reihenfolge für den Käufer bzw. den Verkäufer.

der Käufer
- a) zwischen Konkurrenzangeboten wählen
- ☐1☐ b) Lieferanten suchen
- c) einen Auftrag erteilen
- d) die Lieferung entgegennehmen
- e) Anfragen machen
- f) die Rechnung bezahlen
- g) ein Angebot erbitten
- h) die Ware prüfen
- i) über die Preise und Bedingungen verhandeln

der Verkäufer
- a) die Rechnung an den Kunden schicken
- b) Referenzen einholen (bei neuen Kunden)
- c) eine Anfrage entgegennehmen
- d) einen Auftrag erhalten
- e) die Zahlung erhalten
- f) ein Angebot erstellen
- g) eventuelle Reklamationen bearbeiten
- h) den Auftrag bestätigen
- i) die Ware liefern

2 Vergleichen Sie Ihre Antworten mit Ihrem Partner, z.B.:

> Zuerst sucht der Käufer Lieferanten. Dann macht er Anfragen.
> Danach ... / Zuletzt ...

3 Von welchen Abteilungen einer Firma werden diese Aufgaben erledigt?
Bilden Sie Sätze.

Lieferanten	werden	von der	Vertriebsabteilung	gesucht.
Ein Angebot	wird		Versandabteilung	erstellt.
Die Ware			Buchhaltung	bezahlt.
Die Rechnung			Einkaufsabteilung	geliefert.

B 1 Mit einer Bestellung akzeptiert der Käufer die Geschäftsbedingungen des Verkäufers.
Sehen Sie sich die Geschäftsbedingungen der Firma XYZ rechts an. Was bedeuten
die <u>unterstrichenen</u> Wörter?

2 Lesen Sie die Geschäftsbedingungen noch einmal und beantworten Sie die Fragen.

1. Sind telefonische Bestellungen möglich?
2. Wann wird eine Bestellung verbindlich?
3. In welcher Währung sind die Preise?
4. Wie lang ist die Zahlungsfrist?
5. Wann gewährt der Verkäufer Skonto?
6. Was geschieht, wenn der Käufer nicht rechtzeitig bezahlt?
7. Wer trägt die Kosten und die Gefahr der Lieferung?
8. Was geschieht, wenn der Verkäufer nicht rechtzeitig liefert?
9. Welche Garantie gibt der Verkäufer?

XYZ

Allgemeine Verkaufs-, Liefer- und Zahlungsbedingungen der XYZ AG
(Auszug)

Allgemeine Bestimmungen
1. Bestellungen führen wir ausschließlich zu nachstehenden Bedingungen aus. Andere Einkaufs- und Zahlungsbedingungen des Käufers können nicht anerkannt werden.
2. Telefonische Bestellungen müssen grundsätzlich schriftlich oder per Fax bestätigt werden, bevor die Sendung ausgeliefert wird.

Angebot und Annahme
1. Unsere <u>Angebote</u> sind grundsätzlich <u>unverbindlich</u>.
2. Die Annahme von Bestellungen wird für uns nur durch unsere schriftliche Bestätigung <u>verbindlich</u>.

Preise, Zahlungsbedingungen
1. Die in Katalogen genannten Preise sind unverbindlich und jederzeit änderbar.
2. Die Preise sind DM-Preise und verstehen sich ohne gesetzliche Mehrwertsteuer.
3. Wir räumen ein <u>Zahlungsziel</u> ab Rechnungsdatum von 30 Tagen ein. Bei Bar- oder Scheckzahlung innerhalb von 14 Tagen ab Rechnungsdatum gewähren wir 3% <u>Skonto</u>.
4. Rabatte für Einzelhändler sind bei der Vertriebsabteilung zu erfragen.
5. Bei <u>Zahlungsverzug</u> sind wir berechtigt, Verzugs<u>zinsen</u> in Höhe von 2% zu verlangen.

Lieferbedingungen, Lieferfristen
1. Wir liefern in Verpackung nach unserer Wahl ab Werk.
2. Versand erfolgt auf <u>Gefahr</u> des Käufers.
3. <u>Lieferfristen</u> sind verbindlich, wenn wir sie schriftlich bestätigt haben. Die Lieferfrist ist erfüllt, sobald die Sendung dem Spediteur, der Bahn oder der Post übergeben ist.
4. Bei Betriebs- und Transportstörungen, Verzögerungen durch unsere Zulieferanten sowie ähnlichen Lieferhindernissen werden vereinbarte Lieferfristen verlängert.
5. Bei <u>Lieferverzug</u> wird der Anspruch des Käufers auf <u>Schadenersatz</u> für jede Woche des Verzuges auf maximal 5% des Wertes der Ware begrenzt.

Garantie
1. Bei <u>Mängeln</u> der gelieferten Ware verpflichten wir uns zu kostenloser Nachbesserung oder Ersatzlieferung. Wir tragen die Kosten für die Versendung von uns zum Käufer.
2. Mängel jeder Art sind uns spätestens innerhalb von 10 Tagen nach Zugang der Ware schriftlich anzuzeigen. Versteckte Mängel sind spätestens 10 Tage nach ihrer Entdeckung schriftlich anzuzeigen.
3. Die Garantiezeit ist 6 Monate.

XYZ Aktiengesellschaft, Frankfurt am Main.

SPRACHARBEIT

1 Schauen Sie sich die folgenden Beispiele für Passivkonstruktionen an, die mit einem Modalverb gebraucht werden. Sie stammen aus dem obigen Text.

Telefonische Bestellungen **müssen** grundsätzlich schriftlich **bestätigt werden.**

Andere Einkaufsbedingungen des Käufers **können** nicht **anerkannt werden.**

Können Sie die Beispiele in Aktivsätze umwandeln? ▶ 6.11

2 Hier wird *sein* + Infinitiv gebraucht, um auszudrücken, daß man etwas tun muß/sollte.

Mängel **sind** innerhalb von 10 Tagen schriftlich **anzuzeigen.**

Können Sie im Text ein weiteres Beispiel für diese Konstruktion finden? ▶ 7.10

C Die Incoterms (International Commercial Terms) sind international verwendete Ausdrücke für die Lieferung von Waren. Sie legen die Pflichten der Vertragsparteien, vor allem die Kostenübernahme (Wer trägt die Kosten der Lieferung?) und den Gefahrenübergang (Wer trägt das Risiko?), eindeutig fest. Dadurch werden Mißverständnisse vermieden. Ordnen Sie folgende Incoterms ihren Definitionen zu.

1 **EXW** Ex works / Ab Werk

2 **FOB** Free on board / Frei an Bord

3 **CFR** Cost and freight / Kosten und Fracht

4 **CIF** Cost, insurance and freight / Kosten, Versicherung und Fracht

a) Der Verkäufer trägt alle Kosten einschließlich der Versicherung bis zu dem vom Kunden benannten Bestimmungshafen/-ort.

b) Der Verkäufer stellt dem Käufer die Ware auf seinem Gelände (Werk, Lager usw.) zur Verfügung. Der Käufer trägt alle Kosten für Fracht und Versicherung.

c) Der Verkäufer trägt alle Kosten, bis die Ware an Bord des Schiffes bzw. Flugzeugs geladen wird.

d) Der Verkäufer trägt alle Kosten ausschließlich der Versicherung bis zu dem vom Kunden benannten Bestimmungshafen/-ort.

D **1** Zahlungsbedingungen sind Vereinbarungen über Zeitpunkt und Ort der Zahlung einer Rechnung. Sie werden oft mit Lieferbedingungen verbunden. Welche der folgenden Bedingungen kommen beim Import-Export-Geschäft am häufigsten vor?

- Vorauszahlung
- Zahlung bei Erhalt der Ware (Nachnahme)
- Zahlung bei Rechnungserhalt
- Zahlung innerhalb 30/60/90 Tage nach Rechnungsdatum
- Drittelzahlung (1/3 bei Auftragserteilung, 1/3 bei Lieferung, 1/3 innerhalb (30) Tagen nach Lieferung)

2 Welche Zahlungsform paßt zu welchem Bild?

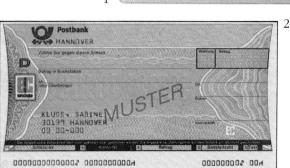

a) Barzahlung
b) Zahlung mit Scheck
c) Zahlung mit Kreditkarte
d) Zahlung durch Banküberweisung auf das Konto des Verkäufers

E Wer sind die wichtigsten Handelspartner Ihres Landes? Was sind die wichtigsten Einfuhr- und Ausfuhrgüter: Fertigwaren wie z.B. Maschinen, elektrotechnische Erzeugnisse usw.? Rohstoffe wie z.B. Öl? Agrarprodukte?

9.2 Unser Angebot zu Ihrer Anfrage

A Vulcan Forgings ist eine Firma, die Schmiedeteile herstellt. Ihre Kunden sind vorwiegend Zulieferungsfirmen für die Automobilindustrie.

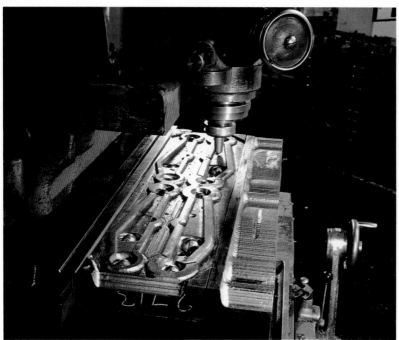

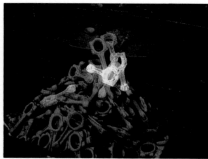

▲ *Heiße Schmiedeteile*

▲ *Fertige unbearbeitete Motorbauteile*

▲ *Fertigungsprozeß eines Gesenks*

1 Frau Keller, Vertriebsassistentin bei Vulcan, bekommt eine telefonische Anfrage von einem Kaufinteressenten, Herrn Schuster von der Firma Habermann, München. Herr Schuster sucht einen neuen Lieferanten für Bremspedale. Er hat den Namen und die Adresse von Vulcan von Geschäftspartnern erfahren und möchte sich erst einmal allgemein über ihre Preise und Lieferbedingungen informieren. Welche Fragen stellt er?

> Können Sie mir Näheres über Ihre Preise und Lieferbedingungen sagen?
> Haben Sie eine Mindestabnahmemenge?
> Geben Sie Rabatt auf Ihre Katalogpreise?
> Ab welcher Menge geben Sie Rabatt?
> Was ist der Stückpreis bei dieser Menge?
> Ist das Ihr Nettopreis, ohne Rabatt?
> Können Sie mir einen Preis für 1.000 Stück nennen?
> Wie lange bleibt dieser Preis gültig?
> Wie sind Ihre Zahlungsbedingungen?
> Gewähren Sie Skonto für prompte Zahlung?
> Wie schnell können Sie liefern?
> Wie sind Ihre Lieferbedingungen?
> Haben Sie die Ware auf Lager?
> Können Sie mir ein schriftliches Angebot machen?

2 Hören sie noch einmal zu. Notieren Sie folgende Informationen.

Mindestabnahmemenge: Zahlungsfrist: Lieferbedingungen:
Mengenrabatt: Skonto: Lieferzeit:
Stückpreis:

B Mit Hilfe Ihrer Notizen in **A** spielen Sie das Gespräch zwischen Frau Keller und Herrn Schuster nach.

C   Lesen Sie die schriftliche Anfrage an die Firma Spielco, einen Hersteller von Modellspielzeugen in Deutschland, und das entsprechende Angebot rechts. Benutzen Sie die Informationen und spielen Sie ein Telefongespräch. Der/Die Kaufinteressent/in soll sich zuerst allgemein über die Preise und Verkaufsbedingungen der Firma informieren, dann ein schriftliches Angebot erbitten.

Renault 6 CV

In Frankreich heißt ein kleines Auto „voiturette". Der erfolgreiche Renault 6 CV von 1911 ist eines davon. Wir haben ihn 1964 erstmals präsentiert. Mit detaillierter Technik: linke Tür und Motorhaube lassen sich öffnen, Handbremse und Schalthebel für Leerlauf und Vorwärtsfahrt sind funktionsfähig. Das robuste Federwerk erzeugt das typische Rütteln – und im Motorraum imitiert eine Glühlampe mit Batterie-Unterstützung die Zündfunken!

Renault 6CV Voiturette 81230

12.1.19--
Spielco GmbH
Postfach 33 57
90027 Nürnberg
Deutschland

Sehr geehrte Damen und Herren,

wir sind Einzelhändler für Spielzeugwaren mit fünf Verkaufsstellen in unserem Gebiet (Gesamtumsatz ca. 1 Million DM). Letztes Jahr haben wir Ihren Messestand in Nürnberg besucht und Ihren Katalog bekommen. Wir sind sehr an Ihrer Oldtimer Replica-Serie interessiert. Wir beabsichtigen, einen Markttest durchzuführen und möchten Ihnen zu diesem Zweck einen Probeauftrag erteilen. Bitte senden Sie uns ein Angebot mit Mustern für folgende Artikel:

Art.-Nr.	Bezeichnung	Stück
81238	Repl. Opel Doktorwagen	20
81237	Repl. Ford Coupé schwarz	20
81230	Repl. Renault 6CV	20

Wir wären Ihnen auch dankbar für die Sendung ausführlicher Informationen über Ihre Zahlungs- und Lieferbedingungen sowie Ihre Lieferzeiten.

Bankreferenzen und Auskünfte über unsere Firma erhalten Sie jederzeit von der ... Bank in ... .

Wenn der Markttest positiv ausfällt, können Sie mit regelmäßigen Aufträgen rechnen.

Mit freundlichen Grüßen

Christian Legrand

Christian Legrand
Geschäftsführer

Spielco GmbH Nürnberg

Spielco

Spielco GmbH - Postfach 33 57 - 90027 Nürnberg

Telefon: (09 11) 4 60 23 - 0
Telefax: (09 11) 4 60 23 42

[Herr Legrand
Firma
Adresse]

Ihr Zeichen	Ihre Nachricht vom	Unser Zeichen HH/b	Durchwahl -33	Datum 17. Januar 19--

ANGEBOT

Sehr geehrter Herr Legrand,

wir danken Ihnen für Ihre Anfrage vom 12.1. und freuen uns, daß Sie an unseren Produkten interessiert sind. Gerne unterbreiten wir Ihnen folgendes Angebot:

Um Ihnen die Einführung unserer Produkte zu erleichtern, gewähren wir einen 5%-igen Rabatt auf die Preise unserer Händlerpreisliste, die Sie in der Anlage finden.

Art.-Nr.	Bezeichnung	Menge	Stückpreis (minus 5% Rabatt)
81238	Repl. Opel Doktorwagen	20	DM 88,25
81237	Repl. Ford Coupe schwarz	20	DM 75,50
81230	Repl. Renault 6CV	20	DM 88,25

Die Preise verstehen sich ab Werk, ausschließlich Verpackung, in DM zuzüglich der jeweils gültigen Mehrwertsteuer. Für Verpackung berechnen wir DM 6,- extra.

Unsere Zahlungsbedingungen lauten: 14 Tage – 2% Skonto, 30 Tage netto. Die Lieferung kann sofort nach Erhalt der Aufträge erfolgen.

Wir halten Ihnen unser Angebot für zwei Wochen offen.

Mit getrennter Post senden wir Ihnen je ein Musterexemplar der oben genannten Artikel. Diese werden berechnet, auch wenn der Auftrag nicht erteilt wird.

Wir freuen uns auf Ihren Auftrag.

Mit freundlichen Grüßen

Hartmut Holtkamp
Verkaufsleiter

Anlage

D Mit Hilfe der Muster schreiben Sie die Anfrage der Firma Habermann an Vulcan Forgings und das entsprechende Angebot. Benutzen Sie Ihre Notizen in **A** (S.119) und die folgenden Informationen.

- Herr Schuster bezieht sich auf sein Telefongespräch mit Frau Keller vom 23.6.19-- und erbittet ein Angebot auf der Basis CIF München über 10.000 Bremspedale nach der beiliegenden Zeichnung KN 3594. Er bittet Frau Keller auch, ihm mitzuteilen, wie die Ware verpackt wird. Als Referenz nennt er die Deutsche Bank AG, München. Die Adresse der Firma ist: Wilhelm Habermann GmbH & Co. KG Postfach 1266 D-80819 München.

- In ihrem Angebot nennt Frau Keller einen Stückpreis von DM 1,42 (d.h. der Nettopreis von DM 1,50 minus 5% Mengenrabatt). Sie erklärt, daß die Ware in Pappkartons in Holzkisten verpackt wird. Das Angebot ist für vier Wochen gültig.

9.3 Wir danken für Ihre Bestellung!

A Frau Keller von Vulcan Forgings hat ein Angebot über 10.000 Bremspedale an die Firma Habermann geschickt. Jetzt ruft sie Herrn Schuster an, um sich zu erkundigen, ob er die Ware bestellen will. Was ist hier richtig, falsch oder nicht bekannt?

1 Herr Schuster erwartet noch das Angebot eines Konkurrenten.
2 Frau Keller ist nicht bereit, über den Preis zu verhandeln.
3 In ihrem Angebot hat Frau Keller einen Stückpreis von DM 1,42 genannt.
4 Das ist der Nettopreis von DM 1,50 minus 5 Prozent Mengenrabatt.
5 Herr Schuster verlangt einen Rabatt von 9 Prozent.
6 Sie einigen sich auf 6 Prozent.
7 Herr Schuster hat Probleme mit der Lieferzeit von vier Wochen.
8 Die Firma Vulcan kann die Lieferfrist nicht verkürzen.

B Ordnen Sie die Sätze zu einem sinnvollen Dialog. Dann üben Sie den Dialog mit Ihrem Partner.

Verkäufer

☐1 Ich rufe an wegen unseres Angebots über Bremspedale. Haben Sie eine Entscheidung getroffen?

☐ Ja, in unserem Angebot nennen wir vier Wochen.

☐ Ich kann Ihnen maximal 6% anbieten. Das ist leider mein letztes Angebot.

☐ Ich glaube nicht, denn wir sind im Moment völlig ausgelastet, aber ich kann mit dem Produktionsleiter sprechen.

☐ Ja, natürlich, ich rufe Sie morgen an.

☐ Ja, über den Preis können wir noch verhandeln.

Käufer

☐ Gut. In Ihrem Angebot haben Sie uns einen Rabatt von 5% genannt. Können Sie uns bei dieser Bestellmenge einen besseren Rabatt geben?

☐ Gut, ich erwarte Ihren Anruf. Auf Wiederhören.

☐ Wir haben Ihr Angebot mit der Konkurrenz verglichen, und Ihr Preis ist uns zu hoch. Können Sie uns da etwas entgegenkommen?

☐ Nun, gut. Einigen wir uns auf 6%. Da ist aber auch noch die Lieferzeit.

☐ Können Sie nicht schneller liefern, sagen wir drei Wochen? Wir brauchen die Ware dringend.

☐ Danke. Könnten Sie mich sobald wie möglich zurückrufen?

C **1** Die Firma Habermann erteilte Vulcan Forgings die Bestellung rechts. Wenn man eine Bestellung bekommt, muß man nachprüfen, ob sie mit dem Angebot übereinstimmt, oder ob sie eventuell Fehler enthält. (Falls es Diskrepanzen oder Fehler gibt, muß man diese mit dem Kunden klären, bevor man die Bestellung bestätigt.) Lesen und überprüfen Sie die Bestellung.

1 Wieviel Stück hat der Kunde bestellt?
2 Hat er den Rabatt bei der bestellten Menge richtig berechnet, oder hat er zuviel Rabatt abgezogen?
3 Stimmt der Gesamtbetrag?
4 Welche Lieferzeit gibt der Kunde an? Konnte Vulcan die Lieferfrist verkürzen?

2 Spielen Sie die Rolle von Frau Keller und klären Sie eventuelle Diskrepanzen oder Fehler mit Herrn Schuster am Telefon.

D Füllen Sie die Auftragsbestätigung rechts aus.

E Der Spielzeughersteller Spielco hat einen Auftrag für seine Oldtimer Replica-Serie bekommen. Schreiben Sie die Auftragsbestätigung anhand der Informationen in der Anfrage und dem entsprechenden Angebot auf S. 120/121.

Postfach 1266 80819 München

Wörlitzer Str. 52 - 55 80819 München

[Vulcan Forgings
...
...
...   ]

Bestell-Nr.	119771
Bestelldatum	04.07.19--
Lieferant-Nr.	994258
Zuständig	Herr Schuster
Telefon/Durchwahl	- 672

BESTELLUNG

Wir danken für Ihr Angebot vom 25.6.19-- und bitten um Lieferung gemäß umseitigen Einkaufsbedingungen:

Pos.	Art.-Nr.	Menge	Einh.	Bezeichnung	Preis
1	S-9751	10.000	Stck.	Bremspedal-Rohling gemäß unserer beiliegenden Zeichnung KN 3594	je Stück DM 1.35

<u>Gesamt-Bestellwert</u>   <u>DM 1.350</u>

Zahlungsbedingungen: 14 Tage 3% Skonto, 90 Tage netto; Zahlung durch Banküberweisung
Lieferbedingungen: CIF München einschließl. Verpackung
Versandart: per LKW
Liefertermin: 3 Wochen vom Auftragseingang (K.W. 30/19--)
Lieferanschrift: s.o. (Tor 1). Bitte beachten Sie folgende Warenannahmetermine:
Mo. - Fr.: 6.30 Uhr - 14.00 Uhr

Als Anlage erhalten Sie 5 Rohlinge als Muster. Ihre Werkzeuge sind entsprechend diesem Muster anzufertigen, damit wir unsere vorhandenen Vorrichtungen ohne Änderung benutzen können.
Lieferscheine und Rechnungen müssen unsere Bestellnummer und unsere Artikel-Nummer enthalten. Andernfalls müssen wir einen Unkostenbetrag von der Rechnung abziehen.

AUFTRAGSBESTÄTIGUNG

Unser Zeichen: JK/es   Ihr Zeichen: Herr Schuster   Datum: 08.07.19--

Wilhelm Habermann GmbH & Co. KG
Postfach 1266
D-80819 München

Sehr geehrte Damen und Herren,

wir bedanken uns für Ihren Auftrag vom ..., Ihre Bestellnummer ..., die wir wie folgt notiert haben:

Art.-Nr.	Menge	Einh.	Bezeichnung	Stückpreis	Liefertermin

Preise und Lieferbedingungen: Die Preise verstehen sich ... München, einschließlich Verpackung.
Zahlungsbedingungen: 14 Tage ... Skonto, ... Tage netto.
Versand: Der Versand erfolgt mit Spedition Intertrans.
Verpackung: Die Ware wird in Pappkartons in Holzkisten verpackt.

Mit freundlichen Grüßen

J. Keller

J. Keller
Vertriebsassistentin

9.4 Wo bleibt die Ware?

A **1** Die Exportprodukte von Vulcan Forgings werden von einem deutschen Spediteur, Spedition Intertrans, nach Deutschland befördert. Die Sätze unten beschreiben den Transportweg. Numerieren Sie sie in der richtigen Reihenfolge.

- ☐ a) In einem Distributionslager wird die Ware vom LKW entladen und auf einen Sattelschlepper verladen.
- ☐ b) Die Ware wird per LKW an den Kunden geliefert.
- ☐ c) In einem Distributionslager in Deutschland wird die Ware vom Sattelschlepper entladen und wieder auf einen LKW verladen.
- ☐ d) Der Spediteur holt die Ware per LKW beim **Lieferanten** ab.
- ☐ e) Die Ware wird per Sattelschlepper nach Deutschland transportiert.

2 Vergleichen Sie Ihre Antworten mit Ihrem Partner, z.B.:

> Was passiert zuerst? Und dann?

B Damit die Sendung nicht fehlgeleitet wird oder verlorengeht, muß jedes Kollo (Frachtstück) richtig markiert werden. Bei der Markierung müssen die Anweisungen des Käufers beachtet werden. Gemäß den Anweisungen der Firma Habermann werden die Kolli von Vulcan Forgings wie folgt markiert. Identifizieren Sie die Markierungen:

Lieferanschrift/Bestimmungsort
Kennmarke des Empfängers
Nummer des Kollos und Gesamtzahl
der Kolli
Bestellnummer

INTERTRANS
Internationale Transporte München

| Empfänger
Destinataire
Consignee | *WH* |

colli	total
3/10	**An:** *Tor 1 Wörlitzer Str. 52-55 München*
119771	

C **1** Einige Tage nachdem die Lieferung von Bremspedalen für Wilhelm Habermann abgeschickt wurde, erhielt Vulcan Forgings folgendes Fax. Was ist das Problem? Welche Bitte hat der Kunde?

Kurz-Fax

An: Frau Keller, Vulcan Forgings   *von:* Schuster, Wilhelm Habermann, München

Telefon-Nr.: (089) 66 31 92 - 672
Telefax-Nr.: (089) 66 31 92 71   *Datum:* 31.7.19--

Betr. Bestell-Nr. 119771 vom 4.7.19--

Die Lieferung dieser Bestellung war für Freitag, den 28.7.19--, angesagt.
Die Sendung ist noch nicht eingetroffen. Bitte teilen Sie uns dringendst mit,
wo die Ware bleibt. E I L T   S E H R !!

---

2 Was muß Frau Keller tun um herauszufinden, was mit der Sendung passiert ist?

D **1** Durch einen Anruf bei dem Spediteur am Ort hat Frau Keller festgestellt, daß die Sendung termingerecht nach Deutschland verladen wurde. Jetzt ruft sie das Lager des Spediteurs in Deutschland an und spricht mit Herrn Köbel. Welche Informationen braucht er, um die Sendung zu identifizieren?

2 Herr Köbel ruft Frau Keller zurück. Aus welchem Grund wurde die Sendung nicht rechtzeitig geliefert?

Es ist folgendes passiert. Die Sendung ...

1 ... ist noch nicht im Lager angekommen. Die Lastwagen haben Verspätung wegen des schlechten Wetters.

2 ... wurde vom Zollamt festgehalten, weil die Exportdokumente nicht vollständig sind.

3 ... ist am richtigen Tag angekommen, aber zu spät für die Warenannahmezeiten bei dem Kunden.

4 ... wurde an die falsche Adresse geliefert, und zwar an die Verwaltung anstatt an das Lager.

5 ... wurde aus Versehen an den falschen Empfänger geliefert.

3 Wann wird der Kunde die Ware erhalten?

E **1** Mit Hilfe der Sprachmuster und Ihrer Antworten in **D** spielen Sie beide Telefongespräche zwischen Frau Keller und Herrn Köbel nach.

> Es geht um eine verspätete Sendung (von uns) an die Firma ... in ...
> Der Liefertermin war ..., aber der Kunde hat die Ware noch nicht erhalten.
> Ich habe bereits erfahren, daß die Sendung am ... nach Deutschland verladen wurde.
> Können Sie mir bitte sagen, wo die Ware bleibt?

> Wie viele Frachtstücke sind es? Was ist drin?
> Wer ist der Empfänger? Wie ist die Lieferanschrift?
>
> Ich werde mich erkundigen und rufe Sie dann zurück.

2 Spielen Sie ähnliche Telefongespräche. PARTNER A benutzt Datenblatt A24, S. 155. PARTNER B benutzt Datenblatt B24, S. 164.

F Vervollständigen Sie den Text dieses Faxes, in dem Frau Keller der Firma Habermann den Grund der Verspätung erklärt.

G Schreiben Sie ein Fax an die Firma Gruber (s. **E2**), das den Grund für die verspätete Lieferung angibt.

Bestell-Nr 119771 vom 4.7.19--

Sehr geehrter Herr Schuster,

mit Bezug auf Ihr Fax von heute morgen haben wir uns beim Distributionslager von Spedition Intertrans in München erkundigt und festgestellt, daß ...
Die Ware wird ... an Sie geliefert.

Wir hoffen, mit diesen Informationen gedient zu haben, und bitten um Verständnis für die Verspätung.

Mit freundlichen Grüßen

J. Keller

J. Keller
Vertriebsassistentin

9.5 Wir müssen Ihre Lieferung reklamieren

A Der Käufer ist rechtlich verpflichtet, eingehende Ware sofort zu prüfen und festgestellte Mängel dem Verkäufer unverzüglich anzuzeigen. Man unterscheidet folgende Arten von Mängeln:

- Mängel in der Art: Der Verkäufer hat die falsche Ware geliefert
- Mängel in der Güte oder Qualität: Die Ware ist defekt, beschädigt oder verdorben
- Mängel in der Menge: Der Verkäufer hat zuviel oder zuwenig geliefert

1 Sie hören vier Telefongespräche, in denen folgende Lieferungen reklamiert werden. Um welche Art von Mängeln geht es bei jeder Lieferung? Notieren Sie die Einzelheiten zu jeder Reklamation.

Gespräch 1: Bad-Teppich-Garnituren

Gespräch 2: Keramikfliesen

Gespräch 3: Kaffeeservice und Weinsets

Gespräch 4: eine Maschine

2 Welche Regelung würden Sie in jedem einzelnen Fall vorschlagen?

1 Wir schicken Ihnen die fehlenden Artikel auf unsere Kosten zu.
2 Wir senden Ihnen Ersatz für die beschädigte/mangelhafte Ware.
3 Sie kürzen unsere Rechnung um den Wert der fehlenden Waren.
4 Sie behalten die reklamierte Ware, und wir gewähren Ihnen einen Preisnachlaß von 50%.
5 Wir nehmen die ganze Lieferung zurück und schicken Ihnen kostenlos eine Ersatzlieferung.
6 Wir vereinbaren den Besuch eines Technikers, um das Problem zu untersuchen.
7 Wir führen die notwendigen Reparaturen kostenlos durch.
8 Sie senden uns die reklamierte Ware zur Prüfung.
9 Ich bespreche die Reklamation mit unserer technischen Abteilung und rufe Sie dann zurück.

B Mit Hilfe Ihrer Notizen in **A** spielen Sie ähnliche Telefongespräche über die vier Reklamationen. Der Verkäufer soll einen passenden Vorschlag machen.

Es geht um Ihre Sendung vom ..., die wir gestern erhalten haben.
Ich habe leider eine Reklamation.
Ich muß leider Ihre letzte Lieferung von ... reklamieren.

▼

Das tut mir sehr leid. Was ist passiert?
Könnten Sie mir Näheres dazu sagen?

▼

Bei der Prüfung der Sendung haben wir festgestellt, daß ...
... die Lieferung unvollständig ist. Es fehlen ...
... Sie uns die falsche Ware geliefert haben. Wir haben ... bestellt, Sie haben uns aber ... geschickt.
... ein Teil der Ware beschädigt/zerbrochen ist/einen Riß hat. Sie sind daher unbrauchbar.
Bei Inbetriebnahme der Maschine sind Störungen aufgetreten. Sie funktioniert nicht richtig.

▼

Darf ich also folgendes vorschlagen: ...

C **1** Die Firma Wilhelm Habermann war mit der Qualität der von Vulcan Forgings gelieferten Ware nicht zufrieden. Lesen Sie das Fax, das Herr Schuster an Frau Keller geschickt hat.

1 Warum beschwert sich die Firma Habermann?
2 Welche Regelung verlangt der Kunde?

FAX-MESSAGE

Wilhelm Habermann GmbH & Co. KG
Postfach 1266   80819 München
Telefon (0 89) 66 31 92 -1   Telefax (0 89) 66 31 92 71

An: Vulcan Forgings
zu Hd. von: Frau Keller
Telefon-Nr.:
Telefax-Nr.:
Betrifft: Reklamation

Seiten: 1

Datum: 03.08.19--
Mit der Bitte um:
☐ Erledigung
☑ Stellungnahme
☐ Prüfung
☐ Kenntnisnahme
Zuständig: Herr Schuster

Sehr geehrte Frau Keller,

unsere Wareneingangskontrolle stellte bei den gelieferten 10.000 Bremspedalen, Bestell-Nr. 119771 vom 04.07.19-- Mängel fest. Die Abmessungen entsprechen nicht unserer Zeichnung. In einigen Fällen weichen sie um 1,5 mm von den gegebenen Toleranzen ab. Eine genaue Untersuchung von 5 Kartons zeigte, daß ca. jede 10. Einheit mangelhaft ist.

Daher lehnen wir die Annahme der gesamten Lieferung ab und bitten Sie, uns sobald wie möglich eine Ersatzlieferung zu senden.

Diese Angelegenheit hat uns große Unannehmlichkeiten bereitet. Für Ihre umgehende Stellungnahme wären wir dankbar.

Mit freundlichen Grüßen

R. Schuster

2 Frau Keller hat Herrn Schuster angerufen, um Näheres über die Reklamation zu erfahren. Sie hat vorgeschlagen, daß Habermann die ganze Lieferung kontrollieren sollte. Dann würde Vulcan nur die fehlerhafte Ware ersetzen müssen.
Lesen Sie das Fax, das sie nach ihrem Telefongespräch an Herrn Schuster schickt.

1 Hat Herr Schuster Frau Kellers Vorschlag akzeptiert?
2 Würden Sie den Vorschlag akzeptieren? Warum (nicht)?
3 Glauben Sie, daß Habermann der Firma Vulcan weitere Aufträge geben wird?

Sehr geehrter Herr Schuster,

mit Bezugnahme auf unser heutiges Telefongespräch bestätigen wir die kostenlose Rücknahme unserer Lieferung vom 31.7.19--, Bestell-Nr. 119771. Die Ersatzlieferung erfolgt in der Woche vom 29.8.19--.

Wir bedauern, daß es bei dieser Lieferung zu einer Reklamation gekommen ist. Wir werden uns bemühen, Ihre zukünftigen Aufträge zu Ihrer vollsten Zufriedenheit auszuführen.

Mit freundlichen Grüßen

J. Keller

J. Keller
Vertriebsassistentin

D Wählen Sie eine der Situationen in **A** (S. 126).
PARTNER A: Schreiben Sie einen Brief/ein Fax, in dem Sie als Kunde die Lieferung reklamieren.
PARTNER B: Schreiben Sie die entsprechende Antwort des Lieferanten.

Schmiede mit Fallhammer

Sehen Sie sich den Auszug aus dem *Landmann* Produkt-Katalog an und lesen Sie den Text unten. Was bedeuten die Ausdrücke *DIN*, *TÜV* und *GS*? Warum sollte ein Exporteur in die Bundesrepublik Deutschland etwas darüber wissen?

LANDMANN

GRILLS & ZUBEHÖR

LANDMANN-Produkte unterliegen strengen Qualitäts-Kontrollen und entsprechen den unten angegebenen Normen und Richtlinien:

GRILLGERÄTE	DIN 66077
GRILL-HOLZKOHLE UND GRILL-HOLZKOHLEBRIKETTS	DIN 51749
ANZÜNDHILFEN	DIN 66358

Unsere Produkte sind überwiegend bzw. geprüft.

Änderungen in Technik und Design vorbehalten. Alle Maße sind ca.-Maße.

Qualität, Sicherheit und Zuverlässigkeit sind bekannte Merkmale von deutschen Produkten. Sie unterliegen strengen Qualitätskontrollen und sollen außerdem den Deutschen Industrie-Normen (DIN) und den Sicherheitsvorschriften entsprechen.

Viele verschiedene Organisationen setzen und veröffentlichen Standards, die nationalen Status haben. Zum Beispiel bestimmt der VDE (Verein Deutscher Elektrotechniker) elektrische Standards, der VDI (Verein Deutscher Ingenieure) ist verantwortlich für Standards in der Mechanik, und der TÜV (Technischer Überwachungsverein) ist vor allem bekannt durch seine Überprüfung von Autos und anderen Kraftfahrzeugen. Wenn diese Standards erst einmal akzeptiert sind, werden sie in einen Katalog aufgenommen, der vom Deutschen Institut für Normung herausgegeben wird. In diesem Katalog befinden sich mehr als 25.000 Industriestandards.

Deutsche Konsumenten achten beim Kauf und bei der Benutzung besonders von elektrischen Geräten darauf, daß die Geräte den relevanten deutschen Standards entsprechen. Exporteure in die Bundesrepublik müssen deshalb mit geringeren Marktchancen rechnen, wenn ihre Produkte nicht nach den deutschen Standards hergestellt werden und kein deutsches Standard-Zeichen tragen.

Außerdem gibt es in der Bundesrepublik das allgemein anerkannte Zeichen GS (Geprüfte Sicherheit), das von über 80 regierungsbevollmächtigten Organisationen verliehen wird, zum Beispiel vom TÜV. Das GS-Zeichen enthält normalerweise in der linken oberen Ecke das Logo der Testorganisation und beweist dem potentiellen Kunden, daß ein Produkt mit diesem Symbol technisch sicher ist, obwohl es nicht unbedingt einer DIN-Norm entsprechen muß.

Wenn also ein ausländisches Unternehmen erfolgreich nach Deutschland exportieren möchte, dann sollte es sich nach den DIN-Standards richten oder dafür sorgen, daß sein Produkt das GS-Zeichen trägt.

Die deutsche Bevölkerung ist sehr umweltbewußt. **Umwelt-freundlichkeit von Produkten**, **Ressourcenschonung**, **Wiederverwertbarkeit**, **Recycling** und **Müllentsorgung** sind wichtige Konzepte und werden sowohl vom Verbraucher als auch vom Hersteller ernst genommen. Das **Bundesumweltministerium** ist für den Umweltschutz zuständig. Auch die Bundesländer haben Umweltministerien. Die Umweltpolitik der Bundesregierung will erreichen, daß Wirtschaft und Bürger größere Verantwortung für die Lösung von Umweltproblemen übernehmen.

1 Was halten Sie von den Maßnahmen, die hier beschrieben werden?

2 Gibt es in Ihrem Land ähnliche Initiativen?

Vermeiden und verwerten

Zentrales Ziel der deutschen Umweltpolitik ist die **Abfallvermeidung**. Abfallvermeidung wird erreicht durch a) weniger Materialverbrauch bei der Produktion und b) **Kreislaufwirtschaft**, d.h. durch Sammlung verbrauchter Produkte und anschließendes Recycling.

Am 21. Juni 1991 ist die *Verordnung über die Vermeidung von Verpackungsabfällen* in Kraft getreten. Die Verpackungsverordnung führt zur Abfallvermeidung durch Rücknahmepflichten der Industrie, die nach dem **Verursacherprinzip** für das Recycling der Verpackungsmaterialien aufkommen muß. Unter anderem legt sie Sammelquoten fest und formuliert ausdrücklich den Schutz und den Ausbau von **Mehrwegsystemen**.

Das **„Duale System Deutschland"** (DSD, „Grüner Punkt") organisiert privatwirtschaftlich die Einsammlung und Sortierung der gebrauchten Verpackungen, die dann der **Wiederverwertung** zugeführt werden. Finanziert wird das Duale System durch **Lizenzgebühren** für die Nutzung des Grünen Punktes. Der Grüne Punkt ist das international geschützte Warenzeichen der Duales System Deutschland GmbH und kennzeichnet Verpackungen aus recyclingfähigem Material.

Laut Verpackungsverordnung sollen von 1995 an 80 Prozent aller Verpackungen vom Dualen System wieder eingesammelt werden.

Außerdem haben einige deutsche Städte eine kommunale Einwegverpackungssteuer eingeführt. Damit will man einen weiteren Anreiz zur Reduzierung von Verpackungen und Umstellung auf Mehrwegverpackung geben.

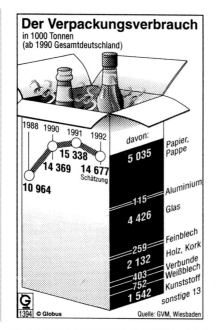

Der Verpackungsverbrauch
in 1000 Tonnen
(ab 1990 Gesamtdeutschland)

1988 1990 1991 1992

15 338

14 369 14 677
Schätzung

10 964

davon:

Papier, Pappe — 5 035
Aluminium — 115
Glas — 4 426
Feinblech — 259
Holz, Kork — 2 132
Verbunde — 403
Weißblech — 752
Kunststoff — 1 542
sonstige 13

1394 © Globus

Quelle: GVM, Wiesbaden

Verpackungen sind out

Der Verbrauch von Verpackungen ist im letzten Jahr erstmals zurückgegangen, nachdem 1991 mit über 15 Millionen Tonnen ein Höchststand erreicht war. Dies geht aus einer Studie der Gesellschaft für Verpackungsmarktforschung hervor. Dieser Abwärtstrend soll auch in Zukunft anhalten. Die Gründe: Zum einen wird es eine zunehmende Tendenz zu Mehrwegverpackungen geben, zum anderen wird die Industrie weiter versuchen, Verpackungen einzusparen oder auf leichtere Verpackungsstoffe umzusteigen. Denn alle Verpackungen werden irgendwann zu Müll und damit zu einem Recycling-Problem. Das Duale System sammelt zwar schon fast überall in Deutschland die Verkaufsverpackungen wieder ein, doch bei der Verwertung gibt es – vor allem für Kunststoffe, Verbunde und Aluminium – noch große Schwierigkeiten.

Lesen Sie die Anzeige für den Compaq Deskpro XE. Welche umweltfreundlichen Eigenschaften werden in der Anzeige besonders hervorgehoben?

Lesen Sie jetzt den Text aus COMPUTER News. Was hat der Text über die Umweltfreundlichkeit von Computern zu sagen? Was empfiehlt der Artikel dem Verbraucher?

COMPUTER News

PC-Produktion: hohe ökologische Folgekosten

Die größten Umweltbelastungen treten bei der Herstellung von Computern auf. Das ist das Ergebnis einer Studie des US-Verbands Microelectronics und Computer Technology in Texas. Bislang waren lediglich die ökologischen Belastungen bekannt, die beim Betrieb und Recycling von PCs entstehen.

Noch bevor Sie Ihren neuen PC zum ersten Mal eingeschaltet haben, hat er bereits
● soviel Energie verschlungen, daß davon ein deutscher Durchschnittshaushalt ein Jahr lang mit Strom versorgt werden könnte,
● soviel Wasser verbraucht wie jemand, der ein halbes Jahr lang täglich ein Vollbad nimmt,
● doppelt soviel Abfall erzeugt, wie der PC selbst wiegt,
● soviel CO$_2$ in die Atmosphäre abgegeben wie ein Auto nach 6000 Kilometern.

Dazu kommen die im Vergleich zu anderen elektronischen Konsumgütern – Fernseher oder Hifi-Anlage – äußerst kurzlebigen Produktzyklen.

Die Empfehlung für den Konsumenten: Vermeiden Sie Neukäufe, rüsten Sie Ihren PC auf, oder kaufen Sie einen Gebraucht-PC. Auch der Umstieg auf einen neuen Green-PC macht nur Sinn, wenn man ohnehin einen neuen PC anschaffen muß. Und: Achten Sie beim Neukauf auf den blauen **Umweltengel**.

> ■ **UMWELT-TEST**
> Zum erstenmal bewertete die Stiftung Warentest auch die Umwelteigenschaften von PCs. Das Ergebnis: Nur vier der zehn getesteten PCs erhielten das Prädikat „Gut".
> Einige PCs enthalten sogar **krebserregende** Schadstoffe.

> ■ **RECYCLING-TIP**
> Das Aachener Recycling-Unternehmen **„Service 4U"** kauft verbrauchte Laser-, Kopierer- und Tintendrucker-Kassetten auf.
> Ab zehn Stück übernimmt das Unternehmen sogar die Frachtkosten.
> **Tel.: 02 41 – 57 20 11**

---

* *der Umweltengel*: Umweltzeichen des Bonner Umweltministeriums
* *die Stiftung Warentest*: Verein, der Produkte einer Produktgruppe nach Qualität und Preis vergleicht, um den Konsumenten eine Kaufhilfe zu geben

10 Ich möchte in Deutschland arbeiten

In dieser Lektion werden Sie lernen, wie man
- in Deutschland nach Arbeit sucht,
- das deutsche Bildungssystem und Bildungsabschlüsse in Beziehung zu den eigenen setzt,
- die eigenen Erfahrungen und Stärken beurteilt,
- Stellenangebote versteht,
- einen Lebenslauf und einen Bewerbungsbrief schreibt,
- sich auf ein Vorstellungsgespräch vorbereitet.

Sie werden außerdem etwas über die Arbeitsbedingungen in Deutschland erfahren.

10.1 Wie stehen meine Chancen?

A Sie möchten in Deutschland arbeiten? Vergleichen Sie Ihre Zukunftspläne bzw. -wünsche mit anderen Kursteilnehmern:
Was für eine Stelle suchen Sie? (Suchen Sie einen Ferienjob? Eine Praktikantenstelle oder einen Austausch während der Ausbildung? Eine Dauerbeschäftigung?)
Warum wollen Sie in Deutschland arbeiten? (Möchten Sie ein anderes Land kennenlernen? Ihre Sprachkenntnisse verbessern? Mehr Geld verdienen?)

B Jeder Bürger der Europäischen Union (EU) kann sich in jedem Mitgliedsland Wohnung und Arbeit suchen. Wie sieht das in der Praxis aus? Unten sind einige Fragen, die Sie vielleicht stellen möchten. Die Texte auf diesen Seiten werden Ihnen helfen, sie zu beantworten.

- Welche persönlichen und beruflichen Anforderungen muß ich erfüllen, um mich in Deutschland erfolgreich zu bewerben?
- In welchen Berufen sind die Beschäftigungschancen gut?
- Habe ich bei einer Bewerbung mit einer großen Konkurrenz zu rechnen?
- Wie sind deutsche Gehälter im Vergleich zu meinem Land?
- Gibt es rechtliche Probleme?
- Wie steht es mit Sozial- und Rentenversicherung?
- Ich interessiere mich für eine Praktikantenstelle. Wo kann ich mich erkundigen?
- Ich bin an einer Dauerbeschäftigung interessiert. Wo suche ich eine Stellung?

FREMDSPRACHEN AM ARBEITSPLATZ

Fremdsprachenkenntnisse sind bei diesen Mitarbeitern für die befragten Unternehmen sehr wichtig oder wichtig (Angaben in Prozent):

Gewerbliche Mitarbeiter:	
Un- und Angelernte	**0**
Facharbeiter	**7**
Technische Mitarbeiter:	
Meister/Techniker	**14**
Ingenieure/Naturwissenschaftler	**53**
Kaufmännische Fachkräfte:	
Kaufleute	**54**
Betriebswirte/Juristen	**55**
Sekretärinnen:	
	62
Führungskräfte:	
	83

Quelle: Institut der deutschen Wirtschaft Köln

Bei Berufen mit Auslandskontakten sind Fremdsprachen gefragt. Wie wichtig sind Fremdsprachenkenntnisse am Arbeitsplatz? Dazu hat das Institut der deutschen Wirtschaft 232 Unternehmen in West- und Ostdeutschland befragt (siehe Grafik). Besonders groß ist der Bedarf im Büro – bei kaufmännischen Berufen, Sekretärinnen und bei Führungskräften. Aber auch immerhin 14 Prozent der Betriebe halten Fremdsprachenkenntnisse bei Technikern für wichtig bis sehr wichtig, sieben Prozent der Betriebe bei Facharbeitern.

Ortswechsel in Europa
Wie stehen die Chancen?

Die Chancen für deutsche Fachkräfte, in einem anderen europäischen Land eine Anstellung zu finden, sind grundsätzlich gut, so Dr. Günther Schauenberg, Leiter der Auslandsabteilung bei der Zentralstelle für Arbeitsvermittlung (ZAV) in Frankfurt. „Man muß jedoch die nötigen Voraussetzungen mitbringen. Rund 120 000 Anfragen erhält die ZAV jährlich. Aber nur fünf Prozent der Interessierten erfüllen die Anforderungen, die man braucht, um sich erfolgreich im europäischen Ausland zu bewerben." Ohne gründliche Fremdsprachenkenntnisse kommt man nicht aus. Nicht zuletzt: Man muß in der Lage sein, sich in einer fremden Situation – getrennt von Familie und Freunden – zurechtzufinden und auf die Gewohnheiten und kulturellen Besonderheiten des Landes eingehen können.

Berufserfahrung und Qualifikationen

Ein guter Ausbildungsabschluß ist das A und O jeder Bewerbung.
Nur: Die Ausbildungen sind in den europäischen Ländern noch so unterschiedlich, daß Berufsabschlüsse nicht problemlos anerkannt werden. Die Qualität der Ausbildung in der Bundesrepublik wird jedoch in allen europäischen Ländern hoch eingeschätzt. Wer zwei oder drei Jahre Berufserfahrung nachweisen kann, hat bessere Aussichten. In jedem Fall aber sollte man die jeweilige Landessprache flüssig sprechen, wenn eine Bewerbung erfolgreich sein soll.

Gefragte Berufe

In der Regel gilt: Berufe, bei denen in Deutschland Nachfrage nach Arbeitskräften besteht, sind auch in anderen EU-Ländern gefragt. Wie in der Bundesrepublik werden überall Dienstleistungshandwerker, wie z.B. Maler und Lackierer, Radio- und Fernsehtechniker, gesucht. Oder auch Krankenschwestern und Krankenpfleger: In fast allen europäischen Ländern fehlt es an Pflegepersonal. Gute Chancen haben natürlich Arbeitnehmer in Berufen, in denen Sprachkenntnisse wichtig sind, z.B. Fremdsprachenkorrespondenten oder Exportkaufleute. Das gilt auch für Berufe in der Touristik und im Gastgewerbe. Aber Vorsicht: In vielen EU-Ländern herrscht noch größere Arbeitslosigkeit als in der Bundesrepublik und als Folge harte Konkurrenz um Arbeitsplätze.

Löhne und Urlaubszeit

Was Tariflöhne und Urlaubszeit angeht – hier steht die Bundesrepublik europaweit mit an der Spitze. Bei einer Arbeit in vielen anderen europäischen Ländern muß man in dieser Beziehung mit weniger rechnen.

Von Gesetz wegen kein Problem

Jeder Arbeitnehmer aus einem EU-Land kann in einem anderen Land der Union arbeiten. Er zahlt in diesem Land dann Steuern und Beiträge zur Sozial- und Rentenversicherung. Diese Beiträge werden ihm dann später in der Bundesrepublik angerechnet.

Berufsperspektive Europa - Sonderausgabe der *Informationszeitung* der Berufsberatung

ANSPRECHPARTNER FÜR AUSLÄNDISCHE ARBEITNEHMER

Austausch während der Ausbildung

Der Austausch während der Ausbildung wird europaweit gefördert – durch das EU-Programm PETRA II. Austauschgruppen werden von den Berufsschulen, den Industrie- und Handelskammern oder von Betrieben zusammengestellt. Dort muß man nachfragen.

Praktika in einem Betrieb

Auskunft über offene Praktikantenstellen geben:
* die Industrie- und Handelskammern
* die Zentralstelle für Arbeitsvermittlung (ZAV), Frankfurt/Main

Jobs

Auskunft und Stellenvermittlung bei:
* Europa-Service der Berufsberatung

Man schickt seinen Bewerbungsbrief und Lebenslauf (auf deutsch) an den regionalen Europaberater eines landeseigenen Arbeitsamtes. Über das internationale Datennetz EURES kann der Europaberater über geeignete Stellen in Deutschland informieren. (Dieser Service steht nur EU-Bürgern zur Verfügung.)
* Abteilung Arbeitsvermittlung und Beratung der deutschen Arbeitsämter
* Internationale Zeitarbeitbüros mit deutschen Niederlassungen. Viele sind im Raum Düsseldorf konzentriert.

Man kann sich auch bei deutschen Arbeitgebern direkt bewerben. Lesen Sie die Stellenangebote in Fachzeitschriften und Tageszeitungen, oder sprechen Sie die Personalabteilungen von Firmen an, in denen Sie gern arbeiten möchten.

10.2 Das deutsche Bildungswesen

A Bei Stellenbewerbungen spielen formale Qualifikationen eine wichtige Rolle. Ausländische Arbeitsuchende haben das Problem, daß deutsche Arbeitgeber ihre Ausbildungsabschlüsse oft nicht kennen und schwer einstufen können. Man sollte also in seiner Bewerbung versuchen, Parallelen zwischen seinem eigenen Bildungsgang und dem deutschen Bildungssystem zu ziehen. Dazu braucht man erst einmal Grundkenntnisse über das deutsche Bildungswesen. Ergänzen Sie die verschiedenen Bildungsabschlüsse im Diagramm anhand der Informationen rechts.

Schematische Gliederung des Bildungswesens in Deutschland

Berufsqualifizierender Abschluß		Allgemeine Hochschulreife		Berufsqualifizierender Studienabschluß		
Fachschule		**Abendgymnasium/Kolleg**		**Wissenschaftliche Hochschule** **Fachhochschule**		

					4 _____	
	Berufsbildender Abschluß		3 _____			
13	Mittlerer Bildungsabschluß				**Gymnasiale**	13
12	**Berufsausbildung in Betrieb**	**Berufs-**	**Fach-**		**Oberstufe**	12
11	**u. Berufsschule (Duales System)**	**fachschule**	**oberschule**			11
10	Berufsgrundbildungsjahr					10

	1 _____		2 _____			
10	**10. Schuljahr**					10
9						9
8	**Hauptschule**	**Realschule**		**Gymnasium**	**Gesamt-**	8
7					**schule**	7
6						6
5						5

4			4
3	**Grundschule**		3
2			2
1			1

Schuljahr

B **1** Ziehen Sie Parallelen zwischen Bildungsstätten und Abschlüssen in Deutschland und im eigenen Land, z.B.:

Eine [deutsche Gesamtschule] ist mit unserem/unserer ... zu vergleichen.
Ein/Eine ... bei uns ist (ähnlich) wie [eine Fachhochschule].
Unser ... entspricht etwa [der mittleren Reife/dem Abitur].

2 Welche Schulen haben Sie besucht? Welche Abschlüsse haben Sie? Erklären Sie es auf deutsch.

C Vergleichen Sie das Bildungswesen in Deutschland und in Ihrem Land in bezug auf folgende Punkte.

1 Die Schulpflicht beträgt 12 Jahre.
2 Das Schulsystem ist grundsätzlich dreigliedrig.
3 Das „duale System" der Berufsausbildung verbindet praktische Ausbildung im Betrieb und theoretische Ausbildung in der Berufsschule.
4 Das Studium an einer wissenschaftlichen Hochschule steht allen offen, die die Hochschulreife erworben haben.
5 Die Studiendauer an einer Hochschule ist nicht begrenzt.

Das deutsche Bildungswesen

Die Bundesländer sind für die allgemeinbildenden und berufsbildenden Schulen zuständig. Daher gibt es in verschiedenen Bundesländern leichte Variationen im Schulsystem. Der Besuch aller öffentlichen Schulen ist kostenlos.

☐ **DIE SCHULPFLICHT.** Die Schulpflicht in Deutschland beträgt zwölf Jahre. Um sie zu erfüllen, muß man neun oder (in einigen Bundesländern) zehn Jahre lang eine allgemeinbildende Vollzeitschule und danach eine Berufsschule in Teilzeitform bzw. weiter eine Vollzeitschule besuchen.

☐ **DIE ALLGEMEINBILDENDEN SCHULEN.** Mit sechs Jahren besuchen alle Kinder eine **Grundschule**. Nach in der Regel vier Jahren wechseln sie in eine andere Schulform. Je nach Schultyp erwirbt man verschiedene Abschlüsse.
Die **Hauptschule** führt nach der 9. oder 10. Klasse (je nach Bundesland) zum **Hauptschulabschluß**. Die meisten Jugendlichen mit Hauptschulabschluß beginnen eine Berufsausbildung im Betrieb und besuchen daneben bis zum 18. Lebensjahr eine Berufsschule.
Die **Realschule** steht zwischen Hauptschule und Gymnasium und führt zu einem **mittleren Bildungsabschluß (Mittlere Reife/Realschulabschluß)**. Dieser Abschluß berechtigt zum Besuch einer Fachoberschule.
Das **Gymnasium** führt zur akademischen Weiterbildung. Das Abschlußzeugnis der Gymnasien, die **Allgemeine Hochschulreife (das Abitur)**, berechtigt im Prinzip zum Studium an einer Fachhochschule oder wissenschaftlichen Hochschule.
Die **Gesamtschule** vereint die drei Schulformen, Hauptschule, Realschule und Gymnasium, unter einem Dach. Dieses Modell existiert aber nur in einigen Bundesländern.

☐ **BERUFLICHE BILDUNG.** Die meisten Jugendlichen, die die Hochschulreife nicht erwerben, werden im „dualen System" ausgebildet. Das duale System verbindet praktische Ausbildung im Betrieb mit theoretischer Ausbildung in der **Berufsschule**, die der Jugendliche für zwei bis drei Jahre in Teilzeitform besuchen muß. Die private Wirtschaft und der Staat sind also gemeinsam für die berufliche Bildung verantwortlich. Das duale System führt zu bis ca. 400 anerkannten Ausbildungsberufen. Bevorzugte Berufe bei Jungen sind z.B. Kfz-Mechaniker, Elektroinstallateur, Industriemechaniker oder Kaufmann im Groß- und Außenhandel. Mädchen bevorzugen Berufe im Büro- und Dienstleistungsbereich, wie z.B. Bürokauffrau, Kauffrau im Einzelhandel, Arzthelferin. Die Berufsschule ist Pflichtschule für alle Jugendlichen unter 18 Jahren, die keine andere Schule besuchen.
Neben Lehre und Berufsschule gibt es weitere Wege der Berufsausbildung. Ein Beispiel: Die **Fachoberschule** ist eine Vollzeitschule und führt Schüler mit mittlerem Bildungsabschluß in zwei Jahren zur **Fachhochschulreife**. Der Lehrplan umfaßt Unterricht in Lehrwerkstätten, Praktika und Theorie.

☐ **DER ZWEITE BILDUNGSWEG.** Der zweite Bildungsweg bietet die Möglichkeit, Versäumtes nachzuholen. Im Abendgymnasium können sich Berufstätige auf die Hochschulreife vorbereiten. In Abendschulen können sie den Hauptschul- oder Realschulabschluß nachholen.

Eingang Fachhochschule Düsseldorf

☐ **WEITERBILDUNG.** Die **Universitäten**, **Technischen Universitäten** und **Technischen Hochschulen** bilden die **Wissenschaftlichen Hochschulen**. Bei Geisteswissenschaften führt das Studium zur **Magisterprüfung**, bei Naturwissenschaften zur **Diplomprüfung**. Danach kann man eine weitere Qualifizierung bis zur **Doktorprüfung (Promotion)** machen.
Die **Fachhochschulen** sind eine jüngere Hochschulform, die hauptsächlich in den Bereichen Ingenieurwesen, Wirtschaft, Sozialwesen, Design und Landwirtschaft eine stärker praxisbezogene Ausbildung bietet. Das Studium schließt mit einer **Diplomprüfung** ab.
Das Studium steht allen offen, die die erforderlichen Abschlußprüfungen haben. Da es bei einigen sehr begehrten Fächern, z.B. Medizin, zu viele Studienbewerber gibt, besteht jedoch eine Zulassungsbeschränkung, der Numerus Clausus. Die Studiendauer an deutschen Hochschulen ist nicht begrenzt. Die durchschnittliche Studienzeit beträgt fünf bis sechs Jahre. Es gibt keine Studiengebühren. Studenten, die die Kosten für ihren Lebensunterhalt nicht aufbringen können, haben die Möglichkeit, nach dem Bundesausbildungsförderungsgesetz (BAföG) staatliche Finanzierung zu beantragen. Die Hälfte des Förderungsbetrags wird als Stipendium gewährt, die andere Hälfte als Darlehen.

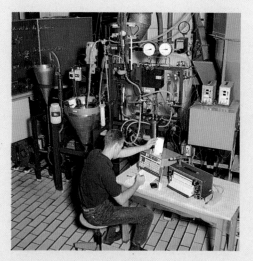

Im Labor Elektrotechnik

10.3 Ein Fragebogen zur Selbsteinschätzung

A Füllen Sie den vom Bundesministerium für Arbeit und Sozialordnung zusammengestellten Fragebogen aus.

B Spielen Sie mit Ihrem Partner ein Berufsberatungsgespräch.
ARBEITSBERATER/IN: Fragen Sie Ihre/n Gesprächspartner/in nach konkreten Beispielen für seine/ihre Erfahrungen, Fertigkeiten und Fähigkeiten. Welchen Rat konnten Sie ihm/ihr in bezug auf seine/ihre berufliche Zukunft geben?
ARBEITNEHMER/IN: Beantworten Sie die Fragen des/der Berufsberaters/-beraterin anhand des ausgefüllten Fragebogens.

Mein persönlicher Fragebogen

Nehmen Sie sich jetzt die Zeit, über Ihre berufliche Zukunft nachzudenken. Eine Hilfe dabei soll Ihr persönlicher Fragebogen sein, der Ihnen Klarheit über Ihre beruflichen Fähigkeiten und Neigungen geben kann. Wenn Sie alle Fragen beantwortet haben, wissen Sie schon besser, wo Ihre Stärken liegen, in welche Richtung Sie sich weiterbilden möchten, ob Sie überhaupt in Ihrem alten Beruf weiterarbeiten oder vielleicht sogar lieber einen neuen erlernen wollen. Jetzt können Sie einfach besser und effektiver beraten werden.

Lesen Sie die Fragen durch und versuchen Sie, sie so realistisch wie möglich zu beantworten. Kreuzen Sie bitte das Zutreffende (auch mehreres) an oder machen Sie Ihre Angaben in den dafür vorgesehenen Zeilen.

Diesen Fragebogen können Sie vollständig ausgefüllt zu Ihrem Beratungsgespräch beim Arbeitsamt mitnehmen. Er kann für Ihren Gesprächspartner und für Sie selber eine große Hilfe sein.

1. Was habe ich gelernt und wie ist meine berufliche Ausbildung?

☐ Ich bin ausgebildet als: _____

_____

_____

☐ Ich übe folgenden Beruf aus: _____

_____

_____

☐ Schul- und Berufsabschlüsse: _____

_____

_____

☐ Ich habe an Weiterbildungsveranstaltungen teilgenommen:
☐ ja   ☐ nein

2. Formale Berufsausbildung und Berufsbezeichnung – das ist das eine. Das gibt aber nur zum Teil Auskunft über die besonderen Erfahrungen und Fertigkeiten, die jeder in seiner Berufsausübung erworben hat.

	Habe Erfahrung	Hätte gern Erfahrung
im Umgang mit Holz	☐	☐
im Umgang mit Metall	☐	☐
im Umgang mit Textilien	☐	☐
im Umgang mit Baumaterialien	☐	☐
im Umgang mit Rohstoffen	☐	☐
im Umgang mit Chemie/Chemikalien	☐	☐
im Umgang mit Maschinen	☐	☐
im Umgang mit Nahrungsmitteln	☐	☐
im Umgang mit Autos/LKW	☐	☐
im Umgang mit handwerklichen Geräten	☐	☐
im Umgang mit technischen Geräten allgemein	☐	☐
im Umgang mit Computern	☐	☐
im Umgang mit Texten	☐	☐
im Umgang mit Verwaltungsvorgängen, -prozessen	☐	☐
im Umgang mit Berechnungen, Kalkulationen	☐	☐
im Umgang mit Planung, Organisation	☐	☐
im Umgang mit Geld	☐	☐
im Umgang mit Kunden	☐	☐
in der Pflege von Menschen	☐	☐
in der Führung von Mitarbeitern	☐	☐
im Umgang mit Menschen allgemein	☐	☐
in Pflege und Umgang mit Tieren	☐	☐

3. Jeder Mensch hat persönliche Fähigkeiten, die ihm häufig gar nicht klar sind. Es ist wichtig, darüber nachzudenken, was man wirklich alles kann und was einem möglicherweise für den weiteren Berufsweg nützt.

	Was kann ich?
Mit anderen Menschen umgehen	☐
Mich voll auf eine Sache konzentrieren	☐
Sparsam haushalten, wirtschaften	☐
Lösungen für Probleme finden	☐
Weitgehend selbständig arbeiten	☐
Autofahren	☐
Organisieren	☐
Körperlich hart arbeiten	☐
Sicher auftreten	☐
Andere Menschen führen	☐
Schnell begreifen	☐
Lange und ausdauernd arbeiten	☐
Gut zuhören	☐
Handwerklich arbeiten	☐
Überzeugend etwas verkaufen	☐
Formulieren und schreiben	☐
Flexibel auf neue Situationen reagieren	☐
Andere Menschen überzeugen	☐
Theoretisch arbeiten	☐
Planen	☐

4. Wie ist meine aktuelle Arbeitssituation?

☐ Ich habe einen sicheren Arbeitsplatz
☐ Mein Arbeitsplatz ist von Kurzarbeit bedroht
☐ Mein Arbeitsplatz ist gefährdet
☐ Ich mache eine Umschulung zum: _____

_____

☐ Ich befinde mich in einer Berufsausbildung zum:

_____

☐ Ich bin noch in der Schulausbildung
☐ Ich bin arbeitslos mit der Perspektive auf einen Arbeitsplatz in näherer Zukunft
☐ Ich mache Gelegenheitsjobs und suche nach einer festen Arbeitsmöglichkeit

5. Viele Menschen üben in ihrem Leben verschiedene Berufe aus, entweder weil sie in ihrem erlernten Beruf nicht den passenden Arbeitsplatz finden, oder weil sie gerne etwas anderes tun möchten. Wie können Sie sich Ihren weiteren Berufsweg vorstellen?

☐ Ich möchte am liebsten in meinem jetzigen Beruf bleiben
☐ Ich kann mir vorstellen, etwas ganz anderes zu machen

6. Was möchten Sie – unabhängig von Ihrem jetzigen Beruf – können? Was wäre für Sie eine berufliche Alternative?

_____

_____

7. Die soziale Marktwirtschaft bietet verschiedene Möglichkeiten der Beschäftigung. Wie würden Sie persönlich am liebsten arbeiten?

☐ als Arbeiter/Arbeiterin   ☐ als Beamter/Beamtin
☐ als Angestellte/r   ☐ als Selbständige/r

NACHFRAGE: In welchem Beruf möchten Sie sich gerne selbständig machen?

_____

_____

8. Welche Bereiche kommen für Sie überhaupt in Frage? Welche Berufsmöglichkeiten würden Sie interessieren? Kreuzen Sie bitte den entsprechenden Bereich an, und tragen Sie daneben Ihren Berufswunsch ein.

	Beruf
☐ Baugewerbe	_____
☐ Elektro- und Kfz.-Wesen	_____
☐ Metallverarbeitung	_____
☐ Bergbau und Energie	_____
☐ EDV	_____
☐ Handel/Verkauf	_____
☐ Banken, Versicherungen	_____
☐ Hotel/Gaststätten/Tourismus	_____
☐ Verkehr/Transport	_____
☐ Gesundheit, Kranken- und Altenpflege	_____
☐ Soziales, Erziehung	_____
☐ Bildung/Ausbildung/ Weiterbildung	_____
☐ Öffentliche Verwaltung	_____
☐ Umweltschutz	_____
☐ Anderes, nämlich:	_____

_____

9. Eine Weiterbildung kann Ihrer weiteren beruflichen Qualifizierung und der Verbesserung Ihrer Arbeitsmarktchancen dienen. Zu welcher Art von Qualifizierung wären Sie bereit?

☐ Fortbildung im erlernten Beruf
☐ Umschulung in einen verwandten Beruf
☐ Umschulung in einen ganz anderen Beruf
☐ berufliche Fortbildung im Betrieb
☐ berufliche Fortbildung außerhalb des Betriebes
☐ Fernlehrgänge zur beruflichen Weiterbildung mit Abschluß

10. Welcher Zeitrahmen wäre für eine Qualifizierungsmaßnahme möglich?

☐ Vollzeit
☐ Teilzeit (zwischen 12 und 25 Stunden wöchentlich)
☐ berufsbegleitend (abends/am Wochenende)
☐ Ich wäre auch zu einem Wohnungswechsel bereit
☐ Ich würde auch längere Wege in Kauf nehmen, wenn dies erforderlich wäre

10.4 Ein Blick in die Stellenangebote

A Große Firmen inserieren meistens in überregionalen Zeitungen oder in Wochenzeitschriften, z.B.:

Mittelständische Betriebe geben ihre Stellenanzeigen hauptsächlich in Lokalzeitungen auf, z.B.:

BERLINER MORGENPOST
Forum der Hauptstadt

Kölnische Rundschau

Kennen Sie die Namen weiterer deutscher Zeitungen und Zeitschriften?

B In den Zeitungen werden Stellenangebote unter verschiedenen Rubriken veröffentlicht. Sehen Sie sich die Stellenangebote rechts an. Unter welcher Rubrik wären sie zu finden?

12 Personalwesen	**24** Wissenschaft/Forschung/Labor	**38** Werbung/Publizistik/Film/Kunst	**62** Medizinische und soziale Berufe
14 Finanz- und Rechnungswesen	**30** Verkauf/Vertrieb	**42** Planung/Konstruktion/Entwicklung/Fertigung	**64** Hotel und Gaststättengewerbe/Küchenpersonal
16 EDV und Organisation	**34** Kaufmännische Berufe	**48** Technische Berufe	**74** Weitere Berufe
18 Einkauf	**36** Sekretariat/Büro- und Schreibkräfte	**56** Öffentlicher Dienst	**78** Ausbildungsplätze
		58 Handwerker/Facharbeiter	

C **1** Wählen Sie eine Stelle, die Sie interessant finden. Lesen Sie die Anzeige durch und machen Sie sich Notizen zu diesen Punkten.

- Stelle
- Firma/Stadt
- Voraussetzungen (Ausbildung/Erfahrung/persönliche Eigenschaften)
- Was die Firma bietet

Abkürzungen:
TU = Technische Universität
FH = Fachhochschule
BAT = Bundesangestelltentarif

2 Tauschen Sie Informationen über die Anzeige, die Sie gelesen haben, mit einem Partner aus. Stellen Sie diese oder ähnliche Fragen.

Was für eine Stelle ist das?
Wie heißt der Arbeitgeber?
In welcher Stadt ist die Stelle?
Worin besteht die Arbeit?
Welche Qualifikationen braucht der Bewerber?
Ist Berufserfahrung erforderlich?
Werden besondere persönliche Eigenschaften verlangt?
Bietet die Firma eine Ausbildung/Fortbildungsmöglichkeiten?
Gibt die Anzeige Informationen über Arbeitsbedingungen, Gehalt oder Sozialleistungen?
Wie bewirbt man sich um die Stelle?

Wenn Sie die entsprechenden Informationen in der Anzeige nicht gefunden haben, antworten Sie:

Das steht nicht in der Anzeige.

D Könnten Sie sich mit Ihren Qualifikationen und Ihrer Erfahrung um eine dieser Stellen bewerben?

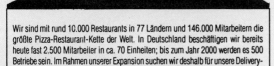

10.5 Die schriftliche Bewerbung

A Bei den meisten Bewerbungen, vor allem wenn es sich um höher qualifizierte Stellen handelt, ist zunächst eine schriftliche Bewerbung üblich. Bei der Bewerbung wollen Sie sich in ein gutes Licht setzen; der Arbeitgeber wünscht Informationen, die eine Vorentscheidung über den Bewerber erleichtern. Für eine erfolgreiche Bewerbung sollen folgende Tips eine Hilfe sein. Lesen Sie sie und beantworten Sie die Fragen.

1 Welche Punkte sollte Ihr Bewerbungsschreiben enthalten?
2 Welche Informationen sollte Ihr Lebenslauf enthalten? Wie sollte er gegliedert sein?
3 Welche Unterlagen gehören zu einer vollständigen Bewerbung?
4 Wie präsentieren Sie Ihre Bewerbungsunterlagen am besten?

Bewerbungs-Ratgeber

Für eine erfolgreiche Bewerbung ist es unbedingt notwendig, daß Sie folgende Punkte beachten:

1 Legen Sie in Ihrem Bewerbungsanschreiben kurz, aber ausreichend dar, aus welchen Gründen Sie für die Stelle qualifiziert sind. Gehen Sie möglichst genau auf die Anforderungen der Stelle ein.

2 Legen Sie einen tabellarischen Lebenslauf bei. Gliedern Sie ihn nach der zeitlichen Abfolge Ihrer Ausbildungs- und Berufsstationen.

3 Kleben Sie ein Foto mit Paßbildformat rechts oben auf Ihren Lebenslauf. Investieren Sie ein wenig Zeit und lassen Sie Ihr Bewerbungsfoto vom Fotografen machen. Es lohnt sich.

4 Legen Sie Ihre Ausbildungs- und Arbeitszeugnisse als Kopien bei. Ordnen Sie sie in zeitlicher Reihenfolge, das neueste zuoberst. Achtung: Die Daten des Lebenslaufes müssen mit den Daten der Zeugnisse übereinstimmen.

5 Wählen Sie für die ordentliche Zusammenstellung Ihrer kompletten Bewerbungsunterlagen eine Clip-Mappe oder einen Schnellhefter. Falls Sie einen Schnellhefter benutzen, heften Sie jede einzelne Seite in einer Klarsichtfolie ab.

B Vor kurzem hat Simone Schemann ihr Studium an der Fachhochschule Düsseldorf beendet. Jetzt sucht sie eine feste Anstellung mit guten Aufstiegsmöglichkeiten. Aufgrund der Anzeige rechts entscheidet sie, sich bei der Supermarktkette Tengelmann zu bewerben. Lesen Sie die Anzeige und beantworten Sie die Fragen.

1 Um was für eine Stelle handelt es sich?
2 Was für Bewerber sucht Tengelmann?
3 Welche Informationen gibt die Anzeige über Tengelmann?

Professionell handeln im jungen Team!

a – 35 Jahre, Referentin Gbl. Grosso	j – 27 Jahre, Sen. Associate Untern.-entwicklung
b – 38 Jahre, Stellvertretender Justitiar	k – 41 Jahre, Ressortleiter Expansion
c – 33 Jahre, Verkaufsleiter Kaiser's	l – 36 Jahre, Leiter Management-Entwicklung
d – 40 Jahre, Ressortleiter Betriebswirtschaft	m – 35 Jahre, Verkaufsleiter Grosso
e – 33 Jahre, Leiter Rechnungswesen	n – 32 Jahre, Einkäuferin Obst & Gemüse Italien
f – 40 Jahre, Leiter Verkaufscontrolling	o – 34 Jahre, Leiter Untern.-entwicklung
g – 44 Jahre, Geschäftsbereichsleiter Plus	p – 40 Jahre, Einkäuferin Nonfood
h – 36 Jahre, Sonderbeauftragter Ausland	q – 39 Jahre, Leiter Category Management
i – 38 Jahre, Leiter Umwelt	r – 28 Jahre, Geschäftsführer Plus Tschechien

Wir suchen Top-Nachwuchsführungskräfte

im Einkauf • Marketing • Verkauf • Personal • Rechnungswesen/Finanzen

Wir handeln:

Wir wollen unser Team junger Handelsprofis verstärken und suchen überdurchschnittlich talentierte Nachwuchskräfte:

- mit einem überzeugenden Fach-/Hochschul-Abschluß
- international einsetzbar (mindestens eine Fremdsprache)
- mit ausgeprägten analytischen Fähigkeiten
- mit praxisorientierter Ausbildung (Praktika u.a.)

Sie erwartet bei uns zum Einstieg ein TRAINEESHIP von 4–6 Monaten in Filialen und Regionszentralen unserer Unternehmensgruppe. Im Anschluß beginnt Ihre individuelle Karriere: z.B. als Einkaufs- oder Finanzassistent/in oder als Führungskraft im Verkauf.

Handeln Sie mit:

Wenn Sie Handeln begeistert, senden Sie uns bitte Ihre detaillierte Bewerbung zu. Wir freuen uns auf ein baldiges Kennenlernen.

Unternehmensgruppe Tengelmann
Management-Entwicklung
z. Hd. Herrn Jörg Wins

Wissollstraße 5-43
45478 Mülheim an der Ruhr
Telefon 0208-4590-137
Fax 0208-4590-133

TENGELMANN
Wir handeln

 Wir handeln weltweit: in ca. 7.000 Filialen, mit rund 200.000 Mitarbeiterinnen und Mitarbeitern erzielen wir einen Jahresumsatz von 50 Milliarden DM.

Die Unternehmensgruppe TENGELMANN

C Lesen Sie den Lebenslauf Simone Schemanns und beantworten Sie die Fragen. Ist Frau Schemann Ihrer Meinung nach eine geeignete Bewerberin für eine Stelle bei Tengelmann?

1 Was für eine Schul- und Berufsausbildung hat sie gemacht? Welche Abschlüsse hat sie?
2 Welche praktischen Berufserfahrungen hat sie?
3 Hat sie sonstige Fähigkeiten?

Simone Schemann
Dickelsbachweg 12
40625 Düsseldorf
Tel.: (02 11) 8 04 57

Lebenslauf

Geburtsdatum:	5.3.1969
Geburtsort:	Herford
Staatsangehörigkeit:	deutsch
Familienstand:	ledig

Schule

Aug. 79 - Juni 85 Geschwister-Scholl-Realschule, Herford
Abschluß: Mittlerer Bildungsabschluß mit Durchschnittsnote 1,2

Ausbildung

Aug. 85 - Juni 88 Abgeschlossene Ausbildung zur Kauffrau im Einzelhandel bei Möbelhaus Korsmeier, Bielefeld

Aug. 88 - Juni 90 Besuch des Abendgymnasiums Westfalenkolleg, Bielefeld
Abschluß: Abitur (Durchschnittsnote 1,3)

Okt. 90 - Mai 95 Betriebswirtschaftsstudium an der Fachhochschule Düsseldorf, Studiengang: Außenwirtschaft
Schwerpunkte im Hauptstudium: Internationales Marketing/Außenhandel, Internationales Rechnungswesen/Controlling
Sprachkurse: Wirtschaftsenglisch
Im Studium integriert: Praxissemester in der Firma Lorfonte, Frankreich
Diplomarbeit „Expansion nach Polen: rechtliche und betriebswirtschaftliche Grundlagen", Note 1,5
Abschluß: Diplom-Betriebswirtin der FH Düsseldorf im Studiengang Außenwirtschaft, Gesamtnote „gut"

Berufliche Tätigkeiten

Juli 88 - Sep. 90 Kaufmännische Angestellte bei Karstadt, Bielefeld; verantwortlich für Großkundenbetreuung und Bestellungen
Nach einem Jahr Aufstieg zur Einkäuferin

Okt. 90 - Juli 94 Aushilfskraft auf Stundenbasis bei Karstadt in Bielefeld und anschließend in Düsseldorf

Besondere Fertigkeiten

EDV-Kenntnisse
Fremdsprachen: Französisch, Englisch in Wort und Schrift
Führerschein Klasse 3

Referenzen

Herr Prof. Erwin Schmidt
FH Düsseldorf
Dörnerhofstraße 14
40225 Düsseldorf
Tel.: (02 11) 43 35 65

Herr Karl Lehmann
Personalleiter, Karstadt
Humboldtstraße 24
33615 Bielefeld
Tel.: (05 21) 8 04 57

11.8.19--

Simone Schemann

D **1** Der Brieftext eines Bewerbungsschreibens sollte die Punkte unten enthalten.
Lesen Sie das Bewerbungsschreiben Simone Schemanns. Schreiben Sie die Ziffern 1 - 4
neben die entsprechenden Absätze im Brief.

> 1 Erklären Sie, woher Sie wissen, daß die Firma neue Mitarbeiter sucht, und
>   zu welchem Termin Sie sich bewerben.
> 2 Erklären Sie, warum Sie sich für die Stelle bewerben.
> 3 Beschreiben Sie, aus welchen Gründen Sie qualifiziert sind. Erläutern Sie
>   Ihre Erfahrung bzw. Ausbildung für die Stelle, Ihre besonderen Kenntnisse
>   und persönlichen Fähigkeiten.
> 4 Bitten Sie um einen Vorstellungstermin.

2 Vergleichen Sie das Bewerbungsschreiben Frau Schemanns mit ihrem Lebenslauf.
Welche Punkte hebt sie im Brief besonders hervor? Warum?

3 Machen Sie eine Liste von den Ausdrücken im Brief, die Sie bei Ihrem Bewerbungsschreiben
benutzen könnten.

Simone Schemann
Dickelsbachweg 12
40625 Düsseldorf
Tel.: (02 11) 8 04 57

Düsseldorf, 11 . 8 . 19 – –

Unternehmensgruppe Tengelmann
Management-Entwicklung
zu Hd. Herrn Jörg Wins
Wissollstraße 5-43
45478 Mülheim an der Ruhr

Ihre Anzeige in der ... Zeitung vom ...

Sehr geehrter Herr Wins,

aus Ihrer Anzeige entnehme ich, daß Ihr Unternehmen talentierte Führungsnachwuchskräfte sucht. Vor
kurzem habe ich mein Studium der Betriebswirtschaft an der FH Düsseldorf mit der Gesamtnote „gut"
abgeschlossen und suche jetzt eine herausfordernde und verantwortungsvolle Tätigkeit zum
frühestmöglichen Zeitpunkt. Da mir Ihr Trainee-Programm anspruchsvoll und interessant erscheint und
gute Karrieremöglichkeiten in meinen Interessenbereichen bietet, möchte ich mich bei Ihnen bewerben.

Ich glaube, daß ich den beschriebenen Anforderungen aufgrund meiner Qualifikationen, meiner
praktischen Berufserfahrungen und meiner persönlichen Eigenschaften entspreche. Neben meinem
Fachhochschulabschluß habe ich auch eine kaufmännische Ausbildung mit Abschluß als Kauffrau im
Einzelhandel sowie einige Jahre Erfahrung in den Bereichen Verkauf und Einkauf. Während meines
Studiums habe ich ein sechsmonatiges Praxissemester bei einer Firma in Frankreich verbracht. Dort konnte
ich meine Französischkenntnisse erheblich verbessern. Ich verfüge außerdem über gute Englischkenntnisse
in Wort und Schrift.

Neben Belastbarkeit und Verantwortungsbereitschaft kann ich auch Kreativität und Organisationstalent
beweisen. Ich arbeite gern im Team und bin geschickt im Umgang mit Menschen.

Ich würde mich freuen, wenn Sie mir Gelegenheit zu einem Vorstellungsgespräch geben könnten.

Mit freundlichen Grüßen

Simone Schemann

Anlagen

E Wählen Sie eine Stelle aus **10.4** oder eine andere Stelle, die Sie interessiert.
Verfassen Sie einen Lebenslauf und ein Bewerbungsschreiben mit Ihren Angaben.

10.6 Das Vorstellungsgespräch

A Ein Vorstellungsgespräch bei einem potentiellen Arbeitgeber ist eine große Chance. Unten sind einige Tips, wie man sich am besten darauf vorbereitet und sich dabei verhält. Was sollen Sie tun? Bilden Sie Sätze. Würden Sie weitere Ratschläge geben?

Tips für das Vorstellungsgespräch

Sich gezielt vorbereiten

- sich vorher über den Arbeitgeber informieren; Arbeitgeber werten es oft negativ, wenn Bewerber nicht informiert sind
- zu Hause überlegen, welche Fragen vom Personalchef gestellt werden könnten, und Antworten darauf vorbereiten
- Fragen zum Betrieb, zur Stelle bzw. zum Ablauf der Ausbildung vorbereiten, einige Stichpunkte dazu aufschreiben

Sich positiv darstellen

- sich sauber und korrekt kleiden
- pünktlich ankommen, z.B. fünf Minuten vor der Zeit
- alle Fragen klar und sachlich beantworten
- überzeugen, ohne zu übertreiben
- Fragen stellen, die Ihr Interesse an der Firma und an der Arbeit zeigen

B Auf folgende Fragen des Personalchefs sollte man Antworten wissen. Welche Fragen würden Sie problematisch finden? Hat man Ihnen auch andere Fragen bei einem Vorstellungsgespräch gestellt?

Ablauf des Interviews:

1. **Kontaktaufnahme**
   Was wissen Sie schon über die Firma?
   Warum möchten Sie bei uns arbeiten?

2. **Lebenslaufanalyse**
   Was für eine Schul-/Berufsausbildung haben Sie gemacht?
   Warum haben Sie sich für diese Ausbildung/dieses Studium entschieden?
   Welche Fächer haben Sie gemacht/studiert?
   In welchen Fächern haben Sie das Abitur gemacht?
   Haben Sie während des Studiums Praktika gemacht oder praktische Erfahrungen gesammelt?
   Haben Sie Fremdsprachenkenntnisse?
   Können Sie Ihre bisherigen Tätigkeiten/Ihre Tätigkeit bei ... schildern?
   Warum haben Sie die Stelle bei ... verlassen?
   Was machen Sie zur Zeit?
   Wie sieht Ihr jetziger Tätigkeitsbereich aus?
   Welche von Ihren bisherigen Stellen haben Sie am positivsten empfunden?
   Wo liegen Ihre besonderen beruflichen Interessen und Neigungen?
   Auf Grund welcher persönlichen Eigenschaften glauben Sie, daß Sie für diese Stelle geeignet sind?

3. **Sonstige Merkmale**
   Können Sie überall in Deutschland oder im Ausland arbeiten?
   Haben Sie sich bei anderen Unternehmen beworben?
   Welche Kündigungsfrist müssen Sie bei Ihrem jetzigen Arbeitgeber einhalten?

C

1 Sie hören den ersten Teil des Vorstellungsgesprächs bei Tengelmann mit der Bewerberin Simone Schemann. Welche Fragen in **B** stellt der Personalchef?

2 Hören Sie noch einmal zu. Wie beantwortet Frau Schemann die Fragen?

D Auch Sie müssen sich entscheiden, ob die Stelle für Sie geeignet ist. Fragen Sie deshalb nach allen Informationen, die Sie für Ihre Entscheidung brauchen, z.B. nach Ihrer Verantwortung, Ihrer Bezahlung, nach den Arbeitsbedingungen usw. Formulieren Sie höfliche Fragen zu folgenden Punkten.

- Ablauf der Traineeausbildung?
- Möglichkeit einer festen Anstellung nach der Ausbildung?
- Tätigkeitsbereich?
- Arbeitszeiten? (Gleitzeit, arbeiten am Wochenende)
- Probezeit?
- Bezahlung? (Monatsgehalt, 13. Monatsgehalt, Weihnachtsgeld)
- Hilfe bei der Wohnungssuche?
- Erstattung von Umzugskosten?
- Weiterbildungsmöglichkeiten?
- Sozialleistungen? (Krankenkasse, Altersversorgung, Pflegeversicherung)
- Termin der Arbeitsaufnahme?

> Können Sie mir Näheres über den Ablauf der Traineeausbildung sagen?

> Bitte geben Sie mir noch Auskunft über meinen Tätigkeitsbereich.

> Würden Sie mir bitte sagen, wie lang die Probezeit ist?

> Ich möchte gerne wissen, ob Sie neue Mitarbeiter bei der Wohnungssuche unterstützen.

E Hören Sie sich den zweiten Teil des Vorstellungsgesprächs mit Simone Schemann an. Frau Schemann stellt dem Personalchef einige Fragen. Welche Antworten gibt er?

F Spielen Sie ähnliche Vorstellungsgespräche als Rollenspiel.

1 Wählen bzw. erfinden Sie als Gruppe/Klasse eine geeignete Firma und Stelle, um die sich alle Kursteilnehmer bewerben könnten.

2 Teilen Sie sich in zwei Gruppen, Personalleiter und Bewerber, auf. Als Vorbereitung auf das Vorstellungsgespräch überlegen Sie sich geeignete Fragen/Antworten.

3 Die Personalleiter führen ein Vorstellungsgespräch mit zwei oder drei Bewerbern hintereinander durch. Die restlichen Kursteilnehmer hören den Gesprächen zu.

4 Während der Gespräche machen Sie sich Notizen über die Bewerber zu folgenden Punkten.

- Ausbildung und Qualifikationen
- berufliche Erfahrung
- Motivierung zur Stellenbewerbung
- persönliches Auftreten (ungeeignet/zufriedenstellend/ gut/sehr gut)

5 Die Personalleiter machen einen Entscheidungsvorschlag und begründen ihre Wahl. Die anderen Kursteilnehmer stimmen dann über die Kandidatenwahl ab.

.. UND WANN KÖNNEN SIE ANFANGEN?..

Das M+E-Magazin berichtet aus den Unternehmen der Metall- und Elektro-Industrie: Reportagen, Meinungen und Erfahrungen am Ort. Lesen Sie das Interview mit Hildegard Fleck.

1 Wie sieht Frau Fleck die Karrierechancen von Frauen in technischen Berufen?
Fassen Sie ihren Standpunkt kurz zusammen in bezug auf folgende Punkte.
- Chancengleichheit in der schulischen Ausbildung
- Chancengleichheit in der Einstellungspolitik der Unternehmen
- Berufswahl der Frauen
- Sozialpolitik der Unternehmen
Stimmen Sie mit Frau Fleck überein?

2 Welche Maßnahmen gibt es in Ihrem Land, um die Karrierechancen von Frauen zu fördern?

Interview

Mut zum Wettbewerb der Fähigkeiten

Hildegard Fleck, Beauftragte für Chancengleichheit bei der IBM Deutschland Informationssysteme GmbH, Stuttgart

M+E: Haben Frauen immer noch schlechtere Karriere-Karten als Männer?
H. Fleck: Nicht schlechtere Karriere-Karten, aber eine schlechtere Ausgangssituation.
M+E: Wo liegen die Schwierigkeiten?
H. Fleck: Viele Frauen geben der Berufswahl nicht annähernd den Stellenwert, den die Berufsentscheidung für junge Männer hat, obwohl in der schulischen Ausbildung die Chancen längst gleich sind. Oft haben Mädchen bessere Schulabschlüsse als Jungen. Sehr oft aber zementieren junge Frauen mit einer einseitigen Berufswahl alte Vorurteile.
M+E: Wie sehen die Unternehmen das Problem?
H. Fleck: Die Unternehmen sind bereit, den Anteil der Frauen in den technischen Berufsfeldern zügig zu steigern. Daß das so langsam geht, liegt nicht an den Betrieben. Das Problem ist meines Erachtens, daß zu wenige Frauen in der industriellen Welt mitmischen und Verantwortung übernehmen wollen.
Mit ihrem Zögern verzichten sie auf hervorragende Lebenschancen. Denn die Berufe in der M+E-Industrie sind zukunftsorientiert und beschäftigungssicher. Sie bedeuten finanzielle Unabhängigkeit und ein selbstbestimmtes Leben. Ich frage mich, warum sich immer noch so wenige Mädchen daran beteiligen, Einfluß auf die technische Entwicklung zu nehmen.
M+E: Was tut die IBM, um das zu ändern?
H. Fleck: Einer der wichtigsten IBM-Grundsätze und Teil unserer weltweiten Unternehmenskultur ist das Prinzip der Chancengleichheit. Dieses Prinzip bedeutet: Wir bemühen uns, allen Mitarbeiterinnen und Mitarbeitern die gleichen Möglichkeiten im beruflichen Einsatz und in der Entwicklung ihrer Fähigkeiten zu geben. Ob und wie sie ihre Chancen wahrnehmen, bestimmen sie allerdings selbst.
M+E: Welche Fortschritte gibt es seit der Einführung dieser verstärkten Maßnahmen?
H. Fleck: Ich nenne ein paar Beispiele: Unsere Einstellungspraxis ist eindeutig frauenfreundlich. Letztes Jahr war z.B. jede vierte Neueinstellung weiblich bei einem Bewerbungsanteil von 19 Prozent Hochschulabsolventinnen. Seit 1987 hat IBM mit einem Stipendienprogramm für Abiturientinnen 60 Stipendiatinnen in ingenieurwissenschaftlichen Studiengängen gefördert.
Ferner bieten wir Hilfen an, um Familie und Beruf besser aufeinander abzustimmen. Dazu gehören die verlängerte Erziehungszeit, flexible Formen der Teilzeitarbeit während der Erziehungszeit, die Möglichkeit, auch zu Hause zu arbeiten, und die Beurlaubung zur Betreuung schwerpflegebedürftiger Angehöriger. Das sind heute ja Selbstverständlichkeiten.
M+E: Was würden Sie jungen Frauen raten?
H. Fleck: Ich würde sagen: Stellen Sie sich dem Wettbewerb der Fähigkeiten und Talente, nicht dem Wettbewerb der Geschlechter. Die Türen zu den vermeintlichen Männerdomänen stehen heute weiter offen als je zuvor.
M+E: Das ist leichter gesagt als getan ...
H. Fleck: Nicht unbedingt. Denn junge Frauen von heute planen doch ihr Leben wie junge Männer auch. Dabei müssen Beruf und Familie zu ihrem Recht kommen. Wichtig ist, daß der Lebenspartner nicht nur die beruflichen Interessen und Ambitionen unterstützt, sondern auch bei der Wahrnehmung der familiären Aufgaben und Pflichten ein Partner ist. Aber das ist heute ja nicht mehr die Ausnahme.
M+E: Ihre Wünsche?
H. Fleck: Wir brauchen dringend viel mehr weibliche Vorbilder in technischen Berufen!

Metallerinnen verdienen mehr.

Tarifliche Bruttomonatsverdienste im ersten Jahr nach Abschluß der Ausbildung - in DM -

Friseurin*	1.550
Arzthelferin	2.170
Kauffrau (Einzelhandel)*	2.200
Bürokauffrau (Groß- und Außenhandel)*	2.350
Bankkauffrau	2.489
Facharbeiterin in der M+E-Industrie*	2.616

* Tarifgebiet Nordrhein-Westfalen; Stand 31.12.1992
Quelle: Bundesvereinigung der Deutschen Arbeitgeberverbände

1 Was ist ein Betriebsrat? Welche Rechte hat der Betriebsrat
  in den folgenden Situationen?
  - Der Arbeitgeber möchte Kurzarbeit einführen. Braucht
    er dazu die Zustimmung des Betriebsrats?
  - Der Arbeitgeber beabsichtigt, 50 Leute zu entlassen.
    Kann der Betriebsrat das verhindern?
  - Der Arbeitgeber plant den Bau einer neuen
    technischen Anlage. Hat der Betriebsrat das Recht,
    Vorschläge zu machen?
  - Ein neuer Geschäftsführer wird vom Vorstand eingestellt. Hat der Betriebsrat ein Vetorecht?
2 Welche Kommunikationskanäle existieren in Ihrem Land zwischen Arbeitgebern und Arbeitnehmern?
  Welche Funktionen/Aufgaben/Rechte haben sie?

Betriebsrat im Alltag

Die gemeinsamen sozialen Interessen der Arbeitnehmer innerhalb eines Betriebs können in der Bundesrepublik durch einen Betriebsrat vertreten werden. In allen Betrieben der privaten Wirtschaft, in denen mindestens fünf Arbeitnehmer beschäftigt sind, kann ein Betriebsrat gewählt werden. Er wird von der Belegschaft alle vier Jahre in geheimer Wahl gewählt. Die Wahlberechtigung setzt die Vollendung des 18. Lebensjahrs voraus. Leitende Angestellte sind nicht wahlberechtigt. Die Mitwirkungs- und Mitbestimmungsrechte des Betriebsrats werden durch das Betriebsverfassungsgesetz (BetrVG) definiert. Der Betriebsrat wird von den Gewerkschaften unterstützt und beraten.

Der Betriebsrat hat das Recht, über bestimmte soziale, personelle und wirtschaftliche Angelegenheiten im Betrieb mitzuentscheiden. Gleichzeitig hat er darüber zu wachen, daß die Arbeitsgesetze, Tarifverträge und sonstige Vorschriften (z.B. Sicherheitsvorschriften), die dem Schutz der Arbeitnehmer dienen, eingehalten werden.

Wenn sich Arbeitgeber und Betriebsrat bei Konflikten im Betrieb nicht einigen können, entscheidet eine Einigungsstelle.

Die Rechte des Betriebsrats

M I T B E S T I M M U N G	Erzwingbare Mitbestimmung	Diese Angelegenheiten darf der Arbeitgeber ohne eine Einigung mit dem Betriebsrat nicht entscheiden. Der Betriebsrat hat auch ein Initiativrecht, d.h. er kann von sich aus aktiv werden, um bestimmte Angelegenheiten zu regeln. Bei Nichteinigung mit dem Arbeitgeber entscheidet die Einigungsstelle.	• Fragen der Ordnung des Betriebs (Tragen von Schutzkleidern, Rauchverbot usw.) • Beginn und Ende der täglichen Arbeitszeit sowie der Pausen • vorübergehende Verlängerung/Verkürzung der Arbeitszeit (Überstunden, Sonderschichten, Einführung der Kurzarbeit) • Fragen der Leistungs-/Verhaltenskontrolle der Arbeitnehmer mittels technischer Einrichtungen (Stechuhren, Filmkameras usw.) • Ausschreibung von Arbeitsplätzen • Aufstellung von Entlohnungsgrundsätzen (Zeitlohn, Prämien, Akkord) • Ausgestaltung eines Sozialplans zur Minderung der Folgen einer Betriebsänderung, z.B. Stillegung/Verlegung des Betriebs
M I T W I R K U N G	Widerspruchs-/Zustimmungsrechte	In diesen Angelegenheiten muß der Arbeitgeber die Zustimmung des Betriebsrats erhalten. Erhält er diese nicht, so entscheidet entweder die Einigungsstelle oder das Arbeitsgericht. Der Betriebsrat hat folglich nur eine indirekte Mitbestimmungsfunktion in diesen Bereichen.	• eingeschränkte Widerspruchsmöglichkeit des Betriebsrats bei arbeitgeberseitigen Kündigungen • Zustimmungserfordernis bei personellen Einzelmaßnahmen wie Einstellung, Ein-/Umgruppierung und Versetzung • Formulierung von Einstellungs- und Personalfragebögen • Maßnahmen im Bereich der Berufsausbildung
	Beratungsrechte	Der Arbeitgeber muß den Betriebsrat über geplante Maßnahmen informieren, und der Betriebsrat hat das Recht, den Arbeitgeber in diesen Angelegenheiten zu beraten. Er kann jedoch die endgültige Entscheidung des Arbeitgebers nicht wirksam beeinflussen.	• Beratungsrechte über Einführung neuer Arbeitsmethoden, Techniken und Fertigungsverfahren
	Informationsrechte		• Unterrichtung über die wirtschaftlichen Angelegenheiten des Unternehmens • Einstellung leitender Angestellter

Informationen für Partner A

DATENBLATT A1
(1.1F, S. 11)

Situation 1
Sie arbeiten bei der Firma Oriel & Co. Sie holen Frau Kohl, einen Gast aus Deutschland, um 9.30 Uhr vom Flughafen ab und fahren sie zu der Firma. Machen Sie Konversation unterwegs. Stellen Sie Fragen mit Hilfe der Stichwörter:
- Wie/Reise?
- Wetter in Deutschland?
- erster Besuch?
- Woher/in Deutschland?
- Was für eine Stadt?

Beenden Sie das Gespräch mit: *So, da ist die Firma.*

Situation 2
Sie sind Dr. Udo Gerlach aus Stuttgart. Sie besuchen die Firma Infotec. Es ist 15.00 Uhr. Ein/e Mitarbeiter/in holt Sie vom Empfang ab. Beantworten Sie seine/ihre Fragen mit Hilfe dieser Informationen:
- Sie hatten Probleme, vom Hotel zum Büro zu kommen, da sehr viel Verkehr war.
- In Deutschland ist es im Moment heiß und sonnig.
- Sie kommen oft geschäftlich hierher, Sie waren das letzte Mal vor zwei Monaten hier.
- Es gefällt Ihnen hier, die Leute sind freundlich und das Essen ist gut.
- Sie kommen aus Stuttgart, der Hauptstadt von Baden-Württemberg.
- Ihrer Meinung nach ist Stuttgart eine der schönsten Städte Deutschlands.

DATENBLATT A2
(1.2E, S. 13)

Situation 1
Sie sind Chefassistent/in bei der Firma ABC und betreuen einen Firmenbesucher, Herrn Manfred Weber. Sagen Sie, Ihr Chef kommt in fünf Minuten. Bieten Sie dem Besucher Erfrischungen an und eventuell Hilfe.
NB Die neue Preisliste ist noch nicht fertig.

Situation 2
Sie sind Dagmar Braun und besuchen die Firma Data Systems. Sie haben einen Termin mit dem Chef, er ist aber noch nicht da. Sein/e Assistent/in bietet Ihnen Erfrischungen an. Sie trinken keinen Kaffee und keine Cola, möchten aber gern eine Tasse Tee mit Zitrone. Sie haben keinen Hunger.
Sie haben folgende Bitten:
- Sie möchten ein Fax an Ihre Firma schicken.
- Sie müssen Ihren Flug nach Deutschland umbuchen, könnte der/die Assistent/in Ihnen helfen?
- Sie möchten rauchen.

DATENBLATT A3
(1.3F, S. 15)

Situation 1
Ein Kollege/eine Kollegin braucht einige Informationen über Frau Köpke von der Firma Elco Papier. Beantworten Sie seine/ihre Fragen mit Hilfe der Informationen auf der Visitenkarte.

ELCO PAPIER
Gabriele Köpke Personalleiterin

Elco Papier GmbH	Telefon (0 40) 5 41 70 12 - 0
Grünerweg 65	Durchwahl (0 40) 5 41 70 12 - 33
22525 Hamburg	Telefax (0 40) 5 41 70 80

Situation 2
Sie brauchen einige Informationen über Herrn Graulich von der Firma Bilfinger Werbedruck. Bitten Sie einen Kollegen/eine Kollegin darum. Notieren Sie die Antworten.

Position: _____

Büronummer: _____

Adresse der Firma: _____

Privatnummer: _____

DATENBLATT A4
(2.3C, S. 26)

Situation 1
Sie sind Journalist/in und interviewen Herrn Otmar C. Küsel, Vorsitzender des Vorstands der Rosenthal AG. Stellen Sie Fragen und machen Sie sich Notizen zu folgenden Punkten:
Branche
Produkte
Umsatz
Mitarbeiterzahl

Situation 2
Sie sind Herr Werner M. Bahlsen, Sprecher der Unternehmensleitung bei Bahlsen. Beantworten Sie die Fragen eines Journalisten/einer Journalistin mit Hilfe dieser Informationen:

Branche Nahrungs- und Genußmittelindustrie
Produkte Süßgebäck (führende Marke: Leibniz-Kekse), Snackprodukte (z.B. Crunchips, Stackers)
Umsatz fast 2 Mrd. DM
Mitarbeiterzahl über 8.000 weltweit

DATENBLATT A5
(2.3E, S. 27)

Situation 1

Bitten Sie eine/n Mitarbeiter/in bei Rosenthal um die fehlenden Zahlen in dieser Mehrjahresübersicht. Dann bitten Sie ihn/sie, einige Zahlen zu erklären.

Rosenthal Konzern in Zahlen

	1991	1992	1993
Weltumsatz (Mio. DM)	403,7	____	____
Auslandsanteil der Rosenthal Gruppe - Anteil am Gruppenumsatz (%)	34,2	32,8	____
Vollzeitbeschäftigte (im Inland)	____	3.089	____
Vollzeitbeschäftigte (im Ausland)	197	175	____

Situation 2

Sie sind Mitarbeiter/in bei der Firma Bahlsen. Mit Hilfe dieser Informationen beantworten Sie die Fragen eines Interessenten/einer Interessentin zu der Entwicklung der Bahlsen-Gruppe.

Die Bahlsen-Gruppe im Langzeitvergleich

1990	1991	1992	1993	
1.878	1.858	1.814	1.804	**Umsatz** netto in Millionen DM
8.636	8.320	7.960	8.050	**Mitarbeiter** Durchschnitt, in Tsd.
100	150	139	149	**Investitionen** in Millionen DM

1990 - 93	Rezession in Europa
1991	Verstärkung der Investitionen in Osteuropa
1993	Eröffnung des neuen Warenverteilzentrums in Langenhagen bei Hannover

DATENBLATT A6
(2.4F, S. 30)

Situation 1

Beantworten Sie die Fragen Ihres Partners über die Porsche-Gruppe mit Hilfe dieser Informationen.

Situation 2

Informieren Sie sich bei Ihrem Partner über die BASF-Gruppe. Stellen Sie Fragen und machen Sie sich Notizen zu folgenden Punkten:
Branche und Produkte
Umsatz und Mitarbeiterzahl
Firmenstruktur und -standorte

PORSCHE

Porsche AG
Hauptverwaltung und -produktion: Stuttgart-Zuffenhausen
Bereich Vertrieb und Marketing: Ludwigsburg
Bereich Design und Entwicklung: Weissach
Branche: Automobilbau
Produktionsprogramm: Produktion von Personenkraftwagen und Rennwagen
Gesamtumsatz: 1.912,9 Mio. DM (1992/93)
Mitarbeiter: 7.133 weltweit (1992/93)

Die Unternehmen der Porsche-Gruppe:
Inland: Karosseriewerk Porsche GmbH, Stuttgart;
Porsche Leasing GmbH, Tamm;
Porsche Classic GmbH, Ludwigsburg;
Porsche Zentrum Hoppegarten GmbH, Dahlwitz-Hoppegarten
Ausland: Porsche Cars Great Britain Ltd;
Porsche Italia S.p.A., Padua/Italien;
Porsche España S.A., Madrid/Spanien;
Sonauto S.A., Paris/Frankreich;
Porsche Enterprises, Inc., Reno/Nevada, USA;
Porsche Engineering Services, Inc., Delaware/USA;
Porsche Cars Australia Pty. Ltd., Richmond/Australien;
Porsche Engineering Japan Co., Ltd., Tokyo/Japan

DATENBLATT A7
(3.3E, S. 42)

Situation 1
Sie haben einen Firmenbesucher, Herrn Dr. Krause, zum Abendessen in ein Restaurant eingeladen. Dr. Krause kommt aus Bremen und wird wahrscheinlich Ihr Firmenvertreter für das Gebiet Norddeutschland. Beginnen Sie das Gespräch im Restaurant mit einem Kommentar über seine Heimatstadt. (Sie wissen, daß Bremen eine wichtige Hafenstadt ist.) Stellen Sie weitere Fragen über Bremen, wo und wie er wohnt, und ob er Familie hat.
Beantworten Sie die Fragen Ihres Gasts anhand Ihrer eigenen Wohn- und Familiensituation.

Situation 2
Sie sind Eva Raab. Sie arbeiten zwei Monate bei einer ausländischen Tochtergesellschaft Ihrer Firma, die ihren Hauptsitz in Köln, Nordrhein-Westfalen, hat. Da dies ihre erste Woche hier ist, hat ein Kollege/eine Kollegin Sie zum Essen in ein Restaurant eingeladen. Beantworten Sie die Fragen Ihres Gastgebers/Ihrer Gastgeberin mit Hilfe der Informationen unten. Stellen Sie ihm/ihr auch ähnliche Fragen.

Heimatstadt: Sie sind in Köln geboren. Köln ist die größte Stadt Nordrhein-Westfalens und ist berühmt für den gotischen Dom, das Wahrzeichen der Stadt, aber auch wegen seiner vielen Museen. Die Kölner sind voller Lebensfreude, und es gibt immer viel zu tun. Der Karneval, der im Februar oder März jedes Jahr stattfindet, ist auch sehr bekannt.

Wohnort: Sie wohnen am südlichen Stadtrand. Es ist eine ruhige Wohngegend, direkt an einem Park gelegen. Sie fahren mit der S-Bahn zur Arbeit, es ist nicht weit zur Haltestelle.

Wohnung: Sie wohnen mit Ihren Eltern in einem Einfamilienhaus. Es ist gemietet. Sie haben etwa 140 qm, mit Keller und einem großen Garten.

Familie: Sie haben eine Schwester, Anna, und einen Bruder, Uwe. Sie sind beide älter als Sie. Anna arbeitet bei einer Bank, und Ihr Bruder ist Arzt.

DATENBLATT A8
(3.6D, S. 48)

Situation 1
Mit Hilfe des Informationsblatts auf S. 49 erklären Sie einem Gast, was er/sie in Frankfurt tun und sehen kann. Fragen Sie ihn/sie, wofür er/sie sich besonders interessiert.

Situation 2
Sie sind auf Geschäftsreise in Frankfurt. Fragen Sie Ihre/n Gastgeber/in, was Sie hier tun können. Erklären Sie ihm/ihr, wofür Sie sich besonders interessieren: Sie möchten die wichtigsten Sehenswürdigkeiten besichtigen. Sie interessieren sich für Literatur und Geschichte. Sie möchten auch einen Einkaufsbummel machen. Am Abend möchten Sie gut essen. Sie gehen gern in die Oper.

DATENBLATT A9
(4.3C, S. 57)

Situation 1
Fragen Sie bei Rohrbach nach dem Weg.
1 Sie haben eine Lieferung für Herrn Hansen. Fragen Sie die Empfangsdame, wo sein Büro ist.
2 Sie arbeiten in der kaufmännischen Abteilung und müssen 100 Fotokopien machen. Fragen Sie, wo der Fotokopierer ist.

Situation 2
Geben Sie Anweisungen, wie man zu bestimmten Räumlichkeiten bei Rohrbach kommt.
1 Sie sind Frau Weber von der Ausbildungsabteilung. Heute wollen Sie einem neuen Mitarbeiter/einer neuen Mitarbeiterin das Lernzentrum zeigen. Wenn er/sie anruft, erklären Sie ihm/ihr, wo und wie er/sie hinkommen soll.
2 Sie arbeiten in der Produktionsabteilung. Ein neuer Mitarbeiter/eine neue Mitarbeiterin fragt nach dem Weg. Geben Sie ihm/ihr entsprechende Anweisungen.

DATENBLATT A10
(4.4F, S.59)

Situation 1
Sie sind neu bei der Firma. Stellen Sie sich einem Kollegen/einer Kollegin in der Kantine vor. Fragen Sie ihn/sie nach seiner/ihrer Arbeit. Fangen Sie das Gespräch so an:
Entschuldigung, ist hier noch frei?
Ich bin hier neu. Ich arbeite in der ...-Abteilung.
In welcher Abteilung arbeiten Sie?

Situation 2
In der Kantine stellt sich Ihnen ein/e neue/r Mitarbeiter/in vor. Beantworten Sie seine/ihre Fragen anhand der Informationen in der Stellenbeschreibung.

Stellenbezeichnung: Projekt-Ingenieur/in

Abteilung: Entwicklung/Konstruktion

Zuständigkeiten: Projektmanagement und -controlling

Aufgaben: Kunden beraten, Produktspezifikationen besprechen, Angebote erstellen, nach den Plänen und Wünschen der Kunden Programme für die CNC-Maschinen schreiben

(CNC = Computer Numeric Controlled)

DATENBLATT A11
(5.1F, S. 67)

Situation 1

Spielen Sie die Rolle der nationalen Telefonauskunft mit Hilfe der Telefonnummern unten. Wenn Sie einen Anruf bekommen, sagen Sie:

Auskunft, guten Tag. Welcher Ort, bitte?
Wie heißt der Teilnehmer?

> **Bremen**
> Stubbe Stahl und Metallbau GmbH,
> Tel: (04 21) 26 99 77
>
> **Frankfurt am Main**
> Golisch Elektro-Service,
> Tel: (0 69) 68 54 32
>
> **Hannover**
> Wilhelmsen Kunststoffe GmbH,
> Tel: (05 11) 42 51 85

Situation 2

Rufen Sie die nationale Auskunft an. Sie brauchen die Telefonnummern folgender Firmen:

Schreiber Büromaschinen, München
Zimmermann & Co. Spedition, Berlin

DATENBLATT A12
(5.2F, S. 69)

Situation 1

Rufen Sie die Firma Würth, Saarbrücken, an. Sie möchten folgende Personen sprechen:

1 Herrn Münster von der Verkaufsabteilung
2 Frau Lautenbach von der Buchhaltung
3 Herrn Schlüter vom Kundendienst

Situation 2

Sie sind Telefonist/in bei der Firma Hedemann, Ludwigshafen. Nehmen Sie Anrufe für folgende Personen entgegen.

Name	Abteilung	
Herr Becker	Versandabteilung	Auf Geschäftsreise, erst nächste Woche wieder im Büro.
Frau Lutsch	Produktionsabteilung	Meldet sich nicht.
Frau Richter	Personalabteilung	Heute nicht im Büro, morgen ab 9.00 Uhr wieder da.

DATENBLATT A13
(5.3F, S. 71)

Situation 1

Sie sind Herr/Frau Müller. Sie interessieren sich für die Produkte der Firma Broom Export. Rufen Sie die Firma an, um sich einen Katalog schicken zu lassen. Geben Sie Ihren Namen an sowie den Namen und die Adresse Ihrer Firma:

> **Bultze GmbH**
> Pottlehmplatz 5
> 78166 Donaueschingen
> Tel: (07 71) 26 39 40

Situation 2

Sie arbeiten an der Rezeption des Arabella Hotels. Ein Anrufer möchte Informationsmaterial über das Hotel. Notieren Sie den Namen sowie den Namen und die Adresse der Firma. Sagen Sie, Sie schicken ihm/ihr eine Broschüre heute noch zu.

DATENBLATT A14
(5.4C, S. 73)

Situation 1

Rufen Sie folgende Firmen an und hinterlassen Sie eine Nachricht.

Anruf 1

Sie wollen Frau Bethmann, die Verkaufsleiterin bei der Firma Neurath in Stuttgart, sprechen. Es geht um Frau Bethmanns Besuch nächste Woche. Sie möchten wissen, wann ihr Flug ankommt. Sie sind bis 18.00 Uhr im Büro. Hinterlassen Sie Ihre Telefonnummer.

Anruf 2

Sie möchten Herrn Munz von der Firma König GmbH in Berlin sprechen. Es geht um Bestellung Nr. AJ/4320. Wegen Produktionsschwierigkeiten können Sie den Liefertermin nicht einhalten. Könnte Herr Munz sobald wie möglich zurückrufen?

Situation 2

Nehmen Sie Nachrichten entgegen und notieren Sie die Einzelheiten.

Anruf 1

Sie heißen Kern und arbeiten bei BW Motorsport in Essen. Sie bekommen einen Anruf für den Abteilungsleiter Herrn Jäger. Er ist aber auf Dienstreise und kommt erst in zwei Tagen wieder.

Anruf 2

Sie heißen Lanitz und arbeiten in der Vertriebsabteilung bei der Firma Luxart in Cottbus. Sie bekommen einen Anruf für Ihre Chefin, Frau Gerhardt. Frau Gerhardt ist heute nicht im Haus, kommt aber morgen wieder.

DATENBLATT A15
(6.1C, S. 77)

Situation 1
Sie sind Angestellte/r beim Verkehrsamt Freiburg. Mit Hilfe des Hotelverzeichnisses auf S.77 empfehlen Sie einem Anrufer passende Hotels.

Situation 2
Ihr Chef fährt für zwei Tage auf Geschäftsreise nach Freiburg. Er braucht ein Hotel in der Nähe des Hauptbahnhofs, das nicht zu teuer ist (Kategorie Komfort). Das Hotel sollte möglichst ein eigenes Restaurant haben, aber das ist nicht unbedingt nötig. Rufen Sie das Verkehrsamt in Freiburg an und bitten Sie um einige Hotelempfehlungen. Notieren Sie Namen und Telefonnummern der Hotels.

DATENBLATT A16
(6.2E, S. 78)

Situation 1
Sie arbeiten an der Rezeption des Hotels Rheingold, Freiburg. Beantworten Sie die Fragen eines Anrufers anhand dieser Informationen.

BEST WESTERN SENATOR HOTEL RHEINGOLD, FREIBURG

Dieses moderne Hotel liegt zentral im Herzen Freiburgs, nur wenige Gehminuten von der historischen Altstadt und vom Hauptbahnhof entfernt.

Wir bieten 49 geschmackvoll eingerichtete Komfortzimmer und 95 Betten. Alle Zimmer haben Kabel-TV, Selbstwahltelefon, Minibar, einen großen Schreibtisch, abschließbaren Safe, Hosenbügler, Badezimmer mit Dusche/Bad, WC und Haarfön.

Vier größenvariable Seminarräume bilden das Konferenz-Center mit Platz für acht bis 300 Personen. Modernste Tagungstechnik und individueller Service garantieren eine erfolgreiche Veranstaltung.

Unser chinesisch-thailändisches Spezialitäten-restaurant „Dynasty" überrascht Sie mit einem raffinierten Speisen- und Getränkeangebot.

Neben Kunst und Kultur genießt der Seminarteilnehmer aktive Entspannung nach einem harten Arbeitstag bei Golf, Tennis, Schwimmen, Surfen, Segeln, Reiten und mehr in der Umgebung.

So finden Sie uns:

Autobahn A 5 Frankfurt, Karlsruhe/Basel, Ausfahrt Freiburg-Mitte: 7 km bis zum Hotel

Flughafen Basel-Mulhouse-Freiburg: 70 km bis zum Hotel

DATENBLATT A17
(6.4E, S. 85)

Situation 1
Sie sind Frau Schumacher und arbeiten bei der Firma Otto Elektrik. Sie haben Herrn Weiss, einem potentiellen Kunden, Fachliteratur und Kataloge geschickt. Sie möchten in der nächsten Woche einen Erstbesuch bei ihm machen. Sehen Sie sich Ihren Terminkalender an und rufen Sie dann Herrn Weiss an, um einen Termin zu vereinbaren.

JUNI	24. Woche
Montag **13**	*Termine für Mittwoch absagen!* *9.30 Besprechung m. dem Vertriebsleiter* *14.15 Hrn. Blau vom Flughafen abholen*
Dienstag **14**	*9 - 13 Kundenbesuche in München* *Hrn. Blum anrufen!* *Theaterkarten f. Samstag bestellen.*
Mittwoch **15**	*Düsseldorf / Messe* ↓
Donnerstag **16**	*Verkaufsbericht schreiben!* *11.00 Besprechung Dr. Jung (Handelskammer)* *12.30 Mittagessen m. Hrn. Schmidt*
Freitag **17**	*Termine f. Woche 28 vereinbaren!* *15.20 Flug nach Paris*

Situation 2
Einen Tag später ruft Herr Weiss zurück, weil er den Termin nicht einhalten kann. Vereinbaren Sie einen neuen Termin in der gleichen Woche.

Situation 2
Sie möchten einige Informationen über das Panorama-Hotel Mercure, Freiburg. Rufen Sie das Hotel an und stellen Sie Fragen über:
- Hoteltyp
- Lage und Entfernung vom Hauptbahnhof/ Flughafen/Autobahn
- Zimmeranzahl und -ausstattung
- Konferenzeinrichtungen
- Küche
- Fitness- und Freizeitmöglichkeiten

DATENBLATT A18
(6.5F, S. 87)

Situation 1
Sie müssen eine Hotelreservierung für die Frankfurter Messe machen. Rufen Sie das Hotel Viktoria an. Erkundigen Sie sich, was die Zimmer kosten, und ob das Hotel auch einen Konferenzraum hat. Reservieren Sie auf den Namen Ihrer Firma ein Doppelzimmer und zwei Einzelzimmer mit Bad/Dusche und WC vom 04.10. bis zum 09.10. (fünf Nächte), sowie einen Konferenzraum für acht Personen von 15.30 Uhr bis 19.30 Uhr am 06.10. Bitten Sie das Hotel, Ihre Reservierung per Fax zu bestätigen.

Situation 2
Sie müssen Ihre Reservierung beim Hotel Viktoria ändern. Sie brauchen eines der Einzelzimmer nur noch für zwei Nächte, vom 07.10. bis zum 09.10. Rufen Sie das Hotel noch einmal an. Fragen Sie, ob Sie Stornierungskosten bezahlen müssen.

DATENBLATT A19
(7.1E, S. 92)

Situation 1
Sie arbeiten am Informationsschalter im Flughafen Köln/Bonn. Beantworten Sie die Fragen eines/einer Reisenden anhand dieser Informationen.

ZUBRINGER

Köln Bonn

Schnellbusse (Airport Bus)
Ab **KÖLN** (Linie 170) Stadthaltestelle Hauptbahnhof/Busbahnhof Breslauer Platz. Haltestelle am Bahnhof Deutz mit direktem Zugang zur Kölner Messe:
täglich 05.40 sowie 06.00 bis 07.00 Uhr alle 30 Minuten, 07.15 bis 20.00 Uhr alle 15 Minuten, 20.30 bis 23.00 alle 30 Minuten.
Ab **FLUGHAFEN** nach Köln: täglich 06.05 bis 07.35 alle 30 Minuten, 07.50 bis 20.35 alle 15 Minuten, 21.05 bis 23.35 Uhr alle 30 Minuten.
Zusatzbusse zur und von der **Kölner Messe** bei Bedarf. (Busse halten direkt vor den Messe-Eingängen.)
Fahrzeiten: 20 bis 30 Minuten
Fahrpreise: Erwachsene DM 7,20 (einfache Fahrt); Kinder DM 3,70 (einfache Fahrt)

Situation 2
Sie sind auf Geschäftsreise und Ihre Maschine ist gerade in Hannover gelandet. Es ist 8.00 Uhr abends. Informieren Sie sich am Informationsschalter im Flughafen, wie Sie am besten zu Ihrem Hotel in der Innenstadt kommen. Erkundigen Sie sich nach Fahrpreisen und Fahrzeiten.

DATENBLATT A20
(7.2H, S. 95)

Situation 1
Sie wollen morgen mit der Bahn von Frankfurt/Main nach Berlin fahren. Sie müssen um 16.00 Uhr in Berlin sein. Rufen Sie die Auskunft an, um sich nach Zügen zu erkundigen. Dann kaufen Sie eine Rückfahrkarte 2. Klasse und eine Platzkarte für die Hinfahrt.

Situation 2
Sie arbeiten in der Reiseauskunft am Hauptbahnhof Frankfurt/Main. Geben Sie Auskunft über Züge nach Wuppertal anhand des Fahrplans und der Preistafel.

Frankfurt(Main)Hbf → **Wuppertal Hbf**
268 km

ab	Zug	Umsteigen	an	ab	Zug	an	Verkehrstage	
5.23	S	Wiesbaden Hbf	6.09	6.16	IC 608	8.40	Mo - Sa	01
5.44	D 352	Koblenz Hbf	7.01	7.13	IC 608	8.40	Mo - Sa	02
5.55	IR 2514	Hagen Hbf	8.47	8.52	RSB 3156	9.12	täglich	
6.09	D 1122	Köln Hbf	8.33	8.41	E 3512	9.15	Mo - Sa	03
6.51	IC 739	Köln Hbf	9.05	9.10	IC 508	9.40	täglich	
6.58	D 222 2.Kl	Köln Hbf	9.21	9.41	E 3516	10.15	Mo - Sa	04
7.51	IC 826					10.40	täglich	
7.55	IR 2512	Hagen Hbf	10.47	10.52	RSB 3160	11.12	täglich	
8.51	IC 526					11.40	täglich	
9.51	IC 822	Köln Hbf	12.05	12.10	IC 604	12.40	täglich	
9.55	IR 2510	Hagen Hbf	12.47	12.52	RSB 3164	13.12	täglich	
10.51	IC 524					13.40	täglich	
11.51	IC 522	Köln Hbf	14.05	14.10	IC 500	14.40	täglich	
11.55	IR 2418	Hagen Hbf	14.47	14.52	RSB 3168	15.12	täglich	
12.51	IC 620					15.40	täglich	
13.51	IC 728					16.40	täglich	
13.55	IR 2416	Hagen Hbf	16.47	16.52	RSB 3172	17.12	täglich	
14.51	IC 520	Köln Hbf	17.05	17.10	EC 108	17.40	täglich	
15.03	S	Mainz Hbf	15.38	15.48	EC 112		Mo - Fr, So	05
		Köln Hbf	17.29	17.41	E 3548	18.18		
15.51	EC 28	Köln Hbf	18.05	18.10	IC 547	18.40	Mo - Fr, So	06
15.51	EC 28	Köln Hbf	18.05	18.13	N 3135	19.01	täglich	
15.55	IR 2414	Hagen Hbf	18.47	18.52	RSB 3176	19.12	täglich	07
16.51	IC 724	Köln Hbf	19.05	19.10	IC 549	19.40	täglich	
17.03	S	Mainz Hbf	17.38	17.48	IC 714		Mo - Fr, So	05
		Köln Hbf	19.29	19.41	E 3556	20.15		
17.51	EC 26					20.40	täglich	
18.51	IC 726					21.40	Mo - Fr, So	06

Preistafel

	Einfache Fahrt		
	Fahrpreis 2. Kl.	Fahrpreis 1. Kl.	IC-Zuschlag
von Frankfurt Hbf. nach: Wuppertal Hbf.	65,00	98,00	6,00

Bemerkung:
Bei Hin- und Rückfahrt sind die Preise zu verdoppeln.

DATENBLATT A21

(7.3B, S. 96)

Situation 1

Sie arbeiten an der Rezeption des Hotels Unger, in der Kronenstraße (in der Nähe des Hauptbahnhofs). Ein Gast fragt, wie er/sie zu verschiedenen Orten/ Gebäuden kommt. Erklären Sie ihm/ihr, wie er/sie zu Fuß bzw. mit öffentlichen Verkehrsmitteln am besten dorthin kommt.
Benutzen Sie die Pläne auf S. 97.

Situation 2

Sie wohnen im Hotel Royal in der Sophienstraße, wenige Gehminuten vom Rotebühlplatz. Fragen Sie an der Rezeption, wie Sie am besten folgende Ziele erreichen.
1 Sie nehmen an einer Tagung in der Universität teil.
2 Sie möchten das Carl-Zeiss-Planetarium im Schloßgarten besuchen.
Notieren Sie die Anweisungen, die Sie bekommen, dann prüfen Sie sie anhand der Pläne auf S. 97.
Stimmen die Anweisungen?

DATENBLATT A22

(7.4D, S. 98)

Situation 1

Sie haben morgen um 14.00 Uhr einen Termin mit Herrn Dornier in der Mercedes-Benz Hauptverwaltung in Stuttgart-Untertürkheim. Rufen Sie ihn an und erkundigen Sie sich, wie Sie am besten dorthin fahren. Sie kommen auf der A8 aus München. Notieren Sie die Anweisungen, die Sie bekommen, bzw. markieren Sie den Weg auf der Karte unten.

Situation 2

Sie sind Frau Engeler und arbeiten in der Mercedes-Benz Hauptverwaltung in Stuttgart-Untertürkheim. Sie bekommen einen Anruf von einem Vertreter/einer Vertreterin, mit dem/der Sie morgen um 10.00 Uhr einen Termin haben. Erklären Sie ihm/ihr anhand der Fahrthinweise unten, wie er/sie am besten zur Firma fährt.

Wenn Sie nach Stuttgart kommen ...

Mit dem Auto

aus Richtung Karlsruhe/Pforzheim

Autobahnausfahrt Stuttgart-Vaihingen. Weiterfahrt über den Autobahnzubringer in Richtung Zentrum. Nach etwa 7 km Abfahrt auf die B14 in Richtung Zentrum. Dem Straßenverlauf der B14 durch die Innenstadt folgen. Hinter dem Tunnel rechts einordnen. Gleich nach Überquerung des Neckars rechts nach Untertürkheim in die Mercedesstraße einbiegen.

DATENBLATT A23
(8.4D, S.110)

Situation 1
Sie arbeiten für eine Firma, die Drucker herstellt, und vertreten Ihre Firma auf der CeBIT-Messe. Ein/e Interessent/in bittet Sie, ein geeignetes Modell zu empfehlen. Fragen Sie, wofür er/sie den Drucker braucht, dann empfehlen Sie das geeignetere Modell auf S. 111. Erklären Sie die Spezifikationen und Besonderheiten bzw. Vorteile dieses Modells.

Situation 2
Sie sind selbständige Marketingberaterin. Auf der CeBIT-Messe suchen Sie einen geeigneten Tintenstrahldrucker für Ihr kleines Heimbüro. Sie wollen Korrespondenz, Berichte, zum Teil mit Tabellen und Grafiken, und Rundschreiben drucken. Sie drucken aber keine großen Auflagen. Das Gerät darf nicht zu viel kosten, muß aber später aufrüstbar sein. Fragen Sie eine/n Standmitarbeiter/in um Rat, und erklären Sie, wofür Sie den Drucker brauchen. Stellen Sie eventuell Fragen zu dem Modell, das er/sie empfiehlt.

DATENBLATT A24
(9.4E, S. 125)

Situation 1
Sie arbeiten bei einer Firma, die Christbaumkugeln herstellt. Ein Kunde in Bremerhaven hat 5.000 Kugelsätze zur Lieferung Ende November bestellt. Die Sendung wurde vom Spediteur am 27. November bei Ihnen abgeholt und am nächsten Tag nach Deutschland verladen. Der Kunde hat Ihnen aber heute in einem Fax mitgeteilt, daß die Ware noch nicht angekommen ist. Rufen Sie das Distributionslager des Spediteurs in Bremen an und erkundigen Sie sich nach der Ware. Benutzen Sie folgende Informationen.

Liefertermin:	30. November
Abholdatum beim Sender:	27. November
Zahl der Frachtstücke/	
Verpackung:	80 Pappkartons in 4 Holzkisten
Inhalt:	Christbaumkugeln
Name des Empfängers:	Firma Gruber
Lieferanschrift:	Neuenmoorweg 176 - 179, Bremerhaven

Situation 2
Etwas später ruft der Spediteur zurück und erklärt, was mit der Sendung passiert ist. Fragen Sie, wann die Ware geliefert wird, damit Sie dem Kunden Bescheid sagen können.

Informationen für Partner B

DATENBLATT B1
(1.1F, S. 11)

Situation 1
Sie sind Dagmar Kohl. Sie besuchen die Firma Oriel & Co. Ein/e Mitarbeiter/in der Firma holt sie um 9.30 Uhr vom Flughafen ab. Beantworten Sie seine/ihre Fragen mit Hilfe dieser Informationen:
- Sie hatten einen guten Flug, das Essen war aber nicht sehr gut.
- Das Wetter in Deutschland ist sehr schlecht, es regnet schon seit drei Tagen.
- Sie sind zum ersten Mal hier.
- Sie kommen aus Ludwigshafen in Rheinland-Pfalz, wohnen und arbeiten aber seit einigen Jahren in Berlin.
- Berlin ist eine sehr interessante und lebendige Stadt, aber das Leben dort ist manchmal sehr hektisch.

Situation 2
Sie arbeiten bei der Firma Infotec und treffen einen Firmenbesucher, Dr. Udo Gerlach, um 15.00 Uhr am Empfang. Führen Sie ihn zum Büro Ihres Chefs und machen Sie Konversation unterwegs. Stellen Sie Fragen mit Hilfe der Stichwörter:
- Büro gut gefunden?
- Wetter in Deutschland?
- erster Besuch?
- Wie gefällt/hier?
- Woher/in Deutschland?
- Was für eine Stadt?

Beenden Sie das Gespräch mit: *So, da kommt mein Chef.*

DATENBLATT B2
(1.2E, S. 13)

Situation 1
Sie sind Manfred Weber und besuchen die Firma ABC. Sie haben einen Termin mit dem Chef, er ist aber noch nicht da. Sein/e Assistent/in bietet Ihnen Erfrischungen an. Sie möchten einen Kaffee mit Milch, aber ohne Zucker. Sie essen auch gern einige Kekse.
Sie haben folgende Bitten:
- Sie möchten noch etwas Milch haben.
- Sie möchten kurz nach Deutschland anrufen.
- Sie möchten die neue Preisliste haben.

Situation 2
Sie sind Chefassistent/in bei der Firma Data Systems und betreuen eine Firmenbesucherin, Frau Dagmar Braun. Sagen Sie, Ihr Chef kommt in zehn Minuten. Bieten Sie der Besucherin Erfrischungen an und eventuell Hilfe.
NB Rauchen ist bei Ihnen nur in der Kantine erlaubt.

DATENBLATT B3
(1.3F, S. 15)

Situation 1
Sie brauchen einige Informationen über Frau Köpke, Personalleiterin bei der Firma Elco Papier. Bitten Sie einen Kollegen/eine Kollegin darum. Notieren Sie die Antworten.

Büronummer/Durchwahl: _____

Faxnummer: _____

Adresse der Firma: _____

_____

Situation 2
Ein Kollege/eine Kollegin braucht einige Informationen über Herrn Graulich von der Firma Bilfinger Werbedruck. Beantworten Sie seine/ihre Fragen mit Hilfe der Informationen auf der Visitenkarte.

KARL GRAULICH
Dipl.-Kaufmann

BWD

Geschäftsführer der Firma
Bilfinger Werbedruck GmbH & Co.

Königstr. 14-18,   76133 Karlsruhe
Telefon (07 21) 16 48 - 0, Telefax (07 21) 1 65 71 50
Privat: Mahlower Str. 30, Telefon (07 21) 74 69 22

DATENBLATT B4
(2.3C, S. 26)

Situation 1
Sie sind Herr Otmar C. Küsel, Vorsitzender des Vorstands der Rosenthal AG. Beantworten Sie die Fragen eines Journalisten/einer Journalistin mit Hilfe dieser Informationen.

Branche Konsumgüterindustrie
Produkte Porzellan, Keramik, Glas (z.B. die neue Trinkglas-Serie „Saga"), Besteck
Umsatz über 3,5 Millionen DM weltweit
Mitarbeiterzahl an die 3.000 weltweit

Situation 2
Sie sind Journalist/in und interviewen Herrn Werner M. Bahlsen, Sprecher der Unternehmensleitung bei Bahlsen. Stellen Sie Fragen und machen Sie sich Notizen zu folgenden Punkten:
Branche
Produkte
Umsatz
Mitarbeiterzahl

DATENBLATT B5
(2.3E, S.27)

Situation 1
Sie sind Mitarbeiter/in bei der Firma Rosenthal. Mit Hilfe dieser Informationen beantworten Sie die Fragen eines Interessenten/einer Interessentin zu der Entwicklung der Rosenthal-Gruppe.

Rosenthal Konzern in Zahlen

	1991	1992	1993
Weltumsatz (Mio. DM)	403,7	386,2	372,5
Auslandsanteil der Rosenthal Gruppe - Anteil am Gruppenumsatz (%)	34,2	32,8	32,8
Vollzeitbeschäftigte (im Inland)	3.610	3.089	2.777
Vollzeitbeschäftigte (im Ausland)	197	175	164

1990 - 93 Stagnation in wichtigen Auslandsmärkten
1992 - 93 Restrukturierung des Unternehmens; Einführung strenger Kostenmanagementmaßnahmen

Situation 2
Bitten Sie eine/n Mitarbeiter/in bei Bahlsen um die fehlenden Zahlen in dieser Mehrjahres-übersicht. Dann bitten Sie ihn/sie, einige Zahlen zu erklären.

Die Bahlsen-Gruppe im Langzeitvergleich

1990	1991	1992	1993	
1.878	____	1.814	____	**Umsatz** netto in Millionen DM
____	8.320	7.960	____	**Mitarbeiter** Durchschnitt, in Tsd.
100	____	139	____	**Investitionen**

DATENBLATT B6
(2.4F, S. 30)

Situation 1
Informieren Sie sich bei Ihrem Partner über die Porsche AG. Stellen Sie Fragen und machen Sie sich Notizen zu folgenden Punkten:
Branche und Produkte
Umsatz und Mitarbeiterzahl
Firmenstruktur und -standorte

Situation 2
Beantworten Sie die Fragen Ihres Partners über die BASF-Gruppe mit Hilfe der Informationen.

Die BASF   **BASF**

- Weltweit tätiges Chemieunternehmen
- 123 000 Mitarbeiter weltweit
- Stammwerk in Ludwigshafen, gegründet 1865
- Jahresumsatz der BASF-Gruppe 1992: 44 522 Mio. DM
- Die BASF-Gruppe besteht aus: der BASF Aktiengesellschaft und 101 Tochter- und Beteiligungsgesellschaften

Die BASF-Gruppe hat Produktionsstandorte in 39 Ländern und stellt insgesamt rund 8 000 verschiedene Produkte her.

Die bedeutendsten Standorte sind: Ludwigshafen (Deutschland), Antwerpen (Belgien), Tarragona (Spanien), Seal Sands (Großbritannien), Geismar, Freeport (USA) und Guarantinguetá (Brasilien). Die BASF Aktiengesellschaft ist die größte Einzelgesellschaft. Sie hat ihren Stammsitz in Ludwigshafen.

Die BASF liefert ein breites Angebot an chemischen Produkten, z.B. Farbstoffe für Textilien, Kunststoffe und Medikamente.

DATENBLATT B7
(3.3E, S. 42)

Situation 1

Sie sind Dr. Krause und besuchen eine ausländische Firma. Dies ist Ihr erster Besuch. Sie hoffen, der Vertreter für das Gebiet Norddeutschland zu werden. Man hat Sie zum Essen in ein Restaurant eingeladen. Beantworten Sie die Fragen Ihres Gastgebers/Ihrer Gastgeberin mit Hilfe der Informationen unten. Stellen Sie ihm/ihr auch ähnliche Fragen.

Heimatstadt: Sie kommen aus Bremen. Bremen und Bremerhaven bilden zusammen das kleinste Bundesland. Bremen ist die älteste Hafenstadt Deutschlands, entwickelt aber auch eine wichtige Luft- und Raumfahrtindustrie. Bremen ist auch eine historische Stadt, mit vielen schönen alten Gebäuden. Das Freizeitangebot ist groß, besonders Wassersport.

Wohnort: Sie wohnen in der neuen Satellitenstadt Neue Vahr, nicht weit von der Altstadt am östlichen Stadtrand. Es ist sehr schön, dort zu wohnen, die Atmosphäre ist angenehm. Es gibt gute Schulen und gute Einkaufsmöglichkeiten, und die Verkehrsverbindungen sind ausgezeichnet.

Wohnung: Sie wohnen im dritten Stock eines Wohnblocks. Sie haben fünf Zimmer und einen großen Balkon.

Familie: Sie sind verheiratet und haben zwei Töchter, Anneliese, 10, und Mechthild, 8.

Situation 2

Sie arbeiten bei der Tochtergesellschaft einer deutschen Firma mit Sitz in Köln, Nordrhein-Westfalen. Eva Raab, eine junge Mitarbeiterin in der Hauptverwaltung, soll zwei Monate in Ihrer Firma verbringen. Da dies ihre erste Woche ist, haben Sie sie zum Essen in ein Restaurant eingeladen.

Beginnen Sie das Gespräch im Restaurant mit einem Kommentar über Köln. (Sie wissen z.B., daß der gotische Dom besonders berühmt ist.)

Stellen Sie weitere Fragen über die Stadt, wo und wie Eva wohnt, und ob sie Familie hat.

Beantworten Sie Evas Fragen anhand Ihrer eigenen Wohn- und Familiensituation.

DATENBLATT B8
(3.6D, S. 48)

Situation 1

Sie sind auf Geschäftsreise in Frankfurt. Fragen Sie Ihre/n Gastgeber/in, was Sie hier tun können. Erklären Sie ihm/ihr, wofür Sie sich besonders interessieren: Sie besuchen gern Museen. Sie interessieren sich für Kunst und Filme. Sie gehen nicht gern in Kaufhäusern einkaufen, lieben aber Flohmärkte. Am Abend möchten Sie die echte Frankfurter Atmosphäre erleben.

Situation 2

Mit Hilfe des Informationsblatts auf S. 49 erklären Sie einem Gast, was er/sie in Frankfurt tun und sehen kann. Fragen Sie ihn/sie, wofür er/sie sich besonders interessiert.

DATENBLATT B9
(4.3C, S. 57)

Situation 1

Geben Sie Anweisungen, wie man zu bestimmten Räumlichkeiten bei Rohrbach kommt.
1 Sie sind die Empfangsdame bei Rohrbach. Herr Hansen ist in der kaufmännischen Abteilung.
2 Sie arbeiten in der kaufmännischen Abteilung. Wenn man mehr als 20 Fotokopien braucht, muß man den Fotokopierer im Erdgeschoß benutzen.

Situation 2

Fragen Sie nach dem Weg bei Rohrbach.
1 Sie arbeiten in der Abteilung Vertrieb und Marketing. Sie haben einen Termin mit Frau Weber von der Ausbildungsabteilung. Rufen Sie sie an. Fragen Sie, wo Sie sich treffen und wie man dorthin kommt.
2 Sie arbeiten in der Produktionsabteilung und müssen dem Leiter Vertrieb und Marketing einige Unterlagen bringen. Wie finden Sie sein Büro?

DATENBLATT B10
(4.4F, S.59)

Situation 1

In der Kantine stellt sich Ihnen ein/e neue/r Mitarbeiter/in vor. Beantworten Sie seine/ihre Fragen anhand der Informationen in der Stellenbeschreibung.

Stellenbezeichnung: Industriemechaniker/in
Abteilung: Fertigung/Montage
Zuständigkeiten: Warten und Instandhalten der Fertigungsanlagen
Aufgaben: Maschinen und Anlagen inspizieren, Defekte erkennen, defekte Anlagen reparieren

Situation 2

Sie sind neu bei der Firma. Stellen Sie sich einem Kollegen/einer Kollegin in der Kantine vor. Fragen Sie ihn/sie nach seiner/ihrer Arbeit. Fangen Sie das Gespräch so an:

Entschuldigung, ist hier noch frei?
Ich bin hier neu. Ich arbeite in der ...-Abteilung.
In welcher Abteilung arbeiten Sie?

DATENBLATT B11
(5.1F, S. 67)

Situation 1
Rufen Sie die nationale Auskunft an. Sie brauchen die Telefonnummern folgender Firmen:

Golisch Elektro-Service, Frankfurt am Main
Wilhelmsen Kunststoffe GmbH, Hannover

Situation 2
Spielen Sie die Rolle der nationalen Telefonauskunft mit Hilfe der Telefonnummern unten. Wenn Sie einen Anruf bekommen, sagen Sie:

Auskunft, guten Tag. Welcher Ort, bitte?
Wie heißt der Teilnehmer?

Berlin
Zimmermann & Co. Spedition,
Tel: (0 30) 67 28 59
Bremerhaven
H. Grote GmbH Apparatebau,
Tel: (04 71) 7 32 08
München
Schreiber Büromaschinen,
Tel: (0 89) 8 47 33 84

DATENBLATT B12
(5.2F, S. 69)

Situation 1
Sie sind Telefonist/in bei der Firma Würth, Saarbrücken. Nehmen Sie Anrufe für folgende Personen entgegen.

Name	Abteilung	
Herr Münster	Verkaufsabteilung	Anschluß besetzt.
Frau Lautenbach	Buchhaltung	Bis 16.00 Uhr in einer Besprechung.
Herr Schlüter	Kundendienst	Im Moment nicht da.

Situation 2
Rufen Sie die Firma Hedemann, Ludwigshafen, an. Sie möchten folgende Personen sprechen:

1 Herrn Becker von der Versandabteilung
2 Frau Lutsch von der Produktionsabteilung
3 Frau Richter von der Personalabteilung

DATENBLATT B13
(5.3F, S. 71)

Situation 1
Sie arbeiten bei der Firma Broom Export. Ein Anrufer möchte sich einen Katalog Ihrer Produkte schicken lassen. Notieren Sie seinen/ihren Namen sowie den Namen und die Adresse der Firma. Sagen Sie, Sie schicken ihm/ihr den Katalog heute zu.

Situation 2
Sie sind Herr/Frau Schreiber. Sie möchten Informationsmaterial über das Hotel Arabella. Rufen Sie das Hotel an, um sich eine Broschüre schicken zu lassen. Geben Sie Ihren Namen an sowie den Namen und die Adresse Ihrer Firma:

Kerzler & Co. GmbH
Heerwasenstr. 59
49084 Osnabrück
Tel. (05 41) 54 17 38

DATENBLATT B14
(5.4C, S. 73)

Situation 1
Nehmen Sie Nachrichten entgegen und notieren Sie die Einzelheiten.
Anruf 1
Sie heißen Strobl und arbeiten bei der Firma Neurath in Stuttgart als Assistent/in von Frau Bethmann, der Verkaufsleiterin. Sie bekommen einen Anruf für Frau Bethmann. Sie ist aber den ganzen Vormittag in einer Besprechung.
Anruf 2
Sie heißen Holtkamp und arbeiten in der Einkaufsabteilung bei König GmbH in Berlin. Sie bekommen einen Anruf für Ihren Chef, Herrn Munz. Er ist aber gerade mit einem Kunden zusammen.

Situation 2
Rufen Sie folgende Firmen an und hinterlassen Sie eine Nachricht.
Anruf 1
Sie wollen Herrn Jäger von der Firma BW Motorsport in Essen sprechen. Ihr Chef kann den Termin am Donnerstag im Hotel Mercure nicht einhalten. Könnte Herr Jäger zurückrufen, um einen neuen Termin zu vereinbaren?
Anruf 2
Sie möchten Frau Gerhardt von der Firma Luxart in Cottbus sprechen. Sie müssen ihre letzte Lieferung reklamieren. Bei den 75 bestellten Schreibtischlampen Modell „Klara" sind fünf Stück defekt. Sie möchten, daß Luxart die defekten Lampen sofort zurücknimmt.

DATENBLATT B15
(6.1C, S. 77)

Situation 1
Ihre Firma veranstaltet eine zweitägige Vertreterkonferenz im September, und Sie suchen ein passendes Hotel. Sie brauchen Unterkunft für 45 Teilnehmer sowie einen Konferenzraum mit Platz für 50 Personen. Die Lage kann auch außerhalb des Stadtzentrums sein. Das Hotel muß einen Parkplatz oder eine Garage haben sowie ein eigenes Restaurant. Ein Schwimmbad oder Sauna wäre schön, aber das ist nicht unbedingt nötig.
Rufen Sie das Verkehrsamt in Freiburg an und bitten Sie um einige Hotelempfehlungen. Notieren Sie die Namen und Telefonnummern der Hotels.

Situation 2
Sie sind Angestellte/r beim Verkehrsamt Freiburg. Mit Hilfe des Hotelverzeichnisses auf S.77 empfehlen Sie einem Anrufer passende Hotels.

DATENBLATT B16
(6.2E, S. 78)

Situation 1
Sie möchten einige Informationen über das Hotel Rheingold, Freiburg. Rufen Sie das Hotel an und stellen Sie Fragen über:
- Hoteltyp
- Lage und Entfernung vom Hauptbahnhof/ Flughafen/Autobahn
- Zimmeranzahl und -ausstattung
- Konferenzeinrichtungen
- Küche
- Fitness- und Freizeitmöglichkeiten

Situation 2
Sie arbeiten an der Rezeption des Panorama-Hotels Mercure, Freiburg. Beantworten Sie die Fragen eines Anrufers anhand der Informationen.

Hotel *M*ercure
PANORAMA FREIBURG

Im Panorama-Hotel am Jägerhäusle erleben Sie Freiburg von seiner schönsten Seite. Unser modernes Haus liegt etwas außerhalb von Freiburg auf dem Berg, mit Sicht über die ganze Stadt, den Kaiserstuhl und das Elsaß.

Alle unsere 85 First-Class-Hotelzimmer haben einen Balkon, von dem Sie den eindrucksvollen Blick genießen können, und sind mit Bad und/oder Dusche, Selbstwahltelefon, Minibar und Farbfernseher ausgestattet. Fön, Hosenbügler usw. sind von der Rezeption ausleihbar.

Fünf Konferenzräume verschiedener Größe (100, 60, 30, 2 x 25 qm) lassen Ihre Veranstaltung erfolgreich verlaufen. Wir geben unser Bestes, damit Ihre Veranstaltung so besonders wie unsere Lage wird.

In unserem Restaurant beeinflußt die Nähe Frankreichs die Vielfalt des Menüs.

Für Ihr tägliches Freizeit- und Fitnessprogramm stehen Ihnen Schwimmbad, Tennisplätze und Sauna, kilometerlange Wanderwege, Trimm- und Joggingpfade und vieles mehr zur Verfügung.
Wir freuen uns auf Sie!

So kommen Sie uns näher!
Von der Autobahn Karlsruhe-Basel (Ausfahrt Freiburg-Mitte) erreichen Sie uns in 20 Minuten. Der EuroBus bringt Sie vom Flughafen Basel-Mulhouse zum Hauptbahnhof, Fahrzeit ca. 45 Minuten. Von dort fahren Sie ca. 10 Minuten mit dem Taxi bis zum Hotel.

DATENBLATT B17
(6.4E, S. 85)

Situation 1
Sie sind Herr Weiss und haben von Frau Schumacher, von der Firma Otto Elektrik, Fachliteratur und Kataloge bekommen. Frau Schumacher ruft Sie an, weil sie Sie in der nächsten Woche besuchen möchte. Sehen Sie sich Ihren Terminkalender an und vereinbaren Sie einen Termin.

Situation 2
Sie können den Termin mit Frau Schumacher leider nicht einhalten. Es ist etwas dazwischen gekommen. Rufen Sie sie an und vereinbaren Sie einen neuen Termin in der gleichen Woche.

JUNI		24. Woche
Montag **13**	*Kopierer-Service anrufen!* *11.30 Besprechung mit dem Produktionsleiter, Lieferung der neuen Maschine!*	*9 - 12 Betriebsrundgang (Fa. Schickel)* *Mittagessen m. Frau Reiter* *Bericht für Riedel schreiben!* Donnerstag **16**
Dienstag **14**	*Nachmittag in Frankfurt*	*Eva anrufen! Blumen besorgen!* *14.00 Sitzung der Betriebsleitung* Freitag **17**
Mittwoch **15**	*9.00 Vorstandssitzung* *16.00 Zahnarzt* *Peter Geburtstag!*	Samstag **18** Sonntag **19**

DATENBLATT B18
(6.5F, S. 87)

Situation 1
Sie arbeiten an der Rezeption des Hotels Viktoria, Frankfurt. Sie nehmen eine Zimmerreservierung entgegen. Beantworten Sie die Fragen des Anrufers anhand folgender Informationen und notieren Sie die Einzelheiten auf dem Formular.

Situation 2
Einige Tage später ruft die Firma noch einmal an, um die Reservierung zu ändern. Notieren Sie die Umbuchung und bitten Sie die Firma, das schriftlich zu bestätigen.
NB Eine kostenfreie Stornierung ist bis zum 28. Juli möglich.

Hotel Viktoria

Tarife 19--

Einzelzimmer	DM 285,-
Doppelzimmer	DM 335,-
Konferenzraum	DM 300,- pro Tag

Der Zimmerpreis ist inklusive Frühstück, Bedienung und Mehrwertsteuer.
Alle Zimmer sind mit Bad, Dusche, WC, Telefon, Radio, Kabel-TV und Minibar ausgestattet.

von	Einzel ☐	Preis	Code	
bis	Doppel ☐	Anreise spät ☐		
Name			Bestätigen	☐
Bemerkung			Vertrag	☐
Firma			Garantiert	☐
Besteller			Änderung	☐
Tel./Telex/Telefax			Voucher	☐
Adresse			Rg. an Firma	☐
			Bestätigung folgt	☐
Eingang	Telex ☐ Telefax ☐ Telefon ☐ Brief ☐		Datum Unterschrift	
Storno	Telex ☐ Telefon ☐ Brief ☐			
Datum	durch		Unterschrift	

DATENBLATT B19
(7.1E, S. 92)

Situation 1
Sie besuchen die Kölner Messe. Informieren Sie sich am Informationsschalter, wie Sie vom Flughafen Köln/Bonn zur Messe kommen, wie lang die Fahrzeit ist, und was eine Fahrkarte kostet.

Situation 2
Sie arbeiten am Informationsschalter im Flughafen Hannover. Beantworten Sie die Fragen eines/einer Reisenden anhand dieser Informationen.

Verkehrsverbindungen vom und zum Flughafen Hannover

Taxi
Taxistände befinden sich vor dem Terminal-Gebäude. Die Fahrt vom Flughafen zum Hauptbahnhof/Innenstadt kostet ca. DM 25,-. Die Fahrzeit beträgt ca. 15 bis 20 Min.

Schnellbuslinie 60
Verkehrsverbindung zwischen Flughafen und Innenstadt. Vom City Air Terminal am Hauptbahnhof (Innenstadt) bis zum Flughafen und zurück verkehrt alle 30 bzw. 20 Minuten die Schnellbuslinie nonstop. Preis DM 5,- einfach.

Hannover Messe
Vom Hauptbahnhof Hannover fährt die S-Bahn-Linie 8 direkt zum Messegelände.

DATENBLATT B20
(7.2H, S. 95)

Situation 1
Sie arbeiten in der Reiseauskunft am Hauptbahnhof Frankfurt/Main. Geben Sie Auskunft über Züge nach Berlin anhand des Fahrplans und der Preistafel.

Preistafel

ICE-Fahrpreise für einfache Fahrt von Frankfurt Hbf. nach:
Berlin Hbf.

Fahrpreis 2. Kl.	Fahrpreis 1. Kl.
158,00	227,00

Gewöhnliche Preise für einfache Fahrt

2. Kl.	1. Kl.
103,00	156,00

Bemerkung:
Bei Hin- und Rückfahrt sind die Preise zu verdoppeln.

Situation 2
Sie wollen morgen zwischen 8.00 und 9.00 Uhr mit der Bahn von Frankfurt/Main nach Wuppertal fahren. Rufen Sie die Auskunft an, um sich nach Zügen zu erkundigen. Dann kaufen Sie eine Rückfahrkarte 2. Klasse.

Frankfurt(Main)Hbf → Berlin Zoolg. Garten
533 km

ab	Zug		Umsteigen	an	ab	Zug		an	Verkehrstage	
5.22	IC	657	⑪ Erfurt Hbf	8.24	8.31	E	4985		Mo - Sa	01
			Magdeburg Hbf	11.05	11.35	IC	545	✕ 12.54		
5.26	E	3800	Fulda	6.48	7.08	ICE	886	✕	Mo - Sa.	01
			Hannover Hbf	8.31	8.39	ICE	641	✕ 11.08		
7.18	ICE	696	✕					12.10	täglich	
7.22	IC	655	✕ Erfurt Hbf	10.24	10.31	E	4987		täglich	
			Magdeburg Hbf	13.05	13.35	IC	508	⑪ 14.54		
9.18	ICE	694	✕					14.10	täglich	
9.22	IC	653	✕ Erfurt Hbf	12.24	12.50	D	2204	☒	täglich	
			Berlin-Wannsee	15.50	16.00	S		2.Kl 16.21		
10.18	IR	2153	⑪ Flugh B-Schönef	17.06	17.17	S		2.Kl 18.07	täglich	
11.18	ICE	598	✕					16.10	täglich	
11.22	IC	651	✕ Erfurt Hbf	14.24	14.31	E	4991		täglich	
			Magdeburg Hbf	17.05	17.35	IC	502	✕ 18.54		
13.18	ICE	596	✕					18.10	täglich	
13.22	IC	559	✕ Erfurt Hbf	16.24	16.50	IR	2200	☒	täglich	02
			Berlin-Wannsee	19.50	20.10	S		2.Kl 20.30		
14.22	ICE	692	✕					19.18	täglich	03
15.18	ICE	594	✕					20.10	täglich	
15.22	EC	57	✕ Naumburg(S)	19.14	19.33	IR	2202	22.01	täglich	
16.22	ICE	690	✕					21.16	Mo - Fr, So	04
17.18	ICE	592	✕					22.10	täglich	02
17.18	ICE	592	✕ Braunschweig	20.01	20.47	EC	108	✕ 22.54	täglich	05
19.18	ICE	590	✕					0.10	täglich	05
23.23	D	1955 ☒🛏🍴						6.41	täglich	06

01 = nicht 3. Okt, 26. bis 31. Dez, 15., 17. Apr, 1. Mai
02 = nicht 24. Dez
03 = nicht 24., 31. Dez, 14. bis 16. Apr
04 = nicht 14., 16. Apr
05 = nicht 24., 31. Dez
06 = nicht 24. Sep, 19. Nov

DATENBLATT B21

(7.3B, S. 96)

Situation 1

Sie wohnen im Hotel Unger in der Kronenstraße (in der Nähe des Hauptbahnhofs). Fragen Sie an der Rezeption, wie Sie am besten folgende Ziele erreichen.

1 Sie möchten das Lindenmuseum besichtigen.
2 Sie müssen einen Bekannten besuchen, der in Bietigheim, einer kleinen Stadt nordwestlich von Stuttgart, wohnt.

Notieren Sie die Anweisungen, die Sie bekommen, dann prüfen Sie sie anhand der Pläne auf S. 97 nach. Stimmen die Anweisungen?

Situation 2

Sie arbeiten an der Rezeption des Hotels Royal, in der Sophienstraße, wenige Gehminuten vom Rotebühlplatz. Ein Gast fragt, wie er/sie zu verschiedenen Orten/Gebäuden kommt. Erklären Sie ihm/ihr, wie er/sie zu Fuß bzw. mit öffentlichen Verkehrsmitteln am besten dorthin kommt. Benutzen Sie die Pläne auf S. 97.

DATENBLATT B22

(7.4D, S. 98)

Situation 1

Sie sind Herr Dornier und arbeiten in der Mercedes-Benz Hauptverwaltung in Stuttgart-Untertürkheim. Sie bekommen einen Anruf von einem Kunden/ einer Kundin, mit dem/der Sie morgen um 14.00 Uhr einen Termin haben. Erklären Sie ihm/ihr anhand der Fahrthinweise unten, wie er/sie am besten zur Firma fährt.

Situation 2

Sie sind Vertreter/in und haben morgen um 10.00 Uhr einen Termin mit Frau Engeler in der Mercedes-Benz Hauptverwaltung in Stuttgart-Untertürkheim. Rufen Sie sie an und erkundigen Sie sich, wie Sie am besten dorthin fahren. Sie kommen aus Karlsruhe. Notieren Sie die Anweisungen, die Sie bekommen, bzw. markieren Sie den Weg auf der Karte.

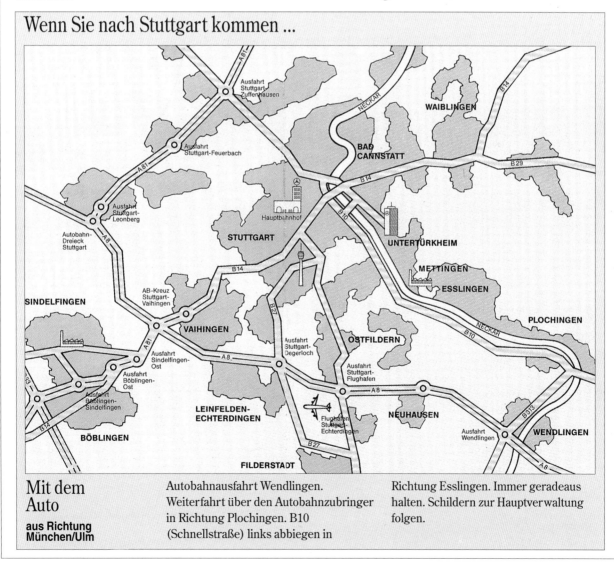

Wenn Sie nach Stuttgart kommen ...

Mit dem Auto

aus Richtung München/Ulm

Autobahnausfahrt Wendlingen. Weiterfahrt über den Autobahnzubringer in Richtung Plochingen. B10 (Schnellstraße) links abbiegen in Richtung Esslingen. Immer geradeaus halten. Schildern zur Hauptverwaltung folgen.

163

DATENBLATT B23
(8.4D, S.110)

Situation 1
Sie arbeiten bei einer kleinen Ingenieurfirma. Auf der CeBIT-Messe suchen Sie einen Tintenstrahldrucker zum Drucken von externer und interner Korrespondenz und vor allem technischen Zeichnungen auf großformatigem Papier. Ihre Prioritäten sind hochwertige Druckqualität bei Grafiken und eine breite Schriftartenauswahl. Fragen Sie eine/n Standmitarbeiter/in um Rat und erklären Sie, wofür Sie den Drucker brauchen. Stellen Sie eventuell Fragen zu dem Modell, das er/sie empfiehlt.

Situation 2
Sie arbeiten für eine Firma, die Drucker herstellt, und vertreten Ihre Firma auf der CeBIT-Messe. Ein/e Interessent/in bittet Sie, ein geeignetes Modell zu empfehlen. Fragen Sie, wofür er/sie den Drucker braucht, dann empfehlen Sie das geeignetere Modell auf S. 111. Erklären Sie die Spezifikationen und Besonderheiten bzw. Vorteile dieses Modells.

DATENBLATT B24
(9.4E, S. 125)

Situation 1
Sie arbeiten im Distributionslager des Spediteurs Panalpina in Bremen. Sie bekommen einen Anruf wegen einer verspäteten Lieferung. Notieren Sie die Einzelheiten. Erklären Sie dem Anrufer, daß Sie sich erkundigen und dann zurückrufen werden.

Situation 2
Rufen Sie den Kunden/die Kundin zurück und erklären Sie, was mit der Sendung passiert ist: Die Lastwagen haben Verspätung wegen des schlechten Wetters. Sie sollen am nächsten Tag in Bremen eintreffen. Die Sendung geht wahrscheinlich übermorgen an den Empfänger ab.

Hörtexte

KAPITEL 1

1.1A

DIALOG 1
Frau Brett: Entschuldigen Sie bitte! Sind Sie Herr Becker?
Herr Becker: Ja.
Frau Brett: Ich bin Anna Brett von der Firma Norco.
Herr Becker: Wie bitte, wie war Ihr Name?
Frau Brett: Brett.
Herr Becker: Ach, guten Morgen, Frau Brett!
Frau Brett: Guten Morgen, Herr Becker! So, gehen wir? Mein Auto steht draußen.

DIALOG 2
Empfangsdame: Guten Tag, bitte schön?
Dr. Hoffmann: Guten Tag. Mein Name ist Hoffmann von der Firma Hansen und Co. Ich habe einen Termin bei Frau Andersen.
Empfangsdame: Einen Moment bitte, ich rufe an ... Ja, Frau Andersen kommt gleich. Möchten Sie so lange Platz nehmen?
Dr. Hoffmann: Ja, danke.
Frau Andersen: Ach, Herr Doktor Hoffmann, guten Tag. Schön, Sie wiederzusehen! Wie geht's Ihnen?
Dr. Hoffmann: Danke, gut, und Ihnen?
Frau Andersen: Gut, danke. So, kommen Sie bitte mit ins Büro.

1.1D
Frau Brett: Wie war die Reise, Herr Becker?
Herr Becker: Ganz gut, danke. Wir hatten nur fünf Minuten Verspätung.
Frau Brett: Sehr gut! Und wie ist das Wetter in Deutschland? So schön wie hier?
Herr Becker: Nein, wir hatten schlechtes Wetter.
Frau Brett: Ach, schade! Und ist es Ihr erster Besuch hier, Herr Becker?
Herr Becker: Nein, letztes Jahr war ich zwei Wochen hier im Urlaub.
Frau Brett: Aha. Und wie hat es Ihnen hier gefallen?
Herr Becker: Prima! Wir hatten die ganze Zeit Sonne.
Frau Brett: Das ist gut. Und woher kommen Sie in Deutschland?
Herr Becker: Aus Regensburg in Bayern. Ich wohne und arbeite aber seit vielen Jahren in Hamburg.
Frau Brett: Ach so! Ich war auch einmal in Hamburg. Das ist eine schöne Stadt, nicht wahr?
Herr Becker: Ja, das stimmt.
Frau Brett: So, da ist die Firma, da sind wir schon.

1.2A
Frau Brett: So, Herr Becker, gehen wir rein.
Herr Becker: Danke schön.
Frau Brett: Bitte schön. Herr Olson kommt in fünf Minuten. Möchten Sie so lange hier Platz nehmen?
Herr Becker: Danke.
Frau Brett: Darf ich Ihren Mantel nehmen?
Herr Becker: Ja, vielen Dank.
Frau Brett: Möchten Sie etwas trinken? Tee oder Kaffee? Wir haben auch Apfelsaft, Orangensaft, Mineralwasser oder Cola.
Herr Becker: Ich möchte bitte eine Tasse Kaffee.
Frau Brett: Wie trinken Sie den Kaffee? Mit Milch?
Herr Becker: Mit Milch, aber ohne Zucker.
Frau Brett: Gut. ... So, hier ist der Kaffee. Möchten Sie auch Kekse?
Herr Becker: Nein, danke. Ich habe keinen Hunger.

1.2C
Herr Becker: Frau Brett, entschuldigen Sie bitte!
Frau Brett: Ja, bitte schön?
Herr Becker: Könnte ich vielleicht nach Deutschland faxen?
Frau Brett: Aber selbstverständlich! Schreiben Sie Ihr Telefax, und ich schicke es für Sie ab.
Herr Becker: Ach, vielen Dank!
Herr Becker: Frau Brett, kann ich bitte etwas fotokopieren?
Frau Brett: Das ist leider nicht möglich. Der Fotokopierer ist im Moment kaputt.
Herr Becker: Ach, so.
Herr Becker: Frau Brett, entschuldigen Sie, darf man hier rauchen?
Frau Brett: Nein, das geht leider nicht. Das ist hier nicht erlaubt.
Herr Becker: Wie schade.
Herr Becker: Frau Brett!
Frau Brett: Ja, bitte?
Herr Becker: Entschuldigen Sie bitte noch mal, aber wo ist die Toilette?
Frau Brett: Kommen Sie mit. Ich zeige es Ihnen.
Herr Becker: Frau Brett, könnten Sie mir Ihren neuen Prospekt zeigen?
Frau Brett: Der neue Prospekt ist leider noch nicht fertig.
Herr Becker: Ach so.
Frau Brett: Aber ich kann Ihnen gerne einen alten holen.
Herr Becker: Danke, den habe ich schon.

1.3A
Sprecher: Leiter Marketing; Exportleiter; Leiter Qualitätssicherung; Produktionsleiter; Leiter Finanz- und Rechnungswesen; Personalleiter

1.3B
Frau Brett: Herr Becker, darf ich vorstellen? Das ist unser Geschäftsführer, Herr Olson.
Herr Becker: Sehr angenehm.
Herr Olson: Guten Tag, Herr Becker.
Frau Brett: Ich bin die Sekretärin von Herrn Olson. Und Frau Scheiber, die Leiterin Vertrieb und Marketing, kennen Sie ja.
Herr Becker: Guten Tag, Frau Scheiber, wie geht's Ihnen?
Frau Scheiber: Sehr gut, danke.
Frau Brett: Das ist Herr Doil, unser technischer Leiter.
Herr Becker: Ah, Herr Doil, guten Tag!
Frau Brett: Dann Herr Boltmann, der Werksleiter.
Herr Becker: Entschuldigung, wie war Ihr Name?
Herr Boltmann: Boltmann.
Herr Becker: Sehr erfreut.
Frau Brett: Und das ist Herr Becker, unser neuer Vertreter für Norddeutschland.
Herr Olson: So, Herr Becker, herzlich willkommen bei Norco!

1.3D
Sprecher: *(spricht das Alphabet)*

1.4A
Frau Brett: So, Herr Becker, hier ist das Tagesprogramm für Ihren Besuch bei uns. Zuerst sehen Sie einen kurzen Videofilm über unsere Firma, und dann um 11.00 Uhr findet eine Betriebsbesichtigung statt.
Herr Becker: Mit Ihnen?
Frau Brett: Ja, und auch mit Herrn Boltmann, dem Werksleiter. Um 12.30 Uhr essen wir dann zu Mittag.
Herr Becker: Hier in der Firma?

Frau Brett: Nein, in einem kleinen Lokal hier in der Nähe. Um 14.00 Uhr haben Sie ein Gespräch mit unserem technischen Leiter, Herrn Doil. Er erklärt Ihnen alle technischen Aspekte unserer Produkte.

Herr Becker: Gut.

Frau Brett: Und um 15.30 Uhr nehmen Sie an einer Sitzung unserer Marketing-Gruppe teil.

Herr Becker: Da lerne ich die Marketingstrategie besser kennen.

Frau Brett: Ja, genau. Und um 19.00 Uhr gibt es Abendessen mit Herrn Olson und mir.

Herr Becker: Wo essen wir denn?

Frau Brett: In einem netten Restaurant in der Innenstadt. Ist Ihnen das recht?

Herr Becker: Ja, danke, alles wunderbar.

1.5B

Frau Brett: So, Herr Becker, ich zeige Ihnen unsere Firma. Hier ist der Empfang, wie Sie sehen.

Herr Becker: Mm. Sehr schön.

Frau Brett: Und hier nebenan ist das Büro des Geschäftsführers, Herrn Olson. Durch diese Tür geht es zur Abteilung Vertrieb und Marketing. Hier koordinieren wir die Arbeit unserer Vertreter.

Herr Becker: Also, mit dieser Abteilung werde ich direkt zu tun haben.

Frau Brett: Ja, das stimmt. Hier nebenan ist die Buchhaltung. Hier machen wir die Kontenführung und rechnen die Löhne und Gehälter ab.

Herr Becker: Ah, hier bezahlt man also meine Provision!

Frau Brett: Ja, genau. Und daneben ist die Einkaufsabteilung. Hier kaufen wir das Material für die Fertigung ein.

Herr Becker: Und was für ein Zimmer ist das gegenüber?

Frau Brett: Das ist unser Konferenzzimmer. Möchten Sie reinschauen?

Herr Becker: Aha, sehr imposant!

Frau Brett: Also, gehen wir weiter. Hier links sehen Sie das Konstruktionsbüro. Hier entwerfen wir Designs für neue Modelle.

Herr Becker: Mit Computern?

Frau Brett: Mit Computern und auch manuell. Dort in der Ecke links ist die Küche, und gegenüber sind die Toiletten. Und das ist die Arbeitsvorbereitung. Hier planen wir die Produktion für die kommenden Wochen. So, und jetzt gehen wir links in die Fertigungshalle.

Herr Becker: Hier fertigen Sie also die Produkte an. Mm, das ist aber beeindruckend! Und alles so modern!

Frau Brett: Ja, dieses Jahr haben wir in neue Maschinen investiert. Dort in der Ecke sitzt Herr Boltmann und überwacht die Produktion. Gehen wir rein.

Herr Becker: Hallo, Herr Boltmann.

Herr Boltmann: Tag, Herr Becker. So, jetzt machen wir einen Rundgang durch die Fertigungshalle. Kommen Sie mal mit.

Herr Becker: Was ist das da drüben?

Herr Boltmann: Das ist unser Prüfraum. Dort testen wir unsere Produkte.

Herr Becker: Sehr interessant.

Herr Boltmann: So, gehen wir mal weiter.

Herr Becker: Also, das war wirklich interessant. Und was für ein Gebäude ist das da draußen?

Herr Boltmann: Das ist unser Fertiglager. Dort lagern wir die Fertigprodukte.

Herr Becker: Aha.

Frau Brett: So, das wäre dann alles. Gehen wir zurück in das Verwaltungsgebäude?

Herr Becker: Recht herzlichen Dank für den interessanten Rundgang, Frau Brett. Die Büros sind sehr schön, und die Fabrik ist höchst modern. Ich freue mich auf die Zusammenarbeit mit Norco!

Frau Brett: Vielen Dank, Herr Becker.

KAPITEL 2

2.1A

TEIL 1

Sprecher: Hoechst; Braun; Bayer; Thyssen; Rosenthal; Mercedes-Benz; Siemens; Porsche

TEIL 2

Sprecher: AEG; VW; IBM; BMW; BASF; MAN

2.1B

DIALOG 1

Interviewer: Eine Frage, bitte. Kennen Sie den Namen Agfa?

Mann: Agfa? Sie machen doch Fotofilme, oder?

DIALOG 2

Interviewer: Guten Tag, was bedeutet für Sie der Name Rosenthal?

Frau: Rosenthal? Ach, Rosenthal ist doch für Porzellan bekannt!

DIALOG 3

Interviewer: Entschuldigung, kennen Sie den Namen Varta?

Mann: Ja, natürlich. Batterien von Varta habe ich zu Hause.

DIALOG 4

Interviewer: Verzeihung, darf ich mal fragen, was bedeutet für Sie der Name BASF?

Frau: BASF – das bedeutet für mich in erster Linie Tonbänder und Videos.

DIALOG 5

Interviewer: Was für ein Image haben die Produkte von Porsche?

Mann: Porsche, das bedeutet für mich schnelle, rassige Sportwagen.

2.1C

DIALOG 1

Interviewer: Was produziert die Firma Schwarzkopf?

Mitarbeiterin: Schwarzkopf produziert Toilettenartikel, zum Beispiel Shampoo, Rasierwasser, Deodorants. Unsere führende Marke ist das Shampoo „Schauma".

DIALOG 2

Interviewer: Sie arbeiten bei der Firma Grundig. Was für Produkte hat Ihre Firma?

Mitarbeiter: Grundig ist eine Firma, die Geräte der Unterhaltungselektronik herstellt, zum Beispiel Radios, Fernsehapparate und Stereoanlagen.

DIALOG 3

Interviewer: Bayer ist ein Unternehmen, das unter anderem Arzneimittel produziert. Was für Produkte haben Sie eigentlich?

Mitarbeiterin: Bayer produziert und vertreibt rezeptfreie Arzneimittel gegen Schmerzen, Husten und Erkältung. Unser bekanntestes Produkt ist Aspirin.

DIALOG 4

Interviewer: Das neueste Produkt des Münchener Kraftfahrzeugherstellers MAN ist der Reisebus „Lion's Star". Ich mache eine Testfahrt mit Herrn Kuriat ... Herr Kuriat, können Sie uns etwas über den neuen Reisebus sagen?

Herr Kuriat: Ja, unser neuer Fernreise-Hochdecker „Lion's Star" hat eine ganze Reihe technischer Raffinessen ...

DIALOG 5

Interviewer: Sagen Sie mir bitte, was stellt eigentlich die Firma Siemens her?

Mitarbeiter: Siemens hat sehr unterschiedliche Produkte. Die Firma ist Ihnen wahrscheinlich durch Haushaltsgeräte bekannt. Wir produzieren zum Beispiel Staubsauger, Kühlschränke, Kaffeemaschinen und so weiter. Wir sind aber auch in der Informationstechnik tätig. Vielleicht haben Sie ein Siemens Telefon mit Anrufbeantworter zu Hause?

2.2B

DIALOG 1

Interviewer: Was für eine Firma ist Thyssen?
Mitarbeiter: Thyssen ist ein führender deutscher Stahlhersteller.

DIALOG 2

Interviewer: In welcher Branche ist Hoechst tätig?
Mitarbeiterin: Hoechst ist ein großer Chemiekonzern.
Interviewer: Was macht die Firma Hoechst eigentlich?
Mitarbeiterin: Hoechst produziert Chemikalien, Farben, Kunststoffe und Spezialprodukte für Industrie und Technik.

DIALOG 3

Interviewer: Daimler-Benz ist der größte Automobilhersteller Deutschlands. Ist die Firma aber auch in anderen Bereichen aktiv?
Mitarbeiter: Ja, heute ist Daimler-Benz ein integrierter Technologiekonzern, der außer im Automobilbau auch in den Bereichen Luft- und Raumfahrt und Elektrotechnik tätig ist sowie auf dem Dienstleistungssektor.

DIALOG 4

Interviewer: In welcher Branche ist die Firma Mannesmann tätig?
Mitarbeiterin: Mannesmann ist in vielen Branchen tätig. Wir bauen Maschinen und Anlagen und stellen Komponenten für die Kraftfahrzeugindustrie her. Außerdem sind wir in der Elektrotechnik und Elektronik tätig und produzieren Investitionsgüter für die Industrie.

DIALOG 5

Interviewer: VEBA zählt zu den zehn größten Firmen Deutschlands, in welchen Bereichen ist die Firma aktiv?
Mitarbeiter: VEBA ist im Bereich Energiewirtschaft tätig, wir produzieren nämlich Öl und Strom, sowie auch in der chemischen Industrie. Wir sind auch im Dienstleistungssektor vertreten, z.B. in den Bereichen Handel und Verkehr.
Interviewer: Aber der Name VEBA ist doch relativ unbekannt.
Mitarbeiter: Das stimmt, aber vielleicht kennen Sie die Firma Aral?
Interviewer: Ach, Aral Tankstellen!
Mitarbeiter: Sehen Sie, Aral gehört zu VEBA.

2.2D

DIALOG 1

Interviewer: Was für eine Firma ist Lufthansa?
Mitarbeiterin: Lufthansa ist Deutschlands größte Fluggesellschaft. Sie hat Flugverbindungen in alle Welt.

DIALOG 2

Interviewer: Was für eine Firma ist Aldi?
Mitarbeiter: Aldi ist eine Supermarktkette, die Lebensmittel zu Niedrigpreisen verkauft.

DIALOG 3

Interviewer: Können Sie mir bitte sagen, was Neckermann eigentlich macht?
Mitarbeiterin: Gerne. Neckermann ist ein Versandhaus, das heißt, wir verkaufen Waren per Katalog und schicken sie dann den Kunden ins Haus.

DIALOG 4

Interviewer: Hertie ist ein Kaufhaus, nicht wahr?
Mitarbeiter: Ja, Hertie ist eines der bekanntesten Kaufhäuser Deutschlands. Ein Hertie-Kaufhaus findet man in jeder größeren Stadt.

DIALOG 5

Interviewer: Was für eine Firma ist die Allianz?
Mitarbeiterin: Die Allianz ist eine der größten Versicherungsgesellschaften Deutschlands.

DIALOG 6

Interviewer: In welchem Bereich ist Kühne und Nagel tätig?
Mitarbeiter: Wir sind im Bereich Transport tätig. Wir sind eine Speditionsfirma, das heißt, wir transportieren Waren per LKW, per Luftfracht und per Schiff.

2.3A

TEIL 1

Sprecher: dreizehntausendvierhundert;
neun Millionen dreihundertsiebenundsiebzigtausend;
achtunddreißig Milliarden zweiundvierzig Millionen;
siebzehn Komma fünf Prozent;
fünf Komma zwei sechs Milliarden;
neunzehnhundertneunundachtzig;

TEIL 2

Sprecher: einhundertsechsunddreißigtausendsiebenhundert;
fünfundfünfzig Millionen sechshundertdreiundsiebzigtausend;
vier Milliarden achtundvierzig Millionen;
eine Milliarde siebenhundertneunundsiebzig Millionen dreihunderttausend;
einundsechzig Komma fünf Prozent;
neunzehnhundertsechsundneunzig

2.3B

DIALOG 1

Interviewer: In welcher Branche ist Springer Sportmoden tätig?
Mitarbeiter: Springer Sportmoden ist in der Bekleidungsindustrie tätig und stellt Tennisbekleidung, Trainingsanzüge und Radfahrerbekleidung her.
Interviewer: Und wie hoch ist Ihr Umsatz?
Mitarbeiter: Unser Umsatz beträgt zirka dreißig Millionen Mark.
Interviewer: Wie viele Leute beschäftigen Sie?
Mitarbeiter: Wir haben einhundertdreißig Mitarbeiter.

DIALOG 2

Interviewer: In welcher Branche ist die Firma BASF tätig?
Mitarbeiterin: Die BASF-Gruppe ist ein großer Chemiekonzern. Wir produzieren unter anderem Chemikalien, Chemiefasern, Produkte aus Öl und Gas sowie Konsumgüter wie Tonbänder und Videos.
Interviewer: Und wieviel beträgt Ihr Umsatz?
Mitarbeiterin: Über vierundvierzig Milliarden Mark.
Interviewer: Wie viele Mitarbeiter beschäftigt Ihre Firma ungefähr?
Mitarbeiterin: Wir beschäftigen weltweit etwa einhundertdreiundzwanzigtausend Mitarbeiter.

DIALOG 3

Interviewer: Was für eine Firma ist Kessel?
Mitarbeiter: Kessel Auto-Electric ist eine Firma, die Komponenten für die Kraftfahrzeugindustrie herstellt.
Interviewer: Und wie groß ist die Firma?
Mitarbeiter: Unser Umsatz liegt zwischen neunhunderttausend und einer Million Mark, und wir haben siebzehn Beschäftigte.

2.4D

Interviewer: Was für eine Firma ist die AEG?
Sprecher: Die AEG ist ein führender Elektrokonzern.
Interviewer: Können Sie mir bitte die Firmenstruktur kurz beschreiben?
Sprecher: Ja, die AEG gehört seit 1986 dem Daimler-Benz-Konzern. Daimler-Benz ist eine Holding-Gesellschaft für die vier Unternehmenseinheiten Mercedes-Benz, AEG, Deutsche Aerospace und Daimler-Benz InterServices, oder *debis*.
Interviewer: In welchen Bereichen ist die AEG tätig?
Sprecher: Die Aktivitäten der AEG umfassen fünf Geschäftsbereiche, und zwar: Automatisierungstechnik, Elektrotechnische Anlagen und Komponenten, Bahnsysteme, Hausgeräte und Mikroelektronik.
Interviewer: Und wie viele Gesellschaften gehören zur AEG-Gruppe?
Sprecher: Zur AEG gehören mehr als 100 Tochter- und Beteiligungsgesellschaften in über 107 Ländern.
Interviewer: Wo ist der Hauptsitz der Firma?
Sprecher: Die Hauptverwaltung ist in Frankfurt am Main.
Interviewer: Und hat die AEG andere Standorte in Deutschland?

Sprecher: Wir haben Vertriebsniederlassungen und Fertigungsstätten sowie auch Tochtergesellschaften an 81 Standorten in Deutschland, z.B. in Berlin, in Hannover, in Stuttgart, aber auch in den neuen Bundesländern, z.B. in Dresden.

Interviewer: Und wo sind die wichtigsten Standorte im Ausland?

Sprecher: Die AEG hat Vertretungen, Produktions- und Vertriebsgesellschaften in allen wichtigen europäischen Ländern, z.B. in Frankreich, in Spanien, in Großbritannien und auch in Rußland.

Interviewer: In Rußland auch?

Sprecher: Ja, in Moskau und St. Petersburg. Und im übrigen Ausland sind wir an 147 Standorten vertreten, z.B. in den USA, in Südamerika, Afrika und Australien.

Interviewer: Also eigentlich weltweit.

Sprecher: Jawohl, das stimmt.

Interviewer: Und wie hoch ist Ihr Umsatz?

Sprecher: Unser Gesamtumsatz beträgt zirka 12 Milliarden D-Mark, und wir beschäftigen ungefähr 60.000 Mitarbeiter weltweit.

Interviewer: Das ist interessant. Herzlichen Dank für das Gespräch.

Sprecher: Gern geschehen.

2.5A

Sprecherin: Guten Morgen, meine Damen und Herren. Herzlich willkommen in unserer Zentrale hier in Hamburg. Zuerst möchte ich Ihnen kurz etwas über die Firma Otto erzählen.
Der Otto-Versand ist ein Versandhaus, das Waren per Katalog verkauft und den Kunden direkt ins Haus schickt. Die Kataloge bieten vor allen Dingen Bekleidung und Schuhe an. Unsere deutschen Kataloge *Otto - Shopping von heute auf morgen, Trend* und *Post Shop* sind Ihnen sicherlich schon bekannt.
Die Firma existiert seit 1949. Im Herbst 1950 brachte unser Firmenbegründer, Werner Otto, den ersten Katalog heraus. Dieser erschien in einer Auflage von 300 Exemplaren, alle handgebunden, mit einem Angebot von 28 Paar Schuhen. Die Fotos waren von Hand eingeklebt. Na ja, aber das ist schon lange her.
Heute gehören zu der Otto-Versand-Handelsgruppe 31 Versandhandelsunternehmen in 13 Ländern auf drei Kontinenten. Der Otto-Versand ist auf allen wichtigen europäischen Märkten präsent, z.B. in Frankreich, Großbritannien, Italien und in der Schweiz, sowie in Japan und in den USA, dem Mutterland des modernen Versandhandels.
Der Umsatz der Otto-Versand-Handelsgruppe beträgt weltweit über 21 Milliarden Mark, und im In- und Ausland beschäftigen wir insgesamt 42.000 Mitarbeiter. Innerhalb der letzten zehn Jahre hat sich der Umsatz und die Zahl der Mitarbeiter mehr als verdoppelt. Vom Umsatz her ist Otto die größte Versandhandelsgruppe der Welt.
Natürlich haben wir auch Pläne für die Zukunft. Wir sind z.B. daran interessiert, unseren britischen und italienischen Versandhandel zu konsolidieren. Wir haben ja neulich das britische Versandhaus Grattan übernommen. Wir planen auch, die Märkte in Osteuropa und in Japan weiterzuentwickeln.
Das war also ein kurzer Überblick über unsere Firma. Möchte jemand eine Frage stellen?

Besucher 1: Entschuldigung, könnten Sie den Umsatz bitte wiederholen?

Sprecherin: Ja, wir haben einen Umsatz von über 21 Milliarden Mark weltweit. Hat jemand weitere Fragen?

Besucher 2: Ja. Könnten Sie bitte etwas mehr über Ihre Aktivitäten in Osteuropa sagen?

Sprecherin: Ja, gerne. Den osteuropäischen Markt baut Otto seit 1991 aus. Zum Beispiel haben wir 1991 in Polen ein Versandhaus gegründet. 1992 haben wir den ungarischen Versender Margaréta übernommen.

Besucher 2: Danke.

Sprecherin: So, meine Damen und Herren, beginnen wir jetzt unsere Betriebsbesichtigung ...

KAPITEL 3

3.1B

Herr Noske: Herr Weber, darf ich Sie irgendwann diese Woche zum Abendessen einladen?

Herr Weber: Gern, Herr Noske, das ist sehr freundlich von Ihnen.

Herr Noske: Würde Ihnen Donnerstag passen?

Herr Weber: Ja, das wäre prima, da habe ich nichts anderes vor.

Herr Noske: Gut. Essen Sie gern chinesisch? Ich kenne nämlich ein sehr gutes chinesisches Restaurant, das Restaurant Lotus. Die Küche ist ausgezeichnet, und die Atmosphäre dort finde ich sehr angenehm.

Herr Weber: Es tut mir leid, aber ich befürchte, die chinesische Küche schmeckt mir nicht.

Herr Noske: Wie wär's also mit einem gutbürgerlichen deutschen Restaurant?

Herr Weber: Ja, ehrlich gesagt ist mir das lieber.

Herr Noske: Dann kann ich zwei Restaurants empfehlen, die Bingelsstube oder das Restaurant Zum Kuhhirten-Turm. Die Bingelsstube hat eine Freiterrasse, da kann man wunderbar draußen sitzen. Aber das Restaurant Zum Kuhhirten-Turm hat, glaube ich, die bessere Speisekarte. Der Kuhhirten-Turm ist auch in Sachsenhausen. Das ist unser Vergnügungsviertel, das sollten Sie sehen.

Herr Weber: Prima, gehen wir also ins Restaurant Zum Kuhhirten-Turm.

Herr Noske: Gut, dann reserviere ich einen Tisch für Donnerstag abend.

Herr Weber: Wann und wo sollen wir uns treffen?

Herr Noske: Ich hole Sie so um halb sieben mit dem Auto von Ihrem Hotel ab.

Herr Weber: Vielen Dank für die Einladung, Herr Noske, ich freue mich drauf!

3.2B

Herr Noske: Guten Abend, ich habe einen Tisch reserviert auf den Namen Noske, Firma Morita.

Empfangsdame: Ja, Herr Noske, kommen Sie bitte mit. Ich hoffe, dieser Tisch paßt Ihnen?

Herr Noske: Ja, wunderbar. Danke schön.

Kellner: So, meine Herrschaften, die Speisekarte, bitte schön.

Herr Weber: Mm. Sieht alles sehr lecker aus. Nehmen Sie eine Vorspeise?

Herr Noske: Ja. Ich glaube, ich nehme die Hühnerbrühe mit Einlage.

Herr Weber: Ich auch.

Herr Noske: Und was nehmen Sie als Hauptgericht?

Herr Weber: Können Sie mir etwas empfehlen?

Herr Noske: Das Eisbein mit Sauerkraut schmeckt hier besonders gut. Das ist eine Spezialität der Gegend.

Herr Weber: Ach nein, danke, da nehme ich lieber etwas anderes. Ich glaube, ich probiere die halbe Wildente. Und was nehmen Sie?

Herr Noske: Für mich das Champignonschnitzel mit Rahmsauce. Also, Herr Ober, wir möchten bestellen!

Kellner: Bitte schön, die Herrschaften, was bekommen Sie?

Herr Noske: Also, zweimal Hühnerbrühe ... und dann die halbe Wildente für den Herrn und Champignonschnitzel für mich.

Kellner: Jawohl. Und was möchten Sie dazu trinken?

Herr Noske: Also, kein Alkohol für mich. Ich muß noch Auto fahren. Ich nehme ein Apollinaris. Aber Sie, Herr Weber, Sie dürfen ruhig etwas trinken. Ich fahre Sie dann nach Hause.

Herr Weber: Dann nehme ich bitte ein Glas Rotwein, den Trollinger, und auch eine Flasche Mineralwasser.

Kellner: Ist gut, vielen Dank.

3.2D

Kellner: So, meine Herrschaften, hat es Ihnen geschmeckt?

Herr Noske: Ja, es war köstlich, danke.

Herr Weber: Ja, es hat wirklich sehr gut geschmeckt.

Kellner: Möchten Sie noch etwas bestellen?

Herr Noske: Ich nehme noch eine Rote Grütze. Und Sie, Herr Weber?

Herr Weber: Ich möchte bitte das Pflaumenkompott mit Vanilleeis, aber ohne Sahne.

Herr Noske: Und bringen Sie mir die Rechnung, bitte.

Kellner: Geht die Rechnung zusammen oder getrennt?

Herr Noske: Alles zusammen, bitte.

Kellner: So, die Rechnung, bitte schön.

Herr Noske: Danke. So, 110 Mark, stimmt so.

Kellner: Vielen Dank. Angenehmen Abend noch.

Herr Noske: Vielen Dank, auf Wiedersehen.

Kellner: Wiedersehen.

3.3B

Herr Noske: Also, trinken wir auf Moritas neue Niederlassung in Weimar!

Herr Weber: Ja, auf ihren Erfolg! Prost.

Herr Noske: Zum Wohl. Sie sind doch aus Weimar, Herr Weber. Was ist denn Weimar für eine Stadt?

Herr Weber: Weimar ist eine mittelgroße Stadt und ist, wie Sie bestimmt wissen, für ihre historischen Verbindungen mit Goethe, Schiller und Liszt bekannt. Goethe hat mal gesagt: „Wählen Sie Weimar zu Ihrem Wohnort. Wo finden Sie auf einem so engen Flecken noch so viel Gutes!"

Herr Noske: Es muß ja sehr schön sein. Und wo wohnen Sie?

Herr Weber: In der Nähe des Stadtzentrums, in der Altstadt.

Herr Noske: Und wie wohnt man dort?

Herr Weber: Es ist schon sehr schön, dort zu wohnen. Trotz der Zentrumslage ist es dort relativ ruhig. Nur es kommen jetzt immer mehr Touristen, und das Parken wird immer schwieriger!

Herr Noske: Ja, das Parken ist immer ein Problem in der Stadt. Wie kommen Sie denn zur Arbeit? Fahren Sie mit dem Auto?

Herr Weber: Nein, ich gehe zu Fuß, dafür brauche ich nur 15 Minuten.

Herr Noske: Toll, ich brauche mindestens eine Stunde. Und wie wohnen Sie, wenn ich fragen darf?

Herr Weber: Wir haben eine Wohnung im dritten Stock eines Altbaus.

Herr Noske: Gehört die Wohnung Ihnen, oder ist es eine Mietwohnung?

Herr Weber: Es ist eine Mietwohnung.

Herr Noske: Und wie groß ist sie?

Herr Weber: Ungefähr 80 Quadratmeter. Wir haben drei Zimmer und einen Balkon. Und wo wohnen Sie, Herr Noske?

Herr Noske: In einem Stadtteil, der Schwalbach heißt, das liegt am nordwestlichen Stadtrand.

Herr Weber: Und wie wohnt man dort?

Herr Noske: Es ist eigentlich eine schöne Wohngegend, es ist fast im Grünen. Wir haben's nicht weit zum Taunusgebirge.

Herr Weber: Und wie kommen Sie zur Arbeit? Gibt es gute Verkehrsverbindungen ins Stadtzentrum?

Herr Noske: Ich fahre meistens mit dem Auto, die Straßenverbindungen sind sehr gut.

Herr Weber: Und wie wohnen Sie?

Herr Noske: Ich wohne in einer Doppelhaushälfte mit Südgarten.

Herr Weber: Schön, einen Garten hätte ich gern. Gehört das Haus Ihnen?

Herr Noske: Ja, das Haus habe ich vor etwa vier Jahren gekauft.

Herr Weber: Und wie groß ist es?

Herr Noske: 120 Quadratmeter. Es hat vier Zimmer.

Herr Weber: Hat das Haus einen Keller?

Herr Noske: Ja, der Keller kommt noch dazu. Da unten macht mein Sohn Musik.

3.3D

Herr Noske: Und haben Sie auch Familie, Herr Weber?

Herr Weber: Ja. Darf ich Ihnen diese Fotos zeigen?

Herr Noske: Gern.

Herr Weber: Das sind meine Kinder, Matthias und Claudia.

Herr Noske: Und wie alt sind sie?

Herr Weber: Matthias ist jetzt zehn und Claudia ist zwölf Jahre alt. Und das ist meine Frau, Barbara. Sie arbeitet im Krankenhaus, sie ist Krankenschwester.

Herr Noske: Sehr nett. Ich müßte auch irgendwo ein Familienfoto haben ... ja, da ist es. Da bin ich und der da, das ist mein Sohn, Thomas.

Herr Weber: Wie alt ist er?

Herr Noske: Er wird bald 18 und geht noch zur Schule. Nächstes Jahr macht er sein Abitur.

Herr Weber: Und wer sind die anderen?

Herr Noske: Das ist meine Schwester Ingrid mit ihrem Mann und das ist mein Bruder Johann mit seiner Frau. Mein Schwager Albert arbeitet übrigens auch bei Morita, vielleicht lernen Sie ihn noch kennen.

Herr Weber: Und wer ist der Kleine da?

Herr Noske: Das ist mein Neffe Georg, der Sohn von meiner Schwester Ingrid. Mein Bruder und seine Frau haben noch keine Kinder.

Herr Weber: Und Ihre Frau?

Herr Noske: Meine Ex-Frau ist nicht dabei. Ich bin seit zwei Jahren geschieden und erziehe meinen Sohn alleine.

Herr Weber: Ach so, das tut mir leid.

Herr Noske: Na ja, das passiert heutzutage so oft.

3.4B

Herr Noske: Was machen Sie denn in Ihrer Freizeit, Herr Weber?

Herr Weber: Na ja, ich gehe gern mit meiner Familie im Park oder im Wald spazieren. Sonntags machen wir auch gern mal Ausflüge und besuchen alte Burgen, Schlösser und Kirchen. Ich interessiere mich nämlich sehr für Geschichte.

Herr Noske: Ja, Ihre Gegend muß historisch sehr interessant sein. Interessieren Sie sich auch für Musik oder Theater?

Herr Weber: Ja, ich höre sehr gern klassische Musik. Meine Frau und ich gehen gern mal ins Konzert oder ins Theater. Und Sie?

Herr Noske: Eigentlich gehe ich lieber ins Kino.

Herr Weber: Ach so. Ich interessiere mich auch sehr für Filme. Was für Filme sehen Sie gern?

Herr Noske: Eigentlich alles, nur nicht Horrorfilme oder Science-fiction! Ja, ich finde die Filme von Wim Wenders sehr interessant.

Herr Weber: Ich persönlich mag die alten Hitchcock-Filme am liebsten. Die bringen sie ganz oft im Fernsehen.

Herr Noske: Ja, mir gefällt Hitchcock auch. Sehen Sie denn viel fern?

Herr Weber: Nein, ich habe keine Zeit. Nur Fußball sehe ich gern im Fernsehen, die Nachrichten natürlich, und ab und zu schaue ich mir einen interessanten Dokumentarfilm an.

Herr Noske: Treiben Sie Sport?

Herr Weber: Leider nicht mehr! Sind Sie denn sportlich aktiv?

Herr Noske: Ja, ziemlich.

Herr Weber: Was für Sportarten treiben Sie?

Herr Noske: Na, im Winter fahre ich mit meinem Sohn Ski und im Sommer fahre ich gern Rad. Ich mache oft Radtouren im Taunus. Und zweimal pro Woche jogge ich, um fit zu bleiben.

Herr Weber: Alle Achtung! Ich müßte auch wieder mal joggen gehen, ich bin überhaupt nicht mehr fit. Und haben Sie noch andere Hobbys?

Herr Noske: Na ja, ich lese gern, die Zeitung natürlich, aber auch Literatur und Sachbücher, am liebsten Biographien.

Herr Weber: Wer sind Ihre Lieblingsautoren?

Herr Noske: Ja, ich lese gern die Bücher von Heinrich Böll, Christa Wolf, Patrick Süskind ...

Herr Weber: Ah, ja, „Das Parfüm" von Süskind hat mir sehr gut gefallen ...

3.5C

Herr Noske: In der DDR konnte man nur selten in die westlichen Länder fahren. Sind Sie seit der Wiedervereinigung viel gereist?

Herr Weber: Oh ja, natürlich!

Herr Noske: Wohin sind Sie denn letztes Jahr in Urlaub gefahren?

Herr Weber: Nach Österreich. Wir haben zwei Wochen in St. Gilgen verbracht.

Herr Noske: Ah, St. Gilgen kenne ich. Ich war selbst vor zwei Jahren im Skiurlaub dort. Wie hat es Ihnen gefallen?

Herr Weber: Sehr gut. Die Stadt ist sehr schön, sauber und ruhig, und die Landschaft ist herrlich.

Herr Noske: Ja, das fand ich auch. Wo haben Sie gewohnt?

Herr Weber: Wir haben in einer Familienpension gewohnt. Es war recht gemütlich. Die Familie war sehr freundlich, der Service war ausgezeichnet, und das Essen hat uns sehr gut geschmeckt.

Herr Noske: Prima! Und was haben Sie dort gemacht?

Herr Weber: Wir sind viel in den Bergen gewandert. Wir sind auch oft geschwommen, und mein Sohn hat auf dem See Surfen gelernt. An einem Tag haben wir einen Ausflug nach Salzburg gemacht. Abends sind meine Frau und ich oft ins Konzert gegangen und einmal haben wir eine Folklore-Veranstaltung besucht. Es war ein schöner Urlaub.

Herr Noske: Ja, es hat mir dort auch gefallen. Und wie war das Wetter?

Herr Weber: Herrlich, es hat nicht einmal geregnet!

Herr Noske: Prima! Und haben Sie schon Reisepläne für dieses Jahr?

Herr Weber: Ja, dieses Jahr wollen wir wahrscheinlich in die Schweiz fahren. Und Sie? Wo waren Sie letztes Jahr im Urlaub?

Herr Noske: Wir sind in die Türkei geflogen ...

3.5D

Herr Weber: Wo waren Sie letztes Jahr im Urlaub?

Herr Noske: Wir sind in die Türkei geflogen und haben zwei Wochen in Side verbracht.

Herr Weber: Aha! Da war ich noch nie. Wie hat es Ihnen gefallen?

Herr Noske: Es war wunderbar. Wir haben uns richtig erholt!

Herr Weber: Prima! Wo haben Sie denn gewohnt?

Herr Noske: Wir haben in einem Luxushotel gewohnt, direkt am Strand. Der Service war ausgezeichnet, und das Essen hat uns sehr gut geschmeckt. Die Leute waren auch sehr freundlich.

Herr Weber: Und was haben Sie dort gemacht?

Herr Noske: Natürlich haben wir viel am Strand gelegen und wir sind auch jeden Tag geschwommen. Wir haben die römischen Ruinen besucht, die direkt in Side sind. Wir haben auch einige Ausflüge mit dem Bus ins Landesinnere gemacht. Und abends sind wir durch die Bazars gebummelt. Es war ein sehr schöner Urlaub.

Herr Weber: Und wie war das Wetter?

Herr Noske: Meistens herrlich, nur am letzten Tag hat es geregnet!

Herr Weber: Wunderbar. Da muß ich auch mal hin! Und haben Sie schon Reisepläne für dieses Jahr?

Herr Noske: Ja, dieses Jahr wollen wir wahrscheinlich nach Spanien fahren.

3.6B

Herr Weber: Herr Noske, ich habe bald ein freies Wochenende in Frankfurt. Was kann man hier tun?

Herr Noske: Was möchten Sie gern machen?

Herr Weber: Ich möchte natürlich einige Sehenswürdigkeiten besichtigen.

Herr Noske: Also, wenn Sie sich für Geschichte interessieren, sollten Sie den Römer besuchen, das mittelalterliche Rathaus der Stadt. Und nicht weit vom Römer ist die Paulskirche, wo die erste deutsche Nationalversammlung stattfand.

Herr Weber: Ja, von dem Römer und der Paulskirche habe ich schon gehört.

Herr Noske: Und weil Sie ja aus der Goethe-Stadt Weimar kommen, müssen Sie unbedingt Goethes Geburtshaus besuchen. Das ist auch nicht weit vom Römer.

Herr Weber: Ach ja, eine gute Idee!

Herr Noske: Es gibt auch viele interessante Museen in Frankfurt. Wenn Sie sich für Filme interessieren, könnten Sie das Deutsche Filmmuseum besuchen.

Herr Weber: Aha, wo ist es denn?

Herr Noske: Am südlichen Mainufer. Die Straße dort nennt man jetzt „Museumsufer", weil es dort so viele Museen gibt. Selbst wenn Sie die Museen nicht besuchen, können Sie ihre spektakuläre moderne Architektur bewundern!

Herr Weber: Da muß ich unbedingt hin! Ich möchte auch einige Geschenke kaufen. Wo kann man am besten einen Einkaufsbummel machen?

Herr Noske: Die wichtigste Einkaufszone ist die Zeil. Dort finden Sie fast alle großen Kaufhäuser und Geschäfte. Wissen Sie, daß die Zeil die umsatzstärkste Einkaufsstraße Frankfurts ist?

Herr Weber: Tatsächlich? Und kann ich dort auch Andenken kaufen?

Herr Noske: Unter der Hauptwache finden Sie viele Souvenirläden, das ist am Anfang der Zeil. Auch hier in Sachsenhausen können Sie Souvenirs kaufen.

Herr Weber: Und was ist ein typisches Andenken von Frankfurt?

Herr Noske: Oh, ein *Äppelwoi*-Bembel, das ist ein großer Steinkrug, blau bemalt. *Äppelwoi* ist ja das typische Frankfurter Getränk!

Herr Weber: Und was macht man abends in Frankfurt?

Herr Noske: Es gibt viele Möglichkeiten. Es kommt darauf an, was Sie gerne tun. Wenn Sie sich für Kultur interessieren, könnten Sie in die Alte Oper gehen. Dort hört man allerdings Konzerte, keine Opern. Das Gebäude wurde 1944 zerstört und 1981 als Konzert- und Kongreßhaus wiedereröffnet. Übrigens, da habe ich eine Idee. Gehen Sie gern in die Oper?

Herr Weber: Ja, aber warum?

Herr Noske: Wir haben ein Abonnement für die Stadtoper, und am nächsten Mittwoch habe ich eine Karte für den „Fliegenden Holländer" von Wagner übrig. Hätten Sie Lust mitzukommen?

Herr Weber: Oh ja, mit Vergnügen! Recht vielen Dank!

KAPITEL 4

4.1B

Herr Grimm: So, Herr Wenz, hier ist das Organigramm unserer Firma. Wie Sie sehen, wird die Firma von einer Geschäftsführung geleitet, unser Geschäftsführer heißt Dr. Schwarz. Organisatorisch ist die Firma in sieben Hauptbereiche aufgeteilt.

Herr Wenz: Das sind Vertrieb, Produktion und so weiter?

Herr Grimm: Ja, genau.

Herr Wenz: Und einige Bereiche sind in Abteilungen aufgeteilt?

Herr Grimm: Ja, richtig. Der Bereich Vertrieb zum Beispiel umfaßt die Abteilung Marketing und Werbung, den Außendienst und den Innendienst. Zum kaufmännischen Bereich gehören die Abteilungen Rechnungswesen und Buchhaltung, Materialwirtschaft und Logistik sowie die Lagerhaltung.

Herr Wenz: Aha. Und wo arbeite ich?

Herr Grimm: Sie arbeiten in drei Abteilungen bei uns. So bekommen Sie einen guten Überblick über das Zusammenwirken der verschiedenen Abteilungen. Zuerst arbeiten Sie vier Wochen im Vertrieb. Der Leiter dort ist Herr Dorn. Zu Anfang arbeiten Sie im Innendienst, dort unterstehen Sie Frau Peer.

Herr Wenz: Frau Peer, P-E-E-R?

Herr Grimm: Ja, genau. Die nächsten vier Wochen verbringen Sie in der kaufmännischen Abteilung.

Herr Wenz: Und wer ist da der Chef?

Herr Grimm: Unser kaufmännischer Leiter ist Herr Fleck.

Herr Wenz: Herr Fleck?

Herr Grimm: Ja. Dort fangen Sie in der Abteilung Materialwirtschaft und Logistik an. Der Abteilungschef heißt Herr Braun.

Herr Wenz: Und danach?

Herr Grimm: Die letzten vier Wochen sind Sie in der Produktion. Unser Produktionschef ist Herr Swoboda.
Herr Wenz: Wie schreibt man den Namen, bitte?
Herr Grimm: S-W-O-B-O-D-A, Swoboda.
Herr Wenz: Aha, danke.
Herr Grimm: So lernen Sie bei uns etwas über die Tätigkeiten und Anforderungen in den verschiedenen Berufen, was bei der Berufswahl ja sehr wichtig ist.

4.1D

Herr Wenz: Herr Grimm, könnten Sie bitte erklären, wie das alles bei Rohrbach funktioniert?
Herr Grimm: Ja. Wir sind eine Maschinenbaufirma, die wichtigste Abteilung bei uns ist also die Entwicklung und Konstruktion. Die Projektingenieure in dieser Abteilung besprechen mit den Kunden, was diese genau haben möchten, und entwickeln dann entsprechende Produkte. Das Konstruktionsbüro konzipiert die Prototypen.
Herr Wenz: Und was geschieht dann?
Herr Grimm: Die Abteilung Fertigung und Montage fertigt, beziehungsweise montiert, die Produkte. Wir fertigen nach dem Just-in-Time-System.
Herr Wenz: Was ist das Just-in-Time-System?
Herr Grimm: Just-in-Time bedeutet, daß unsere Lieferanten das richtige Produktionsmaterial zum richtigen Zeitpunkt und in der richtigen Menge an den Fertigungsort liefern müssen.
Das spart Geld. Wir kaufen nämlich nur das ein, was wir brauchen, und wir haben keine hohen Lagerkosten.
Herr Wenz: Ach so, ich verstehe. Und wer organisiert das?
Herr Grimm: Das alles macht die Abteilung Materialwirtschaft und Logistik. Dabei arbeitet sie natürlich eng mit den Abteilungen Entwicklung und Konstruktion und Produktion zusammen. Diese Abteilungen informieren sie, was für Rohmaterialien sie brauchen und zu welchem Termin.
Herr Wenz: Aha. Und wer verkauft die Produkte?
Herr Grimm: Das macht der Vertrieb durch sein Netz von Außendienstmitarbeitern. Die Mitarbeiter im Außendienst betreuen unsere Stammkunden, suchen aber auch ständig neue Kunden.
Herr Wenz: Ach so. Ich verstehe. Vielen Dank, Herr Grimm.
Herr Grimm: Bitte.

4.2A

Herr Wenz: Herr Grimm, wie sind die Arbeitszeiten bei der Firma?
Herr Grimm: In der Fabrik gibt es Schichtarbeit, aber in der Verwaltung haben wir gleitende Arbeitszeit. Die Kernzeit geht von 9.00 bis 16.00 Uhr.
Herr Wenz: Und wann kann man morgens anfangen?
Herr Grimm: Man kann zwischen halb acht und neun Uhr anfangen, und aufhören kann man zwischen 16.00 Uhr und 18.30 Uhr, außer freitags. Freitags machen wir schon um 16.00 Uhr Feierabend.
Herr Wenz: Wie viele Stunden muß man pro Woche arbeiten?
Herr Grimm: $37\frac{1}{2}$ Stunden einschließlich einer halben Stunde Mittagspause.
Herr Wenz: Muß man auch Überstunden machen?
Herr Grimm: Die gibt es normalerweise hier in der Verwaltung nicht, aber in der Fabrik manchmal schon, wenn viel Arbeit da ist.
Herr Wenz: Eine Frage noch: wie viele Urlaubstage gibt es im Jahr?
Herr Grimm: 30, und die gesetzlichen Feiertage kommen noch dazu.

4.2D

Herr Wenz: Herr Grimm, eine Frage zur Bezahlung. Ich bekomme monatlich 850 Mark, nicht?
Herr Grimm: Ja, richtig. Da Sie einen Angestelltenberuf lernen, bekommen Sie ein Monatsgehalt.
Herr Wenz: Und ist das brutto oder netto?
Herr Grimm: Das ist Ihr Bruttogehalt, aber Sie bekommen noch Wohngeld dazu.

Herr Wenz: Und wieviel ist das Wohngeld?
Herr Grimm: 250 Mark im Monat. Leider bekommen Sie das dreizehnte Monatsgehalt nicht, da Sie nur drei Monate bei uns bleiben.
Herr Wenz: Das 13. Monatsgehalt?
Herr Grimm: Ja, alle Angestellten bei uns bekommen noch ein Monatsgehalt zu Weihnachten.
Herr Wenz: Ach, schade! ... Aber, Herr Grimm, noch eine Frage. Wann bekomme ich mein erstes Gehalt?
Herr Grimm: Am Ende des ersten Monats.
Herr Wenz: Das ist erst in drei Wochen. Könnte ich vielleicht einen Vorschuß bekommen?
Herr Grimm: Natürlich, das ist überhaupt kein Problem. Gehen Sie zu unserer Kassiererin und lassen Sie sich einen Vorschuß geben.
Herr Wenz: Danke schön, Herr Grimm.

4.3B

DIALOG 1

Herr Wenz: Entschuldigung, wo ist das Büro des Personalleiters?
Empfangsdame: Sein Büro ist im zweiten Stock. Vom Empfang aus gehen Sie zwei Treppen hoch. Wenn Sie oben sind, sehen Sie seine Tür schon vor sich.
Herr Wenz: Danke.

DIALOG 2

Herr Wenz: Wie komme ich zur Abteilung Vertrieb?
Herr Grimm: Gehen Sie wieder nach unten ins Erdgeschoß, dann links um die Ecke, den Gang entlang, und es ist die vierte Tür links.
Herr Wenz: Danke.

DIALOG 3

Herr Wenz: Ich muß in die Produktionsabteilung. Wie komme ich dahin?
Mitarbeiterin: Gehen Sie zurück zum Empfang, dann eine Treppe hinauf in den ersten Stock. Dort gehen Sie links, dann geradeaus bis fast zum Ende. Sie sehen die Abteilung auf der linken Seite.

DIALOG 4

Herr Wenz: Wo ist der Postraum, bitte?
Mitarbeiter: Gehen Sie hier rechts raus, zurück zur Treppe, dann die Treppe runter ins Erdgeschoß. Wenn Sie unten sind, gehen Sie links, und er ist auf der rechten Seite gleich hinter dem Empfang.

4.4A

Herr Dorn: Herr Wenz, ich möchte Sie einigen Kollegen vorstellen, mit denen Sie zu tun haben werden.
Herr Wenz: Ah, gut.
Herr Dorn: Das ist Frau Kern vom Innendienst. Sie ist Sachbearbeiterin und kümmert sich um die Aufträge.
Herr Wenz: Guten Tag, Frau Kern. Sehr erfreut.
Frau Kern: Guten Tag, Herr Wenz.
Herr Dorn: Das ist Herr Barth vom Außendienst. Er ist Verkaufsberater und ist verantwortlich für die Kundenbetreuung.
Herr Wenz: Freut mich, Sie kennenzulernen!
Herr Barth: Tag, Herr Wenz.
Herr Dorn: Und das ist unser Marketing-Assistent, Herr Abt. Herr Abt befaßt sich mit Marktforschung und Werbung.
Herr Wenz: Guten Tag, Herr Abt.
Herr Abt: Angenehm.
Herr Dorn: Und das ist Frau Richter. Frau Richter ist unsere Sekretärin.
Herr Wenz: Guten Tag, Frau Richter!
Frau Richter: Guten Tag.
Herr Wenz: Wofür sind Sie zuständig?
Frau Richter: Ich bin zuständig für allgemeine Büroarbeiten in der Abteilung.
Herr Dorn: So, dann lasse ich Sie jetzt hier. Frau Kern wird sich um Sie kümmern. Viel Spaß bei der Arbeit!
Herr Wenz: Vielen Dank, Herr Dorn.

4.4D

Herr Wenz: Frau Kern, Sie sind für die Aufträge zuständig. Wie läuft das? Was müssen Sie alles bei der Arbeit machen?

Frau Kern: Was ich bei der Auftragsabwicklung mache? Also, ich nehme Kundenanfragen entgegen, d. h. ein Kunde möchte etwas kaufen und fragt nach Preis und Lieferzeit der Ware. Ich beantworte die Anfrage, indem ich ein Angebot erstelle. Im Angebot geben wir eine Produktspezifikation, den Preis und die Lieferzeit an. Das mache ich in Zusammenarbeit mit der Abteilung Entwicklung und Konstruktion. Wenn der Kunde unser Angebot annimmt und etwas bestellen möchte, gibt er uns einen Auftrag. Dann muß ich den Auftrag bestätigen. Mit der Auftragsbestätigung nehmen wir den Auftrag an. Die Auftragsbestätigung leite ich dann an die Abteilung Rechnungswesen weiter, damit man dort eine Rechnung schreiben kann. Die Versandabteilung bekommt natürlich auch eine Kopie, weil man dort den Lieferschein ausstellt. Ich bin dafür verantwortlich, daß wir die Waren rechtzeitig ausliefern, da muß ich also ständig Liefertermine überwachen. Und einmal im Monat muß ich einen Verkaufsbericht schreiben. Was mache ich denn sonst noch? Ach ja, ich muß mich manchmal um Reklamationen kümmern, z.B. die Waren sind nicht rechtzeitig angekommen, oder sie funktionieren nicht richtig oder so was, dann reklamiert der Kunde.

Herr Wenz: Also Reklamationen kommen hier auch manchmal vor?

Frau Kern: Leider ja!

4.5B

Herr Wenz: Entschuldigen Sie, Frau Richter, können Sie mir zeigen, wie man den Fotokopierer benutzt?

Frau Richter: Ja, natürlich. Also, mit diesem Hauptschalter hier schalten Sie das Gerät ein ... Moment, warum funktioniert das nicht? ... Ah, das Gerät ist nicht angeschlossen. Können Sie das machen?

Herr Wenz: Wo schließt man das Gerät an?

Frau Richter: Die Steckdose ist hier unter dem Schreibtisch.

Herr Wenz: Ach, ja. So, jetzt geht's.

Frau Richter: Danke. So, wenn Sie eingeschaltet haben, müssen Sie etwas warten, bis diese Anzeige grün leuchtet, dann ist das Gerät betriebsbereit. Dann öffnen Sie die Abdeckung und legen den Text hier auf, mit der bedruckten Seite nach unten ... so ... und dann schließen Sie die Abdeckung. Wie viele Kopien brauchen Sie?

Herr Wenz: Fünf.

Frau Richter: Mit diesen Tasten hier stellen Sie die Kopienanzahl ein. Dann drücken Sie die Starttaste - fertig!

Herr Wenz: Vielen Dank, Frau Richter.

Frau Richter: Bitte schön.

4.5D

Frau Kern: Könnten Sie vielleicht dieses Fax für mich senden, Herr Wenz?

Herr Wenz: Gerne, Frau Kern, ich hab' aber noch nie ein Faxgerät benutzt. Können Sie mir zeigen, wie man das macht?

Frau Kern: Ja, sicher. Also zuerst stellen Sie die Papierführung ein, so ... Und dann legen Sie das Original hier auf, und zwar mit der bedruckten Seite nach unten. Schieben Sie das Papier etwas, bis es automatisch eingezogen wird, sehen Sie. So, und jetzt wählen Sie die Faxnummer des Empfängers, mit diesen Wähltasten hier. Moment ... 030 44 97 - 1. Dann drücken Sie die Starttaste, so, und das Gerät beginnt zu senden. Wenn der Text durchgelaufen ist, ertönt das Abschlußsignal und das Display zeigt „Sendung OK".

Herr Wenz: Aha.

Frau Kern: Und zuletzt druckt das Gerät ein Übertragungsprotokoll aus, sehen Sie.

Herr Wenz: Und was macht man damit?

Frau Kern: Das heften Sie auf den Text und legen ihn dann hier in die Ablage. Frau Richter wird das dann zu den Akten legen.

Herr Wenz: Danke, Frau Kern. Ich hoffe, ich kann mir das alles merken!

Frau Kern: Ich auch. Wenn Sie Probleme haben, dann fragen Sie mich ruhig.

4.6A

Frau Kern: Ach, schon wieder eine Reklamation von Walter Betz! Ich brauche erst einmal einen Kaffee, bevor ich die Firma anrufe.

Herr Wenz: Ich koche Ihnen einen Kaffee, Frau Kern!

Frau Kern: Ach, das ist nett von Ihnen, Herr Wenz.

Herr Wenz: Möchten Sie auch einen Kaffee, Frau Richter?

Frau Richter: Oh ja, bitte.

Herr Wenz: So, hier ist der Kaffee.

Frau Kern: Vielen Dank.

Frau Richter: Danke.

Frau Kern: Ach, jetzt geht's mir schon viel besser. So, lesen wir den Brief von Herrn Betz noch mal ... ach, wie ich Reklamationen hasse!

Herr Wenz: Aber Frau Kern, die Arbeit hier gefällt Ihnen doch gut, oder?

Frau Kern: Meistens schon, aber unangenehme Telefongespräche mit Kunden mag ich nicht.

Herr Wenz: Was machen Sie denn gerne?

Frau Kern: Ach, Anfragen entgegennehmen, neue Produkte anbieten, solche Sachen mache ich gerne. Ich verhandle auch gern mit Kunden über Preise.

Herr Wenz: Was gefällt Ihnen am besten an Ihrer Stelle?

Frau Kern: Ich arbeite am liebsten selbständig und hier kann ich meine Arbeit selbst einteilen.

Herr Wenz: Und Sie, Frau Richter, wie finden Sie denn Ihre Stelle?

Frau Richter: Na ja, mir gefällt die Arbeit ganz gut.

Herr Wenz: Was machen Sie gern?

Frau Richter: Mm ... Geschäftsreisen für den Chef zu organisieren macht mir Spaß.

Herr Wenz: Und was gefällt Ihnen an der Arbeit nicht so gut?

Frau Richter: Die langen Arbeitsstunden mag ich nicht. Manchmal muß ich bis abends um sieben arbeiten. Da bleibt wenig Zeit für das Private übrig! Ja, das, und die Ablage. Die Ablage machen finde ich todlangweilig! Und bei Sitzungen führe ich auch nicht gern Protokoll.

Frau Kern: Und Sie, Herr Wenz, Sie sind jetzt schon fast drei Wochen hier. Arbeiten Sie gern bei der Firma?

Herr Wenz: Ja, ich arbeite gern hier, denn die Arbeit ist sehr interessant - sehr abwechslungsreich. Das beste an dem Job sind aber die netten Kollegen!

Frau Kern: Meint er etwa uns?

4.6D

Wolfgang Wenz: Entschuldigung, ist hier noch frei?

Udo Petzold: Aber sicher. Du bist der neue Praktikant, oder?

Wolfgang: Ja, bist du auch Praktikant?

Udo: Ja, ich heiße Udo.

Wolfgang: Grüß dich, ich heiße Wolfgang. Wie lange arbeitest du denn schon bei Rohrbach?

Udo: Seit über zwei Monaten. Mein Praktikum geht bald zu Ende.

Wolfgang: In welchen Abteilungen warst du denn schon?

Udo: Zuerst war ich in der kaufmännischen Abteilung, dann bei Informationssystemen, und jetzt bin ich in der Produktion.

Wolfgang: Ach, das ist aber interessant! Da fange ich nämlich nächsten Monat an! Wie ist es denn, in der Abteilung zu arbeiten?

Udo: Na, paß auf. Das Arbeitsklima dort ist schlecht. Der Produktionschef, Herr Swoboda, ist ein sehr unsympathischer Typ. Die meisten Kollegen haben Angst vor ihm. Er ist sehr autoritär, er schreit dauernd und kommandiert die Leute herum.

Wolfgang: Und wie sind die anderen Kollegen?

Udo: Da gibt's den Herrn Marek, er ist sehr ehrgeizig und konkurriert ständig mit den anderen. Ich glaube, er möchte die Stelle des Abteilungsleiters haben. Er ist überhaupt nicht hilfsbereit, er nimmt

sich nie Zeit, einem zu helfen oder irgend etwas zu erklären.
Wolfgang: Und ich muß ganze vier Wochen dort arbeiten!
Udo: Na ja, es gibt dort wenigstens einen sympathischen Kollegen, er heißt Herr Uhl. Er ist gutmütig und gelassen und hat immer Zeit, wenn man ein Problem hat. Halte dich an ihn. Aber wie ist das Arbeitsklima dort, wo du arbeitest?
Wolfgang: In der Vertriebsabteilung ist das Klima eigentlich sehr positiv. Unser Chef ist sehr freundlich und zugänglich, und die Kollegen sind wirklich sehr nett.
Udo: Du hast es aber gut.

KAPITEL 5

5.1B
Kollegin: Sie wählen zuerst die internationale Vorwahl, also von uns aus null null. Dann wählen Sie die Landesvorwahl, das heißt vier neun für Deutschland. Danach kommt die Ortsnetzkennzahl für München. Sie lassen da die Null weg und wählen also acht neun. Dann kommt die Rufnummer der Firma, also siebzehn dreiunddreißig. Auf diesem Brief steht auch Frau Seidels Durchwahlnummer. Wenn Sie direkt nach der Rufnummer zwo vier wählen, erreichen Sie Frau Seidel direkt.
So, alles klar? Oder soll ich's wiederholen? Also, noch einmal ...

5.1D

ANRUF 1
Auskunft: Platz 87. Auslandsauskunft, guten Tag. Welches Land, bitte?
Anrufer: Guten Tag. Österreich.
Auskunft: Welcher Ort, bitte?
Anrufer: Wien.
Auskunft: Wie heißt der Teilnehmer?
Anrufer: Die Firma Flora-Print.
Auskunft: Einen Moment. ... Sie wählen null null vier drei für Österreich. Die Vorwahl ist eins für Wien, die Nummer ist zweiundneunzig - sechsundsechzig - null eins.
Anrufer: Also null null vier drei für Österreich, dann eins - neun zwo - sechs sechs - null eins.
Auskunft: Ja.
Anrufer: Vielen Dank, auf Wiederhören.

ANRUF 2
Auskunft: Platz 19. Auslandsauskunft, guten Tag. Welches Land, bitte?
Anrufer: Frankreich. Was ist die Nummer der Firma Intrex Trading in Paris?
Auskunft: Bleiben Sie am Apparat. Sie wählen null null drei drei für Frankreich. Die Vorwahl für Paris ist eins, die Rufnummer ist dreißig - dreiundfünfzig - zweiundzwanzig - sechsundvierzig.
Anrufer: Könnten Sie das bitte in einzelnen Ziffern sagen?
Auskunft: Ja, drei null - fünf drei - zwei zwei - vier sechs.
Anrufer: Drei null - fünf drei - zwei zwei - vier sechs. Gut, danke, auf Wiederhören.

ANRUF 3
Auskunft: Platz 56. Internationale Auskunft, guten Tag. Welches Land, bitte?
Anrufer: Spanien.
Auskunft: Ort, bitte.
Anrufer: Madrid.
Auskunft: Wie heißt der Teilnehmer?
Anrufer: Unisys España.
Auskunft: Moment, bitte. ... Sie wählen null null drei vier für Spanien, die Vorwahl für Madrid ist eins, die Nummer ist vier - null drei - sechs null - null null.
Anrufer: Könnten Sie das bitte langsamer sagen?
Auskunft: Null null drei vier für Spanien. Die Vorwahl für Madrid ist eins und die Rufnummer der Firma ist vier - null drei - sechs null - null null.
Anrufer: Vielen Dank, auf Wiederhören.

ANRUF 4
Auskunft: Platz 17. Auslandsauskunft, guten Tag. Welches Land, bitte?
Anrufer: Die Schweiz. Geben Sie mir bitte die Nummer von International Watch und Co. in Schaffhausen.
Auskunft: Einen Moment, bitte. ... Die Vorwahl ist fünf drei für Schaffhausen, die Rufnummer ist achtundzwanzig - fünfundfünfzig - vierundfünfzig.
Anrufer: Also, ich wiederhole: fünf drei - achtundzwanzig - fünfundfünfzig - vierundfünfzig. Und was ist die internationale Vorwahl für die Schweiz?
Auskunft: Von hier aus wählen Sie null null vier eins.
Anrufer: Recht vielen Dank, auf Wiederhören.
Auskunft: Bitte schön, auf Wiederhören.

5.2A

TEIL 1
Nummer 1: (*Freiton*)
Nummer 2: (*Besetztton*)
Nummer 3: (*Datenton*)

TEIL 2
Ansage 1: Kein Anschluß unter dieser Nummer.
Ansage 2: Die Rufnummer des Teilnehmers hat sich geändert. Bitte wählen Sie: sechs - zwoundsiebzig - fünfundachtzig - sechzig. Ich wiederhole: sechs - zwoundsiebzig - fünfundachtzig - sechzig.
Ansage 3: Die Ortsnetzkennzahl für Hinterliederbach hat sich geändert. Bitte wählen Sie vor der Rufnummer zwo null.
Ansage 4: Alle Auskunftsplätze sind zur Zeit belegt! Bitte legen Sie nicht auf! Sie werden gleich bedient!

5.2B

ANRUF 1
Zentrale: Videco, Frankfurt, guten Tag.
Frau Henrik: Hallo, ist da die Firma Videco?
Zentrale: Videco, Frankfurt, guten Tag.
Frau Henrik: Guten Tag. Hier spricht Henrik von der Firma Dansk Data in Aalborg. Kann ich bitte Herrn Schuster von der Einkaufsabteilung sprechen?
Zentrale: Ja, Moment bitte, ich verbinde.
Frau Henrik: Danke.
Herr Schuster: Schuster, guten Tag.
Frau Henrik: Spreche ich mit Herrn Schuster?
Herr Schuster: Ja, wer ist am Apparat?
Frau Henrik: Hier ist Henrik, Dansk Data, Aalborg, guten Tag.

ANRUF 2
Zentrale: Schulze, Nürnberg, guten Morgen.
Herr Werner: Guten Morgen. Hier spricht Udo Werner von der Firma Sandoz in Basel. Könnte ich bitte Frau Pfeiffer sprechen?
Zentrale: Einen Moment, bitte, ich verbinde. Der Anschluß ist besetzt. Wollen Sie warten?
Herr Werner: Ja, ich warte.
Zentrale: Ich verbinde.
Frau Pfeiffer: Pfeiffer.
Herr Werner: Guten Tag, Frau Pfeiffer, hier Udo Werner, Sandoz, Basel.

ANRUF 3
Teilnehmer: Guten Tag.
Anrufer: Guten Tag. Ist da die Firma Lasco?
Teilnehmer: Nein, hier ist eine Privatnummer. Sie sind falsch verbunden!
Anrufer: Ach Verzeihung, ich habe falsch gewählt. Auf Wiederhören!
Teilnehmer: Auf Wiederhören!

5.2D

ANRUF 1

Zentrale: Firma Braun, guten Tag.
Herr Ellis: Guten Tag. Hier spricht John Ellis von Computec in London. Kann ich bitte Herrn Müller von der Verkaufsabteilung sprechen?
Zentrale: Kleinen Moment, bitte, ich verbinde.
Büro: Guten Tag, Steinke, Apparat Müller.
Herr Ellis: Guten Tag, Ellis, Computec London. Ich möchte bitte Herrn Müller sprechen.
Büro: Herr Müller ist im Moment leider nicht da. Wollen Sie zurückrufen?
Herr Ellis: Wann kann ich ihn erreichen?
Büro: Sie können es in einer halben Stunde wieder probieren.
Herr Ellis: Gut, dann rufe ich in einer halben Stunde wieder an.
Büro: Ist gut, auf Wiederhören.
Herr Ellis: Auf Wiederhören.

ANRUF 2

Zentrale: Firma Braun, guten Tag.
Frau Gomez: Guten Tag, Gomez, Firma Rumasa, Barcelona. Könnte ich Frau Bach sprechen?
Zentrale: Ich verbinde.
Büro: Büro Bach, guten Tag.
Frau Gomez: Guten Tag, Gomez, Firma Rumasa, Barcelona. Ist Frau Bach zu sprechen, bitte?
Büro: Wie bitte? Die Verbindung ist sehr schlecht!
Frau Gomez: Hier Gomez, Rumasa, Barcelona. Ich möchte Frau Bach sprechen.
Büro: Frau Bach ist in einer Besprechung. Soll ich ihr etwas ausrichten?
Frau Gomez: Nein, danke. Ich muß sie persönlich sprechen. Können Sie mir sagen, wann ich sie erreichen kann?
Büro: Am besten rufen Sie morgen zurück. Sie ist ab 8.30 Uhr im Büro.
Frau Gomez: Gut, dann rufe ich morgen früh kurz nach halb neun wieder an. Vielen Dank.
Büro: Bitte schön, auf Wiederhören.

ANRUF 3

Zentrale: Firma Braun, guten Tag.
Herr Borg: Guten Tag, hier spricht Borg, Svenska Marketing, Stockholm. Ich möchte bitte Herrn Weber sprechen.
Zentrale: Einen Moment, ich stelle Sie durch.
Büro: Linz am Apparat.
Herr Borg: Könnte ich bitte Herrn Weber sprechen?
Büro: Es tut mir leid, Herr Weber ist auf Geschäftsreise.
Herr Borg: Ach so. Wissen Sie, ob er diese Woche wieder im Büro ist?
Büro: Er ist erst nächsten Montag wieder da. Kann ich Ihnen helfen?
Herr Borg: Nein, danke, ich rufe am Montag wieder an. Vielen Dank.
Büro: Gern geschehen. Auf Wiederhören.

5.3A

ANRUF 1

Rezeption: Arabella Hotel, guten Tag.
Herr Green: Guten Tag, mein Name ist Green von der Firma Midfast, Birmingham. Ich möchte gern Informationsmaterial über Ihre Konferenzeinrichtungen. Wer kann mir das senden?
Rezeption: Einen Moment, ich verbinde Sie mit der Bankettabteilung.
Herr Green: Mit welcher Abteilung, bitte?
Rezeption: Mit der Bankettabteilung.
Herr Green: Danke.

ANRUF 2

Zentrale: Hedemann GmbH, guten Tag.
Frau Arup: Guten Tag, Arup, Lunaprint, Kopenhagen. Es geht um die Reklamation einer mechanischen Presse, die Sie uns geliefert haben. Mit wem spreche ich am besten darüber?

Zentrale: Ich verbinde Sie mit dem Kundendienst. Bleiben Sie am Apparat.
Herr Schmidt: Schmidt, guten Tag.
Frau Arup: Guten Tag, ist das der Kundendienst?
Herr Schmidt: Ja, worum handelt es sich, bitte?
Frau Arup: Es geht um die Reklamation einer mechanischen Presse, die Sie uns gerade geliefert haben.
Herr Schmidt: Wie ist Ihr Name, bitte?
Frau Arup: Arup, Lunaprint, Kopenhagen.
Herr Schmidt: Geben Sie mir die Bestellnummer, bitte.
Frau Arup: Die Bestellnummer ist 183/1B.
Herr Schmidt: Und was ist das Problem?

ANRUF 3

Zentrale: EOC Normalien, Lüdenscheid, guten Tag.
Frau Bethmann: Guten Tag, hier spricht Bethmann, Firma Arco, Paris. Ich rufe an wegen einer Rechnung, die ich gerade bekommen habe. Wer ist dafür zuständig?
Zentrale: Ich verbinde Sie mit Herrn Weyhe von der Buchhaltung.
Frau Bethmann: Entschuldigung, wie war der Name noch mal?
Zentrale: Weyhe.
Frau Bethmann: Danke.
Herr Weyhe: Weyhe am Apparat.
Frau Bethmann: Guten Tag, hier spricht Bethmann, Firma Arco, Paris. Ich habe eine Frage zu Ihrer letzten Rechnung Nummer 781/A. Ich glaube, Sie haben sich verrechnet.
Herr Weyhe: Ja, dafür bin ich leider nicht zuständig. Da sprechen Sie am besten mit Frau Weiß. Bleiben Sie am Apparat, ich verbinde Sie weiter.
Frau Bethmann: Danke.

5.3C

Nummer 1: Jäger: J wie Julius, Ä wie Ärger, G wie Gustav, E wie Emil, R wie Richard.
Nummer 2: Münch: Martha, Übermut, Nordpol, Cäsar, Heinrich.
Nummer 3: Swarowski: Samuel, Wilhelm, Anton, Richard, Otto, Wilhelm, Samuel, Kaufmann, Ida.
Nummer 4: Zeiss: Z wie Zacharias, E wie Emil, I wie Ida, Samuel, Samuel.
Nummer 5: Weyhe: Wilhelm, Emil, Ypsilon, Heinrich, Emil.
Nummer 6: Quantas: Q wie Quelle, U wie Ulrich, A wie Anton, N wie Nordpol, T wie Theodor, A wie Anton, S wie Samuel.

5.3D

Zentrale: Schäfer GmbH, guten Tag.
Frau Lionne: Guten Tag, mein Name ist Lionne. Ich rufe aus Paris an, von der Firma Raphael. Ich hätte gern einen Katalog Ihrer Produkte. Wer kann mir das schicken?
Zentrale: Kleinen Moment, ich verbinde Sie mit der Marketingabteilung.
Frau Lionne: Danke.
Herr Riller: Riller, guten Tag.
Frau Lionne: Guten Tag, Lionne, Firma Raphael, Paris. Können Sie mir bitte Ihren neuesten Katalog schicken?
Herr Riller: Natürlich. Sagen Sie mir Ihren Namen, bitte.
Frau Lionne: Lionne.
Herr Riller: Oh, das müssen Sie mir aber buchstabieren!
Frau Lionne: Also, L wie Ludwig, I wie Ida, O wie Otto, Nordpol, Nordpol, Emil.
Herr Riller: Und wie heißt Ihre Firma noch mal?
Frau Lionne: Firma Raphael.
Herr Riller: Wie schreibt man das, bitte?
Frau Lionne: Richard, Anton, Paula, Heinrich, Anton, Emil, Ludwig.
Herr Riller: Und was ist die Adresse?
Frau Lionne: 24 rue Levallois. Ich buchstabiere: Ludwig, Emil, Viktor, Anton, Ludwig, Ludwig, Otto, Ida, Samuel. Haben Sie das?
Herr Riller: Ja.
Frau Lionne: Und die Postleitzahl ist 75017 Paris.
Herr Riller: Also, ich wiederhole: Frau Lionne, Firma Raphael, 24 rue Levallois, 75017 Paris.

Frau Lionne: Ja, richtig.
Herr Riller: In Ordnung, Frau Lionne. Wir schicken Ihnen den Katalog heute zu.

5.4A

ANRUF 1

Büro: Bartsch, guten Tag.
Frau Lehmann: Guten Tag, hier Lehmann, Firma Strehl, Hamburg. Kann ich bitte Herrn Kuhn sprechen?
Büro: Herr Kuhn ist gerade beim Mittagessen. Soll er Sie zurückrufen?
Frau Lehmann: Nein, ich melde mich etwas später wieder.
Büro: Ist gut, auf Wiederhören.
Frau Lehmann: Auf Wiederhören.

ANRUF 2

Büro: Linz.
Herr Harrap: Guten Tag, hier spricht Harrap, Svenska Marketing, Stockholm. Ich möchte Frau Lehmann sprechen.
Büro: Frau Lehmann ist in einer Sitzung.
Herr Harrap: Ach so. Wissen Sie, wie lange das dauert?
Büro: Das geht wahrscheinlich den ganzen Tag. Wollen Sie eine Nachricht hinterlassen?
Herr Harrap: Ja, können Sie Frau Lehmann sagen ...

ANRUF 3

Büro: Werner am Apparat.
Herr Brown: Guten Tag, Brown, Cooper Engineering, Manchester. Könnte ich bitte Herrn Hubert sprechen?
Büro: Herr Hubert spricht gerade auf der anderen Leitung. Soll er Sie zurückrufen?
Herr Brown: Ja, bitte.
Büro: Wiederholen Sie Ihren Namen, bitte.
Herr Brown: Brown - Berta, Richard, Otto ...

5.4B

ANRUF 1

Büro: Sekretariat Kaderli, grüß Gott, Zimmermann am Apparat.
Frau Dupont: Guten Tag. Hier spricht Chantal Dupont von der Firma AWN in Lyon. Kann ich bitte Herrn Kaderli sprechen?
Büro: Es tut mir leid, Herr Kaderli ist gerade mit einem Kunden zusammen. Soll ich etwas ausrichten?
Frau Dupont: Ja, sagen Sie bitte Herrn Kaderli, daß ich angerufen habe. Es geht um einen Besuchstermin. Könnte er mich zurückrufen? Ich bin bis 18.00 Uhr im Büro.
Büro: Ist gut. Wie war Ihr Name noch mal?
Frau Dupont: Dupont. Ich buchstabiere: Dora, Ulrich, Paula, Otto, Nordpol, Theodor.
Büro: Und von welcher Firma sind Sie?
Frau Dupont: Von der Firma AWN, Lyon.
Büro: Hat Herr Kaderli Ihre Telefonnummer?
Frau Dupont: Ja, ich glaube schon, aber ich gebe sie Ihnen noch mal durch: drei drei, vierundzwanzig, neunundsiebzig, sechsunddreißig, achtzig.
Büro: Ich wiederhole: drei drei, vierundzwanzig, neunundsiebzig, sechsunddreißig, achtzig. In Ordnung, Frau Dupont, ich sage Herrn Kaderli Bescheid.
Frau Dupont: Vielen Dank, auf Wiederhören.
Büro: Wiederhören!

ANRUF 2

Büro: Büro Herr Lutz, Schmidt.
Herr Petterson: Hier spricht Olaf Petterson von Teleteknik in Viborg. Ist Herr Lutz zu sprechen, bitte?
Büro: Nein, es tut mir leid, Herr Lutz hat heute einen Tag Urlaub.
Herr Petterson: Ach, könnten Sie ihm bitte etwas ausrichten?
Büro: Aber gerne!
Herr Petterson: Es handelt sich um unseren Auftrag Nr. 2814/b. Könnte er ihn sobald wie möglich per Fax bestätigen?
Büro: Ist gut, ich richte es Herrn Lutz aus.
Herr Petterson: Und könnte er mich zurückrufen? Es ist ziemlich dringend.

Büro: Ja, gut. Können Sie Ihren Namen bitte wiederholen?
Herr Petterson: Ja, ich heiße Petterson, P wie Paula, E wie Emil, Theodor, Theodor, E wie Emil, R wie Richard, S wie Samuel, O wie Otto, N wie Nordpol, und ich bin von der Firma Teleteknik, Viborg.
Büro: Teleteknik, Viborg. Also, kein Problem, Herr Petterson, ich sage Herrn Lutz Bescheid.
Herr Petterson: Recht vielen Dank. Auf Wiederhören.
Büro: Nichts zu danken. Wiederhören.

ANRUF 3

Büro: Fischer am Apparat.
Herr Cipolli: Guten Tag. Cipolli, Firma Castelli, Bologna. Ist Herr Becker da, bitte?
Büro: Es tut mir leid, Herr Becker ist nicht an seinem Platz. Ich glaube, er ist beim Mittagessen.
Herr Cipolli: Ach so. Könnte ich eine Nachricht hinterlassen?
Büro: Ja, selbstverständlich.
Herr Cipolli: Es geht um die Lieferung unseres Auftrags Nr. 123/b, die gerade eingetroffen ist. Sagen Sie ihm bitte, daß die Maschine defekt ist. Könnte er jemanden vom Kundendienst sobald wie möglich zu uns schicken? Die Sache ist dringend.
Büro: In Ordnung, das sage ich Herrn Becker. Können Sie Ihren Namen wiederholen, bitte?
Herr Cipolli: Ja, Cipolli, Cäsar, Ida, Paula, Otto, Ludwig, Ludwig, Ida. Haben Sie das?
Büro: Ja. Und Sie sind von der Firma Castelli, Bologna?
Herr Cipolli: Ja.
Büro: Alles klar, Herr Cipolli, ich sage Herrn Becker Bescheid.
Herr Cipolli: Danke, auf Wiederhören.
Büro: Gern geschehen, auf Wiederhören.

5.4D

Ansage 1: Guten Tag. Die Firma Clemens Wollgast und Co. ist wegen Betriebsferien geschlossen. Wenn Sie eine Nachricht hinterlassen möchten, geben Sie Ihren Namen, Ihre Telefonnummer und Adresse an. Wir rufen Sie dann am Montag, dem 8. August, wieder zurück. Bitte sprechen Sie nach dem Signalton.
Ansage 2: Guten Tag. Hier ist die Firma Klaus Forsbach, Telefonnummer drei - fünfundneunzig - fünfzig - sechsundzwanzig. Persönlich erreichen Sie uns montags bis freitags von 8.00 Uhr bis 12.30 Uhr und von 13.00 Uhr bis 17.00 Uhr. Sie können uns gerne eine Nachricht mit Ihrem Namen, Ihrer Anschrift und gegebenenfalls Ihrer Kundennummer hinterlassen. Wir rufen Sie dann zurück. Bitte sprechen Sie nach dem folgenden Signalton.
Ansage 3: Jochen Schmidt, guten Tag. Unser Büro ist zur Zeit nicht besetzt. Bitte rufen Sie unsere Niederlassung in Hamburg unter null vier null - fünf - fünfunddreißig - vierundachtzig an. Oder versuchen Sie, mich unter null vier null - neunundsechzig - vierzig - sechsundfünfzig zu erreichen. Danke.

KAPITEL 6

6.1B

Verkehrsamt: Freiburg-Information, guten Tag.
Frau Lind: Ist das die Tourist-Information Freiburg?
Angestellter: Ja, bitte schön?
Frau Lind: Guten Tag, mein Name ist Lind, von der Firma HML. Ich brauche Informationen über Hotels in Freiburg. Kann ich mit Ihnen darüber sprechen?
Angestellter: Ja, was suchen Sie genau?
Frau Lind: Ich muß eine Konferenz für ungefähr 70 Personen organisieren und suche ein passendes Hotel. Ich brauche Unterkunft für alle Teilnehmer sowie einen großen Konferenzraum und zwei kleinere Räume. Könnten Sie mir bitte einige Hotels empfehlen?
Angestellter: In welcher Preiskategorie soll das Hotel sein? Sie denken wahrscheinlich an Luxus- oder First-Class?
Frau Lind: Ja, bitte.
Angestellter: Und wo soll das Hotel liegen? Zentral, oder kann es etwas außerhalb sein?
Frau Lind: Es kann auch außerhalb sein, aber nicht zu weit außerhalb. An einem Abend möchten wir nämlich ein Gala-Essen in Freiburg veranstalten, und da soll es nicht zu schwierig sein, die Teilnehmer hinzubringen.
Angestellter: Und haben Sie weitere Kriterien?
Frau Lind: Ja, das Hotel muß ein eigenes Restaurant haben. Es müssen auch Parkmöglichkeiten vorhanden sein, einige Teilnehmer werden nämlich mit dem Auto kommen.
Angestellter: Also, einen Moment bitte, ich schaue nach ... Also, Frau Lind, da gibt es das Colombi Hotel, ein ausgesprochenes Luxushotel, direkt in der Stadtmitte, mit 180 Betten ... oder das Dorint Hotel Freiburg-City im neuen Kongreßzentrum von Freiburg, mit 222 Betten. Das ist ein First-Class Hotel und wurde erst 1994 eröffnet. Dann weiter außerhalb gibt es das Panorama-Hotel Mercure, das hat eine wunderschöne Lage oberhalb der Stadt. Und in Munzingen, etwa neun Kilometer von Freiburg, ist das Schloß Reinach, ein ehemaliger Bauernhof.
Frau Lind: Ach, ein alter Bauernhof, das klingt aber ganz toll! Wie heißt das Hotel bitte noch mal?
Angestellter: Schloß Reinach, ich buchstabiere: Richard, Emil, Ida, Nordpol, Anton, Cäsar, Heinrich.
Frau Lind: Und die Telefonnummer, bitte?
Angestellter: Die Vorwahl ist 0 76 64 und die Rufnummer ist 4 07-0.
Frau Lind: Und Sie sagten, das Hotel liegt neun Kilometer außerhalb von Freiburg?
Angestellter: Ja, Schloß Reinach ist in Munzingen, das ist etwa zehn Minuten mit dem Auto von Freiburg entfernt.
Frau Lind: Danke, und das erste Hotel auf Ihrer Liste war ...?
Angestellter: Hotel Colombi, das schreibt sich Cäsar, Otto, Ludwig, Otto, Martha, Berta, Ida. Die Telefonnummer ist 07 61/2 10 60.
Frau Lind: Und das ist ein Luxushotel?
Angestellter: Ja, es ist eines der besten Stadthotels in Deutschland.
Frau Lind: Und dann das Hotel Dorint im neuen Kongreßzentrum. Können Sie den Namen bitte auch buchstabieren?
Angestellter: Gerne. Dora, Otto, Richard, Ida, Nordpol, Theodor. Jetzt die Telefonnummer. Das ist die gleiche Vorwahl für Freiburg, also 07 61 und dann 38 89-0.
Frau Lind: Und alle diese Hotels haben Konferenzräume?
Angestellter: Ja.
Frau Lind: Gut. So, das sind drei Hotels, ich glaube, das reicht im Moment. Recht vielen Dank für Ihre Hilfe. Nur noch eine Bitte. Könnten Sie mir Informationsmaterial über Freiburg und Ihr Hotelverzeichnis zusenden?
Angestellter: Selbstverständlich. Geben Sie mir Ihre Adresse, das schicke ich Ihnen heute noch zu.
Frau Lind: Also meine Firma heißt HML, die Adresse ist ...

6.3B

Rezeption: Hotel Dorint, Freiburg-City, guten Tag.
Frau Lind: Guten Tag, hier Lind, Firma HML. Kann ich bitte den Direktor, Herrn Offers, sprechen?
Rezeption: Einen Moment, bitte, ich verbinde.
Herr Offers: Guten Tag, Offers.
Frau Lind: Guten Tag, Lind, Firma HML. Es geht um unsere Jahreskonferenz nächstes Jahr. Erstmal vielen Dank für die Konferenzunterlagen, die Sie mir geschickt haben.
Herr Offers: Gern geschehen.
Frau Lind: Nun, die Konferenz soll Mitte Juni stattfinden und dauert drei Tage. Der Anreisetag ist Sonntag und die Abreise ist am Mittwoch nachmittag.
Herr Offers: So, das wären drei Übernachtungen.
Frau Lind: Ja. Wie Sie wissen, brauchen wir Unterkunft für 70 Teilnehmer, sowie einen großen Konferenzraum für 70 Personen und zwei kleinere Seminarräume für je 35 Personen. Können Sie mir sagen, ob das Hotel um diese Zeit noch frei ist, oder haben Sie schon Buchungen?
Herr Offers: Einen Moment, bitte, ich schaue nach ... Die zweite Juniwoche ist leider völlig ausgebucht, aber die dritte Woche ist noch frei.
Frau Lind: Ah, gut, die dritte Woche wäre möglich, das notiere ich mir ... Also, Herr Offers, darf ich einige Fragen zu Ihren Preisen stellen?
Herr Offers: Aber selbstverständlich!
Frau Lind: Aus Ihrer Broschüre entnehme ich, daß Ihre Zimmerpreise bei Konferenzen und Seminaren variieren. Was wäre der Zimmerpreis für 70 Teilnehmer für drei Nächte?
Herr Offers: Da können wir einen Preis von 180 Mark pro Person pro Nacht anbieten.
Frau Lind: Dieser Preis basiert auf der Teilnehmerzahl von 70, der Aufenthaltslänge von drei Tagen und der Saison?
Herr Offers: Ja, genau.
Frau Lind: Ist der Preis inklusive Frühstück?
Herr Offers: Ja.
Frau Lind: Gut. Nun habe ich eine Frage zu Ihrer Konferenzpauschale. Wie gesagt, wir brauchen einen großen Konferenzraum und zwei kleinere Räume. Was kosten zusätzliche Konferenzräume?
Herr Offers: Wenn Sie unsere Konferenzpauschale buchen, entfallen die Bereitstellungskosten und Raummieten. Der Preis unserer Pauschale beträgt 69 Mark pro Person pro Tag.
Frau Lind: Das heißt, zusätzliche Räume werden nicht separat berechnet?
Herr Offers: Nein.
Frau Lind: Ach so, gut. Und jetzt eine Frage zum Abendessen. Wie ich sehe, ist die Pauschale exklusive Abendessen, stimmt's?
Herr Offers: Ja, das stimmt.
Frau Lind: Haben Sie eine Auswahl von Menüs?
Herr Offers: Ja, natürlich.
Frau Lind: Können Sie mir einige Menüpreise nennen?
Herr Offers: Die 3-Gang-Menüs fangen bei 19 Mark an und gehen bis zu 44 Mark. Dann haben wir einige 4-Gang-Menüs, die zwischen 61 und 68 Mark kosten. Wir bieten auch Büffets zu 40 Mark und 60 Mark.
Frau Lind: Gut, Herr Offers, ich habe alles notiert. Könnten Sie mir bitte ein schriftliches Preisangebot machen?
Herr Offers: Ja, gerne, Frau Lind, das mache ich noch heute.
Frau Lind: Vielen Dank, Herr Offers, auf Wiederhören.
Herr Offers: Auf Wiederhören.

6.4A

DIALOG 1

Rezeption: Schloß Reinach, Grüß Gott.
Frau Lind: Guten Tag, hier spricht Lind von der Firma HML. Ich möchte bitte Frau Fell von der Bankettabteilung sprechen.
Rezeption: Ich verbinde.
Frau Fell: Fell, guten Tag.
Frau Lind: Guten Tag, Frau Fell, hier Lind, Firma HML.

Frau Fell: Ah, guten Tag, Frau Lind.

Frau Lind: Ich habe Ihr Angebot für unsere Konferenz im nächsten Jahr bekommen, vielen Dank. Bevor wir unsere Entscheidung treffen, möchten mein Chef, Herr Cook, und ich Ihr Hotel und die Konferenzeinrichtungen besichtigen. Können wir einen Termin vereinbaren?

Frau Fell: Aber gerne. Wann möchten Sie kommen?

Frau Lind: Geht es in der ersten Septemberwoche?

Frau Fell: Ja, selbstverständlich. Welcher Tag paßt Ihnen am besten?

Frau Lind: Sagen wir Mittwoch, der 6. September?

Frau Fell: Ja, das geht. Vormittags oder nachmittags?

Frau Lind: Vormittags wäre uns lieber. Dann haben wir genug Zeit, um alles zu sehen und um die Konferenzorganisation zu besprechen. Sagen wir um 10.30 Uhr?

Frau Fell: In Ordnung, Frau Lind. Und wollen Sie auch übernachten?

Frau Lind: Nein, danke, nach der Besichtigung fahren wir gleich weiter.

Frau Fell: Ist gut. Ich bestätige Ihnen den Termin für Ihren Besuch per Fax.

Frau Lind: Vielen Dank, auf Wiederhören.

Frau Fell: Auf Wiederhören.

DIALOG 2

Zentrale: HML Stuttgart, Grüß Gott.

Frau Lind: Guten Tag, können Sie mich bitte mit Herrn Frey verbinden?

Zentrale: Einen Moment, bitte.

Sekretärin: Müller am Apparat.

Frau Lind: Guten Tag, ich möchte Herrn Frey sprechen.

Sekretärin: Herr Frey ist gerade in einer Besprechung. Kann ich Ihnen helfen? Ich bin seine Sekretärin.

Frau Lind: Ja, vielleicht. Hier spricht Lind von der Hauptverwaltung. Es geht um die Konferenz im nächsten Jahr in Freiburg. Mein Chef, Herr Cook, und ich fliegen in der ersten Septemberwoche nach Freiburg, um einige Konferenzhotels zu besichtigen. Wir möchten gern Herrn Frey besuchen, um die Organisation der Konferenz zu besprechen. Können wir einen Termin vereinbaren?

Sekretärin: Moment bitte, ich schaue mal in seinem Terminkalender nach. Also, in der letzten Augustwoche ist er im Urlaub und kommt erst am Dienstag, dem 5. September, ins Büro zurück. Am Mittwoch, dem 6. September, ist er nur am Vormittag frei, oder am Nachmittag ab 15.00 Uhr. Am Donnerstag, dem 7. September, ist er den ganzen Tag frei.

Frau Lind: Donnerstag paßt sehr gut. Geht es um 10.00 Uhr?

Sekretärin: Ja, das geht. Donnerstag, der 7. September um 10.00 Uhr, Herr Cook und Frau Lind. Ich trage es ein.

Frau Lind: Sehr gut, vielen Dank.

Sekretärin: Gern geschehen. Auf Wiederhören.

Frau Lind: Auf Wiederhören.

6.4C

DIALOG 1

Herr Beck: Beck.

Herr Werner: Grüß Gott, Herr Beck, hier Werner, Firma Kluwer, Wien.

Herr Beck: Ah, guten Tag, Herr Werner.

Herr Werner: Es geht um unseren Termin am nächsten Montag.

Herr Beck: Ja, um 9.30 Uhr, nicht wahr?

Herr Werner: Ja. Ich muß leider absagen, weil wir hier in der Firma im Augenblick einige Probleme haben.

Herr Beck: Ach so, das tut mir leid.

Herr Werner: Könnte ich Sie nächste Woche wieder anrufen, um einen neuen Termin zu vereinbaren? Ich bitte um Verständnis für diese Unannehmlichkeit.

DIALOG 2

Frau Doliwa: Doliwa am Apparat.

Herr Riedel: Guten Morgen, Frau Doliwa, hier spricht Riedel, Lieberoth GmbH. Wie Sie wissen, haben wir einen Termin für heute nachmittag um zwei Uhr. Ich glaube aber, das schaffe ich nicht. Ich stehe im Moment auf der Autobahn im Stau. Bis wann sind Sie im Büro?

Frau Doliwa: Das ist kein Problem, Herr Riedel, ich bin bis fünf Uhr hier.

Herr Riedel: Ah, gut. Ich melde mich später wieder, sobald ich weiß, wann ich wahrscheinlich ankomme. Auf Wiederhören.

Frau Doliwa: Auf Wiederhören.

DIALOG 3

Herr Fleck: Fleck, guten Tag.

Frau Laval: Guten Tag, Herr Fleck, hier spricht Yvette Laval, Intrex Trading, Paris. Ich habe einen Termin mit Ihnen übermorgen um 11.00 Uhr. Ich muß den Termin aber leider absagen, weil die Fluglotsen hier am Flughafen streiken. Könnten wir den Termin vielleicht auf nächste Woche verschieben?

Herr Fleck: Ja, ich schaue in meinem Terminkalender nach. Mm, das wäre wohl schwierig. Nächste Woche bin ich nämlich drei Tage auf der Messe in Köln.

6.5A

DIALOG 1

Rezeption: Hotel Royal, guten Tag.

Frau Lind: Guten Tag, hier spricht Lind von der Firma HML. Ich habe den Namen Ihres Hotels dem Hotelverzeichnis vom Verkehrsamt entnommen und möchte eine Zimmerreservierung machen. Erst mal eine Frage. Wie weit sind Sie vom Hauptbahnhof entfernt?

Rezeption: Das ist nur eine S-Bahn Haltestelle. Zu Fuß läuft man etwa 15 Minuten.

Frau Lind: Gut. Dann möchte ich bitte zwei Einzelzimmer reservieren.

Rezeption: Für wann, bitte?

Frau Lind: Vom 6. bis zum 7. September, also für eine Nacht.

Rezeption: Möchten Sie Bad oder Dusche?

Frau Lind: Lieber Bad, wenn's geht.

Rezeption: Dann muß ich mal schauen ... Es tut mir leid, in der Zeit haben wir nur noch Doppelzimmer frei.

Frau Lind: Ach, so. Nun gut, dann versuche ich's bei einem anderen Hotel. Vielen Dank, auf Wiederhören.

Rezeption: Auf Wiederhören.

DIALOG 2

Rezeption: Hotel Ketterer, guten Tag.

Frau Lind: Guten Tag, mein Name ist Lind von der Firma HML. Ich habe den Namen Ihres Hotels dem Hotelverzeichnis vom Verkehrsamt entnommen. Ich möchte zwei Einzelzimmer mit Bad und WC für den 6. September reservieren. Haben Sie da was frei?

Rezeption: Zwei Einzelzimmer für den 6. September, also für eine Nacht?

Frau Lind: Ja.

Rezeption: Ja, das geht in Ordnung.

Frau Lind: Gut. Nur eine Frage: Im Hotelverzeichnis steht, daß Einzelzimmer mit Bad zwischen 168 und 225 Mark kosten. Was ist da der Unterschied?

Rezeption: Die Zimmer zum Preis von 225 Mark sind im Neubau, sie sind etwas größer, mit einem großen Schreibtisch und Minibar. Die zu 168 Mark sind etwas kleiner, aber auch mit Minibar.

Frau Lind: Aha, ich verstehe. Ist das mit Frühstück?

Rezeption: Ja, der Zimmerpreis ist inklusive Frühstück, Bedienung und Mehrwertsteuer.

Frau Lind: Eine Frage noch. Wie weit ist das Hotel vom Hauptbahnhof?

Rezeption: Wir sind einen Kilometer vom Hauptbahnhof entfernt in der Fußgängerzone. Mit dem Taxi erreichen Sie uns in ein paar Minuten, das kostet etwa 10 Mark.

Frau Lind: Gut, dann reservieren Sie bitte zwei Zimmer zum Preis von 225 Mark auf die Namen Cook, C-O-O-K, und Lind, L-I-N-D, Firma HML.

Rezeption: Ist gut.

Frau Lind: Könnten Sie mir diese Reservierung bitte per Fax bestätigen?

Rezeption: Gerne. Was ist denn bitte Ihre Faxnummer?

Frau Lind: Also das ist ...

6.5C

DIALOG 1

Rezeption: Intercity Hotel, guten Tag.

Herr Lehmann: Guten Tag, hier spricht Lehmann von der Firma Rose und Meyer. Ich möchte eine Reservierung ändern.

Rezeption: Was haben Sie reserviert?

Herr Lehmann: Drei Zweibettzimmer und ein Einbettzimmer auf den Namen Slessor vom 29.9. bis zum 4.10. Ich möchte die Reservierung für Herrn Slessor absagen und brauche also nur noch die drei Doppelzimmer.

Rezeption: Gut, Herr Lehmann, das geht in Ordnung.

Herr Lehmann: Fallen da Stornierungskosten an?

Rezeption: Nein, eine kostenfreie Stornierung ist bis drei Wochen vor Anreisedatum möglich.

Herr Lehmann: Gut. Soll ich Ihnen die neue Reservierung per Fax bestätigen?

Rezeption: Ja bitte, das wäre nett.

Herr Lehmann: Gut, dann schick' ich Ihnen sofort ein Fax. Danke schön, auf Wiederhören.

Rezeption: Wiederhören.

DIALOG 2

Rezeption: Hotel Münchner Hof, guten Tag.

Frau Fritsch: Guten Tag, hier Fritsch von der Firma Dataware, München. Ich möchte bitte eine Reservierung ändern.

Rezeption: Was haben Sie reserviert?

Frau Fritsch: Zwei Einzelzimmer auf die Namen Johnson und Reed von der Firma Communications Controlware vom 2. bis zum 4. Juni.

Rezeption: Und was möchten Sie jetzt reservieren?

Frau Fritsch: Ich hätte gern ein Einzelzimmer und ein Doppelzimmer anstatt zwei Einzelzimmer.

Rezeption: Aber für die gleiche Zeit?

Frau Fritsch: Ja, für die gleiche Zeit.

Rezeption: Einen Moment, bitte, ich schaue mal nach. ... Es tut mir leid, Frau Fritsch, aber in der Zeit haben wir keine Doppelzimmer mehr frei.

Frau Fritsch: Ach, so. Schade. Wie wär's also mit drei Einzelzimmern?

Rezeption: Ja, das geht in Ordnung.

Frau Fritsch: Gut. Könnten Sie mir die neue Reservierung per Fax bestätigen?

Rezeption: Ja, selbstverständlich. Was ist bitte Ihre Faxnummer?

Frau Fritsch: Die Faxnummer ist ...

6.5E

Rezeption: Schloß Reinach, guten Tag.

Frau Lind: Guten Tag, hier spricht Lind von der Firma HML. Könnte ich bitte Frau Fell von der Bankettabteilung sprechen?

Rezeption: Einen Moment bitte, ich verbinde.

Frau Fell: Fell, guten Tag.

Frau Lind: Guten Tag, hier Lind, Firma HML. Es geht um unsere Jahreskonferenz nächstes Jahr. Wir haben Ihr Angebot bekommen und das Hotel besichtigt. Wir sind sehr zufrieden und möchten jetzt eine endgültige Buchung machen.

Frau Fell: Das freut mich sehr, Frau Lind.

Frau Lind: Nur noch zwei Fragen. Bis wann können wir absagen?

Frau Fell: Eine kostenfreie Stornierung der Zimmerreservierungen ist bis sechs Wochen vor Anreisedatum möglich. Danach müssen Sie zwischen 50% und 80% des Zimmerpreises bezahlen, je nachdem, wie spät Sie abbestellen.

Die Stornofrist für die Konferenzräume ist 22 Tage.

Frau Lind: Aha. Und wie ist es mit der Konferenzpauschale, wenn weniger Teilnehmer kommen?

Frau Fell: Für die Konferenzräume geben wir eine Ermäßigung bis zu maximal 5%.

Frau Lind: Gut, danke. Dann möchte ich folgendes buchen: 30 Doppelzimmer und 10 Einzelzimmer mit Bad oder Dusche, Ihre Tagungspauschale Nummer 2 für einen Tag und die Pauschale Nummer 1 für zwei Tage, d.h. ohne Abendessen. Weitere Einzelheiten der Tagungsorganisation teile ich Ihnen später mit.

Frau Fell: Gut, Frau Lind, das habe ich mir alles notiert. Ich schicke Ihnen eine schriftliche Bestätigung. Vielen Dank für Ihre Buchung.

Frau Lind: Ich danke auch, auf Wiederhören.

Frau Fell: Auf Wiederhören.

KAPITEL 7

7.1C

DIALOG 1

Fluggast: Können Sie mir bitte helfen? Ich bin eben mit der Maschine aus Wien gekommen. Ich warte die ganze Zeit am Band hier, und mein Koffer ist nicht angekommen. Was soll ich machen?

Angestellte: Sind Sie mit Lufthansa geflogen?

Fluggast: Nein, mit Austrian Airlines.

Angestellte: Dann müssen Sie zum Schalter der Austrian Airlines im Bereich B gehen und den Verlust dort melden.

Fluggast: Bereich B, danke schön.

DIALOG 2

Angestellter: Bitte schön?

Reisende: Guten Tag, wie komme ich am besten nach Mainz?

Angestellter: Mit der S-Bahn vom Flughafenbahnhof.

Reisende: Und können Sie mir sagen, wo der Bahnhof ist?

Angestellter: Im Untergeschoß. Sie erreichen ihn über die Ebene „Unterm Flughafen". Fahren Sie mit der Rolltreppe zwei Etagen tiefer. Die Züge nach Mainz fahren von Gleis 3 ab.

Reisende: Danke. Und wo kaufe ich eine Fahrkarte?

Angestellter: Sie können einen Fahrschein im DB-Reisezentrum kaufen, das ist eine Etage tiefer, oder auch an einem der Automaten im Bahnhof.

Reisende: Vielen Dank.

DIALOG 3

Reisender: Entschuldigung, ist hier die Haltestelle für den Airport-Bus nach Mannheim?

Reisende: Nein, hier fahren die Busse für den Nahverkehrsbereich ab.

Reisender: Ach so. Wissen Sie, wo der Airport-Bus abfährt?

Reisende: Ja, die Haltestelle ist da drüben, Ankunftsebene Bereich B, Tor 4.

Reisender: Aha, danke. Und wo kann ich einen Fahrschein kaufen?

Reisende: Fahrscheine erhalten Sie beim Busfahrer.

Reisender: Vielen Dank!

DIALOG 4

Reisende: Entschuldigung, könnten Sie bitte 10 Mark wechseln? Ich brauche Kleingeld fürs Telefon.

Verkäufer: Es tut mir leid, wir können kein Kleingeld herausgeben. Am besten gehen Sie zur Bank.

Reisender: Wieviel brauchen Sie?

Reisende: Ich habe einen Zehnmarkschein.

Reisender: Na, mal gucken, was ich habe. Ein Fünfmarkstück, drei Markstücke, zwei Fünfzigpfennigstücke und den Rest muß ich Ihnen in Zehnpfennigstücken geben. Geht das?

Reisende: Ja, prima, das ist sehr nett von Ihnen.

Reisender: So, bitte schön.

Reisende: Vielen Dank.

7.2C

Auskunft: Reiseauskunft der Deutschen Bahn Frankfurt, guten Tag.

Frau Brenner: Guten Tag, ich hätte gern eine Zugauskunft. Ich möchte am Freitag vormittag nach München. Wann fahren die Züge, bitte?

Auskunft: Um wieviel Uhr möchten Sie fahren?

Frau Brenner: So gegen 11.00 Uhr.

Auskunft: Einen Moment, bitte. Da fahren Sie um 10.43 Uhr mit dem InterCity Express ab Frankfurt und kommen um 14.15 Uhr in München an.

Frau Brenner: Mm, das ist mir etwas zu früh. Gibt es einen etwas späteren Zug?

Auskunft: Ja, es gibt eine Verbindung um 11.14 Uhr mit Ankunftszeit 15.18 Uhr in München.

Frau Brenner: Abfahrt von Frankfurt 11.14 Uhr, Ankunft in München 15.18 Uhr. Was für ein Zug ist das?

Auskunft: Ein InterCity.

Frau Brenner: Muß man da umsteigen?

Auskunft: Nein, der Zug fährt direkt. Oder Sie können mit dem nächsten ICE um 11.43 Uhr fahren, Ankunftszeit 15.15 Uhr. Das ist auch eine direkte Verbindung.

Frau Brenner: Ja, das hört sich besser an, da komme ich sogar früher an. Also, 11.43 Uhr ab Frankfurt, Ankunft 15.15 Uhr. Noch eine Frage, gibt es ein Restaurant im Zug?

Auskunft: Ja.

Frau Brenner: Gut, danke schön, auf Wiederhören.

Auskunft: Auf Wiederhören.

7.2E

Auskunft: Deutsche Bahn Frankfurt, guten Tag. Wie kann ich Ihnen helfen?

Frau Brenner: Guten Tag, ich fahre mit dem ICE von Frankfurt nach München und möchte eine Fahrkarte buchen.

Auskunft: Fahren Sie einfach, oder hin und zurück?

Frau Brenner: Hin und zurück, bitte.

Auskunft: Möchten Sie erste oder zweite Klasse?

Frau Brenner: Erste Klasse, bitte.

Auskunft: Möchten Sie auch eine Platzreservierung haben?

Frau Brenner: Ja, bitte, für die Hinfahrt. Ich fahre am Freitag, dem 14. Juli, um 11.43 Uhr. Muß ich da extra bezahlen?

Auskunft: Nein, wenn Sie mit dem ICE fahren, brauchen Sie für die Platzreservierung nicht extra zu bezahlen. Möchten Sie im Großraumwagen oder im Abteilwagen sitzen?

Frau Brenner: Im Großraumwagen, bitte.

Auskunft: Raucher oder Nichtraucher?

Frau Brenner: Nichtraucher, bitte.

Auskunft: Möchten Sie einen Fensterplatz oder einen Gangplatz haben?

Frau Brenner: Einen Fensterplatz, bitte.

Auskunft: So, das macht 306 Mark plus 12 Mark ICE-Zuschlag, alles zusammen 318 Mark.

Frau Brenner: 318 Mark, ist gut. Sagen Sie, kann ich die Fahrkarte am Bahnhof abholen?

Auskunft: Ja, Sie gehen zum Schalter für vorbestellte Fahrscheine. Wie möchten Sie die Fahrkarte bezahlen?

Frau Brenner: Mit Kreditkarte. Ich habe American Express.

Auskunft: Gut. Also, sagen Sie mir zuerst Ihren Namen ...

7.2G

Durchsage 1: Am Gleis 4 bitte einsteigen und Türen schließen. Der Zug fährt in Kürze ab.

Durchsage 2: Bitte zurücktreten. Auf Gleis 9 planmäßige Ankunft des InterCity 713 aus Hamburg. Zur Weiterfahrt um 13.51 Uhr nach Stuttgart über Bonn, Koblenz, Mainz und Mannheim.

Durchsage 3: Achtung auf Gleis 8. Der InterCity 712 nach München wird voraussichtlich mit 15 Minuten Verspätung ankommen. Ich wiederhole.

Durchsage 4: Achtung am Gleis 2. Der in Kürze einfahrende EuroCity um 14.02 Uhr nach Amsterdam hat Einfahrt auf dem gegenüberliegenden Gleis. Alle EuroCity Fahrgäste nach Amsterdam werden gebeten, sich zu Gleis 3 zu begeben.

7.3A

DIALOG 1

Besucherin: Guten Tag, wie komme ich am besten nach Untertürkheim? Ich möchte ins Mercedes-Benz-Werk.

Angestellte: Steigen Sie hier am Hauptbahnhof in die S-Bahn Nummer 1 Richtung Plochingen. Von den Haltestellen „Stadion" oder „Untertürkheim" sind es nur wenige hundert Meter bis zum Werksgelände.

Besucherin: Also, ich nehme die S-Bahn Nummer 1 bis zur Haltestelle „Stadion" oder „Untertürkheim."

Angestellte: Ja.

Besucherin: Und können Sie mir sagen, wie lange die Fahrt dauert?

Angestellte: Zirka 15 Minuten.

Besucherin: Vielen Dank.

Angestellte: Nichts zu danken.

DIALOG 2

Besucher: Guten Tag, ich möchte zu den Mineralschwimmbädern in Bad Cannstatt. Wie komme ich am besten dorthin?

Angestellte: Sie nehmen die U14 oder die U1 im Untergeschoß, oder die Straßenbahn Nr. 2.

Besucher: In welche Richtung fahre ich mit der U-Bahn?

Angestellte: Sie fahren mit der U14 Richtung Mühlhausen. Mit der U1 fahren Sie Richtung Fellbach Lutherkirche.

Besucher: Und an welcher Haltestelle steige ich aus?

Angestellte: An der Haltestelle Mineralbäder.

Besucher: Mineralbäder. Können Sie mir sagen, wie viele Haltestellen das sind?

Angestellte: Mm, etwa fünf, aber in der Straßenbahn werden die Haltestellen angekündigt.

Besucher: Ach so. Vielen Dank, auf Wiedersehen.

DIALOG 3

Besucherin: Guten Tag. Ich muß zum Hotel Ketterer in der Marienstraße. Wie komme ich am besten dorthin?

Angestellte: Sie können entweder mit der S-Bahn oder der U-Bahn fahren, oder Sie können auch zu Fuß gehen.

Besucherin: Wie weit ist es zu laufen?

Angestellte: Das sind zirka 15 Minuten zu Fuß.

Besucherin: Nein, das ist zu weit, ich habe einen schweren Koffer. Wie fahre ich mit der S-Bahn?

Angestellte: Sie steigen hier ein und fahren zwei Haltestellen. Am Rotebühlplatz steigen Sie aus.

Besucherin: Und welche Linie ist das?

Angestellte: Das ist egal. Alle S-Bahn-Linien fahren zum Rotebühlplatz. Von der Haltestelle gehen Sie die Eberhardstraße runter, und die Marienstraße ist gleich die erste Straße links.

Besucherin: Die Eberhardstraße runter, dann die erste Straße links. Vielen Dank.

Angestellte: Bitte schön.

DIALOG 4

Besucher: Entschuldigung, wie komme ich am besten zur Universität?

Angestellte: Ach, das ist hier ganz in der Nähe, nur etwa zehn Minuten zu Fuß. Sie gehen durch die Klett-Passage, das ist die Straßenunterführung, und nehmen den Ausgang Theodor-Heuss-Straße. Wenn Sie aus der Unterführung rauskommen, gehen Sie geradeaus die Theodor-Heuss-Straße entlang, über die Kreuzung, dann nehmen Sie die erste Straße rechts.

Besucher: Wie heißt die Straße?

Angestellte: Das ist die Geschwister-Scholl-Straße.

Besucher: Also durch die Straßenunterführung, Ausgang Theodor-Heuss-Straße, dann geradeaus und die erste Straße

rechts hinter der Kreuzung.
Angestellte: Richtig. Sie sehen die Universität direkt vor sich, Sie können sie überhaupt nicht verfehlen.
Besucher: Vielen Dank, auf Wiedersehen.

7.4B

Herr Blaue: Blaue, guten Tag.
Herr Nielsen: Guten Tag, Herr Blaue, hier spricht Nielsen von der Firma Guthof. Wir haben heute nachmittag einen Termin, nicht wahr?
Herr Blaue: Ja, ich erwarte Sie um 14.00 Uhr.
Herr Nielsen: Richtig. Ich komme aus Düsseldorf, können Sie mir sagen, wie ich am besten in Ihre Firma komme?
Herr Blaue: Ja, also, wenn Sie auf der A46 aus Düsseldorf kommen, nehmen Sie die Ausfahrt Wuppertal-Wichlinghausen ...
Herr Nielsen: ... Ausfahrt Wuppertal-Wichlinghausen, ja ...
Herr Blaue: Ja, und dann fahren Sie geradeaus über die erste Ampel. An der zweiten Ampel biegen Sie links ab in Richtung Wichlinghausen ...
Herr Nielsen: Also, einen Moment, geradeaus über die erste Ampel und an der zweiten Ampel links ...
Herr Blaue: Ja, richtig. Und dann halten Sie sich immer geradeaus, am Wichlinghauser Markt vorbei, und nach etwa einem Kilometer sehen Sie das Vorwerk-Gebäude auf der rechten Seite. Sie können es gar nicht verfehlen.
Herr Nielsen: ... und das Vorwerk-Gebäude ist auf der rechten Seite. Recht vielen Dank, Herr Blaue, also bis später, auf Wiederhören!
Herr Blaue: Wiederhören.

KAPITEL 8

8.1D

INTERVIEW 1

Journalistin: Ich spreche mit Herrn Steiner auf dem Stand von Sonnenstrand Freizeitartikel. Herr Steiner, Sie sind ein regelmäßiger Aussteller hier, nicht wahr?
Herr Steiner: Ja, wir stellen schon seit 12 Jahren hier auf der SPOGA Messe aus.
Journalist: Und warum sind Sie dieses Jahr hier?
Herr Steiner: Wir sind in erster Linie hier, um den Absatz zu steigern, auf gut deutsch, um Aufträge zu bekommen. Dabei hoffen wir auch, einige neue Kunden zu werben. Den Kontakt zu unseren existierenden Kunden dürfen wir auch nicht vergessen. Die Messe ist für uns nämlich ein wichtiger Treffpunkt. Ich treff' mich hier mit Kunden aus der ganzen Welt, und das erspart mir gut drei, vier Geschäftsreisen pro Jahr. Und rein persönlich freue ich mich drauf, alte Geschäftsfreunde auf der Messe wiederzusehen.
Journalist: Ja, ich verstehe.

INTERVIEW 2

Journalist: Frau Burkart, Sie vertreten die Firma Technotalk hier auf der CeBIT. Warum stellen Sie hier aus?
Frau Burkart: Wir sind vor allen Dingen hier, um den Prototyp unseres neuen Systems „Screentalk" vorzustellen und seine Akzeptanz auf der Messe zu testen. Die Reaktionen der Messebesucher sind für uns nämlich sehr wertvoll. Andere Ziele für uns sind dann, neue Marktinformationen zu sammeln und herauszufinden, was unsere Konkurrenten machen.
Journalist: Ja, das ist natürlich sehr wichtig.

INTERVIEW 3

Journalistin: Mein Gesprächspartner ist Herr Lindner vom Karat-Fahrradwerk, Chemnitz. Herr Lindner, warum haben Sie sich entschieden, hier auszustellen?
Herr Lindner: Erstens um den Namen unserer Firma überhaupt in Westdeutschland bekanntzumachen und zweitens, um unsere Spezialität, ein Fahrrad mit Elektromotor, vorzustellen. Dabei hoffen wir, einige Aufträge mit neuen Kunden

abzuschließen. Ein weiteres Ziel ist, Vertreter für einige deutsche Gebiete und für das Ausland zu finden.
Journalist: Herr Lindner, ich wünsche Ihnen viel Erfolg dabei!
Herr Lindner: Danke!

8.2A

DIALOG 1

Standmitarbeiter: Guten Tag, mein Name ist Koch. Ich sehe, Sie interessieren sich für unsere Hauszelte. Sind Sie an einem besonderen Modell interessiert?
Besucherin: Ja, an diesem hier.
Standmitarbeiter: Aha, das ist in unserer Holiday-Serie und verkauft sich dieses Jahr besonders gut. Darf ich Ihnen vielleicht unseren Katalog mitgeben?
Besucherin: Ja, danke. Haben Sie vielleicht eine Vorführung, wie man diese Zelte aufbaut?
Standmitarbeiter: Ja, die nächste Vorführung ist um 14.00 Uhr.
Besucherin: Ah, gut, dann komme ich um zwei Uhr zurück.

DIALOG 2

Besucher: Guten Tag, Maccario. Ich bin Großhändler und interessiere mich für Ihre Gartenmöbel hier. Ich möchte unter Umständen diese Serie bestellen. Kann ich mit Ihnen über Ihre Preise und Bedingungen sprechen?
Standmitarbeiterin: Am besten sprechen Sie mit unserem Geschäftsführer darüber, Herr Maccario. Ich vereinbare gerne einen Termin für Sie.
Besucher: Ja, gut.
Standmitarbeiterin: Einen Moment, bitte, ich sehe in seinem Terminkalender nach. Er ist um 16.00 Uhr frei, wäre das möglich?
Besucher: Ja, das geht. Hier ist meine Karte.
Standmitarbeiterin: Gut, Herr Maccario, ich schreibe das in den Terminkalender: Herr Maccario, 16.00 Uhr.
Besucher: Danke, auf Wiedersehen.

8.2C

Standmitarbeiter: Guten Tag, mein Name ist Schmidt. Ich sehe, Sie sind an unseren PVC-Luftmatratzen interessiert.
Besucherin: Ja, was kostet z.B. dieses Modell?
Standmitarbeiter: Der Katalogpreis ist 49,95 Mark.
Besucherin: Ist das inklusive Zubehör?
Standmitarbeiter: Nein, die Pumpe wird extra berechnet.
Besucherin: Wieviel Rabatt geben Sie für Großhändler?
Standmitarbeiter: Das kommt auf die Stückzahl an.
Besucherin: Mm. Und wie sind Ihre Lieferzeiten?
Standmitarbeiter: Kleinere Mengen können wir ab Lager innerhalb einer Woche liefern.
Besucherin: Gut. Und wie sind Ihre Zahlungsbedingungen?
Standmitarbeiter: 30 Tage nach Rechnungsdatum.
Besucherin: OK, ich bin sehr an diesen Matratzen interessiert, es kann sein, daß ich einen Auftrag erteile. Haben Sie vielleicht einen Katalog mit Preisliste?
Standmitarbeiter: Selbstverständlich. Wollen Sie den Katalog mitnehmen, oder soll ich Ihnen einen schicken?
Besucherin: Ja, schicken Sie ihn mir nach der Messe, ich habe ja schon die Hände voll! Hier ist meine Karte.
Standmitarbeiter: Und hier ist meine. Vielen Dank für Ihren Besuch, Frau Graaf, ich schicke Ihnen den Katalog nach der Messe sofort zu.

8.3A

Standmitarbeiterin: Guten Tag, ich sehe, Sie sind an diesem Schlafsack interessiert. Das ist eines der beliebtesten Modelle.
Besucher: Ja, könnten Sie mir etwas dazu sagen?
Standmitarbeiterin: Gerne. Dieser Schlafsack hat einen Komforttemperaturbereich bis zu minus neun Grad Celsius, d.h. wenn die Temperatur bis auf minus neun Grad sinkt, hält er Sie noch angenehm warm. Daher ist er ein Allroundschlafsack für drei Jahreszeiten. Bei niedrigeren Temperaturen fangen Sie an zu frieren, Sie schlafen nicht mehr ruhig.

Besucher: Aha. Und in wie vielen Größen ist der Schlafsack erhältlich?

Standmitarbeiterin: Wir haben diesen Schlafsack in zwei Größen: Die Regular-Ausführung hat eine Länge von 210 Zentimetern, und die Large-Ausführung ist 230 Zentimeter lang.

Besucher: Aus welchem Material ist er?

Standmitarbeiterin: Das Außenmaterial ist Texapore Lightweight. Dieses Material ist wasser- und winddicht und bietet somit einen guten Schutz gegen Feuchtigkeit. Das Innenmaterial ist ein Softnylon, PERTEX 4, und die Füllung ist hochwertige Gänsedaune.

Besucher: Und wieviel wiegt er?

Standmitarbeiterin: Das Gewicht ist zirka 1500 Gramm.

Besucher: Wie groß ist denn der Schlafsack eingepackt?

Standmitarbeiterin: 36 mal 17 Zentimeter. Dieses Packmaß gilt für beide Größen, regular und large.

Besucher: Und in welchen Farben ist er erhältlich?

Standmitarbeiterin: In der Farbkombination grün, violett und schwarz.

Besucher: Gibt es dafür irgendein Zubehör?

Standmitarbeiterin: Ja, der Schlafsack wird mit einem Nylonpacksack und einem Baumwollaufbewahrungsbeutel geliefert.

Besucher: Gut. Nun, eine letzte Frage: Was kostet er?

Standmitarbeiterin: Der Katalogpreis ist DM 549,-.

Besucher: Aha, vielen Dank. Ja, ich bin sehr an diesem Schlafsack interessiert.

Standmitarbeiterin: Darf ich Ihnen also unseren Katalog mitgeben? Er enthält eine Liste unserer Händler im In- und Ausland.

Besucher: Ja, gut. Vielen Dank.

8.4B

Standmitarbeiterin: Guten Tag, mein Name ist Binder. Kann ich Ihnen vielleicht einige Informationen zu diesen Druckern geben?

Besucher: Ja, ich suche einen geeigneten Drucker, aber ich bin nicht sicher, ob ein Tintenstrahldrucker oder ein Laserdrucker für mich geeigneter wäre. Können Sie mich vielleicht beraten?

Standmitarbeiterin: Ja, gerne. Zuerst, wofür brauchen Sie den Drucker?

Besucher: Ich bin Professor an der Universität und arbeite viel zu Hause. Ich habe gerade einen IBM-kompatiblen Personalcomputer gekauft und brauche dafür einen Drucker.

Standmitarbeiterin: Aha. Und was für Texte wollen Sie drucken?

Besucher: Mm, hauptsächlich Routinearbeiten, Referate, Übungsblätter, Briefe, solche Sachen.

Standmitarbeiterin: Müssen Sie Tabellen oder Grafiken drucken?

Besucher: Ja, manchmal.

Standmitarbeiterin: Sie drucken aber keine großen Auflagen?

Besucher: Nein.

Standmitarbeiterin: Die Druckgeschwindigkeit spielt also für Sie keine große Rolle. Was ist für Sie wichtiger, Kaufpreis und Betriebskosten, oder die Druckqualität?

Besucher: Die Druckqualität ist für meine Bedürfnisse eigentlich nicht sehr wichtig, eher der Preis.

Standmitarbeiterin: Aha, und spielt der Geräuschpegel eine Rolle?

Besucher: Was meinen Sie?

Standmitarbeiterin: Einige Drucker sind relativ laut, und das stört manche Verbraucher.

Besucher: Ach, ja, leiser ist natürlich besser, weil ich manchmal am Abend arbeite.

Standmitarbeiterin: Also, wenn Sie herüberkommen möchten ... hier sehen Sie einige Drucker, die für Sie in Frage kommen.

Besucher: Ach, gut.

KAPITEL 9

9.2A

Frau Keller: Guten Tag, Keller am Apparat.

Herr Schuster: Guten Tag, hier Schuster, von der Firma Habermann, München.

Frau Keller: Guten Tag, Herr Schuster. Wie kann ich Ihnen helfen?

Herr Schuster: Habermann ist eine Zulieferungsfirma für die Automobilindustrie, und wir suchen im Moment einen neuen Lieferanten für Bremspedale. Ich habe den Namen Ihrer Firma von Geschäftsfreunden erfahren. Können Sie uns ein Angebot für diesen Artikel machen?

Frau Keller: Bremspedale? Ja, die können wir Ihnen anbieten.

Herr Schuster: Gut. Können Sie mir also Näheres über Ihre Preise und Lieferbedingungen sagen?

Frau Keller: Ja, gerne. Welche Menge benötigen Sie?

Herr Schuster: Haben Sie eine Mindestabnahmemenge?

Frau Keller: Ja, unsere Mindestabnahmemenge ist 1.000 Stück.

Herr Schuster: Und ab welcher Menge geben Sie Rabatt?

Frau Keller: Ab 5.000 Stück geben wir 2,5% Rabatt, ab 10.000 geben wir 5%.

Herr Schuster: Aha. Und können Sie mir einen Preis für 1.000 Stück nennen?

Frau Keller: Den Stückpreis muß ich erst einmal ausrechnen, Herr Schuster. Am besten schicken Sie mir eine schriftliche Anfrage mit allen Einzelheiten und eine Zeichnung.

Herr Schuster: Nun, gut. Aber ich möchte jetzt schon wissen, wie Ihre Zahlungsbedingungen sind.

Frau Keller: Ja, natürlich. Normalerweise 90 Tage netto.

Herr Schuster: Gut. Gewähren Sie Skonto für prompte Zahlung?

Frau Keller: Ja, bei 14 Tagen geben wir 3% Skonto.

Herr Schuster: Mm. Wie sind Ihre Lieferbedingungen?

Frau Keller: Der Preis versteht sich CIF. Unsere Lieferfristen sind im Moment vier Wochen.

Herr Schuster: Gut, Frau Keller, ich faxe Ihnen meine Anfrage zu. Können Sie mir sobald wie möglich ein schriftliches Angebot machen?

Frau Keller: Ja, selbstverständlich, Herr Schuster.

Herr Schuster: Gut. Wenn Ihre Preise konkurrenzfähig sind, und die Qualität unseren Erwartungen entspricht, können Sie mit regelmäßigen Aufträgen rechnen.

Frau Keller: Vielen Dank, ich erwarte also Ihre Anfrage. Auf Wiederhören.

Herr Schuster: Auf Wiederhören.

9.3A

Herr Schuster: Guten Tag, Schuster.

Frau Keller: Guten Tag, Herr Schuster, hier Keller von Vulcan Forgings.

Herr Schuster: Tag, Frau Keller.

Frau Keller: Ich rufe an wegen unseres Angebots über Bremspedale. Haben Sie eine Entscheidung getroffen?

Herr Schuster: Einen Moment bitte, ich hole mir die Unterlagen. ... Ja, jetzt habe ich die Unterlagen vor mir liegen. Ja, Frau Keller, wir haben Ihr Angebot mit der Konkurrenz verglichen, und Ihr Preis ist uns etwas zu hoch. Können Sie uns da vielleicht etwas entgegenkommen?

Frau Keller: Ja, über den Preis können wir noch verhandeln.

Herr Schuster: Gut. Sie haben uns in Ihrem Angebot einen Stückpreis von 1,42 Mark für eine Menge von 10.000 Stück genannt. Das ist der Nettopreis von 1,50 minus 5% Mengenrabatt, nicht wahr?

Frau Keller: Stimmt.

Herr Schuster: Können Sie uns bei dieser Bestellmenge einen besseren Rabatt gewähren? Wir haben an 8% gedacht.

Frau Keller: Das ist entschieden zu hoch, Herr Schuster, ich kann Ihnen maximal 6% anbieten.

Herr Schuster: Ist das Ihr letztes Wort?

Frau Keller: Das ist leider mein letztes Angebot.

Herr Schuster: Nun, gut, einigen wir uns auf 6%. Da ist aber auch noch die Lieferzeit.

Frau Keller: Ja, in unserem Angebot nennen wir eine Lieferzeit von vier Wochen.

Herr Schuster: Können Sie nicht schneller liefern, sagen wir drei Wochen? Wir brauchen die Ware dringend.

Frau Keller: Ich glaube nicht, denn unsere Kapazität ist schon völlig ausgelastet, aber ich kann mit unserem Produktionsleiter sprechen.

Herr Schuster: Danke. Könnten Sie mich sobald wie möglich zurückrufen?

Frau Keller: Ja, natürlich. Ich rufe Sie morgen an, Herr Schuster.

Herr Schuster: Gut, ich erwarte Ihren Anruf. Auf Wiederhören.

Frau Keller: Auf Wiederhören.

9.4D

DIALOG 1

Zentrale: Spedition Intertrans, guten Tag.

Frau Keller: Guten Tag, Keller, Firma Vulcan Forgings. Es geht um eine verspätete Lieferung von uns an eine Firma in München. Mit wem kann ich bitte darüber sprechen?

Zentrale: Augenblick bitte, ich verbinde Sie mit Herrn Köbel.

Herr Köbel: Köbel.

Frau Keller: Guten Tag, Herr Köbel, hier Keller, Vulcan Forgings. Herr Köbel, es geht um eine verspätete Sendung von uns an eine Firma in München. Der Liefertermin war letzter Freitag, der 28. Juli, aber der Kunde hat die Ware noch nicht erhalten und braucht sie dringend. Ich habe bereits erfahren, daß die Sendung am Donnerstag, dem 27. Juli, nach Deutschland verladen wurde. Können Sie mir sagen, wo die Ware bleibt?

Herr Köbel: Sie sind der Sender?

Frau Keller: Ja, Vulcan Forgings.

Herr Köbel: Und wann wurde die Sendung bei Ihnen abgeholt?

Frau Keller: Am Mittwoch, dem 26. Juli.

Herr Köbel: Wie viele Frachtstücke sind es?

Frau Keller: Es sind 10 Holzkisten.

Herr Köbel: Was ist drin?

Frau Keller: Es sind Schmiedeteile.

Herr Köbel: Wer ist der Empfänger?

Frau Keller: Wilhelm Habermann GmbH und Co. KG. Die Lieferanschrift ist Tor 1, Wörlitzer Str. 52-55, München. Alle Holzkisten sind mit der Lieferanschrift gekennzeichnet.

Herr Köbel: Frau Keller, ich werde mich erkundigen und rufe Sie dann zurück. Was ist Ihre Telefonnummer?

Frau Keller: Die Nummer ist 021 ...

DIALOG 2

Frau Keller: Keller.

Herr Köbel: Hallo Frau Keller, hier Köbel, Spedition Intertrans, München.

Frau Keller: Guten Tag, Herr Köbel. Danke für den prompten Rückruf. Also, was ist mit unserer Sendung passiert?

Herr Köbel: Wir haben Ihre Sendung für Wilhelm Habermann hier im Lager gefunden. Es ist folgendes passiert: Die Sendung ist am Freitag angekommen, aber erst am späten Nachmittag. Das war außerhalb der Warenannahmezeiten beim Empfänger, die nur bis 14.00 Uhr sind.

Frau Keller: Ach so. Und wann wird die Ware geliefert?

Herr Köbel: Die Sendung geht heute ab.

Frau Keller: Vielen Dank, Herr Köbel. Ich sage dem Kunden Bescheid. Auf Wiederhören.

Herr Köbel: Auf Wiederhören.

9.5A

DIALOG 1

Herr Nagel: Nagel, guten Tag.

Frau Eckstein: Guten Tag, Herr Nagel, hier Eckstein von der Firma Aqua Badespaß. Es geht um die Bad-Teppich-Garnituren, die wir von Ihnen bekommen haben. Ich habe leider eine Reklamation.

Herr Nagel: Das tut mir leid, Frau Eckstein. Was ist passiert?

Frau Eckstein: Bei der Prüfung der Sendung haben wir festgestellt, daß sie unvollständig ist. Wir haben 200 Stück bestellt, Sie haben uns aber nur 180 geschickt.

Herr Nagel: Also, es fehlen 20 Stück. Ich notiere.

Frau Eckstein: In Ihrer Rechnung haben Sie uns aber 200 Stück berechnet. Irgendwo ist ein Fehler passiert. Was schlagen Sie denn vor?

DIALOG 2

Frau Raue: Raue am Apparat.

Herr Vitelli: Guten Tag, Frau Raue, hier Vitelli von der Firma KB Innenausstattung. Es handelt sich um Ihre Lieferung von 5.000 Fliesen, die wir gerade erhalten haben. Ich muß sie leider reklamieren.

Frau Raue: Das tut mir leid. Könnten Sie mir Näheres dazu sagen?

Herr Vitelli: Ja, bei den fünf Kartons, die wir kontrolliert haben, haben die ersten acht bis zehn Fliesen einen Riß. Sie sind also unbrauchbar.

Frau Raue: Also, Herr Vitelli, darf ich Ihnen folgenden Vorschlag machen?

DIALOG 3

Herr Fischer: Fischer.

Herr Janssen: Guten Tag, Herr Fischer, hier Janssen, Firma EBJ-Glas. Herr Fischer, ich habe leider eine Reklamation bei Ihrer letzten Lieferung von Kaffeeservice und Weinsets.

Herr Fischer: Oh, das tut mir aber sehr leid! Was ist denn passiert?

Herr Janssen: Sie haben uns die falsche Ware geschickt. Bei den Kaffeeservice haben wir Blumenmuster in rot bestellt, statt dessen aber haben Sie uns Blumenmuster in blau geschickt.

Herr Fischer: Ach so. Darf ich fragen, sind die Waren selbst beschädigt?

Herr Janssen: Die Kaffeeservice sind nicht beschädigt. Aber bei einigen Weinsets ist ein Teil der Gläser zerbrochen. Das ist anscheinend auf mangelhafte Verpackung zurückzuführen. Wie wollen wir also das Problem lösen?

DIALOG 4

Dr. Wagner: Herr Büttner, mit der neuen Maschine, die Sie vor kurzem in unserem Werk Diepholz installiert haben, sind wir nicht recht zufrieden.

Herr Büttner: Oh, das tut mir leid. Könnten Sie mir Näheres dazu sagen?

Dr. Wagner: Bei Inbetriebnahme der Maschine sind Störungen aufgetreten. Sie funktioniert nicht ganz richtig. Erstens arbeitet sie sehr langsam und zweitens ist die Fehlerquote viel zu hoch.

Herr Büttner: Vielleicht ist sie für Ihren Werkstoff nicht richtig kalibriert. Herr Dr. Wagner, ich schlage Ihnen folgendes vor ...

KAPITEL 10

10.6C

Personalchef: Guten Tag, Frau Schemann. Nehmen Sie bitte Platz. Haben Sie gut zu uns gefunden?

Frau Schemann: Ja, danke, ohne Probleme.

Personalchef: Gut. Frau Schemann, erzählen Sie mir erst mal, was Sie über Tengelmann wissen.

Frau Schemann: Von Ihrem Geschäftsbericht weiß ich, daß Sie weltweit zirka 7.000 Filialen und einen Jahresumsatz von 50 Milliarden Mark haben. Tengelmann ist also einer der größten Handelsbetriebe der Welt. Die Gruppe expandiert auch rapide in den neuen Bundesländern. Außerdem engagiert sich die Gruppe stark für die Umwelt. 1993 erhielt der Geschäftsführer von Tengelmann den Earth Day International Award für sein zukunftsorientiertes Umweltmanagement.

Personalchef: Und warum möchten Sie gerade bei uns arbeiten?

Frau Schemann: Tengelmann ist ein erfolgreicher und progressiver Konzern im Bereich Einzelhandel, aus dem ich ja selber komme. Auch glaube ich, daß Tengelmann ein dynamisches und gut abgerundetes Trainee-Programm bietet, welches die Grundlage meiner Karriere bilden könnte.

Personalchef: Gut. Nun, Frau Schemann, einige Fragen zu Ihrem bisherigen Lebenslauf. Was für eine Ausbildung haben Sie gemacht?

Frau Schemann: Ich habe die Realschule besucht und dann eine abgeschlossene Ausbildung zur Kauffrau im Einzelhandel gemacht. Später habe ich das Abitur auf dem Abendgymnasium nachgeholt.

Personalchef: Warum haben Sie sich dafür entschieden?

Frau Schemann: Ich wollte meine Berufschancen verbessern, und das war nur durch die Weiterbildung möglich. Auch bekam ich Lust zu studieren!

Personalchef: In welchen Fächern haben Sie das Abitur gemacht?

Frau Schemann: Meine Hauptfächer waren Deutsch, Englisch und Mathe. Die Nebenfächer waren Französisch und Politik.

Personalchef: Aha. Und während dieser Zeit waren Sie als kaufmännische Angestellte, später als Einkäuferin, bei Karstadt beschäftigt. Können Sie mir Ihre Tätigkeit dort schildern?

Frau Schemann: Ich habe zuerst im Bereich Haushaltsmöbel und später bei Porzellan und Kristall gearbeitet. Ich war verantwortlich für Großkundenbetreuung und Bestellungen.

Personalchef: Mit dem Einkauf von Lebensmitteln hatten Sie also nichts zu tun?

Frau Schemann: Nein, ich war nur im Nonfood-Bereich tätig.

Personalchef: Nun gut. Sie haben dann Betriebswirtschaft an der Fachhochschule Düsseldorf studiert. Haben Sie während des Studiums Praktika gemacht?

Frau Schemann: Ja, ich habe ein Praxissemester in Frankreich gemacht, und zwar bei der Firma Lorfonte in Grenoble. Dort konnte ich meine Französischkenntnisse erheblich verbessern.

Personalchef: Gut. Nun, Frau Schemann, was machen Sie zur Zeit?

Frau Schemann: Zur Zeit habe ich keine feste Stellung. Ich arbeite vorübergehend durch ein Zeitarbeitbüro.

Personalchef: Wo liegen Ihre besonderen beruflichen Interessen und Neigungen?

Frau Schemann: Ich wäre besonders interessiert an einer Tätigkeit im Einkauf.

Personalchef: Könnten Sie überall in Deutschland arbeiten, oder haben Sie private Bindungen zu einem bestimmten Ort?

Frau Schemann: Nein, ich könnte überall in Deutschland arbeiten.

Personalchef: Wären Sie auch bereit, im Ausland für Tengelmann zu arbeiten?

Frau Schemann: Ja, sicher. Ich würde mich darüber freuen.

Personalchef: Gut, Frau Schemann. Ich habe jetzt keine Fragen mehr an Sie.

10.6E

Personalchef: Gut, Frau Schemann. Ich habe jetzt keine Fragen mehr an Sie. Bestehen Ihrerseits Fragen?

Frau Schemann: Ja. Können Sie mir Näheres über den Ablauf des Traineeship bei Ihnen sagen?

Personalchef: Zum Einstieg bekommen Sie eine vier- bis sechsmonatige Einarbeitung in Filialen und Regionszentralen unserer Unternehmensgruppe. Sie werden systematisch darauf vorbereitet, Verantwortung für einen Aufgabenbereich zu übernehmen. Sie erhalten auch Einblicke in die anderen Unternehmensbereiche. So lernen Sie die Struktur und die Kultur des Unternehmens kennen. Im Anschluß beginnt Ihre individuelle Karriere. Sie z.B. würden höchstwahrscheinlich als Einkaufsassistentin anfangen.

Frau Schemann: Und könnten Sie mir bitte sagen, wie hoch das Gehalt ist?

Personalchef: Das Trainee-Gehalt beträgt monatlich 5.000 Mark brutto. Wenn Sie danach fest angestellt werden, könnten Sie zwischen 5.000 und 6.000 Mark pro Monat verdienen.

Frau Schemann: Zahlen Sie auch Weihnachtsgeld?

Personalchef: Ja, im ersten Jahr würden Sie 100 Mark Weihnachtsgeld erhalten, danach 75% eines Bruttomonatsgehalts.

Frau Schemann: Und welche Sozialleistungen bieten Sie?

Personalchef: Die normalen, das heißt Rentenversicherung, Krankenversicherung und Urlaubsgeld. Wir zahlen auch die obligatorische Pflegeversicherung für den Fall, daß Sie im Alter Pflege brauchen.

Frau Schemann: Aha. Und darf ich mal fragen, wie Ihre Arbeitszeiten sind?

Personalchef: Grundsätzlich werden bei Tengelmann 37,5 Stunden pro Woche gearbeitet. In der Gruppenverwaltung gibt es gleitende Arbeitszeit, aber in den Verkaufsstellen nicht. Ausgebildete Bezirksleiter mit Verantwortung für mehrere Verkaufsstellen in einem Bezirk müssen an manchen Samstagen arbeiten, bekommen aber dafür in der Woche einen freien Tag.

Frau Schemann: Sie haben gefragt, ob ich überall in Deutschland arbeiten könnte. Ich möchte gern wissen, ob Sie neue Mitarbeiter bei der Wohnungssuche unterstützen.

Personalchef: Nein, neue Mitarbeiter nicht. Wir könnten Ihnen die Namen von Immobilienmaklern geben, die Mietwohnungen in der Nähe unserer Filialen oder Regionszentralen vermitteln.

Frau Schemann: Auch bei einem Auslandseinsatz nicht?

Personalchef: Ach, da sieht es ganz anders aus. Auslandseinsätze kommen nur für fest angestellte Nachwuchskräfte in Frage. Wenn Sie einmal übernommen werden, werden Ihre eventuellen Umzugskosten im Inland sowie ins Ausland schon bezahlt.

Frau Schemann: Vielen Dank. Das war schon alles, was ich wissen wollte.

Personalchef: Ich danke Ihnen, Frau Schemann. Wenn Sie draußen wieder Platz nehmen möchten ...

Betonung

Die meisten mehrsilbigen Wörter werden auf der ersten Silbe betont, z.B.

 Name, Firma, abends, geben, anfangen, teilnehmen.

Wörter, die mit den untrennbaren Vorsilben *be-, emp-, ent-, er-, ge-, ver-,* und *zer-* beginnen, werden auf der zweiten Silbe betont, z.B.

 begrüßen, Empfang, entwerfen, erbitten, gefallen, Vertrieb, zerbrechen.

Wörter mit griechischem oder lateinischem Ursprung werden auf der letzten Silbe betont, z.B.

 Symbol, Produzent.

Wörter mit englischem oder französischem Ursprung werden ähnlich wie in ihrer Ursprungssprache betont und ausgesprochen, z.B.

 Manager, Computer.

Mit neuen Wörtern umgehen

Wenn man eine Sprache lernt, muß man viele neue Wörter lernen. Oft ist es möglich, die Bedeutung neuer Wörter selbst herauszufinden. Das ist besser als gleich im Wörterbuch nachzuschlagen. Hier sind einige Hinweise:

- Suchen Sie nach verwandten Wörtern, die Wörtern in Ihrer Muttersprache ähneln und mehr oder weniger das gleiche bedeuten. Bei manchen englischen Wörtern sieht das z.B. so aus:

willkommen	*welcome*	Licht	*light*
finden	*find*	Pfund	*pound*
machen	*make*	neu	*new*
denken	*think*	frei	*free*
Firma	*firm*	besser	*better*
Hilfe	*help*	lang	*long*

- Teilen Sie lange Wörter in ihre Bestandteile auf. Im Deutschen bildet man oft lange Wörter aus mehreren kleinen, z.B.

 Geschäftsführer = Geschäft + Führer
 Konferenzzimmer = Konferenz + Zimmer
 Selbstwahltelefon= selbst + Wahl (von wählen) + Telefon

- Lernen Sie, Mitglieder einer Wortfamilie zu erkennen. Wie in vielen Sprachen, so werden auch im Deutschen Nomen, Adjektive, Verben und Adverbien oft aus dem gleichen Wortstamm und das Hinzufügen einer entsprechenden Vorsilbe oder Nachsilbe gebildet, z.B.

Stamm	Verb	Nomen	Adjektiv/ Adverb
-spät-	sich **ver**spät**en**	die **Ver**spät**ung**	spät
-arbeit-	arbeit**en**	die Arbeit/ der Arbeit**er**	arbeits**los**
-sprech-/ -sprach-	sprech**en**	der Sprech**er**/ die Sprach**e**	sprach**los**

- Versuchen Sie, die Bedeutung eines Wortes aus dem Kontext zu erschließen. Der Text gibt oft Hinweise in Form von Synonymen, Gegensätzen, Definitionen, Beispielen etc. Die Bedeutung von *Haushaltsgeräte* in den folgenden Sätzen wird z.B. durch die gegebenen Beispiele klarer. Die Firma produziert kleine **Haushaltsgeräte**, z.B. Haartrockner, Kaffeemaschinen usw.

Grammatik

In diesem Abschnitt werden alle grammatikalischen Gebiete behandelt, die in *Unternehmen Deutsch* vorgestellt wurden. Hier finden Sie auch weitere Informationen zu den Punkten, die in den Abschnitten mit der Überschrift **Spracharbeit** angesprochen wurden.Die Nummern in diesen Abschnitten (z.B. ▶ 2.3) beziehen sich auf diese Grammatikübersicht.

1 Die Kasus

1.1 Was sind Kasus?

Im Deutschen gibt es vier Kasus: Nominativ, Akkusativ, Genitiv und Dativ. Den Kasus eines Nomens erkennt man an Endungen oder an der Flexion von Artikeln *(der/die/ das, ein/e)* und anderen Wörtern, die mit ihm in Verbindung stehen. Manchmal ändert sich die Endung des Nomens entsprechend seines Kasus. (▶ 2.4) Die Kasus haben die Aufgabe, die Funktion des Nomens im Satz anzuzeigen (z.B. ob es sich um das Subjekt, das direkte oder das indirekte Objekt eines Verbes handelt). In einigen Sprachen wie z.B. dem Englischen wird das normalerweise durch die Wortstellung im Satz angezeigt. Da es im Deutschen Kasus gibt, kann die Wortstellung im Satz flexibler sein als z.B. im Englischen.

1.2 Der Nominativ

Am Nominativ erkennt man das **Subjekt** des Satzes, also wer oder was die Handlung des Verbes ausführt. Der **Numerus** (Singular oder Plural) des Subjekts stimmt mit dem Verb überein, z.B.

 Der Besucher komm**t** (Singular) aus Hamburg.
 Die Besucher komm**en** (Plural) aus Hamburg.

Der Nominativ folgt auch auf die Verben *sein* und *werden*, z.B.

 Herr Olson ist **der Geschäftsführer**.

1.3 Der Akkusativ

Am Akkusativ erkennt man **das direkte Objekt** eines Verbes, z.B. die Person oder die Sache, der die Handlung des Verbes „widerfährt", z.B.

 Frau Brett holt **den Besucher** vom Flughafen ab.
 Der Besucher trinkt **einen Kaffee**.

Das Objekt kann auch vor dem Subjekt stehen, z.B.

 Den Exportleiter (Objekt) kennen **Sie** (Subjekt) schon.

Der Akkusativ wird auch nach einigen Präpositionen (▶ 5.2) benutzt und in einigen Zeitangaben (▶ 9).

1.4 Der Genitiv

Der Genitiv wird seltener verwendet als die drei anderen Fälle. Er zeigt **Besitzverhältnisse** an, z.B.

 Hier ist das Büro **des Geschäftsführers**.

Der Genitiv wird auch nach einigen Präpositionen verwendet (▶ 5.6).

Achtung: Es ist auch möglich, *von* + Dativ anstelle des Genitivs zu verwenden, z.B.

 Hier ist das Büro **vom (= von dem)** Geschäftsführer.

1.5 Der Dativ

Am Dativ erkennt man das **indirekte Objekt** eines Verbs, also die Person oder die Sache, die Ziel einer Handlung ist, z.B.

 Ich gebe **Ihnen** meine Visitenkarte.
 Der Kellner bringt **den Gästen** die Speisekarte.

Der Dativ steht auch nach einigen Präpositionen (▶ 5.3), nach manchen Verben (▶ 6.14) und einigen Zeitangaben (▶ 9).

2 Die Nomen

2.1 Was ist ein Nomen?

Ein Nomen ist ein Wort, das eine Person, einen Gegenstand oder eine Handlung bezeichnet. Im Deutschen schreibt man den ersten Buchstaben eines Nomens groß, z.B.

der **B**esucher, die **F**irma, die **P**ünktlichkeit, das **A**uto

2.2 Genus der Nomen

Deutsche Nomen haben immer ein Geschlecht (Genus). Sie sind entweder maskulin, feminin oder neutral. Lernen Sie jedes Nomen zusammen mit seinem bestimmten Artikel, um sich das Geschlecht besser merken zu können: *der* (m.), *die* (f.), *das* (n.). Hier sind einige Merkhilfen:

Männliche Nomen

Es gibt mehr männliche als weibliche oder sächliche Nomen. Hier finden Sie einige davon:

Männliche Personen:	der Kaufmann, der Student, der Vater
Tage, Monate und Jahreszeiten:	der Montag, der Juni, der Sommer
Himmelsrichtungen:	der Norden, der Süden
Die meisten Nomen, die auf **-er** enden:	der Besucher, der Vertreter, der Koffer
Die meisten Nomen, die auf **-el** enden:	der Apfel, der Titel
Nomen, die auf **-eur**, **-or** enden:	der Ingenieur, der Projektor

Weibliche Nomen

Weibliche Personen:	die Frau, die Mutter
die meisten Flüsse:	die Donau, die Mosel, (**aber:** der Rhein)
Zahlwörter:	die Eins, die Fünf, die Million

Nomen, die auf		
	-ei, -ie	die Partei, die Industrie
	-enz	die Konferenz
	-heit	die Gesundheit
	-keit	die Pünktlichkeit
	-ik	die Politik, die Fabrik
	-(t)ion	die Konversation, die Direktion
	-schaft	die Wirtschaft
	-tät	die Qualität
	-ung	die Einladung, die Verspätung
	-ur enden:	die Reparatur, die Natur
Nomen, die auf **-e** enden:		die Reise, die Woche

Neutrale Nomen

Infinitve als Nomen:	das Baden, das Segeln,
Nomen, die auf **-o**, **-um**, **-ment** enden:	das Büro, das Museum, das Sortiment

• Maskuline und feminine Berufsbezeichnungen:

In manchen Fällen, z.B. bei den Berufsbezeichnungen, kann man eine Frau von einem Mann durch das Hinzufügen der Endung -in an das maskuline Nomen unterscheiden, z.B.

Mann: der Leiter, der Kollege, der Kunde, der Beamte
Frau: die Leiterin, die Kollegin, die Kundin, die Beamtin
Achtung: Manche Berufsbezeichnungen haben geschlechtsspezifische Formen, z.B.

der Kaufmann, die Kauffrau

In Stellenanzeigen werden heutzutage beide Formen verwendet. Wenn es jedoch nicht so wichtig erscheint, die Geschlechter zu unterscheiden, kann sich die männliche Form auch auf beide Geschlechter beziehen.

• Das Genus zusammengesetzter Nomen:

Im Deutschen werden oft ein oder mehrere Wörter zusammengesetzt, um ein neues zu bilden. Das zusammengesetzte Nomen hat das Genus des letzten Nomens, z.B.

die Konferenz + das Zimmer	= das Konferenzzimmer
das Gelände + der Plan	= der Geländeplan
der Einkauf + s + die Abteilung	= die Einkaufsabteilung
der Kunde + n + die Betreuung	= die Kundenbetreuung

2.3 Pluralbildung bei Nomen

Die häufigsten Formen der Pluralbildung bei Nomen sind im Deutschen folgende:

Singular		Plural
der Wagen, der Drucker	/	die Wagen, die Drucker
der Mantel	**-ä**	die Mäntel
das Produkt, der Film	**-e**	die Produkte, die Filme
der Schrank, die Stadt	**-ä - e**	die Schränke, die Städte
die Batterie, die Antwort	**-(e)n**	die Batterien, die Antworten
das Bild, das Kind	**-er**	die Bilder, die Kinder
das Band, das Rad	**-ä - er**	die Bänder, die Räder
das Büro, das Video	**-s**	die Büros, die Videos

Bei Nomen, die auf **-in** oder **-nis** enden, verdoppelt man den letzten Konsonanten, z.B.

die Sekretär**in** - die Sekretär**innen**
das Erzeug**nis** - die Erzeug**nisse**

Einige Nomen lateinischen Ursprungs haben eigene Pluralformen, z.B.

die Firma – die Firmen; das Konto – die Konten
das Material – die Materialien

2.4 Kasusendungen bei Nomen

Die Endungen eines Nomens ändern sich manchmal, je nachdem, in welchem Kasus sie stehen.

Im **Genitiv Singular** haben maskuline und neutrale Nomen die Endung **-(e)s**, z.B.

das Büro des Geschäftsführer**s**

Die gleiche Endung wird an den Namen einer Person angehängt, z.B.

Frau Brett nimmt Herrn Becker**s** Koffer.
Was ist Frau Binder**s** Telefonnummer?

Im **Dativ Plural** wird die Endung **-n** angehängt, wenn nicht der Plural schon auf **-n** oder **-s** endet:

die Gäste	–	den Gäste**n**
die Frauen	–	den Frauen
die Büros	–	den Büros

• Schwache Nomen

Eine kleine Gruppe männlicher Nomen werden schwach genannt. Sie enden in allen Formen auf -(e)n, mit Ausnahme des Nominativ Singular, z.B.

	Singular	Plural
Nominativ	der Mensch	die Menschen
Akkusativ	den Menschen	die Menschen
Genitiv	des Menschen	der Menschen
Dativ	dem Menschen	den Menschen

Diese Gruppe enthält die folgenden Nomen:

der Herr-(e)n, -en; der Nachbar -n, -n;
der Kunde -n, -n; der Kollege -n, -n; der Deutsche -n, -n;
der Student -en, -en; der Journalist -en, -en

Die folgenden Nomen haben die Endung **-ns** im Genitiv:

der Name -ns, -n; der Gedanke -ns, -n

3 Bestimmungswörter und Pronomen

3.1 Was ist ein Bestimmungswort?

Bestimmungswörter sind Funktionswörter, die vor einem Nomen und den dazugehörigen Adjektiven, stehen. Dazu gehören die bestimmten Artikel *der/die/das*, die unbestimmten Artikel *ein/e*, die Demonstrativpronomen *diese/dieser/dieses* und die Possesivpronomen *mein/e, dein/e* etc. Während einem Nomen mehrere Adjektive vorangehen können, kann ihm jeweils nur ein Bestimmungswort vorausgehen, z.B. *der* oder *ein*, doch nicht beide. Die Endung des Bestimmungswortes muß übereinstimmen mit dem Genus (▶ 2.2) sowie dem Numerus (Singular, Plural) und dem Kasus des Nomens (▶ 1). Das Bestimmungswort hat also die Funktion eines Anzeigers und hilft dabei, die Funktion des Nomens im Satz zu zeigen.

3.2 Was ist ein Pronomen?

Im Gegensatz zu Bestimmungswörtern können Pronomen allein stehen. Sie werden anstelle von Nomen gebraucht, um Wiederholungen zu vermeiden, z.B.

> Das ist Herr Müller. **Er** ist von der Firma ABC.
> „Sind sie an einem besonderen Modell interessiert?"
> „Ja, an **diesem** hier."
> „Ist das Ihr Taschenrechner?" „Nein, es ist **seiner**."

Demonstrativpronomen und Possessivpronomen können sowohl als Pronomen als auch als Bestimmungswörter fungieren.

3.3 Der bestimmte Artikel

	Maskulin	Feminin	Neutral	Plural
Nom.	der Mann	die Frau	das Kind	die Männer
Akk.	den Mann	die Frau	das Kind	die Frauen
Gen.	des Mann**es**	der Frau	des Kind**es**	der Kinder
Dat.	dem Mann	der Frau	dem Kind	den Männer**n**/Frauen

3.4 Der unbestimmte/verneinte Artikel

	Maskulin	Feminin	Neutral
Nom.	(k)ein Mann	(k)eine Frau	(k)ein Kind
Akk.	(k)einen Mann	(k)eine Frau	(k)ein Kind
Gen.	(k)eines Mann**es**	(k)einer Frau	(k)eines Kind**(e)s**
Dat.	(k)einem Mann	(k)einer Frau	(k)einem Kind

	Plural
Nom.	keine Männer/Frauen/Kinder
Akk.	keine Männer/Frauen/Kinder
Gen.	keiner Männer/Frauen/Kinder
Dat.	keinen Männer**n**/Frauen/Kinder**n**

Der unbestimmte Artikel *ein* hat keine Pluralform.

3.5 Gebrauch des Artikels bei geografischen Namen

Der bestimmte Artikel wird verwendet bei:
– femininen Ländernamen und Ländernamen im Plural, z.B.

> **Feminin Singular:** die Bundesrepublik, die Schweiz, die Türkei
> **Plural:** die Niederlande, die Vereinigten Staaten (die USA)

(**Achtung:** Bei neutralen Ländernamen steht meist kein Artikel, z.B. Deutschland, Frankreich, Ungarn)
– bei Namen von Seen, Bergen und Flüssen:

> der Bodensee, der Genfer See,
> die Zugspitze, der Großglockner
> der Rhein, die Donau

– bei Straßennamen in einem Satz (aber nicht in der Anschrift), z.B.

> Der Haupteingang ist in **der** Industriestraße.

3.6 Das Weglassen des Artikels bei Berufsbezeichnungen und Nationalitäten

Normalerweise wird bei Berufsbezeichnungen oder Nationalitäten der Artikel weggelassen, z.B.

> Ich bin Ingenieur.
> Frau Schmidt ist Einkaufsleiterin bei der Firma ABC.
> Er ist Deutscher.

Allerdings kann ein bestimmter Artikel verwendet werden, wenn nur eine bestimmte Person eine Funktion in einem Unternehmen innehat, z.B.

> Er ist **der** Einkaufsleiter bei uns.

3.7 Demonstrativpronomen

- **dieser/diese/dieses**

Demonstrativpronomen können sowohl als Bestimmungswörter als auch als Pronomen verwendet werden. Die Endungen sind für beide gleich.

	Maskulin	Feminin	Neutral	Plural
Nom.	dieser	diese	dieses	diese
Akk.	diesen	diese	dieses	diese
Gen.	dieses	dieser	dieses	dieser
Dat.	diesem	dieser	diesem	diesen

Beispiele: Verwendung als Bestimmungswort:
> Ich hoffe, **dieser** Tisch paßt Ihnen?
> Ich bin an **diesem** Modell interessiert.

Verwendung als Pronomen:
> Im Herbst 1950 brachte Otto den ersten Katalog heraus. **Dieser** erschien in einer Auflage von ...
> „Sind Sie an einem besonderen Modell interessiert?"
> „Ja, an **diesem** hier."

Die Wörter *jener/jene/jenes* und *jeder/jede/jedes* haben die gleichen Endungen und können genauso verwendet werden.

- **der/die/das**

Die Wörter *der/die/das* werden auch als Pronomen verwendet. Ihre Form unterscheidet sich vom bestimmten Artikel nur im Genitiv und Dativ Plural.

	Maskulin	Feminin	Neutral	Plural
Nom.	der	die	das	die
Akk.	den	die	das	die
Gen.	**dessen**	**deren**	**dessen**	**deren**
Dat.	dem	der	dem	**denen**

Beispiel: Was für eine Abteilung ist das?
> „Muß man auch Überstunden machen?"
> **„Die** gibt es hier in der Verwaltung nicht."
> Wie plane ich die Messeabteilung und **deren** Erfolg?

Das Pronomen *das* kann benutzt werden, um auf eine gesamte Aussage zurückzukommen, z.B.

> Könnten Sie **das** bitte wiederholen?

3.8 Die Possessivpronomen

Possessivpronomen zeigen an, wem oder was jemand oder etwas gehört.

Singular	Plural
mein	unser
dein	euer
Ihr (höflich)	Ihr (höflich)
sein	ihr
	ihr

Diese können als Bestimmungswörter oder als Pronomen verwendet werden. Werden sie als Bestimmungswörter verwendet, so haben sie die gleichen Endungen wie der unbestimmte Artikel (▶ 3.4), z.B.

> Wie war **Ihr** Name nochmal?
> Was ist **seine** Stellung im Betrieb?

Werden sie als Pronomen verwendet, haben sie die gleichen Endungen wie *dieser/diese/dieses* (▶ 3.7), z.B.

Mein Auto ist nicht so groß wie sein**(e)s**.

Achtung: Das -e bei neutralen Nomen wird häufig weggelassen.

3.9 Personalpronomen

Personalpronomen beziehen sich auf Personen oder Gegenstände. Ihre Form richtet sich nach Person, Numerus und Kasus.

	Nominativ	**Akkusativ**	**Dativ**
Singular	ich	mich	mir
	du	dich	dir
	Sie (höflich)	Sie	Ihnen
	er	ihn	ihm
	sie	sie	ihr
	es	es	ihm

	Nominativ	**Akkusativ**	**Dativ**
Plural	wir	uns	uns
	ihr	euch	euch
	Sie (höflich)	Sie	Ihnen
	sie	sie	ihnen

Das Pronomen *er* bezieht sich auf jedes maskuline, *sie* auf jedes feminine und *es* auf jedes neutrale Nomen, wobei das natürliche Geschlecht vernachlässigt werden kann, z.B.

Gefällt Ihnen mein neuer Wagen? (m.)
Ja, **er** ist sehr schön.
Ich empfehle Ihnen die Leberknödelsuppe(w.),
sie schmeckt besonders lecker.

Achtung: Im Deutschen gibt es zwei unterschiedliche Anredeformen:

a) Die informelle Form *Du*, die eine gewisse Intimität voraussetzt und von Verwandten, Bekannten, Kindern und engen Freunden, Studenten und Schülern verwendet wird, und

b) die höflichere Form *Sie*. Sie wird unter Fremden und Erwachsenen benutzt, die sich nicht beim Vornamen nennen. Selbst manche Arbeitskollegen, die sich schon lange kennen, benutzen die Höflichkeitsform.

3.10 Unbestimmte Pronomen

- **man**

Nominativ	man
Akkusativ	einen
Dativ	einem

Beispiel: In Deutschland stellt **man** sich mit Nachnamen vor.
Das könnte **einen** viel kosten.

- **einer/eine/ein(e)s**

Die Endungen der unbestimmten Pronomen unterscheiden sich von denen des unbestimmten Artikels (▶ 3.4). Das kommt daher, daß die Endungen sich auf das Genus des betreffenden Nomens beziehen müssen.

	Maskulin	**Feminin**	**Neutral**
Nom.	ein**er**	eine	ein**(e)s**
Akk.	einen	eine	ein**(e)s**
Dat.	eines	einer	eines
Gen.	einem	einer	einem

Beispiel:
Herr Braun ist **einer** unserer besten Kunden.
Bayern ist **ein(e)s** der schönsten Bundesländer.
Ich möchte **einen** Ihrer etablierten Kunden besuchen.

Achtung: *keiner/keine/kein(e)s* kann auch als Pronomen mit den selben Endungen gebraucht werden.

- **etwas**

Das Wort *etwas* ist nicht veränderbar. Es kann verschiedenartig verwendet werden, z.B.

Möchten Sie **etwas** trinken?

Es kann mit einem Adjektiv kombiniert werden, welches dann mit einem Großbuchstaben beginnt, z.B.

Ich esse lieber **etwas K**altes.
Aber: **etwas a**nderes.

3.11 Interrogativpronomen

- **wer?**

Das Fragewort *wer* hat folgende Formen:

Nominativ	wer
Akkusativ	wen
Genitiv	wessen
Dativ	wem

Beispiel:
Wer ist der Geschäftsführer?
Wessen Auto ist das? / **Wem** gehört das Auto?

- **welcher/welche/welches**

Diese Fragewörter können sowohl als Bestimmungswörter als auch als Pronomen verwendet werden. Sie folgen dem Muster von *dieser/diese/dieses*, z.B.

In **welchem** Bereich ist die Firma tätig?

- **was/wo(r)-**

Das Fragewort *was* ist unveränderbar, z.B.

Was möchten Sie trinken?

Um nach etwas zu fragen, verwendet man *wofür, womit* und nicht *mit was* oder *für was*. Diese Interrogativpronomen werden also durch das Hinzufügen von *wo-* bzw. zu der Präposition gebildet bzw. *wor-*, wenn die Präposition mit einem Vokal anfängt, z.B.

Wofür sind Sie zuständig?
Womit befaßt sich Herr Barth?
Worum kümmert sich Frau Kern?
Worin besteht Ihre Arbeit?
Worüber ist das Referat?

4 Adjektive und Adverbien

4.1 Was ist ein Adjektiv?

Adjektive beschreiben ein Nomen näher und geben zusätzliche Informationen darüber. Wenn ein Adjektiv nach einem Nomen steht, welches es beschreibt, so hat es keine Endung.

Die Fabrik ist sehr **modern**.
Meine Kollegen sind **sympathisch**.

Steht es aber vor dem Nomen, so hat es eine Adjektivendung. Die Endungen richten sich nach dem Genus (▶ 2.2), dem Numerus und dem Kasus (▶ 1). Sie richten sich weiterhin danach, ob ein Bestimmungswort vorhanden ist oder nicht, um welches es sich handelt, z.B.

der groß**e** Konzern
ein groß**er** Konzern

Ausnahmen sind:
– einige Farben, z.B. rosa
– Namen von Städten und Großstädten, wenn sie als Adjektive verwendet werden. Diesen wird die Endung **-er**, aber keine Kasusendung hinzugefügt, z.B.

der Frankfurt**er** Hauptsitz der Firma
die echte Frankfurt**er** Atmosphäre

4.2 Was ist ein Adverb?

Adverbien beschreiben Verben näher und geben zusätzliche Informationen über sie. Die meisten deutschen Adjektive können auch als Adverbien benutzt werden. Die Form des Adverbs verändert sich nicht, z.B.

Adjektiv	Unsere **eleganten** Zimmer
	Er ist ein **guter** Arbeiter.
Adverb	Unsere **elegant** eingerichteten Zimmer.
	Wir arbeiten **gut** zusammen.

4.3 *der/die/das* + Adjektiv + Nomen

Nach *der/die/das, dieser/diese/dieses, jener/jene/jenes, jeder/jede/jedes* und *welcher/welche/welches* sehen die Adjektivendungen folgendermaßen aus:

	maskulin	**feminin**
Nom.	der groß**e** Konzern	die groß**e** Firma
Akk.	den groß**en** Konzern	die groß**e** Firma
Gen.	des groß**en** Konzern**s**	der groß**en** Firma
Dat.	dem groß**en** Konzern	der groß**en** Firma

	neutral	**Plural**
Nom.	das groß**e** Unternehmen	die groß**en** Konzerne
Akk.	das groß**e** Unternehmen	die groß**en** Konzerne
Gen.	des groß**en** Unternehmen**s**	der groß**en** Konzerne
Dat.	dem groß**en** Unternehmen	den groß**en** Konzern**en**

4.4 *ein/eine/ein* + Adjektiv + Nomen

Nach dem unbestimmten Artikel, dem verneinten Artikel *kein/keine/kein* (▶ 3.4) und den Possessivpronomem *mein, dein* etc. (▶ 3.8) unterscheiden sich drei Adjektivendungen von denen in 4.3.

	maskulin	**feminin**	**neutral**	**Plural**
Nom.	**-er**	-e	**-es**	-en
Akk.	-en	-e	**-es**	-en
Gen.	-en	-en	-en	-en
Dat.	-en	-en	-en	-en

z.B. ein groß**er** Konzern, ein groß**es** Unternehmen
Denken Sie daran, daß die unbestimmten Artikel keine Pluralformen bilden.

4.5 Mehr als ein Adjektiv nach einem Bestimmungswort

Stehen nach einem Bestimmungswort mehr als ein Adjektiv, so haben diese die gleichen Endungen, z.B.

Thyssen ist **ein** führend**er** deutsch**er** Stahlhersteller.
Gehen wir in **ein** traditionell**es** deutsch**es** Restaurant.
Dieses alt**e**, traditionsreich**e** Hotel wurde 1893 eröffnet.

4.6 Adjektiv + Nomen

Wenn kein Bestimmungswort oder Pronomen vorhanden ist, welches Genus und Kasus des Nomens anzeigen könnte, so muß ein Adjektiv diese Funktion übernehmen. Es erhält dann folgende Endungen:

	maskulin	**feminin**	**neutral**	**Plural**
Nom.	-er	-e	-es	-e
Akk.	-en	-e	-es	-e
Gen.	-en	-er	-en	-er
Dat.	-em	-er	-em	-en

Beispiele:
Das Hotel bietet professionell**en** Service
(Maskulin Singular Akkusativ).
Das Haus ist eine Symbiose aus exklusiv**em** Stadthotel
(Maskulin Singular Dativ) und sympathisch**er** Eleganz
(Feminin Singular Dativ).

4.7 *viele, wenige, einige* + Adjektiv + Nomen

Nach diesen Wörtern sowie Zahlwörtern ist die Adjektivendung im Nominativ und Akkusativ Plural **-e**, wie in **4.6** beschrieben:

Frankfurt hat viele interessant**e** Sehenswürdigkeiten.
Die Wohnung hat fünf groß**e** Zimmer.

Achtung: Obwohl die Wörter im Plural Endungen haben, sind viel, wenig normalerweise unveränderbar.
Ich habe **wenig** Freizeit.
St. Gilgen bietet seinen Gästen **viel** Abwechslung.

4.8 Adjektive als Nomen

Viele Adjektive und Partizipien können als Nomen gebraucht werden, besonders wenn das folgende Nomen sonst einfach nur *Mann, Frau* oder *Person* wäre. Adjektivische Nomen beginnen mit einem Großbuchstaben, behalten aber die Adjektivendungen. Das Geschlecht ist das des implizierten Nomens, z.B.

der/die Angestellte, ein Angestellter/eine Angestellte
der/die Bekannte, ein Bekannter/eine Bekannte
der/die Reisende, ein Reisender/eine Reisende
der/die Selbständige, ein Selbständiger/eine Selbständige
der/die Verwandte, ein Verwandter/eine Verwandte

4.9 Komparative und Superlative

• Adjektive

Um einen Komparativ zu bilden, wird **-er** an die Grundform angehängt; um einen Superlativ zu bilden, **-(e)st**. Oft wird aus dem Hauptvokal des Stammes ein Umlaut. Es gibt aber auch einige unregelmäßige Formen:

Grundform	**Komparativ**	**Superlativ**
regelmäßig		
niedrig	niedriger	der/die/das niedrigste
wenig	weniger	der/die/das wenigste
früh	früher	der/die/das früh(e)ste
intelligent	intelligenter	der/die/das intelligenteste
regelmäßig + Umlaut		
lang	länger	der/die/das längste
kurz	kürzer	der/die/das kürzeste
stark	stärker	der/die/das stärkste
schwach	schwächer	der/die/das schwächste
unregelmäßig		
hoch	höher	der/die/das höchste
nah	näher	der/die/das nächste
viel	mehr	der/die/das meiste
gut	besser	der/die/das beste

Die Komparativ- und Superlativformen von Adjektiven haben die normalen Adjektivendungen, außer *mehr* und *weniger*, die sich nicht verändern.

Um einen Vergleich auszudrücken, verwendet man *als*, z.B.
Der Umsatz 1995 war höher **als** 1994.
Die Deutschen fangen mit der Arbeit früher an **als** die Briten.

Eine andere Möglichkeit, zwei Dinge miteinander zu vergleichen, bietet *so ... wie*, z.B.
Weimar ist nicht **so** groß **wie** Frankfurt.

Um darzustellen, daß etwas genauso ist, verwendet man *genauso ... wie*, z.B.
Die Briten arbeiten **genauso** viele Stunden pro Woche **wie** die Holländer.

• Adverbien

Der Komparativ von Adverbien wird genauso wie der von Adjektiven gebildet. Vor dem Superlativ eines Adverbs steht das Wort *am*. Die Superlativformen enden auf **-(e)sten**, z.B.
am wenigsten, am meisten, am kürzesten, am besten

Achtung: Das unregelmäßige Adverb *gern* (▶ 4.10) hat die Formen *gern, lieber, am liebsten*.

4.10 Vorlieben und Abneigungen ausdrücken durch
• Verb + *gern*

Um im Deutschen Vorlieben auszudrücken, verwendet man am häufigsten *gern/lieber/am liebsten* mit *haben* oder einem anderen Verb, z.B.

> Ich habe meinen Kollegen **gern**.
> Scharfe Sachen esse ich nicht **gern**.
> Ich gehe **lieber** ins Kino als ins Theater.
> Ich arbeite **am liebsten** selbständig.

5 Präpositionen

5.1 Was sind Präpositionen?

Präpositionen sind solche Wörter wie *in, auf, um*. Sie stehen vor Nomen oder Pronomen und geben eine Antwort auf die Frage *Wo? Wann?* z.B. *in Berlin, auf dem Tisch, um acht Uhr*. Viele Adjektive und Verben werden mit bestimmten Präpositionen gebraucht, die gelernt werden müssen, z.B. *interessiert an, sich interessieren für*. Die Form von Präpositionen ist unveränderlich, obwohl einige deutsche Präpositionen mit den folgenden Bestimmungswörtern verschmelzen, z.B.

ans = an das beim = bei dem im = in dem   zum = zu dem
am = an dem ins = in das   vom = von dem zur = zu der

Präpositionen bestimmen im Deutschen den Kasus des nachfolgenden Nomens. Sie stehen im Akkusativ, Dativ oder gelegentlich im Genitiv.

5.2 Präpositionen mit dem Akkusativ

Die folgenden Präpositionen verlangen den Akkusativ.

bis	Er ist **bis** nächste Woche im Urlaub.
durch	Gehen wir **durch** diese Tür.
für	Ich bin **für** die Kundenbetreuung zuständig.
gegen	Ich möchte **gegen** 10.00 Uhr nach München fahren.
ohne	**Ohne** gründliche Fremdsprachenkenntnisse kommt man nicht aus.
um	Gehen Sie links **um** die Ecke.

5.3 Präpositionen mit dem Dativ

Die folgenden Präpositionen verlangen den Dativ.

ab	Jugendliche **ab** 16 Jahren
aus	Viele Besucher kommen **aus** dem Ausland.
außer	**Außer** uns ist noch niemand da.
bei	Er arbeitet **bei** der Firma ABD. Sie ist **beim** Mittagessen.
gegenüber	Das Fertiglager ist **gegenüber** der Fabrik.
mit	Ich spreche **mit** Herrn Steiner.
nach	**Nach** der Stadtrundfahrt machen Sie einen Einkaufsbummel.
seit	**Seit** der Gründung der Firma...
von	Der Parkplatz ist links **vom** Eingang.
zu	Ich habe einige Fragen **zu** Ihrer letzten Rechnung.

5.4 Präpositionen mit Akkusativ oder Dativ

Die folgenden Präpositionen verlangen den Akkusativ oder den Dativ. Der Kasus hängt vom Kontext ab.

an	hinter	neben	unter	zwischen
auf	in	über	vor	

Der Akkusativ wird gebraucht, um eine Bewegung von einem Ort zum anderen zu kennzeichnen, während der Dativ gebraucht wird, um eine Position, keine Bewegung oder eine nicht zielgerichtete Bewegung zu kennzeichnen, z.B.

Akkusativ
> Ich schicke die Rechnung **an den** Kunden.
> Legen Sie den Text **auf das** Vorlagenglas.
> Gehen Sie hinauf **in den** ersten Stock.
> Er stellte seinen Koffer **neben den** Tisch.

Dativ
> Schuster **am** Apparat.
> Die Unterlagen liegen **auf dem** Tisch.
> Die Produktionsabteilung ist **im** ersten Stock.
> Der Parkplatz ist **neben dem** Verwaltungsgebäude.

5.5 Orts- und Richtungsangaben: *nach, zu* oder *in?*

Die Präpositionen *nach, zu* und *in* werden in Orts- und Richtungsangaben verwendet. Es gibt jedoch kleine Unterschiede im Gebrauch.

• *nach*

wird verwendet bei Ortsbezeichnungen ohne Artikel, z.B.
> Wir wollen **nach** Spanien fahren.
> Wie komme ich **nach** Untertürkheim?

Achtung: *in*, nicht *nach* wird bei Ländernamen verwendet, vor denen ein Artikel steht, z.B.
> Wir sind **in** die Türkei geflogen.

• *zu* + Dativ

wird verwendet, wenn man eher die allgemeine Richtung erfragen anstatt an ein bestimmtes Ziel gelangen möchte, z.B.
> Wie komme ich **zum** Hotel?
> Wie fahre ich am besten **zur** Messe?

• *in* + Akkusativ

wird bei Örtlichkeiten verwendet, wo man sich anschließend im Inneren aufhält, z.B.
> Gehen wir **ins** Restaurant Angthong.
> Gehen Sie gern **ins** Kino?
> Wenn Sie sich für Naturkunde interessieren, müssen Sie **ins** Naturkundemuseum gehen.

5.6 Präpositionen mit dem Genitiv

Es gibt nur ein paar Präpositionen, die den Genitiv verlangen. Manchmal wird in der gesprochenen Sprache lieber der Dativ verwendet.

wegen	Ich rufe **wegen** einer Rechnung an.
(an)statt	Ich brauche zwei Einzelzimmer **anstatt** eines Doppelzimmers.
trotz	**Trotz** der Zentrumslage ist die Gegend relativ ruhig.
innerhalb	Wir können die Ware **innerhalb** einer Woche liefern.

Andere Präpositionen, die den Genitiv verlangen, findet man normalerweise nur im formalen, schriftlichen Deutsch, z.B. *anhand/an Hand, aufgrund/auf Grund*.

5.7 *da(r)-* + Präposition

Die Silbe *da-* oder *dar-* befindet sich oft vor einer Präposition, wenn man sich auf etwas Vorausgegangenes bezieht.
> dafür, danach
> daneben
> darin, darüber

Beispiele:
> Zuerst sehen Sie einen Videofilm.
> **Danach** findet eine Betriebsbesichtigung statt.
> Ich rufe an wegen einer Rechnung.
> Wer ist **dafür** zuständig?

Wenn ein Verb eine bestimmte Präposition verlangt (▶ 6.16), steht *da(r)-* vor dieser Präposition, z.B.
> Ich werde mich **darum** kümmern.

Achtung: Der Buchstabe *-r-* wird eingefügt, wenn die Präposition mit einem Vokal anfängt. (Siehe auch **3.11**)

6 Verben

6.1 Was ist ein Verb?

Verben bezeichnen Handlungen, die vom Subjekt des Satzes ausgeführt werden, oder einen Sachverhalt, z.B.

Subjekt	Verb (Prädikat)		
Der Chef	kommt	in fünf Minuten	(Handlung)
Sie	kennen	den Exportleiter.	(Sachverhalt)
Mein Auto	steht	draußen.	(Sachverhalt)

In Wörterbüchern und Wortlisten steht das Verb im Infinitiv oder in der Grundform, d.h. der Stamm und die Endung **-en** oder manchmal **-n**, z.B. *kommen, stehen, entwickeln*. Die verschiedenen Verbendungen werden an den Stamm angehängt. Sie verändern sich je nach Person und Numerus des Subjektes und nach der Zeitform (Präsens oder Präteritum).

6.2 Schwache, starke und unregelmäßige (Misch)verben

Es gibt im Deutschen drei Hauptarten von Verben, **schwach, stark** und **unregelmäßig**. Schwache und starke Verben unterscheiden sich hauptsächlich in der Bildung des Präteritums und des Partizip II.

• Schwache Verben

Die meisten deutschen Verben sind schwach: Im Präsens und Präteritum werden nach einem bestimmten Muster bestimmte Endungen an den Stamm angehängt, wobei der Stamm selbst unverändert bleibt. (▶ 6.6, 6.9). Das Partizip II endet immer auf **-t** oder **-et**. (▶ 6.8), z.B.

wohnen, wohn**t**, wohn**te**, **ge**wohn**t**
arbeiten, arbeite**t**, arbeite**te**, **ge**arbeite**t**

• Starke Verben

Hier sind viele der gebräuchlichsten Verben einzuordnen, z.B. *fahren, finden, gehen, kommen, nehmen, sehen, sprechen*. In der 3. Person Singular (*er/sie/es*) ändert sich oft der Vokal im Wortstamm. Im Partizip II ändert sich der Vokal immer. Das Partizip II endet immer auf **-en**. z.B.

finden, findet, f**a**nd, gef**und**en
fahren, f**ä**hrt, f**u**hr, gef**a**hr**en**

• Unregelmäßige Verben

Unregelmäßige Verben schließen die Verben *sein, haben* (▶ 6.3) und *werden* und die Modalhilfsverben (▶ 6.4) ein. Diese folgen keinen bestimmten Regeln und müssen auswendig gelernt werden.
Die folgenden Verben sind auch unregelmäßig und zeigen Merkmale der schwachen und starken Verben (d.h. Vokalwechsel, aber Partizip II-Endung auf **-t**):

bringen, bringt, brachte, gebracht
verbringen, verbringt, verbrachte, verbracht
denken, denkt, dachte, gedacht
kennen, kennt, kannte, gekannt
wissen, weiß, wußte, gewußt

6.3 Unregelmäßige Formen sein, haben, werden

Diese Verben können als eigenständiges Verb oder als Hilfsverben gebraucht werden, um zusammengesetzte Zeitformen (Futur ▶ 6.10, Perfekt ▶ 6.7) zu bilden.

	sein	haben	werden
Präsens			
ich	bin	habe	werde
du	bist	hast	wirst
er/sie/es	ist	hat	wird
wir	sind	haben	werden
ihr	seid	habt	werdet
sie/Sie	sind	haben	werden
Präteritum			
ich	war	hatte	wurde
du	warst	hattest	wurdest
er/sie/es	war	hatte	wurde
wir	waren	hatten	wurden
ihr	wart	hattet	wurdet
sie/Sie	waren	hatten	wurden
Konjunktiv II			
ich	wäre	hätte	würde
du	wärst	hättest	würdest
er/sie/es	wäre	hätte	würde
wir	wären	hätten	würden
ihr	wärt	hättet	würdet
sie/Sie	wären	hätten	würden
Partizip II			
	gewesen	gehabt	geworden/worden

• Gebrauch des Konjunktivs

Sein, haben und *werden* werden oft in der Konjunktiv II-Form gebraucht. Man bildet sie, indem man im Präteritum aus dem Konsonanten einen Umlaut macht: *war – wäre, hatte – hätte, wurde – würde*. Der Konjunktiv II wird oft verwendet, um Sachverhalte, Fragen, Wünsche oder Angebote höflicher auszudrücken und den Umgangston freundlicher zu gestalten, z.B.

„Darf ich Sie zum Essen einladen?" „Ja, das **wäre** schön."
Hätten Sie am Mittwoch Zeit?
Würde Ihnen Freitag abend passen?

6.4 Modalhilfsverben

Es gibt im Deutschen sechs Modalhilfsverben. Sie werden normalerweise mit anderen Verben in der reinen Infinitivform verwendet (ohne *zu*), um eine Fähigkeit (*können*), Erlaubnis (*dürfen, können*), Wunsch/Absicht (*wollen*), Neigung/Gefallen (*mögen*), Verpflichtung (*müssen*) oder einen Ratschlag (*sollen*) auszudrücken.

	dürfen	können	mögen	müssen	wollen
Präsens					
ich	darf	kann	mag	muß	will
du	darfst	kannst	magst	muß	willst
er/sie/es	darf	kann	mag	muß	will
wir	dürfen	können	mögen	müssen	wollen
ihr	dürft	könnt	mögt	müßt	wollt
sie/Sie	dürfen	können	mögen	müssen	wollen
Präteritum					
ich	durfte	konnte	mochte	mußte	wollte
du	durftest	konntest	mochtest	mußtest	wolltest
er/sie/es	durfte	konnte	mochte	mußte	wollte
wir	durften	konnten	mochten	mußten	wollten
ihr	durftet	konntet	mochtet	müßt	wolltet
sie/Sie	durften	konnten	mochten	mußten	wollten
Konjunktiv II					
ich	dürfte	könnte	möchte	müßte	wollte
du	dürftest	könntest	möchtest	müßtest	wolltest
er/sie/es	dürfte	könnte	möchte	müßte	wollte
wir	dürften	könnten	möchten	müßten	wollten
ihr	dürftet	könntet	möchtet	müßtet	wolltet
sie/Sie	dürfen	können	möchten	müßten	wollten
Partizip II					
	gedurft	gekonnt	gemocht	gemußt	gewollt

Achtung: Außer im Präsens Singular (*soll, sollst, soll*) wird das Verb sollen genauso wie wollen konjugiert.
Das Verb in der Infinitivform steht am Ende eines Hauptsatzes, z.B.

Hier darf man nicht **rauchen**.

In einem Nebensatz (▶7.5) steht der Infinitiv vor dem Modalverb, z.B.

Wenn Sie ins Theater **gehen** wollen, ...

• Weglassen des Infinitivs

Bei Bewegungsverben wie *gehen, kommen* oder *fahren* wird der Infinitiv besonders im gesprochenem Deutsch auch so verstanden und deshalb weggelassen. Im nachfolgenden Beispiel handelt es sich um das Bewegungsverb *gehen*.

„Wo wollen Sie hin?"
„Ich muß in die Produktionsabteilung."

• Gebrauch des Konjunktivs

Der Konjunktiv II von *können, mögen* und *sollen* wird oft als Höflichkeitsform gebraucht, z.B.

Möchten Sie etwas trinken?
Könnte ich nach Deutschland faxen?
Sie **sollten** Sachsenhausen besuchen.

6.5 Trennbare und untrennbare Verben

Viele deutsche Verben bestehen aus zwei Teilen, dem Verbstamm und einem Präfix. Diese Präfixe können **untrennbar** sein, d.h. sie bleiben immer am Verbstamm, oder **trennbar**, d.h. sie können losgelöst vom Verbstamm stehen. Einige Verben können je nach Bedeutung trennbar oder untrennbar sein.

• Untrennbare Präfixe

Diese Präfixe sind immer untrennbar: *be-, emp-, ent-, er-, ge-, ver-, zer-.* Z.B.

beantworten, **be**grüßen, **be**arbeiten;
empfangen, **emp**fehlen; **ent**wickeln, **ent**spannen;
erfinden, **er**bitten; **ge**fallen, **ge**winnen;
vertreiben, **ver**wöhnen; **zer**reißen

• Trennbare Präfixe

Die meisten trennbaren Präfixe gibt es auch als eigenständige Wörter, als Präpositionen, Adverbien, Adjektive oder Nomen. Bei beiden Formen des Gebrauchs sind ihre Bedeutungen oft eng miteinander verbunden.
Einige gebräuchliche trennbare Präfixe sind: *an-, ab-, aus-, auf-, ein-, her-, mit-, vor-, weg-.*

In Hauptsätzen mit nur einem Verb wird der Präfix vom Verb abgetrennt und steht am Ende des Satzes, z.B.

anfangen   Das Seminar **fängt** um 9.30 Uhr **an** ...
aufhören   und **hört** um 17.15 Uhr **auf**.
stattfinden   Wann **findet** die Betriebsbesichtigung **statt**?
teilnehmen   Sie **nehmen** an einer Sitzung **teil**.

Das Präfix bleibt am Verbstamm
– wenn der Satz ein Modalverb oder ein Hilfsverb enthält, z.B. **Darf** ich nach Deutschland **anrufen**?
Wo **kann** ich meinen Koffer **abstellen**?
– in Nebensätzen (▶ 7.5), z.B.
Das ist eine Firma, die Reisebusse **herstellt**.

Im Partizip II wird die Silbe *ge-* zwischen dem Präfix und dem Verbstamm eingefügt, z.B.
Er hat den Besucher zum Essen ein**ge**laden.

• Trennbare oder untrennbare Präfixe

Ein paar Präfixe, z.B. *um, über, unter,* können trennbar oder untrennbar sein, z.B.
Die Aktivitäten der Firma **um**fassen 5 Geschäftsbereiche. (nicht trennbar)
Wir planen, die Firma **um**zustrukturieren. (trennbar)

6.6 Das Präsens

Die wichtigsten Verbendungen sind für schwache und starke Verben im Präsens gleich. (▶ 6.2)

	Schwache Verben		Starke Verben
	sagen	arbeiten	fahren
ich	sag**e**	arbeit**e**	fahr**e**
du	sag**st**	arbeit**est**	fähr**st**
er/sie/es	sag**t**	arbeit**et**	fähr**t**
wir	sag**en**	arbeit**en**	fahr**en**
ihr	sag**t**	arbeit**et**	fahr**t**
sie	sag**en**	arbeit**en**	fahr**en**

Das Präsens wird gebraucht
– um über gegenwärtige, gewohnheitsmäßige oder zeitlose Handlungen, Ereignisse oder Sachverhalte zu sprechen,

– um über eine Handlung zu sprechen, die in der Vergangenheit begonnen hat und zur Sprechzeit immer noch andauert. Hier wird oft ein Zeitadverb wie *schon* oder *seit* eingefügt, z.B.
Ich arbeite schon seit zwei Monaten hier.

– um sich auf Zukünftiges zu beziehen, wenn das aus dem Kontext klar hervorgeht, z.B.
Ich rufe Sie morgen an.
Ich hole Sie um halb sieben ab.

6.7 Das Perfekt

Das Perfekt wird mit dem Partizip II und den Hilfsverben *haben* oder *sein* gebildet (▶ 6.3).
Die meisten Verben bilden das Perfekt mit *haben*, z.B.

Haben Sie das Büro leicht **gefunden**?
Wie **hat** es Ihnen hier **gefallen**?

Verben, die das Perfekt mit *sein* bilden, sind alle intransitiv, d.h. sie haben kein Objekt im Akkusativ.
Solche Verben sind intransitive Bewegungsverben, z.B. *gehen, fahren, fliegen, sein, bleiben,* und intransitive Verben, die eine Änderung eines Sachverhaltes anzeigen, z.B. *wachsen, werden, verschwinden.*
Beispiele:
Wir **sind** in die Türkei **geflogen**.
Ich **bin** nie in der Türkei **gewesen**.
Die Zahl der Aussteller auf deutschen Messen
ist gewachsen.

Das Perfekt ist die gebräuchlichste Vergangenheitsform im gesprochenen Deutsch. Es wird auch immer häufiger im schriftlichen Deutsch gebraucht. Es wird verwendet,

– um sich auf Handlungen und Geschehnisse zu beziehen, die vollständig in der Vergangenheit liegen, z.B.
Letztes Jahr **haben** wir zwei Wochen in der Türkei **verbracht**.

– um sich auf vergangene Handlungen oder Geschehnisse zu beziehen, die auch noch in der Gegenwart von Bedeutung sind, z.B.
Deutsche Messen **haben** in den letzten Jahrzehnten eine dominante Position im Welthandel **erlangt**.

6.8 Bildung des Partizip II

Die folgende Übersicht zeigt, wie das Partizip II hauptsächlich geformt wird.

	Infinitive	Partizip II
Schwache Verben (▶ 6.2)	-en →	**ge- -(e)t**
	wohnen	**ge**wohn**t**
	machen	**ge**mach**t**
	arbeiten	**ge**arbeit**et**
– mit trennbarem Präfix (▶ 6.5)		**-ge- -(e)t**
	aufhören	auf**ge**hör**t**
	herstellen	her**ge**stell**t**
– mit untrennbarem Präfix (▶ 6.5)		**-t**
	besuchen	besuch**t**
	erholen	erhol**t**
– mit Endung auf -ieren		**-iert**
	produzieren	produz**iert**
	telefonieren	telefon**iert**
Starke Verben (▶ 6.2)	-en →	**ge- -en** (+Vokalwechsel)
	fahren	**ge**fahr**en**
	fliegen	**ge**flog**en**
	gehen	**ge**gang**en**
	schwimmen	**ge**schwomm**en**
– mit trennbarem Präfix (▶ 6.5)		**-ge- -en**
	anfangen	an**ge**fang**en**
	teilnehmen	teil**ge**nomm**en**
– mit untrennbarem Präfix (▶ 6.5)		**-en**
	bekommen	bekomm**en**
	gefallen	gefall**en**

Das Partizip II wird gebraucht, um das Perfekt (▶ 6.7) und das Passiv (▶ 6.11) zu bilden. Man kann es auch als Adjektiv mit entsprechender Adjektivendung verwenden, z.B.

Unsere 72 elegant und modern **eingerichteten** Zimmer.

6.9 Das Präteritum

Die Endungen von starken und schwachen Verben (▶ 6.2) sind im Präteritum unterschiedlich.

	Schwache Verben		Starke Verben
	sagen	arbeiten	fahren
ich	sag**te**	arbeit**ete**	fuhr
du	sag**test**	arbeit**etest**	fuhr**st**
er/sie/es	sag**te**	arbeit**ete**	fuhr
wir	sag**ten**	arbeit**eten**	fuhr**en**
ihr	sag**tet**	arbeit**etet**	fuhr**t**
sie	sag**ten**	arbeit**eten**	fuhr**en**

Das Präteritum bezieht sich wie das Perfekt (▶ 6.7) auf Handlungen oder Geschehnisse, die vollständig in der Vergangenheit liegen, z.B.

Deutsche Messen **entwickelten** sich im Mittelalter.

Im allgemeinen verwendet man das Präteritum in der geschriebenen und das Perfekt in der gesprochenen Sprache. Das kann aber je nach Region verschieden sein. Das Präteritum ist die gebräuchlichste Vergangenheitsform der Hilfsverben *sein, haben* und der Modalverben (▶ 6.3, 6.4), z.B.

„Wie **war** das Wetter?" „Es **war** herrlich. Wir **hatten** die ganze Zeit Sonne."

6.10 Das Futur

Das Futur wird mit einer Präsens-Form von *werden* (▶ 6.3) und dem Infinitiv des entsprechenden Verbes gebildet. Verwechseln Sie es nicht mit dem Passiv. (▶ 6.11) Wenn der Bezug zur Zukunft klar ist, benutzt man lieber das Präsens (▶ 6.6). Das Futur drückt eine Absicht oder Vorhersage aus, z.B.

Ich **werde** Sie sobald wie möglich **zurückrufen.** Man **wird** das Geld für die Freizeit kritischer **ausgeben.**

6.11 Das Passiv

Sätze, die aus Subjekt, Verb und direkten Objekt bestehen, können entweder im Aktiv oder im Passiv stehen. Das Passiv wird gebraucht, wenn das Subjekt oder der Ausführende der Handlung weniger wichtig ist als die Handlung selbst oder wenn dieser unbekannt ist.
Es wird mit der entsprechenden Zeitform von *werden* und dem Partizip II eines anderen Verbes gebildet, z.B.

Aktiv

Subjekt	Verb/Prädikat	Objekt	
Die Familie Hosp	führt	das Hotel.	
?	eröffnete	das Museum	1991.

Passiv

Subjekt	Form von *werden*	Handelnde Person	Partizip II
Das Hotel	**wird**	von der Familie Hosp	**geführt.**
Das Museum	**wurde**	?	**eröffnet.**

Beachten Sie, daß das Objekt des Aktiv-Satzes das Subjekt im Passiv-Satz wird. Deshalb können nur Verben, die ein direktes Objekt verlangen (transitive Verben) im Passiv gebraucht werden. Wenn das Passiv mit einem Modalverb gebraucht wird, befindet sich *werden* nach dem Partizip II am Ende des Satzes oder Teilsatzes, z.B.

Telefonische Bestellungen **müssen** per Fax bestätigt **werden.**

6.12 Der Imperativ

Die Imperativform des Verbs wird bei Aufforderungen und Anweisungen gebraucht. Im Deutschen steht der Imperativ meist am Anfang des Satzes. Die Form des Verbs hängt von der Person ab, zu der man spricht.

● **Die höfliche *Sie* Form**
Man nimmt die Form des Infinitivs, gefolgt von *Sie*, z.B.

Kommen Sie mit.
Drücken Sie die Starttaste.
Setzen Sie sich.
Fahren Sie immer geradeaus.

Achtung: Die Imperativform von sein ist Seien Sie.

● **Die *du*-Form**
Wenn man die *du*-Form gebraucht, läßt man die Endung **-st** weg. Bei starken Verben läßt man auch den Umlaut weg, z.B.

Komm mit.   **Drück** die Starttaste.
Setz dich.   **Fahr** immer geradeaus.

Achtung: Manchmal wird ein *-e* an die Imperativform angehängt.

● **Die *ihr*-Form**
So gebraucht man die *ihr*-Form des Verbs:

Kommt mit.   **Drückt** die Starttaste.
Setzt euch.   **Fahrt** immer geradeaus.

6.13 Verben mit direktem (Akkusativ) und indirektem (Dativ) Objekt

Viele Verben verlangen ein **direktes Objekt** im Akkusativ (▶ 1.3), um den Satz zu vervollständigen, z.B.

Ich nehme **den Rinderbraten**.

Einige Verben verlangen allerdings zwei Objekte, **ein direktes Objekt** und **ein indirektes Objekt** im Dativ. Das direkte Objekt ist normalerweise ein Gegenstand, das indirekte eine Person, z.B.

anbieten	Kann ich <u>Ihnen</u> **einen Kaffee** anbieten?
empfehlen	Können Sie <u>mir</u> **eine Vorspeise** empfehlen?
erzählen	Sie erzählte <u>dem Besucher</u> **etwas** über die Firma.
geben	Geben Sie <u>mir</u> **Ihren Koffer**.
holen	Ich hole <u>Ihnen</u> **den neuen Prospekt**.
schicken	Ich schicke <u>Ihnen</u> **den Katalog** heute zu.
schreiben	Sie schreibt <u>dem Kunden</u> **einen Brief**.
wünschen	Wir wünschen <u>Ihnen</u> **eine angenehme** Reise.

● **Die Stellung von Objekten**
Im allgemeinen steht das Dativobjekt – wie auch in den obigen Beispielen – vor dem Akkusativobjekt.
Das Akkusativobjekt kann vor dem Dativobjekt stehen, wenn man Wert auf eine bestimmte Betonung legt, z.B.

Frau Brett stellt Herrn Becker (Akkusativ) ihren Kollegen (Dativ) vor.

Wenn beide Objekte Pronomen (▶ 3.2) sind, steht das Akkusativobjekt zuerst, z.B.

Frau Brett holt dem Besucher (Dativ) den neuen Prospekt (Akkusativ).
Sie gibt ihn (Akkusativ) ihm (Dativ).

6.14 Verben mit Dativobjekt

Einige deutsche Verben haben ein Dativobjekt, z.B.

antworten	Sie antwortete **ihm** nicht.
danken	Er dankte **ihr** für die Hilfe.
entsprechen	Wenn die Qualität **unseren Erwartungen** entspricht ...
gehören	Die Wohnung gehört **uns**.
erlauben	Das kann ich **Ihnen** nicht erlauben.
folgen	Folgen Sie **mir**.
glauben	Ich glaube **seiner Antwort** nicht.
helfen	Können Sie **mir** helfen?
imponieren	Das hat **dem Besucher** imponiert.
passen	Paßt **Ihnen** Freitag abend?
zuhören	Hören Sie **dem Gespräch** zu.

Achtung: Das Verb *gehören* kann mit *zu* verbunden werden, z.B.

Zur Canon-Gruppe **gehören** über 90 Tochter- und Beteiligungsgesellschaften.
Wir **gehören zu** den führenden Unternehmen in der Branche.

6.15 Reflexive Verben

Einige deutsche Verben verlangen ein Reflexivpronomen. Das bedeutet, daß das Subjekt und Objekt eines Verbs die selbe Person oder der selbe Gegenstand sind. Das Reflexivpronomen stimmt mit der Person überein und kann im Akkusativ oder im Dativ stehen.

- **Verben mit Reflexivpronomen im Akkusativ**

Das Reflexivpronomen im Akkusativ hat die folgenden Formen:

ich befasse **mich**	wir befassen **uns**
du befaßt **dich**	ihr befaßt **euch**
er/sie/es befaßt **sich**	sie/Sie befassen **sich**

Bei folgenden Verben steht das Reflexivpronomen im Akkusativ:

sich bedanken für	Wir bedanken **uns** für ihre Anfrage.
sich befinden	Auf der Zeil befinden **sich** fast alle großen Kaufhäuser.
sich beziehen auf	Ich beziehe **mich** auf unser gestriges Telefongespräch.
sich entwickeln	Diese Produktgruppe entwickelt **sich** sehr positiv.
sich erholen	Wir haben **uns** im Urlaub richtig erholt.
sich treffen	Wir treffen **uns** um 6.30 Uhr.
sich unterhalten	Er unterhält **sich** mit dem Busfahrer.
sich verstehen	Die Preise verstehen **sich** ohne Mehrwertsteuer.

- **Verben mit Reflexivpronomen im Dativ**

Bei einigen Verben und Redewendungen mit einem zweiten Objekt steht das Reflexivpronomen im Dativ, z.B.

ich wasche **mir** die Hände
du wäschst **dir** die Hände
er/sie/es wäscht **sich** die Hände
wir waschen **uns** die Hände
ihr wascht **euch** die Hände
sie /Sie waschen **sich** die Hände

Hier sind noch ein paar andere Beispiele:

sich etwas anhören	Hören Sie **sich** das Gespräch an.
sich etwas ansehen	Ab und zu sehe ich **mir** einen Dokumentarfilm an.
sich etwas kaufen	Er möchte **sich** ein Andenken kaufen.

- **Verben mit präpositionalen Objekt**

Einige Verben verlangen eine bestimmte Präposition, die das Objekt des Verbes einleitet. Das Verb und dessen Präposition bilden eine feststehende Wendung und sollten zusammen gelernt werden, z.B.

sich freuen auf + Akk.	Wir freuen uns auf Ihren Besuch.
warten auf + Akk.	Ich warte auf meinen Kollegen.
sich bedanken für + Akk.	Wir bedanken uns für Ihre Anfrage.
ich interessieren für + Akk.	Ich interessiere mich für Geschichte.
sich erkundigen nach + Dat.	Sie erkundigt sich nach Kongreß-Hotels in Freiburg.
fragen nach + Dat.	Sie fragte nach dem Preis.
sich befassen mit + Dat.	Er befaßt sich mit Marktforschung.
sich bewerben um + Akk.	Wie bewirbt man sich um eine Stelle bei der Firma?
es handelt sich/es geht um + Akk.	Es handelt sich/ geht um einen Auftrag.
sich kümmern um + Akk.	Ich kümmere mich um die Büroarbeiten.
abhängen von + Dat.	Der Zimmerpreis hängt von der Saison ab.

7 Wortstellung und Satzbau

7.1 Die Wortstellung im Deutschen

Die Wortstellung im Deutschen ist ziemlich flexibel, weil es Kasusendungen (▶ 1) gibt, mit deren Hilfe man Subjekt und Objekt eines Satzes erkennen kann. Beide der folgenden Sätze sind im Deutschen möglich. Sie haben die gleiche Bedeutung. Setzt man aber das Objekt des Verbes an die erste Stelle, so betont man dieses stärker.

Subjekt	**Verb/Prädikat**	**Objekt**
Ich	kenne	den Exportleiter.

Objekt	**Verb/Prädikat**	**Subjekt**
Den Exportleiter	kenne	ich.

7.2 Die Stellung des Verbs im Hauptsatz

Ein Satz ist eine Gruppe von Wörtern, die zusammen einen Sinn ergeben. Normalerweise muß ein vollständiger Satz wenigstens ein Subjekt und ein finites Verb haben. Ein Satz besteht aus wenigstens einem Hauptsatz. In einer Hauptsatzaussage muß das finite Verb immer in zweiter Position stehen (obwohl es nicht unbedingt das zweite Wort sein muß.) Das erste Element ist oft das Subjekt, kann aber auch folgendes sein:

das Objekt,
eine Zeitangabe, z.B. *Um 12.30 Uhr, Jeden Tag,*
eine Ortsangabe, z.B. *In Stuttgart,*
ein einzelnes Adverb, z.B. *Zuerst, Leider, Manchmal,*
oder ein unabhängiger Nebensatz (▶ 7.5).

Wenn das Subjekt nicht das erste Element des Satzes ist, muß es nach dem Verb stehen (Inversion), z.B.

Erstes Element	**Verb**	
Sie	**sehen**	zuerst einen Videofilm.
Um 12.30 Uhr	**essen**	wir zu Mittag.
Leider	**hatte**	mein Flug Verspätung.

Achtung: Es gibt einige Ausdrücke, die nicht als erstes Satzglied zählen, z.B. wenn man Leute mit Namen anspricht oder Interjektionen wie *Ach, Also, So* und die Wörter *Ja/Nein*. Sie stehen vor dem ersten Element und werden mit einem Komma abgetrennt, z.B.

So, Herr Becker, da ist die Firma.

Trennbare Präfixe und alle anderen nicht-finiten Glieder, d.h. Infinitiv, Partizip II, stehen am Ende des Satzes, z.B.

Um 11.00 Uhr **findet** eine Betriebsbesichtigung **statt**.
Leider **darf** man hier nicht **rauchen**.
Ich **habe** das Büro ohne Probleme **gefunden**.

7.3 Die Stellung des Verbs in Fragen und Imperativen

In Fragen mit einem Fragewort gilt ebenfalls die Regel: Das Verb steht an zweiter Stelle. (▶ 7.2), z.B.

Wie **war** die Reise?
Woher **kommen** Sie in Deutschland?

In Fragen ohne Fragewort werden Subjekt und finite Verbform ausgetauscht, so daß das Verb an erster Stelle steht, z.B.

Haben Sie das Büro leicht gefunden?
Ist es Ihr erster Besuch hier?

Imperative (▶ 6.12) beginnen auch mit dem Verb, z.B.
Nehmen Sie Platz.

7.4 Sätze, die mit und, aber oder, denn verbunden werden

Ein Satz kann aus zwei oder mehreren Hauptsätzen bestehen, die von den koordinierenden Konjunktionen *und, aber, oder, denn* verbunden werden. Diese Konjunktionen haben keinen Einfluß auf die Satzstellung. Das finite Verb bleibt das zweite Element in jedem Teilsatz. Teilsätze, die mit *aber* und *denn* verbunden werden, müssen mit einem Komma abgetrennt werden. (Das Komma wird im Deutschen gebraucht, um eine grammatikalische Einheit zu kennzeichnen, nicht um eine Sprechpause zu signalisieren.); z.B.

Ich gehe gern ins Kino, **aber** meine Frau geht lieber ins Theater.

Ich muß unseren Termin absagen, **denn** es ist etwas dazwischen gekommen.

Bei den Konjunktionen *und* und *aber* setzt man nur ein Komma, wenn das Subjekt beider Teilsätze verschieden ist, z.B.

Unser Umsatz beträgt etwa eine Million Mark, und **wir** haben 17 Beschäftigte.

Wir beschäftigen zirka 1.600 Mitarbeiter und (**wir**) produzieren Kunststoffe und Chemikalien.

Hier machen **wir** die Kontenführung und rechnen die Löhne und Gehälter ab.

7.5 Wortstellung in Nebensätzen

Neben einem Hauptsatz kann ein Satz auch einen oder mehrere Nebensätze haben. Ein einzelner Nebensatz ergibt keinen Sinn. Er ist vom Hauptsatz abhängig und wird von einer subordinierenden Konjunktion, einem Relativpronomen (▶ 7.6) oder einem Fragewort (▶ 7.7) eingeleitet. Haupt- und Nebensatz müssen durch ein Komma getrennt werden.

Die folgenden Konjunktionen leiten einen Nebensatz ein: *weil, da, bis, daß, damit, bevor, obwohl, wenn, nachdem, ob, als, wenn.*

In Nebensätzen befindet sich das finite Verb am Ende des Satzes. Alle anderen Verben oder Teile eines Verbs stehen gewöhnlich direkt vor dem finitem Verb, z.B.

Ich möchte den Römer besuchen, **weil** ich mich für Geschichte **interessiere**.

Sie müssen etwas warten, **bis** das Gerät betriebsbereit **ist**.

Ich muß unseren Termin absagen, **da** etwas dazwischen **gekommen ist**.

Sagen Sie Frau Lutz, **daß** ich **angerufen habe**.

Man entfernt das Papier, **bevor** man die Blumen **übergibt**.

Wenn der Nebensatz vor dem Hauptsatz steht, zählt er als erstes Satzglied. Direkt danach steht das finite Verb des Hauptsatzes. (▶ 7.2)

Wenn Sie sich für Filme interessieren, **könnten** Sie das Filmmuseum **besuchen**.

7.6 Relativsätze

Ein Relativsatz wird nach einem Nomen eingefügt und gibt Informationen über das Nomen. Relativsätze werden von Relativpronomen eingeleitet und dürfen nicht weggelassen werden. Sie müssen durch Komma vom Hauptsatz abgetrennt werden. Wie auch in Nebensätzen befindet sich das finite Verb in Relativsätzen am Ende.

• Die Relativpronomen *der/die/das*

Ein Relativsatz wird meist von den Relativpronomen *der/die/das* eingeleitet.

	maskulin	feminin	neutral	Plural
Nom.	der	die	das	die
Akk.	den	die	das	die
Gen.	dessen	deren	dessen	denen
Dat.	dem	der	dem	denen

Das Relativpronomen muß in Genus und Numerus (Singular/Plural) mit dem Nomen übereinstimmen, auf das es sich bezieht, z.B.

MAN ist **eine Firma, die** (Feminin Singular) Reisebusse herstellt.

Bayer ist **ein Unternehmen, das** (Neutrum Singular) Arzneimittel produziert.

Herr Braun ist **ein Kunde, der** (Maskulin Singular) für uns sehr wichtig ist.

Das sind **Ergebnisse, die** (Plural) optimistisch stimmen.

Der Kasus des Relativpronomens hängt von seiner Funktion im Relativsatz selbst ab. In den obigen Beispielen steht das Relativpronomen als Subjekt des Relativsatzes. Es kann auch das Akkusativobjekt sein oder im Genitiv stehen, z.B.

Das ist ein Vorteil, **den** (Maskulin Singular Akkusativ) sich die Unternehmen zunutze machen wollen.

Herr Noske, **dessen** (Maskulin Singular Genitiv) Sohn 18 Jahre alt ist, ist geschieden.

Die Frau, **deren** (Feminin Singular Genitiv) Bild auf seinem Tisch steht, ist seine Schwester.

Dativpronomen werden für das indirekte Objekt des Relativsatzes gebraucht, oder nach einer Präposition, die den Dativ verlangt, z.B.

Stuttgart ist ein bedeutendes Industriezentrum, **in dem** weltbekannte Unternehmen ihren Sitz haben.

• wo

Wenn man sich auf einen Ort beziehen will, wird oft das Relativpronomen *wo* gebraucht, z.B.

In Freiburg, **wo** andere Urlaub machen, ist der Geist frei für neue Eindrücke.

• wer

Ein weiteres Relativpronomen ist *wer*, z.B.

Wer Sport am liebsten passiv treibt, kann sich im Solarium bräunen lassen.

7.7 Sätze, die von Fragewörtern eingeleitet werden: Indirekte Fragen

Eine indirekte Frage kann von einem Fragewort, z.B. *wann, wo, wie viele* etc. oder von der subordinierenden Konjunktion *ob* eingeleitet werden. Wie in allen Nebensätzen steht das finite Verb am Ende des Satzes.

Wenn man nach Informationen fragt, kann eine indirekte Frage höflicher klingen. Beachten Sie, daß am Ende nicht unbedingt ein Fragezeichen stehen muß, z.B.

Direkte Fragen

Wann ist er wieder da?

Wann kann ich sie erreichen?

Wie viele Urlaubstage gibt es?

Fährt dieser Zug nach Koblenz?

Indirekte Fragen

Können Sie mir sagen,   **wann** er wieder da **ist**?

Bitte sagen Sie mir,   **wann** ich sie erreichen **kann**.

Ich möchte gern wissen, **wie viele** Urlaubstage es **gibt**.

Wissen Sie,   **ob** dieser Zug nach Koblenz **fährt**?

7.8 Infinitivsätze mit *zu*

Ein Infinitivsatz ist ein verkürzter Satz, d.h. er hat kein finites Verb. Er wird gebraucht, um mehr Informationen zu geben oder um die Bedeutung des Verbs, Nomens oder Adjektivs im Hauptsatz zu vervollständigen. Das Verb in der Infinitivform steht am Ende des Satzes. *Zu* steht vor dem Infinitiv. Wenn *zu* einen trennbaren Präfix hat, steht *zu* zwischen Präfix und Verbstamm, z.B. weiter*zu*entwickeln

• Infinitivsätze als Objekt

Viele deutsche Verben erfordern einen Infinitivsatz als Objekt, um ihre Bedeutung zu vervollständigen. Der Infinitivsatz wird durch ein Komma abgetrennt, z.B.

Wir hoffen, unseren Geschäftserfolg zu erweitern.

Wir beabsichtigen, eine neue Fabrik zu bauen.

Wir versuchen, unsere Exportmärkte aufzubauen.

Wir planen, unsere Märkte in Osteuropa weiterzuentwickeln.

Ist der Infinitivsatz das Objekt eines Verbs, das eine Präposition verlangt (▶ 6.16), kann im Hauptsatz zuvor *da(r)* + Präposition stehen, z.B.

Wir freuen uns **darauf**, Sie wiederzusehen.

Dieselbe Konstruktion wird bei Adjektiven gebraucht, die eine Präposition verlangen, z.B.

> Wir sind **daran** interessiert, eine neue Maschine zu kaufen.

- **Infinitivsätze als Subjekt**

Ein Infinitivsatz kann auch das Subjekt des Verbs im Hauptsatz sein. In diesem Fall kann er dem Hauptsatz vorangehen oder danach stehen, z.B.

> Unser Ziel ist, **unsere Exportmärkte aufzubauen**.
> **Geschäftsreisen für den Chef zu organisieren** macht mir Spaß.

Wenn der Infinitivsatz an erster Stelle steht, braucht man kein Komma zu setzen. Wenn er an zweiter Stelle steht, kann das Hilfssubjekt *es* vorangehen, z.B.

> **Es** macht mir Spaß, Geschäftsreisen ... zu organisieren.

7.9 *um...zu* + Infinitiv

Die Konstruktion *um...zu* wird gebraucht, um eine Absicht auszudrücken, z.B.

> Zweimal pro Woche jogge ich, **um** fit **zu** bleiben.
> Wir sind hier, **um** Aufträge **zu** bekommen.
> Wir stellen aus, **um** unseren neuen Prototyp vor**zu**stellen.

7.10 *sein + zu*, um eine Möglichkeit oder Verpflichtung auszudrücken

In Konstruktionen mit *sein + zu* drückt das Verb sein eine Möglichkeit oder Notwendigkeit aus und ist mit können, müssen oder sollen gleichzusetzen. Der Infinitiv nach sein hat eine passive Bedeutung. z.B.

> **Ist** Herr Schmidt **zu** sprechen?
> Mängel **sind** innerhalb von 10 Tagen an**zu**zeigen.
> Rabatte für Einzelhändler **sind** bei der Vertriebsabteilung **zu** erfragen.

7.11 *lassen* + Infinitiv ohne zu

Das Verb *lassen* kann mit dem Infinitiv eines anderen Verbes ohne zu gebraucht werden. Es wird oft mit einem Reflexivpronomen im Dativ (▶ 6.15) verwendet, z.B.

> Ich **lasse** meine Sekretärin einen Tisch reservieren.
> Ich **möchte** mir einen Katalog schicken lassen.

7.12 Die Stellung von temporalen, modalen und lokalen Angaben

Temporale Angaben beantworten die Frage *Wann?*, z.B. *heute, nächste Woche, um halb sieben.*

Modale Angaben beantworten die Frage *Wie?*, z.B. *schnell, mit dem Auto, zu Fuß.*

Lokale Angaben beantworten die Frage *Wo(hin)?*, z.B. *im Büro, nach München.*

Ihre Stellung im Satz ist ziemlich flexibel und hängt oft davon ab, was der Sprecher betonen möchte. Sie können vor dem finiten Verb an erster Stelle (▶7.2) oder nach dem Verb im Hauptsatz stehen. Wenn der Hauptteil des Satzes ein oder mehrere dieser Angaben enthält, stehen sie in folgender Ordnung:

	Zeit	**Ort**	**Modale Angabe**	
Es hat mir	letztes Jahr	in Spanien	gut	gefallen.
Ich wollte	heute	zu Hause	ungestört	arbeiten.
Ich spiele	sonntags	im Park	gern	Fußball.

Wenn die lokalen Angaben von Bewegungsverben oder Positionsverben abhängen, stehen sie am Satzende, z.B.

	Zeit	**Ort**	**Modale Angabe**	
Ich hole Sie um 18.30 Uhr			mit dem Auto	vom Hotel ab.
Ich fahre	morgen früh		mit dem Zug	nach München.
Ich gehe	sonntags	gern		im Wald spazieren.
Er sitzt	abends	glücklich		vor seinem Computer.

8 Zahlen und Mengenangaben

8.1 Kardinalzahlen: ein, zwei, drei etc.

0 – 9	10 – 19	20 – 29
0 null	10 zehn	20 zwanzig
1 eins	11 elf	21 einundzwanzig
2 zwei	12 zwölf	22 zweiundzwanzig
3 drei	13 dreizehn	23 dreiundzwanzig
4 vier	14 vierzehn	24 vierundzwanzig
5 fünf	15 fünfzehn	25 fünfundzwanzig
6 sechs	16 sechzehn	26 sechsundzwanzig
7 sieben	17 siebzehn	27 siebenundzwanzig
8 acht	18 achtzehn	28 achtundzwanzig
9 neun	19 neunzehn	29 neunundzwanzig

30 40	100, 200	1000, 2000
30 dreißig	100 (ein)hundert	1.000 (ein)tausend
40 vierzig	200 zweihundert	2.000 zweitausend
50 fünfzig	300 dreihundert	3.000 dreitausend
60 sechzig	400 vierhundert	100.000 hunderttausend
70 siebzig	500 fünfhundert	1.000.000 eine Million
80 achtzig	600 sechshundert	1.000.000.000
		eine Milliarde
90 neunzig	700 siebenhundert	1.000.000.000.000
		eine Billion
	800 achthundert	
	900 neunhundert	

Achtung: Wenn man Telefonnummern angibt, gebraucht man manchmal *zwo* statt *zwei*, um eine Verwechslung mit *drei* zu vermeiden.

Im Deutschen werden die Tausenderzahlen sowie Millionen, Billionen usw. mit einem Punkt oder einem Leerzeichen unterteilt. Die Zahlen *eine Million* und *eine Milliarde* werden als separate Nomen gehandelt und haben, wenn es nötig ist, eine Pluralendung, z.B.

> 30.938: dreißigtausendneunhundertachtunddreißig
> 4.048.000.000: vier Milliarden achtundvierzig Millionen

Die folgenden Abkürzungen werden häufig gebraucht:

> Tsd. = Tausend; Mio./Mill. = Millionen; Mrd. = Milliarde

Im gesprochenem werden Millionen und Billionen meist als Dezimalzahlen gebraucht, z.B.

> 3.890 Mio.: drei Komma acht neun Milliarden

- **Wie man Jahreszahlen ausdrückt**

1995: neunzehnhundertfünfundneunzig
Achtung: Im Deutschen kann man sagen:
> Die Firma wurde 1963 gegründet. *oder*
> Die Firma wurde im Jahr(e) 1963 gegründet.

- **Wie man Häufigkeit ausdrückt**

Man hängt das Suffix *-mal* an die Kardinalzahl an, z.B.
> einmal, zweimal, dreimal, viermal, fünfmal, zwanzigmal, hundertmal
Achtung: Das *-s* am Ende von *eins* fällt weg.

8.2 Ordinalzahlen: *erster, zweiter, dritter* etc.

Die meisten Ordinalzahlen werden gebildet, indem man die Endung **-te** an die Kardinalzahlen von 2 – 19 und die Endung **-ste** an die Kardinalzahlen von 20 aufwärts hängt. Die Ausnahmen sind **fettgedruckt**.
der/die/das **erste**/zweite/**dritte**/vierte/fünfte/sechste/**siebte**/achte/neunte/.../neunzehnte
der/die/das zwanzigste/einundzwanzigste/dreißigste/vierzigste/hundertste

Ordinalzahlen werden als normale Adjektive gebraucht und erfordern deshalb eine normale Adjektivendung, z.B.

> Ist es Ihr **erster** Besuch hier?
> Ich möchte einen Termin mit Ihnen in der **dritten** Juniwoche vereinbaren.

Wenn man Ordinalzahlen in Ziffern schreibt, setzt man einen Punkt, z.B. der 21. Juni
Als Adverbien bekommen die Ordinalzahlen die Endung **-ens**, die an den Stamm angehängt wird, z.B.

erst**ens**, zweit**ens**, dritt**ens**, viert**ens**, usw.

8.3. Brüche und Dezimalzahlen

Brüche sind Nomen im Neutrum. Außer *halb* (1/2) werden sie gebildet, indem man die Endung -(e)l an den Stamm der Ordinalzahl hängt, z.B.

1/3 ein Dritt**el**   3/4 drei Viert**el**
1/4 ein Viert**el**   1/5 ein Fünft**el**

Das entsprechende Nomen für *halb* (1/2) ist *die Hälfte*, z.B. *die Hälfte der Klasse*.
Das Adjektiv ist *halb*, z.B. in einer **halben** Stunde.

1 1/2 heißt **eineinhalb** oder **anderthalb**,
2 1/2 heißt **zweieinhalb** etc.

Dezimalzahlen werden im Deutschen mit einem Komma geschrieben, z.B.

61,5%: einundsechzig **Komma** fünf Prozent
3,4%: drei **Komma** vier sieben Prozent

9   Zeit

9.1   Die Uhrzeit angeben

In der Alltagssprache wird die 12-Stunden-Zeitrechnung verwendet. Die 24-Stunden-Zeitrechnung wird normalerweise im öffentlichen Leben gebraucht, für Fahrpläne, Programme oder geschäftliche Termine.

24-Std.-Zeitrechnung	12-Std.-Zeitrechnung
6.00 sechs Uhr	sechs Uhr
8.10 acht Uhr zehn	zehn (Minuten) nach acht
9.15 neun Uhr fünfzehn	Viertel nach neun/ Viertel zehn
10.25 zehn Uhr fünfundzwanzig	fünf vor halb elf/ fünfundzwanzig nach zehn
11.30 elf Uhr dreißig	halb zwölf
12.35 zwölf Uhr fünfunddreißig	fünf nach halb eins/ fünfundzwanzig vor eins
13.45 dreizehn Uhr fünfundvierzig	Viertel vor zwei/ drei Viertel zwei
16.50 sechzehn Uhr fünfzig	zehn (Minuten) vor fünf
12.00 zwölf Uhr	Mittag
24.00 vierundzwanzig Uhr	Mitternacht

9.2   Wochentage und Zeitangaben

Die Wochentage sind:

Sonntag, Montag, Dienstag, Mittwoch, Donnerstag, Freitag, Samstag (**oder** Sonnabend in Norddeutschland)

- *an* + Dativ

wird mit Nomen gebraucht, die Tage oder Tagesabschnitte angeben, z.B.

am Montag/ Dienstag etc.	**Am** Montag habe ich keine Zeit
am Abend/ Nachmittag	Was möchten Sie **am** Abend machen?
am Freitag abend	Hätten Sie **am** Freitag abend Zeit?
am nächsten Tag/ Morgen	Er ging **am** nächsten Tag wieder ins Büro.

Achtung: Das Wort für den jeweiligen Tagesabschnitt wird klein geschrieben, wenn es nach dem Wochentag steht., z.B. *am Mittwoch abend.*

- **Der Akkusativ**

wird verwendet, um sich auf eine bestimmte Zeit zu beziehen, manchmal als Alternative zu einer Wendung mit an, z.B.

Darf ich Sie **nächste Woche** zum Essen einladen?
Ich war **letzte Woche** auf einer Messe in Frankfurt.
Könnte ich Sie **(am) nächsten Dienstag** besuchen?

- **Temporale Angaben: Wochentage, Tageszeiten**

| montags/ freitags/ samstags | Wir machen freitags um 16.00 Uhr Feierabend. |
| morgens/ vormittags/ abends | Wir treffen uns oft abends. |

9.3   Monatsnamen, Jahreszeiten und Daten

Die Monate des Jahres sind:

Januar, Februar, März, April, Mai, Juni, Juli, August, September, Oktober, November, Dezember

Die Jahreszeiten sind:

der Frühling (oder das Frühjahr), der Sommer, der Herbst, der Winter

- *in* + Dativ

wird mit Monaten, Jahreszahlen und Jahren gebraucht, z.B.

Die Messe findet im Oktober statt.
Im Winter fahre ich gern Ski.
Die Firma wurde im Jahr 1949 gegründet.
Im vergangenen Jahr sind wir nach Spanien geflogen.

- **Daten**

Daten werden mit Ordinalzahlen angegeben, z.B.

Der wievielte ist heute?
Heute ist der 21. (einundzwanzigste) Juni.
Den wievielten haben wir heute?
Wir haben heute den 21. (einundzwanzigsten) Juni.

Achtung: *Der 21.* ist die Kurzform von *der 21. Tag*. Tag ist maskulin, also werden an die Ordinalzahlen, die als Adjektive fungieren, normale Maskulinendungen angehängt. Die Präposition *an* + Dativ wird mit Daten verwendet, z.B.

Geht es **am** 7. (siebten) Juni?
Ich habe **am** 5. (fünften) Juni Geburtstag.

Wenn der Wochentag vor dem Datum steht, sind folgende Ausdrucksweisen möglich:
1 Wir sehen uns am Donnerstag, **dem** 7. Oktober.
2 Wir sehen uns am Donnerstag, **den** 7. Oktober.

In Beispiel 1 steht das Datum im Dativ, im Beispiel 2 steht es im Akkusativ. Beispiel 1 ist formeller.

- *von ... bis zu...*

z.B. Ich möchte zwei Einzelzimmer **vom** 6. (sechsten) **bis zum** 7. (siebten) September reservieren.

9.4   *Erst* in Zeit- und Mengenangaben

Erst bedeutet *nur* oder *nicht bis* und beinhaltet oft, daß etwas weniger oder später ist als erwartet oder erwünscht, z.B.

Sie hat **erst** die Hälfte des Berichts geschrieben.
Er ist **erst** übermorgen wieder im Büro.
„Sie bekommen Ihr Gehalt am Ende des Monats."
„ Das ist **erst** in drei Wochen."
Wir können **erst** in vier Wochen liefern.

9.5 Wie man Zeitspannen, Zeitdauer etc. angibt

• Ausdrücken der Zeitdauer mit dem Akkusativ

Im Deutschen wird normalerweise der Akkusativ verwendet, um eine Zeitdauer auszudrücken, z.B.

> Ich war **zwei Wochen** hier im Urlaub.
> Die Sitzung geht wahrscheinlich **den ganzen Tag**.
> Die Konferenz dauert **drei Tage**.

• *für* + Akkusativ

Für gebraucht man, um eine Zeitspanne zu kennzeichnen, die von der Gegenwart bis in die Zukunft reicht, z.B.

> Ich fahre **für zwei** Tage nach Stuttgart.

• *seit* + Dativ

wird mit einem Verb im Präsens (▶ 6.6) gebraucht, um eine Zeitperiode zu kennzeichnen, die in der Vergangenheit begonnen hat und bis in die Gegenwart reicht, z.B.

> Die Firma existiert **seit** 1949.
> Ich arbeite **seit** über zwei Monaten hier.

• *vor* + Dativ

wird gebraucht, um sich auf die Vergangenheit zu beziehen, z.B.

> **vor** einer Stunde/**vor** einem Jahr
> **vor** kurzem

9.6 Wie man die Frage *Wie oft?* beantwortet: Häufigkeitsangaben

Die Frage *Wie oft?* kann beantwortet werden, indem man eine bestimmte oder unbestimmte Zeit bzw. Häufigkeit angibt.

• Bestimmte Häufigkeit

Die folgenden Ausdrücke stehen im Akkusativ:

> jede (halbe) Stunde
> jeden Tag/jede Woche/jeden Monat/jedes Jahr
> alle dreißig/sechzig Minuten
> alle vierzehn Tage

Es gibt auch die Möglichkeit, das Suffix *-lich* an die Zeitangabe anzuhängen, z.B.

eine Stunde	→	stünd**lich**
zwei Stunden	→	zweistünd**lich**
ein Tag	→	täg**lich**
eine Woche	→	wöch**entlich**
ein Monat	→	monat**lich**

Man kann außerdem sagen:

> einmal in der Woche/im Monat/im Jahr

z.B.

> Ich erledige **jeden Tag** die Korrespondenz.
> **Einmal im Monat** schreibe ich einen Verkaufsbericht.
> „Wie oft fahren die Züge?"
> **„Alle sechzig Minuten**/stünd**lich**."

• Unbestimmte Häufigkeit

Die folgenden Adverbien und adverbialen Ausdrücke werden gebraucht, um unbestimmte Häufigkeit auszudrücken:

> *nie, selten ab und zu, hin und wieder, manchmal, oft, häufig, gewöhnlich, regelmäßig, immer, ständig*

z.B.

> **Manchmal** empfange ich Kunden.
> Ich muß **ständig** die Ablage machen.

Antwortschlüssel zu den Übungen

Die Antworten zu den Hörverstehensübungen finden Sie normalerweise nicht im Antwortschlüssel. Kontrollieren Sie Ihre Antworten mit den Hörtexten auf S. 165 – 183.

KAPITEL 1

1.1A (S. 10)
ÜBUNG 2
DIALOG 1
1 Falsch.
2 Richtig.
3 Falsch. Sie treffen sich vormittags.
4 Nicht bekannt.
DIALOG 2
1 Richtig.
2 Nicht bekannt.
3 Falsch. Sie kennen einander schon.
ÜBUNG 3
s. Seite 20

1.1E (S. 11)
ÜBUNG 2
(Musterdialog)
A: Haben Sie das Büro leicht gefunden?
B: Ja, danke, es war kein Problem. Ich habe einen Stadtplan.
A: Hatten Sie einen guten Flug?
B: Nein, es war schrecklich. Wir hatten drei Stunden Verspätung.
A: Ach, das tut mir leid. Warum?
B: Wir hatten schlechtes Wetter.
A: Ach so! Wie ist Ihr Hotel?
B: Das Hotel ist sehr gut, es hat eine zentrale Lage.
A: Gut. Sind Sie oft geschäftlich hier?
B: Ja, wir haben viele Kunden in [*Land/Stadt*].
A: Wann waren Sie das letzte Mal hier?
B: Ich war vor vier Wochen hier.
A: Aha. Und gefällt Ihnen unsere Stadt?
B: Ja, die Stadt ist interessant, und die Leute sind sehr freundlich.

1.2D (S. 13)
1 Können Sie mir etwas Papier geben?
2 Könnte ich nach Deutschland anrufen?
3 Wo ist der Fotokopierer?
4 Könn(t)en Sie ein Taxi für mich rufen?
5 Wo kann ich meinen Koffer abstellen?
6 Kann/Könnte ich ein Fax an meine Firma schicken?
7 Kann ich einen Taschenrechner haben?
8 Könn(t)en Sie mir etwas über die Firma erzählen?

1.5D (S. 19)
1 Der Versand. Hier verpacken wir die Waren und liefern sie aus.
2 Der Kundendienst. Hier führen wir Reparaturen für die Kunden aus.
3 Das Ausbildungszentrum. Hier bilden wir die Lehrlinge aus.
4 Die Personalabteilung. Hier stellen wir neue Mitarbeiter ein.

Quiz (S. 21)
1 a)	8 c)	15 b)
2 a)	9 b)	16 a)
3 c)	10 a)	17 c)
4 b)	11 a)	18 b)
5 c)	12 a)	19 b)
6 b)	13 b)	20 c)
7 a)	14 b)	

KAPITEL 2

2.1E (S. 23)
ÜBUNG 1
Toilettenartikel/Kosmetika
Hautcreme, Zahnpasta, Seife, Parfüm
Kraftfahrzeuge
Lieferwagen, Lastkraftwagen, Motorräder
Elektrische Haushaltsgeräte
Haartrockner, Bügeleisen, Mikrowellengeräte, Kühlschränke
Arzneimittel/Gesundheit
Magenmittel, Vitamine, Hustensaft
Unterhaltungselektronik
Videorecorder, CD-Player, Kassettenrecorder
Informationstechnik
Personalcomputer, Mobilfunktelefone, Drucker

2.2A (S. 24)
ÜBUNG 1
1 g)	5 f)	9 c)
2 e)	6 j)	10 h)
3 d)	7 i)	
4 a)	8 b)	

2.3B (S. 26)
ÜBUNG 2
a) BASF
b) Springer Sportmoden
c) Kessel Auto-Electric
(s. auch S. 34)

2.4B (S. 28)
(Muttergesellschaft)
Tochtergesellschaft
Beteiligungsgesellschaft

(Hauptsitz)/
Zentrale

(Produktionsgesellschaft)
Vertriebsgesellschaft
Kundendienstgesellschaft

(Produktionsstätte)/
Werk/
Fertigungsstätte

2.4D (S. 30)
AEG-Profil
- Holding-Gesellschaft: Daimler-Benz
- Geschäftsbereiche: Automatisierungstechnik, Elektrotechnische Anlagen und Komponenten, Bahnsysteme, Haus(halts)geräte, Mikroelektronik
- Zahl der Tochter-/Beteiligungsgesellschaften: über 100
- Hauptsitz: Frankfurt am Main
- Andere Standorte:
  - 81 Standorte in Deutschland, z.B. Berlin, Hannover, Stuttgart, Dresden
  - Standorte in allen wichtigen europäischen Ländern, in den USA, Südamerika, Afrika, Australien
- Gesamtumsatz: ca. 12 Milliarden Mark
- Beschäftigte (Gesamt): 60.000

KAPITEL 3

3.1A (S. 36)
ÜBUNG 1 (Frage 4)
Erstklassig: La Truffe
Gut: Dei Medici, Lotus
Preiswert: Zum Kuhhirten-Turm, Bingelsstube

3.2A (S. 38)
ÜBUNG 2
1 Einlage		5 Preiselbeeren
2 Hacksteak		6 Semmelkloß
3 Kohlroulade		7 Rote Grütze
4 Eisbein		
ÜBUNG 3
s. Glossar
ÜBUNG 4
gekocht, braten, backen, überbacken, gegrillt

3.2E (S. 40)
1 Drei
2 s. Rechnung
3 Inklusive
4 Nein. Hühnerfrikassee kostet DM 19.50, eine Tasse Kaffee kostet DM 3,00. Die richtige Summe ist DM 140,00.

3.5A (S. 45)
ÜBUNG 1
1 C		3 D
2 B		4 A

KAPITEL 4

4.1A (S. 52)
ÜBUNG 2
1 Qualitätssicherung
2 Konstruktion
3 Kaufmännische (Abteilung)
4 Informationssysteme
5 Vertrieb
6 Innendienst
7 Fertigung/Montage
8 Kundendienst
9 Rechnungswesen/Buchhaltung
10 Materialwirtschaft/Logistik
11 Personal
12 Ausbildung

4.1E (S. 53)
1 Die Abt. Marketing/Werbung
2 Die Abt. Rechnungswesen/Buchhaltung
3 Die Abt. Informationssysteme
4 Die Abt. Marketing/Werbung
5 Der Wareneingang
6 Der Kundendienst
7 Die Abt. Fertigung/Montage
8 Die Ausbildungsabteilung
9 Der Innendienst
10 Die Qualitätssicherung

4.1F (S. 53)
ÜBUNG 1
Kaufmännische Berufe
Buchhalter/in, Verkaufsberater/in, Einkäufer/in, Industriekaufmann/-frau, Sachbearbeiter/in
Datenverarbeitungsberufe
Programmierer/in, Systemanalytiker/in
Technische Berufe

Technische/r Zeichner/in, Diplom-
Ingenieur/in, Chemiker/in, Architekt/in
Gewerblich-technische Berufe
Industriemechaniker/in, Dreher/in, Service-
Monteur/in, Elektroniker/in
Handwerker
Verpackungshelfer/in, Lagerist/in, Maurer/in

4.1G (S. 53)
- Versicherungsgesellschaft
  Marketing, Investitionsmanagement
- Automobilhersteller
  Design und Entwicklung, Kundendienst
- Chemieunternehmen
  Forschung und Entwicklung
- Hersteller von Genußmitteln
  Vertrieb und Marketing, Logistik

4.3A (S. 56)
ÜBUNG 1

1	in	5	neben
2	gegenüber	6	gegenüber
3	rechts vom	7	zwischen
4	links vom	8	hinter

4.4C (S. 58)

1	Anfrage	4	Auftragsbestätigung
2	Angebot	5	Lieferschein
3	Auftrag	6	Rechnung

4.4E (S. 59)
1 Sekretärin
2 Verkaufsberater
3 Buchhalterin, Rechnungswesen/
  Buchhaltung
4 Einkäufer/ Industriekaufmann, Einkauf/
  Materialwirtschaft.

4.5A (S. 60)

1	h)	4	c)	7	a)
2	d)	5	e)	8	f)
3	g)	6	b)		

4.5E (S. 61)
(*Muster*)
Papierzufuhr
Ziehen Sie die Papierkassette heraus. Dann
legen Sie zirka 250 Blatt Papier ein. Achten Sie
darauf, daß das Papier unter den
Befestigungsecken liegt. Dann schieben Sie die
Kassette in den Kopierer zurück und kopieren
Sie weiter.
Papierstau
Öffnen Sie die vordere Abdeckung. Dann legen
Sie den grünen Hebel um und ziehen Sie das
gestaute Papier vorsichtig heraus. Achten Sie
darauf, daß das Papier nicht reißt. Machen Sie
die Abdeckung wieder zu und kopieren Sie
weiter.

KAPITEL 5

5.1A (S. 66)
ÜBUNG 2
1 Landeskennzahl: 41, Ortsnetzkennzahl: 022,
  Rufnummer: 9 25 11 41.
  Die Firma ist in der Schweiz. Von
  Deutschland aus wählt man (00 41) 22 / 9
  25 11 41.
2 a)
3 a)

5.4B (S. 72)
ÜBUNG 2
An Herrn Becker
Herr Cipolli
Firma Castelli, Bologna
Betrifft: Lieferung von Auftrag Nr. 123/b. Die

Maschine ist defekt. Erbittet Besuch eines
Kundendienstmitarbeiters.

5.4E (S. 73)
(*Muster*)
Nachricht 1
Mein Name ist ... von der Firma ... . Es ist
[*Datum*], [*Uhrzeit*]. Ich möchte eine Nachricht
für Frau Doliwa hinterlassen. Ich komme am
Montag um 15.10 Uhr am Flughafen Frankfurt
an. Die Flugnummer ist LH 103. Könnte Frau
Doliwa mich vom Flughafen abholen? Bitte
rufen Sie mich unter [*Telefonnummer*] zurück.
Danke. Auf Wiederhören.
Nachricht 2
[*Name*], [*Firma*], guten Tag. Es ist [*Datum*],
[*Uhrzeit*]. Ich möchte eine Nachricht für Herrn
Fromme hinterlassen. Ich bin nächsten
Dienstag in Nürnberg. Können wir uns treffen?
Bitte rufen Sie mich unter [*Telefonnummer*]
zurück, um einen passenden Termin zu
vereinbaren.

KAPITEL 6

6.1B (S. 76)
ÜBUNG 1
1 Die Konferenz hat ca. 70 Teilnehmer.
2 Alle Teilnehmer sollen im Hotel wohnen.
3 Das Hotel soll einen großen Konferenzraum und zwei kleinere Räume haben.
4 Es soll ein Luxus- oder First-Class-Hotel
  sein.
5 Es kann zentral oder auch etwas außerhalb
  der Stadt liegen.
6 Das Hotel muß ein eigenes Restaurant
  haben, sowie Parkmöglichkeiten.

6.3C (S. 82)
Schloß Reinach ist billiger:

	Hotel Dorint	Schloß Reinach
Zimmerpreis	DM 180,- pro Person/Tag	DM 105,- pro Person/Tag
Konferenz-pauschale	DM 69,- exkl. Abendessen	DM 55,- exkl. Abendessen DM 70,- inkl. Abendessen
Zusätzliche Tagungsräume	im Pauschalpreis inbegriffen	im Pauschalpreis inbegriffen

KAPITEL 7

7.1B (S.92)

1	e)	5	i)	9	f)
2	h)	6	c)	10	d)
3	b)	7	k)	11	a)
4	l)	8	j)	12	g)

7.2A (S. 93)
ÜBUNG 1
1 Zu den neun hier aufgelisteten Zügen
  kommen noch: EuroNight, InterCityNight
  (für den Fernverkehr), CityBahn,
  Regionalbahn (für den Nahverkehr).
2 Züge für den Fernverkehr: ICE, EC, IC, IR,
  D; für den Nahverkehr: RSB, E, N, S.
3 Zuschlagpflichtige Züge: EC, IC.

7.3B (S. 96)
ÜBUNG 2
(*Musterdialoge*)
1 Staatsgalerie
A: Wie komme ich (am besten) zur
   Staatsgalerie?

B: Gehen Sie hier links raus und die Straße
   entlang bis zur Kreuzung. Gehen Sie über
   die Kreuzung und nehmen Sie die erste
   Straße rechts. Sie sehen sie auf der linken
   Seite. Das sind nur 5 Minuten zu Fuß.
2 Altes Schloß
A: Wie komme ich (am besten) zum Alten
   Schloß?
B: Gehen Sie durch die Straßenunterführung
   und nehmen Sie den Ausgang Königstraße.
   Wenn Sie aus der Unterführung
   rauskommen, gehen Sie geradeaus die
   Königstraße runter. Nach zirka 500 Metern
   kommen Sie zu einer Grünanlage. Gehen
   Sie an der Grünanlage vorbei und dann
   links. Sie sehen es direkt vor sich.
3 Haus der Wirtschaft
A: Wie komme ich (am besten) zum Haus der
   Wirtschaft?
B: Gehen Sie durch die Straßenunterführung
   und nehmen Sie den Ausgang Theodor-
   Heuss-Straße. Gehen Sie die Theodor-
   Heuss-Straße entlang bis zum U-Bahnhof.
   Dort gehen Sie links in die Schloßstraße. Sie
   sehen es auf der linken Seite. Das sind etwa
   10 bis 15 Minuten zu Fuß.
4 Leonhardskirche
A: Wie komme ich (am besten) zur
   Leonhardskirche?
B: Gehen Sie hier links raus, die Straße
   entlang bis zur Kreuzung, dann gehen Sie
   links in die Konrad-Adenauer-Straße.
   Gehen Sie immer geradeaus, über die
   zweite Kreuzung, und sehen die Kirche
   auf der linken Seite. Das sind gute 20
   Minuten zu Fuß.

7.4A (S. 98)
ÜBUNG 1

1	B	2	C	3	A

KAPITEL 8

8.3C (S. 108)

1	B	3	D
2	A	4	C

8.3D (S. 109)
ÜBUNG 4

verstellen	liefern
abnehmen	zusammenlegen
einsetzen	

8.4A (S. 110)

1	bessere	5	billiger
2	höhere	6	niedriger
3	größere	7	leiser
4	gute		

Messeplatz Deutschland (S. 114)
Checkliste für die Messebeteiligung
1. **Vor der Messe**
   Messeziele erarbeiten ...
   Budgetfestlegung
   Auswahl der Exponate ...
   Anmeldung beim Veranstalter
   Bestätigung der Standfläche ...
   Bearbeitung des Serviceangebotes ...
   Bestellung der benötigten Standausstattung
   Werbe-Konzeption
   Terminplanung
   Besucher-Einladungen versenden
   Training des Messeteams
   Unterkunftsreservierung ...
2. **Während der Messe**
   Gesprächsprotokolle ausfüllen
   Tägliche Lagebesprechungen
   Pressekonferenz

Manöverkritik am letzten Messetag
Standabbau und Abreise
3. Nach der Messe
Dankeschön an das Messeteam
Auswerten der Gesprächsprotokolle
Internen Abschlußbericht anfertigen
Nachbearbeiten der Messekontakte

Kosten einer Messebeteiligung
1. Kostenbeiträge an den Veranstalter
2. Kosten für das Ausstellungsgut
3. Kosten für Standbau und Versorgung
4. Kosten für Werbung, Presse und Verkaufsförderung
5. Personalkosten

KAPITEL 9

9.1A (S. 116)
ÜBUNG 1

Der Käufer		Der Verkäufer	
1	b)	1	c)
2	e)	2	f)
3	g)	3	d)
4	i)	4	b)
5	a)	5	h)
6	c)	6	i)
7	d)	7	g)
8	h)	8	a)
9	f)	9	e)

ÜBUNG 3
Lieferanten werden von der Einkaufsabteilung gesucht.
Ein Angebot wird von der Vertriebsabteilung erstellt.
Die Ware wird von der Versandabteilung geliefert.
Die Rechnung wird von der Buchhaltung bezahlt.

9.1B (S. 116)
ÜBUNG 2
1 Ja, aber nur mit schriftlicher Bestätigung.
2 Mit der schriftlichen Bestätigung des Auftrags.
3 In DM.
4 30 Tage.
5 Bei Bar- oder Scheckzahlung innerhalb von 14 Tagen ab Rechnungsdatum.
6 Der Verkäufer berechnet Verzugszinsen in Höhe von 2%.
7 Der Käufer.
8 Der Käufer hat Anspruch auf Schadenersatz.
9 Sechs Monate.

9.1C (S. 118)

1	b)	3	d)
2	c)	4	a)

9.1D (S. 118)
ÜBUNG 2

1	c)	3	d)
2	b)	4	a)

🔊 9.2A (S. 119)
ÜBUNG 2
Mindestabnahmemenge: 1.000 Stück
Mengenrabatt: 2,5% ab 5.000 Stück, 5% ab 10.000 Stück
Stückpreis: muß ausgerechnet werden
Zahlungsfrist: 90 Tage netto
Skonto: 14 Tage - 3%
Lieferbedingungen: CIF
Lieferzeit: 4 Wochen

9.2C (S. 120)
(*Musterdialog*)
A: Guten Tag, Holtkamp.
B: Guten Tag. Hier Legrand, von der Firma ... . Wir sind Einzelhändler für Spielzeugwaren und sind sehr an Ihrer Oldtimer Replica-Serie interessiert. Wir planen, einen Markttest durchzuführen und möchten gern einen Probeauftrag erteilen.
A: An welchen Artikeln sind Sie interessiert?
B: An den Replica Doktorwagen, Ford Coupés und Renault 6CVs.
A: Und wieviel Stück brauchen Sie?
B: Je zwanzig Stück. Geben Sie Rabatt auf Ihre Katalogpreise?
A: In diesem Falle könnten wir Ihnen einen fünfprozentigen Rabatt auf die Preise unserer Händlerpreisliste geben.
B: Gut. Wie sind Ihre Zahlungsbedingungen?
A: 30 Tage netto. Bei 14 Tagen geben wir 2% Skonto.
B: Und wie schnell können Sie liefern?
A: Wir können die Ware sofort nach Erhalt des Auftrags liefern.
B: Gut. Können Sie mir bitte ein schriftliches Angebot machen?
A: Selbstverständlich. Sagen Sie mir bitte die Adresse der Firma ...

9.2D (S. 121)
(*Musterbriefe*)
Anfrage
Sehr geehrte Frau Keller,

ich beziehe mich auf unser Telefongespräch vom 23.6.19--. Bitte senden Sie uns Ihr Angebot auf der Basis CIF München über folgende Artikel:

Bezeichnung	Menge
Bremspedale nach der beiliegenden Zeichnung KN 3594	10.000

Bitte teilen Sie uns mit, wie die Ware verpackt wird.
Bankreferenzen erhalten Sie jederzeit von der Deutschen Bank AG, München.

Mit freundlichen Grüßen

Angebot
Sehr geehrter Herr Schuster,

wir danken Ihnen für Ihre Anfrage vom 23.6.19-- und unterbreiten Ihnen gerne folgendes Angebot:

Bezeichnung	Menge	Stückpreis
Bremspedale nach Zeichnung KN 3594	10.000	DM 1,42

Die Preise verstehen sich CIF München einschließlich Verpackung. Die Ware wird in Pappkartons in Holzkisten verpackt.
Unsere Zahlungsbedingungen lauten: 14 Tage - 3% Skonto, 90 Tage netto. Die Lieferung erfolgt 4 Wochen nach Erhalt des Auftrags.
Wir halten Ihnen unser Angebot für 4 Wochen offen.
Wir freuen uns auf Ihren Auftrag.

Mit freundlichen Grüßen

9.3C (S. 122)
ÜBUNG 1
1 10.000 Stück.
2 Der Kunde hat zuviel Rabatt abgezogen. Bei 6% Mengenrabatt ist der Stückpreis DM 1.41.
3 Der Gesamtbetrag lautet richtig DM 14.100.
4 Der Kunde gibt eine Lieferzeit von 3 Wochen an. Es ist nicht bekannt, ob Vulcan die Lieferfrist verkürzt hat, oder ob dies ein Fehler ist.

9.4A (S. 124)

1	d)	4	c)
2	a)	5	b)
3	e)		

9.4F (S. 125)
(*Muster*)
... festgestellt, daß die Ware außerhalb Ihrer Annahmezeiten am Freitag nachmittag in München eingetroffen ist. Die Ware wird heute an Sie geliefert.

9.4G (S. 125)
(*Muster*)
... festgestellt, daß die Lastwagen wegen des schlechten Wetters Verspätung haben. Die Ware wird übermorgen an Sie geliefert.

KAPITEL 10

10.2A (S. 134)
1 Hauptschulabschluß
2 Mittlere Reife/Realschulabschluß
3 Fachhochschulreife
4 Allgemeine Hochschulreife/Abitur

10.4B (S. 138)
16 EDV und Organisation
Staatliche Lotterieverwaltung
30 Verkauf/Vertrieb
Borchardt & Partner GmbH
34 Kaufmännische Berufe
AVIS
36 Sekretariat
MDC
42 Planung/Konstruktion
Pöttinger Bauunternehmung
64 Hotel und Gaststättengewerbe
Pizza Hut
78 Ausbildungsplätze
PR-Agentur

10.6D (S. 145)
(*Muster*)
Können Sie mir sagen, ob ich eine feste Anstellung nach der Ausbildung bekommen werde?
Können Sie mir Näheres über die Arbeitszeiten sagen?/Bitte geben Sie mir noch Auskunft über die Arbeitszeiten.
Würden Sie mir bitte sagen,/Ich möchte gern wissen, ob Sie Umzugskosten erstatten.
Ich möchte gern wissen, ob die Firma Weiterbildungsmöglichkeiten bietet.
Würden Sie mir bitte sagen, welche Sozialleistungen Sie bieten?
Sagen Sie mir bitte, wann/zu welchem Termin ich bei der Firma anfangen soll/meine Tätigkeit bei der Firma aufnehmen soll.

Mitbestimmung im Betrieb (S. 147)
Die Rechte des Betriebsrats
Situation 1: Ja, der Arbeitgeber braucht die Zustimmung des Betriebsrats.
Situation 2: Nein, der Betriebsrat kann arbeitgeberseitige Kündigungen nur verzögern, nicht verhindern.
Situation 3: Ja, der Betriebsrat hat Beratungsrechte über die Einführung neuer Techniken und Fertigungsverfahren.
Situation 4: Nein, bei der Einstellung leitender Angestellten muß der Betriebsrat informiert werden, er hat aber kein Vetorecht.

Alphabetische Wortliste

Dieses Wörterverzeichnis enthält die wichtigsten Vokabeln der Wirtschaftssprache, die im **Lehrbuch** erscheinen. Die Substantive werden mit Genitivendung und Plural angegeben. Starke Verben werden mit ihren Imperfekt- und Perfektformen angegeben. Alle Verben, die mit einer trennbaren Vorsilbe beginnen, werden durch | bezeichnet.

o. Pl. = ohne Plural
Pl. = im Plural

Akk. = Akkusativ
Dat. = Dativ

Gen. = Genitiv
jdn. = jemanden

jdm. = jemandem
etw. = etwas

A

A: das ~ und O the be-all and end-all
ab (+ Dat.) from; **~ und zu** now and again
ab|bestellen to cancel
ab|biegen, bog ab, abgebogen to turn off
die **Abbiegespur** -, **-en** turning-off lane
die **Abdeckung** -, **-en** cover; panel
der **Abend** -s, **-e** evening; **Guten ~** good evening; **zu ~ essen** to have dinner
das **Abendgymnasium** -s, **-gymnasien**, die **Abendschule** -, **-n** evening classes, night school
abendlich (in the) evening
abends in the evening
aber but; **~ gerne!** of course, with pleasure; **Das ist ~ schön!** That's really nice!
ab|fahren to leave, go from
die **Abfahrt** -, **-en** departure; exit
die **Abfahrtsbucht** -, **-en** bus bay, departure bay
der **Abfall** -(e)s, ¨e waste
der **Abflug** -(e)s, ¨e take-off, departure
die **Abflughalle** -, **-n** departure lounge
die **Abfolge** -, **-n** sequence, order
abgasarm: ~ sein to have low exhaust emissions
ab|geben to hand in; to give off
ab|gehen (an + Akk.) to be sent off (to)
abgeschlossen successfully completed
ab|hängen, hing ab, abgehangen (von + Dat.) to depend (on)
abhängig (von + Dat.) dependent (on)
ab|heften to file (away)
ab|holen to collect
das **Abitur** -s, **-e** school-leaving exam, required for higher education, ≃ A-levels
der **Abiturient** -en, **-en**, die **Abiturientin** -, **-nen** person who is sitting/has passed the Abitur
die **Abkürzung** -, **-en** abbreviation
die **Ablage** -, **-n** filing; tray
der **Ablauf** -(e)s, ¨e course, sequence of events
ab|lehnen to refuse
die **Abmessung** -, **-en** dimension
abnehmbar detachable
das **Abonnement** -s, **-s** season ticket, subscription
die **Abreise** -, **-n** departure
ab|runden to round off; **ein gut abgerundetes Programm** a well-rounded programme
ab|sagen to cancel
der **Absatz** -es, ¨e sales; paragraph
die **Absatzchance** -, **-n** sales potential
ab|schaffen to do away with
ab|schalten to switch off
ab|schicken to send off
abschließbar lockable
ab|schließen to end, conclude, complete; **einen Auftrag ~** to get an order/contract
abschließend finally
der **Abschluß** -sses, ¨sse end, close; qualification
der **Abschlußbericht** -(e)s, **-e** final report
die **Abschlußprüfung** -, **-en** (result of a) school-leaving examination
das **Abschlußsignal** -s, **-e** end-of-transmission signal

das **Abschlußzeugnis** -ses, **-se** (school-) leaving certificate
der **Absender** -s, - sender
der **Abstand** -(e)s, ¨e interval
ab|stellen to put; to park
der **Abstellraum** -(e)s, ¨e store room
ab|stimmen (über + Akk.) to take a vote (on); **aufeinander ~** to fit in with each other
die **Abteilung** -, **-en** department
der **Abteilungsleiter** -s, - departmental manager
der **Abteilwagen** -s, - carriage with separate compartments
ab|warten to wait for
abwärts down
der **Abwärtstrend** -s, **-s** downward trend
abwechselnd alternately, in turns
die **Abwechslung** -, **-en** variety
abwechslungsreich varied
ab|weichen, wich ab, abgewichen (von + Dat.) to deviate (from)
die **Abwesenheit** -, o. Pl. absence; **in/bei ~ von** in the absence of
ab|wickeln to deal with
das **Abzeichen** -s, - badge
ab|ziehen to deduct
achten (auf + Akk.) to pay attention (to); to look out (for); **darauf ~, daß** to take care that
der **Adreßaufkleber** -s, - (adhesive) address label
AG = Aktiengesellschaft
Agrar- agricultural
ähnlich similar
der **Akkord** -(e)s, **-e** piecework (rate)
die **Akte** -, **-n** file; **zu den ~n legen** to file (away)
die **Aktie** -, **-n** share
die **Aktiengesellschaft** -, **-en** joint-stock company
der **Aktionär** -s, **-e** shareholder/stockholder
aktiv active; **in welcher Branche ist die Firma ~?** What does the company do?
aktuell current, up-to-date
akzeptieren to accept
alkoholfrei non-alcoholic
alle all; **~ 10 Minuten** every 10 minutes; **in ~ Welt** all over the world
allein on his/her/its etc own
allerdings though
das **Allerheiligen** All Saints' Day
das **Allerseelen** All Souls' Day
alles everything; **das wäre ~** that's it; **~ zusammen** both/all together
allgemein general(ly); in general
allgemeinbildend providing a general education
der **Alltag** -s, o. Pl. everyday life
alltäglich everyday
das **Alpenvorland** -(e)s, o. Pl. foothills of the Alps
der **Alptraum** -(e)s, ¨e nightmare
als than; as
also so, well
alt old
der **Altbau** -(e)s, **-ten** old building
die **Altenpflege** -, o. Pl. care of the elderly
die **Altersversorgung** -, o. Pl. old-age pension (scheme)
die **Altstadt** -, ¨e the old (part of) town
die **Ampel** -, **-n** traffic light(s)
das **Amt** -(e)s, ¨er office

amtl. = amtlich official
die **Amtsleitung** exchange line
an (+ Dat./Akk.) on; at; to
die **Ananas** -, **-se** pineapple
das **Andenken** -s, - souvenir
änderbar alterable; **die Preise sind jederzeit ~** prices subject to alteration without notice
andere(r/s) other, another; **etwas anderes** something else; **unter anderem** among other things
(sich) **ändern** to change
andernfalls otherwise
anders in a different way
die **Änderung** -, **-en** alteration
anerkannt recognized
anerkennen, anerkannte, anerkannt to accept; to recognize
an|fallen to incur, be incurred; **die anfallende Korrespondenz** any correspondence that needs dealing with
der **Anfang** -(e)s, ¨e beginning
an|fangen, fing an, angefangen to begin
an|fertigen to manufacture, make; to draw up
an|fordern to ask for, request
die **Anforderung** -, **-en** demand, requirement
die **Anfrage** -, **-n** inquiry; **auf ~** on request
die **Angaben Pl.** figures; information, details
an|geben to give
das **Angebot** -(e)s, **-e** range (on offer); quote, quotation; **das kulturelle ~** the range of cultural activities; **als zusätzliches ~** as an extra attraction; **ein ~ über** a quote for (the supply of)
an|gehen: was ... angeht as far as ... is/are concerned
der/die **Angehörige** -n, **-n** relative
die **Angelegenheit** -, **-en** matter
angelernt semi-skilled
angenehm pleasant; **sehr ~** pleased to meet you
angesagt (für + Akk.) scheduled (for), due (on)
angeschlossen (an + Dat.) plugged in (to); linked (to/with); **dem Haus ~** attached to the hotel
angesichts (+ Gen) in view of
der/die **Angestellte** -n, **-n** salaried employee
die **Angst** -, **Ängste** (vor + Dat.) fear (of)
an|halten to continue
anhaltend continuous
anhand (+ Gen.) using, with the help of
sich **an|hören** to listen to
an|kommen to arrive; **auf etw. ~** to depend on something; **es kommt darauf an** it depends
an|kreuzen to put a cross in/by
ankündigen to announce
die **Ankunft** -, ¨e arrival
die **Ankunftshalle** -, **-n** arrivals lounge
die **Anlage** -, **-n** plant; equipment, installation; enclosure; **in der ~** enclosed
der **Anlagenbau** -s, o. Pl. plant construction
der **Anlagevermerk** -(e)s, **-e** note of enclosure
die **Anliegerstraße** -, **-n** adjoining street
die **Anmeldung** -, **-en** registration
annähernd: nicht ~ nothing like
die **Annahme** -, o. Pl. acceptance
an|nehmen to take delivery of; to accept
an|rechnen: jdm. etw. ~ to credit sth. to sb.

die **Anrede** -, **-n** form of address,
an|reden to address
die **Anregung** -, **-en** stimulus
die **Anreise** -, o. Pl. arrival
an|reisen to arrive
der **Anreiz** -es, **-e** incentive
der **Anruf** -(e)s, **-e** (telephone) call
der **Anrufbeantworter** -s, - answering machine
an|rufen to phone, ring up
der **Anrufer** -s, - caller
die **Ansage** -, **-n** announcement
(sich) **an|schaffen** to get (oneself)
sich **an|schauen** ▶ sich **ansehen**
an|schließen (an + Akk.) to plug in; to link up with
anschließend subsequent
der **Anschluß** -es, ¨e (an) number, line; connection, link-up; **kein ~ unter dieser Nummer** number unobtainable; **der ~ ist besetzt** the number/line is engaged/busy; **im ~** after that
die **Anschrift** -, **-en** address
sich **an|sehen** to have/take a look at
sich **an|siedeln** to become established
an|sprechen to approach, talk to
der **Ansprechpartner** -s, - contact
der **Anspruch** -(e)s, ¨e demand, requirement
anspruchsvoll high-class, superior, sophisticated
anstatt (+ Gen.) instead (of)
die **Anstellung** -, **-en** job
anstrengend strenuous
der **Anteil** -(e)s, **-e** (an + Dat.) proportion; share (of)
der **Antrieb** -(e)s, **-e** (means of) propulsion
antworten to answer
an|wählen to dial
die **Anweisung** -, **-en** direction
der **Anwenderbereich** -(e)s, **-e** user sector
anwenderfreundlich user-friendly
die **Anwendung** -, **-en** application
anwesend present
der **Anwohner** -s, - resident
die **Anzahl** -, o. Pl. number
die **Anzeige** -, **-n** advertisement; indicator light
an|zeigen to notify
anziehend attractive
der **Anzug** -s, ¨e suit
der **Apfelwein** -s, **-e** type of dry cider
die **Apotheke** -, **-n** chemist's (shop)/pharmacy
der **Apparat** -(e)s, **-e**: **Linz am ~** Linz here/speaking
das **Appartement** -s, **-s** (hotel) suite
der **Appetit** -s, **-e**: **guten ~!** enjoy your meal!
die **Arbeit** -, **-en** work
arbeiten to work
der **Arbeiter** -s, -, die **Arbeiterin** -, **-nen** worker
der **Arbeitgeber** -s, - employer
arbeitgeberseitig decided on by the employer
der **Arbeitgeberverband** -(e)s, ¨e employers' association
der **Arbeitnehmer** -s, - employee
das **Arbeitsamt** -(e)s, ¨er employment exchange
die **Arbeitsatmosphäre** -, -n ▶ **Arbeitsklima**
die **Arbeitsaufnahme** -, o. Pl. start of employment; **Termin der ~** start date
die **Arbeitsaufteilung** -, **-en** allocation of work
die **Arbeitsfreude** -, **-n** job satisfaction
das **Arbeitsgericht** -(e)s, **-e** industrial tribunal

das **Arbeitsgesetz -es, -e** labour law
das **Arbeitsklima -s, -s** atmosphere at work
die **Arbeitskraft -, ¨-e** worker
arbeitslos unemployed
die **Arbeitslosigkeit -, o. Pl.** unemployment
der **Arbeitsmarkt -(e)s, ¨-e** labour market
der **Arbeitsplatz -es, ¨-e** job; workplace
der/die **Arbeitsuchende -n, -n** job-seeker
das **Arbeitsverhältnis -ses, -se** employer-employee relationship
die **Arbeitsvermittlung -, o. Pl.** employment exchange
die **Arbeitsvorbereitung -, -en** production planning
die **Arbeitsweise -, -n** way of working
die **Arbeitszeit -, -en** working hours
das **Arbeitszimmer -s, -** study
architektonisch architectural(ly)
die **Art -, en** kind, type; way, method
der **Artikel -s, -n** product, article, item
Art. Nr. = Artikel-Nummer reference number
das **Arzneimittel -s, -** drug
die **Arzthelferin -, -nen** doctor's receptionist
der **Aschenbecher -s, -** ashtray
auch as well, too
auf (+ Dat./Akk.) on(to); in; to; **~ der ganzen Welt** throughout the world
auf | bauen to build, create; to build up; to erect
die **Aufbauzeit -, -en** erection time
die **Aufbewahrungstasche -, -n** storage bag
auf | bleiben to stay open
auf | bringen to find, raise, afford
der **Aufenthalt -(e)s, -e** stay
auf | füllen to load
die **Aufgabe -, -n** job, task
das **Aufgabengebiet -(e)s, -e** area of responsibility
auf | geben to put in
auf | listen to list
aufgrund (+ Gen.) on the basis (of)
das **Aufhängeseil -s, -e** suspension rope
die **Aufhebung -, o. Pl.** abolition
auf | hören to stop, end
auf | kommen (für + Akk.) to pay (for)
die **Auflage -, -n** tray; print run; edition; cover
auf | legen to lay; to put down the receiver
die **Auflösung -, -en** resolution
aufmerksam attentive
die **Aufmerksamkeit -, o. Pl.** attention
auf | nehmen to take; to record; to take (down); to include; **Kontact ~** to get in contact with
auf | passen to pay attention, listen carefully
aufrecht | erhalten to keep up
aufregend exciting
aufrüstbar upgradable
auf | rüsten to upgrade
auf | schreiben to write down
der **Aufsichtsrat -(e)s, ¨-e** board of directors
die **Aufstellung -, -en** drawing up
der **Aufstieg -(e)s, -e** promotion
die **Aufstiegschance -, -n**, die **Aufstiegsmöglichkeit -, -en** promotion prospects
auf | teilen to divide up
der **Auftrag -(e)s, ¨-e** order; **im ~** p.p., for and on behalf of
die **Auftragsabwicklung -, -en** order processing
die **Auftragsbestätigung -, -en** confirmation of order
der **Auftragseingang -(e)s, ¨-** receipt of order
die **Auftragserteilung -, -en** placement of order
der **Auftragssachbearbeiter -s, -**, die **Auftragssachbearbeiterin -, -nen** person in charge of order processing
auf | treten to arise, occur; to behave; **sicher ~** to appear confident
das **Auftreten -s, o. Pl.** manner
der **Aufwand -(e)s, o. Pl.** (an + Dat.) expenditure (on), investment (in)
aufwendig lavish
der **Augenblick -(e)s, -e** moment; **im ~** at the moment
aus (+ Dat.) from; for; made of; **~ folgenden Gründen** for the following reasons; **von hier ~** from here
der **Ausbau -(e)s, o. Pl.** expansion
aus | bauen to build up; to expand
ausbaufähig with prospects
aus | bilden to train, educate
die **Ausbildung -, -en** training, education
der **Ausbildungsberuf -(e)s, -e** skilled occupation
der **Ausbildungsplatz -es, ¨-e** training vacancy
das **Ausbildungszentrum -s, -zentren** training centre
ausdauernd with staying power
der **Ausdruck -(e)s, ¨-e** expression, phrase
aus | drucken to print out
aus | drücken to express
ausdrücklich expressly
die **Ausfahrt -, -en** (*Autobahn*) exit
aus | fallen to be unable to attend, drop out; to turn out to be
der **Ausflug -(e)s, ¨-e** (day) trip
die **Ausfuhr -, o. Pl.** exports
aus | führen to carry out
die **Ausfuhrgüter Pl.** export(ed) goods
ausführlich detailed
die **Ausführung -, -en** model, version
aus | füllen to fill in
die **Ausgabe -, -n** expenditure, outgoings; edition
ausgabenfähig disposable
das **Ausgabeverhalten -s, -** spending habits
der **Ausgang -(e)s, ¨-e** exit; starting point
aus | geben to spend
ausgebucht booked up
ausgelastet working at full capacity
ausgeprägt highly developed
ausgesprochen definitely
die **Ausgestaltung -, -en** drawing up
ausgestattet (mit + Dat) fitted, equipped (with)
ausgezeichnet excellent
die **Aushilfskraft -, ¨-e** temporary worker
sich **aus | kennen** to know one's way around
aus | kommen to get by, to manage; **mit jdm. (gut) ~** to get on (well) with somebody
die **Auskunft -, ¨-e** directory enquiries; (über + Akk.) information (about); (person at the) information desk
der **Auskunftgeber -s, -** information line
das **Ausland -(e)s, o. Pl.: im ~** abroad
der **Ausländer -s, -** foreigner
Auslands- foreign, abroad
der **Auslandsanteil -(e)s, -e** foreign sales
die **Auslandsgesellschaft -, -en** foreign subsidiary
der **Auslandsvertrieb -(e)s, -e** sales office abroad
ausleihbar: ~ sein can be borrowed
aus | liefern to dispatch
die **Ausnahme -, -n** exception
ausreichend adequate
aus | richten: jdm. etw. ~ to give sb. a message
das **Ausrufezeichen -s, -** exclamation mark
sich **aus | ruhen** to relax
aus | rüsten (mit + Dat.) to equip (with)
die **Ausrüstung -, -en** equipment
die **Aussage -, -n** statement
aus | schalten to switch off
ausschließlich exclusively; excluding
die **Ausschreibung -, o. Pl.** (von + Dat.) advertising (of)
aus | sehen: wie sieht das aus? what's it like?
außen (on the) outside, outer
der **Außendienst -(e)s, -e** field sales
der **Außenhandel -s, o. Pl.** foreign trade
die **Außenwirtschaft -, o. Pl.** foreign trade
außer (+ Dat.) except (for), excepting
außerdem as well, in addition; besides
äußere(r/s) outer
außergewöhnlich exceptional
außerhalb (+ Gen.) outside (of); **~ des Betriebs** out of house; **etwas ~ liegen** to lie a little outside
äußerst extremely
die **Aussicht -, -en** prospect; view
die **Ausstattung -, -en** fittings; furnishings
aus | steigen to get off
aus | stellen to exhibit; to issue
der **Aussteller -s, -** exhibitor
der **Ausstellerausweis -es, -e** exhibitor's ID card
die **Ausstellung -, -en** exhibition
das **Ausstellungsgut -(e)s, ¨-er** trade fair exhibits
der **Austausch -es, ¨-e** exchange
aus | tauschen to exchange
aus | üben to do
die **Auswahl -, o. Pl.** choice; selection
aus | wählen to choose
aus | werten to analyse
die **Auszeichnung -, -en** award
der/die **Auszubildende -n, -n** trainee
der **Auszug -(e)s, ¨-e** (aus + Dat.) extract (from)
die **Autobahn -, -en** motorway/expressway
der **Autofahrer -s, -** driver, motorist
der **Automat -en, -en** ticket machine
automatisch automatic(ally)
automatisiert automated
die **Automatisierungstechnik -, o. Pl.** automation technology
der **Automobilbau -(e)s, o. Pl.** car manufacturing
die **Autovermietung -, -en** car hire/rental

B

B = Breite
backofenfrisch fresh from the oven
das **Bad -(e)s, ¨-er** bath
der **Bad-Teppich -s, -e** bathmat
das **Badeboot -(e)s, -e** inflatable boat
das **Baden -s, o. Pl.** bathing
der **Badeurlaub -(e)s, -e** seaside holiday
badisch of the Baden region
die **Bahn -, o. Pl.** railway; **mit der ~** by train
das **Bahnhofsviertel -s, -** area around the railway station
der **Bahnsteig -(e)s, -e** platform
bald soon
baldig early; **wir freuen uns auf ein ~es Kennenlernen** we look forward to meeting you soon
das **Band -(e)s, ¨-er** tape; **auf ~ aufnehmen** to record
die **Bandnudeln Pl.** ribbon noodles
die **Bankettabteilung -, -en** special functions department
der **Bankettsaal -(e)s, -säle** banqueting room
die **Bankkauffrau -, -en** qualified (woman) bank clerk
die **Banküberweisung -, -en** bank transfer
das **Bankwesen -s, o. Pl.** banking
das **Bargeld -(e)s, o. Pl.** cash
die **Barzahlung -, -en** payment in cash
basieren (auf + Dat.) to be based (on)
die **Basis -, Basen** basis; **auf der ~ CIF München** cif Munich
das **Basiswissen -s, o. Pl.** basic knowledge
basteln to do handicrafts
der **Bau -(e)s, o. Pl.** building, construction (industry); manufacture
der **Baubereich -(e)s, -e** construction industry
baubetrieblich of the construction industry
der **Bauchgurt -(e)s, -e** waist strap
bauen to build
der **Bauernhof -(e)s, ¨-e** farm
das **Bauernvolk -(e)s, ¨-er** farming people
das **Baugewerbe -s, o. Pl.** building trade
der **Bauleiter -s, -** (building) site manager
der **Baumwollaufbewahrungsbeutel -s, -** cotton storage bag
der **Baumwollbezug -(e)s, ¨-e** cotton cover
der **Baumwollstoff -(e)s, -e** cotton (material)
die **Bauunternehmung -, -en** construction company
der **Bayer -n, -n** Bavarian
bayerisch Bavarian
das **Bayern** Bavaria
beabsichtigen to intend
beachten to note, take note of
der **Beamte -n, -n**, die **Beamtin -, -nen** official, public service employee
beantworten to answer
bearbeiten to deal with, process
der/die **Beauftragte -n, -n** person responsible for; officer
das **Becken -s, -** basin; (swimming) pool
sich **bedanken** (für + Akk.) to thank sb. (for sth.)
der **Bedarf -(e)s, o. Pl.** (an + Dat.) requirements; need; **bei ~** when required
bedauern to regret
bedeuten to mean
bedeutend important
die **Bedeutung -, -en** importance
bedienen to supply; to operate; **Sie werden gleich bedient!** Your call will be dealt with as soon as possible
das **Bedienfeld -(e)s, -er** control panel
die **Bedienung -, o. Pl.** service; operation; **zur ~** to operate
die **Bedienungsanleitung -, -en** operating instructions
das **Bedienungsgeld -(e)s, -er** service charge
die **Bedingungen Pl.** conditions
bedroht threatened
bedruckt printed
das **Bedürfnis -ses, -se** need, requirement
beeindruckend impressive
beeinflussen to influence
beenden to finish, complete
die **Beendigung -, o. Pl.** end, completion
die **Beere -, -n** berry
befahren, befuhr, befahren to use, drive along
sich **befassen** (mit + Dat.) to deal (with)
die **Befestigungsecke -, -n** retaining clip
sich **befinden, befand, befunden** to be (situated)
befördern to transport
befragen to ask; to survey
der/die **Befragte -n, -n** respondent
die **Befragung -, -en** survey
befürchten to be afraid, sorry
sich **begeben, begab, begeben** to go
die **Begegnung -, -en** meeting
begehrt sought-after; popular
begeistern to fill with enthusiasm
beginnen, begann, begonnen to begin;
der **beginnende Abend** early evening
begrenzen (auf + Akk.) to restrict, limit (to)
die **Begrenzung -, -en** restriction
der **Begriff -(e)s, -e** concept
begründen to give reasons for
begrüßen to greet
die **Begrüßung -, -en** welcoming speech; **bei der ~** when greeting sb.
behalten, behielt, behalten to remember
behandeln to deal with
der/die **Behinderte -n, -n** disabled person
behindertenfreundlich, behindertengerecht with special facilities for disabled people
die **Behörde -, -n** authority
bei (+ Dat.) with, at; when (doing sth.); in the case of; among, for; in the event of; near; **~ der Firma ABD** with/at ABD; **~ uns** in our company/country; **~ der Buchung** when booking; **~ einem Glas Bier** over a beer
beide both
die **Beilage -, -n** side dish
bei | legen to enclose
beiliegend enclosed
das **Bein -(e)s, -e** leg
beinhalten to comprise
das **Beispiel -(e)s, -e** example; **zum ~** for example
der **Beitrag -(e)s, ¨-e** (zu + Dat.) contribution (to)
bei | tragen (zu + Dat.) to contribute (to)
bei | treten to join
bekannt (für/durch + Akk.) known; well-known (for)
der/die **Bekannte -n, -n** acquaintance
bekannt | machen to make known
die **Bekleidungsindustrie -, -n** clothing industry
bekommen, bekam, bekommen to get, receive
die **Belange Pl.:** in **administrativen ~n** in administrative matters
die **Belastbarkeit -, o. Pl.** ability to withstand heavy use; ability to work under pressure

die **Belastung -, -en** burden, strain
die **Belegschaft -, -en** staff
belegt busy
die **Beleuchtung -, -en** lighting
beliebt popular
bemalt painted, decorated
der **Bembel -s, -** stoneware mug (*used for serving cider*)
die **Bemerkung -, -en** remark, comment
sich **bemühen** to make every effort
die **Benachrichtigung -, -en** notification
benennen, benannte, benannt to specify
das **Benehmen -s, -** behaviour
benötigen to need
benötigt necessary
benutzen to use
die **Benutzung -, o. Pl.** use; **bei der ~** when using
-benutzung use of
beobachten to watch
bequem easy, easily; comfortable
beraten, beriet, beraten to advise
der **Berater -s, -** consultant; adviser
die **Beratung -, -en** advice, consultancy; counselling
das **Beratungsrecht -(e)s, -e** right of consultation
berechnen to charge for
die **Berechnung -, -en** charge; calculation; **gegen ~** for a charge
berechtigt: ~ sein, etw. zu tun to be entitled to do sth.
berechtigen to entitle
der **Bereich -(e)s, -e** sector, industry; department, division; sphere; **in welchem ~ ist die Firma tätig?** what business is the company in?; **der ~ Personal** the human resources division
bereit (zu + Dat.) willing, prepared (to do)
bereiten to cause
bereits already
die **Bereitschaft -, o. Pl.** willingness
bereit|stehen to be available
die **Bereitstellung -, o. Pl.** setting up
der **Bergbau -(e)s, o. Pl.** mining
das **Bergsteigen -s, o. Pl.** mountain climbing
berichten to report
berlinerisch: ~ sprechen to speak the Berlin dialect
berücksichtigen to take into account
der **Beruf -(e)s, -e** occupation, profession, job, career; **Was sind Sie von ~?** What do you do?
beruflich professional, vocational; **~e Tätigkeiten** (work) experience
die **Berufsausbildung -, -en** vocational training (course)
berufsbegleitend while working full-time
der **Berufsberater -s, -**, die **Berufsberaterin -, -nen** careers adviser
die **Berufsberatung -, -en** careers guidance
die **Berufsbezeichnung -, -en** job title
berufsbildend vocational
die **Berufserfahrung -, -en** work experience
die **Berufsfachschule -, -n** *vocational college providing full-time training courses*
das **Berufsfeld -(e)s, -er** occupation, profession
das **Berufsgrundbildungsjahr -(e)s, -e** foundation year
berufsqualifizierend professional
die **Berufsschule -, -n** *vocational college providing part-time training courses*
berufstätig working
der/die **Berufstätige -n, -n** working person
die **Berufstätigkeit -, -en** job
die **Berufswahl -, o. Pl.** choice of career; **bei der ~** when choosing a career
der **Berufsweg -(e)s, -e** career path
berühmt famous
beschädigt damaged
beschaffen to procure
beschäftigen to employ
sich **beschäftigen** (mit + Dat.) to deal with; to think about
beschäftigt busy
der/die **Beschäftigte -n, -n** employee
die **Beschäftigung -, -en** employment
beschäftigungssicher offering job security

Bescheid: jdm. ~ sagen to tell sb., let sb. know
beschichtet (mit + Dat.) laminated; coated (with)
sich **beschränken** (auf + Akk.) to be limited (to)
beschreiben, beschrieb, beschrieben to describe
die **Beschreibung -, -en** description
sich **beschweren** (bei jdm., über etw.) to complain (to sb., about sth.)
besetzt engaged/busy; manned
der **Besetztton -(e)s, ⸚e** engaged/busy signal
besichtigen to look at, inspect
besiedelt: dicht ~ densely populated
besitzen, besaß, besessen to own
der **Besitzer -s, -** owner
besondere(r/s) special, particular
die **Besonderheit -, -en** special feature; peculiarity
besonders particularly, especially; special
besorgen to get, buy
besprechen, besprach, besprochen to discuss
die **Besprechung -, -en** meeting, discussion
besser (als) better (than)
der **Bestandteil -(e)s, -e** component
bestätigen to confirm
die **Bestätigung -, -en** confirmation
der/die/das **beste** (the) best (one/thing); **wir geben unser Bestes** we do our best
das **Besteck -(e)s, -e** cutlery
bestehen, bestand, bestanden to be; **~ aus** (+ Dat.) to consist of; **~ in** (+ Dat.) to involve; **Worin besteht Ihre Arbeit?** What does your job involve?
das **Bestelldatum -s, -daten** date of order
bestellen to order; **bei jdm. ~** to place an order with sb.
die **Bestellmenge -, -n** quantity
die **Bestell-Nr = Bestellnummer -, -n** order number
die **Bestellung -, -en** order
der **Bestellwert -(e)s, -e** value of order
am **besten** best; **Mit wem spreche ich am ~?** Who should I speak to?; **Wie komme ich am ~ hin?** What's the best way to get there?
bestens very well
bestimmen to decide
bestimmt specific; certain
die **Bestimmung -, -en** regulation; provision
der **Bestimmungshafen -s, -häfen** port of destination
der **Bestimmungsort -(e)s, -e** destination
die **Bestuhlung -, o. Pl.** seating
der **Besuch -(e)s, -e** visit; attendance; **~e machen** to visit; ~ bekommen to have visitors
besuchen to visit; to attend
der **Besucher -s, -, die Besucherin -n, -nen** visitor
sich **beteiligen** (an + Dat.) to participate, take part (in)
der/die **Beteiligte -n, -n** participant
die **Beteiligung -, o. Pl.** participation
die **Beteiligungsgesellschaft -, -en** associated company; subsidiary
das **Bethmännchen -s, -** *traditional Frankfurt marzipan figure in the shape of a man*
Betr. = Betreff, betrifft re, subject
Betracht: in ~ kommen to be considered
der **Betrag -(e)s, ⸚e** amount
betragen, betrug, betragen to be
Betreff re, subject
betreiben, betrieb, betrieben to carry out
betreuen to look after
die **Betreuung -, o. Pl.** looking after
der **Betrieb -(e)s, -e** company, business, firm
betrieben: elektrisch ~ electrically powered
die **Betriebsänderung -, -en** change in the nature of the company's operations
betriebsbereit ready (for operation)
die **Betriebsbesichtigung -, -en** company tour
das **Betriebsklima -s, -s** atmosphere at work
die **Betriebskosten Pl.** operating costs
der **Betriebsrat -(e)s, ⸚e** works council
die **Betriebsstörung -, en** production problem
das **Betriebssystem -s, -e** operating system

das **Betriebsverfassungsgesetz -es, -e** Industrial Constitution Law
der **Betriebswirt -(e)s, -e** *graduate in business administration*
die **Betriebswirtschaft -, o. Pl.** business administration, business studies
betriebswirtschaftlich business, economic
betrifft re, subject
betrugen ▸ betragen
die **Beurlaubung -, -en** leave
beurteilen to judge
die **Bevölkerung -, -en** population
der/die **Bevollmächtigte -n, -n** authorized representative
bevor before
bevorzugen to prefer
bewaldet wooded
die **Bewältigung -, o. Pl.: ~ der Aufgaben** managing the work
bewarb ▸ bewerben
die **Bewegung -, -en** exercise
beweisen, bewies, bewiesen to show, prove
sich **bewerben, bewarb, beworben** (um + Akk.) to apply (for)
der **Bewerber -s, -**, die **Bewerberin -, -nen** applicant
die **Bewerbung -, -en** job application
das **Bewerbungs(an)schreiben -s, -**, der **Bewerbungsbrief -s, -e** letter of application
die **Bewerbungsunterlagen Pl.** documents supporting an application
bewerten to assess
der **Bewohner -s, -** inhabitant
beworben ▸ bewerben
bewundern to admire
bezahlen to pay
die **Bezahlung -, -en** pay
die **Bezeichnung -, -en** description
sich **beziehen** (auf + Akk.) to refer (to)
die **Beziehung -, -en: in dieser ~** in this respect
beziehungsweise or, and/or; rather
der **Bezirk -(e)s, -e** district
bezug: in ~ auf (+ Akk.) with respect to
der **Bezug -(e)s, ⸚e** cover; **mit ~ auf** (+ Akk.) with reference to
bezüglich (+ Gen.) with respect to
die **Bezugnahme -, -n: mit ~ auf** (+ Akk.) with reference to
die **Biegung -, -en** bend
die **Bierbrauerei -, o. Pl.** (beer) brewing
das **Bierzelt -(e)s, -e** beer tent
bieten, bot, geboten to provide; to offer
bilden to form; to make up
der **Bildschirm -(e)s, -e** screen
die **Bildung -, o. Pl.** education
der **Bildungsgang -(e)s, ⸚e** education
die **Bildungsstätte -, -n** educational establishment
das **Bildungswesen -s, o. Pl.** education system
der **Bildungsweg -(e)s, -e: der zweite ~** further/adult education
billig cheap
die **Billion** (*BrE*) billion, (*AmE*) trillion
der **Binnensee -s, -n** lake
die **Birke -, -n** birch tree
bis (+Akk.) up to; by; until, till; to, as far as; **zwei ~ drei** two to three
bisherig previous
bislang up to now
die **Bitte -, -n** request
bitte please; **~ schön** you're welcome
bitten, bat, gebeten (um + Akk.) to ask (for)
der **Blasebalg -(e)s, ⸚e** (pair of) bellows
das **Blatt -(e)s, ⸚er** leaf; **ein ~ Papier** a sheet of paper
der **Blattspinat -(e)s, -e** spinach
bleiben, blieb, geblieben to stay, remain; **Wo bleibt die Ware?** Where are the goods?
der **Blick -(e)s, -e** (über + Akk.) view (over); (in + Akk.) look, glance (at)
blieb ▸ bleiben
der **Block -(e)s, ⸚e: ein ~ Papier** pad of (writing) paper
blühend blooming

blumengeschmückt decorated with flowers
der **Boden -s, o. Pl.** soil
der **Bodenbelag -(e)s, ⸚e** floor covering
der **Bodensee -s, o. Pl.** Lake Constance
Bonner in Bonn
die **Börse -, -n** stock exchange
die **Box -, -en** speaker; parking space
brachte ▸ bringen
die **Branche -, -n** sector, industry, line of business
Bratkart. = die Bratkartoffeln Pl. sauté potatoes
die **Bratwurst -, ⸚e** sausage
brauchen to need; to use
sich **bräunen** to tan
breit wide
die **Breite -, -n** width
das **Bremspedal -s, -e** brake pedal
der **Brennpunkt -(e)s, -e** focal point
das **Briefblatt -(e)s, ⸚er** page (*of a letter*)
der **Briefkopf -(e)s, ⸚e** letterhead
die **Briefmarke -, -n** (postage) stamp
der **Briefumschlag -(e)s, ⸚e** envelope
bringen, brachte, gebracht to bring; **im Fernsehen ~** to show on TV
die **Brücke -, -n** bridge
der **Brunnen -s, -** fountain
der **Brustgurt -(e)s, -e** chest strap
brüten (über + Akk) to ponder (over)
brutto, Brutto- gross, before tax
das **Bruttosozialprodukt -(e)s, -e** gross national product
buchen to book; **auf die Rechnung ~** to debit to the account
der **Buchhalter -s, -** bookkeeper
die **Buchhaltung -, o. Pl.** accounts department
buchstabieren to spell
die **Buchstabiertafel -, -n** telephone alphabet
die **Buchung -, -en** booking
das **Bügeleisen -s, -** iron
der **Bummel -s, -** stroll
der **Bummler -s, -** stroller
Bundes- Federal
der **Bundesangestelltentarif -s, o. Pl.** *statutory salary scale for civil servants*
das **Bundesausbildungsförderungsgesetz -es, -e** Federal Education and Training Assistance Act
der **Bundeskanzler -s, -** Federal Chancellor
das **Bundesministerium für Arbeit und Sozialordnung** Federal Ministry for Employment and Social Administration
der **Bundesrat -(e)s, o. Pl.** *upper house of the Federal German Parliament*
die **Bundesrepublik Deutschland** Federal Republic of Germany
der **Bundestag -(e)s, o. Pl.** *lower house of the Federal German Parliament*
das **Bundesumweltministerium -s, o. Pl.** Federal Ministry of the Environment
die **Bundesvereinigung der Deutschen Arbeitgeberverbände** Federal Union of German Employers' Associations
die **Bundeswehr -, o. Pl.** armed forces (of Germany)
das **Bündnis 90** Alliance 90
bunt colourful
die **Burg -, -en** castle
der **Bürger -s, -** citizen
das **Büro -s, -s** office
die **Bürokauffrau -, -en** (office) buyer (*in wholesale or foreign trade*)
die **Bürotechnik -, o. Pl.** office technology
der **Buß- und Bettag -(e)s, -e** Day of Prayer and Repentance
der **Busbahnhof -(e)s, ⸚e** bus station
der **Busfahrer -s, -** bus driver
die **Buslinie -, -n** bus route
bzw. = beziehungsweise

C

ca. = zirka
der **Campingbedarf -(e)s, o. Pl.** camping equipment
die **Cantileverbremse -, -n** cantilever brake
die **CDU = die Christlich-Demokratische Union** Christian Democratic Union

das **Champignonschnitzel -s, -** veal/pork cutlet with mushrooms
die **Chance -, -n** prospect; chance, opportunity
die **Chancengleichheit -, o. Pl.** equal opportunities
der **Chef -s, -s, die Chefin -, -nen** boss, manager
die **Chefsekretärin -, -nen** personal assistant
die **Chemie -, o. Pl.** chemicals
die **Chemikalien Pl.** chemicals
der **Chemiker -s, -** chemist
chemisch: die ~e Industrie chemicals industry
die **Christbaumkugel -, -n** Christmas tree bauble
die **Christi Himmelfahrt** Ascension Day
die **Clipmappe -, -n** clip folder

D

da there; as, since; **Ist ~ die Firma Adler?** Is that Adler?
dabei during this (process); with it, included
das **Dach -(e)s, ⸚er** roof
der **Dachausbau -s, -ten** loft conversion
dadurch in this way, thus
dafür to make up for it; in return; for this/it
dagegen in contrast
daher consequently, therefore
dahin | kommen to get there
die **Dame -, -n: meine ~n und Herren** ladies and gentlemen ▶ **geehrt**
damit thereby, thus; so (that)
das **Dampfbad -(e)s, ⸚er** steam bath
danach afterwards, after that
daneben next to it; at the same time
der **Dank -(e)s, o. Pl.: (recht) vielen ~** thank you very much
dank (+ Gen.) thanks to
dankbar grateful
danke thank you, thanks; **~ schön** thank you very much
danken to thank
dann then
dar | legen to set out
das **Darlehen -s, -** loan
dar | stellen to present
sich **dar | stellen: sich positiv ~** to show oneself in a positive light
die **Darstellung -, -en: farbige ~** colour printing
darüber about it; **~ hinaus** in addition
darunter among them
Daten Pl. data
die **Datenautobahn -, -en** information highway
der **Datenton -(e)s, ⸚e** data transmission signal
die **Datenverarbeitung -, o. Pl.** data processing
das **Datum -s, Daten** date
die **Dauer -, o. Pl.** duration, period
die **Dauerbeschäftigung -, -en** permanent job
dauern to last
dauernd continually, all the time
der **Dauergebrauch -(e)s, o. Pl.** continuous use
der **Daunenschlafsack -(e)s, ⸚e** down-filled sleeping bag
davon of this/these
davor: im Jahr ~ in the previous year
dazu about, for, to this/it, in addition; **~ gehören** these include
dazwischen: es ist etwas ~ gekommen something has come up
dB = Dezibel
DB = Deutsche Bahn
die **DDR = Deutsche Demokratische Republik** Democratic Republic of Germany
die **Deckeltasche -, -n** top flap pocket
defekt defective
der **Deich -(e)s, -e** dyke/dike
denken, dachte, gedacht (an + Akk.) to think (about)
denn because; **Wo haben Sie denn gewohnt?** Where did you stay?
deren its
derzeit at present

deshalb for this reason; so
detailliert in detail
die **Deutsche Bahn** German Railways
die **Deutsche Industrie-Norm -, -en** German industrial standard
das **Deutsche Institut für Normung** German Standards Institute
deutschsprachig, deutschsprechend German-speaking
das **Dezibel -s, -** decibel
d.h. = das heißt
DHH = Doppelhaushälfte
der **Diaprojektor -s, -en** slide projector
die **Diätkost -, o. Pl.** food for people on special diets
dicht: ~ besiedelt densely populated; **mit ~em Taktverkehr** with a frequent service
dick substantial
der **Dichter -s, -** poet
dienen to serve
der **Dienst -(e)s, -e** service; **öffentlicher ~** public services
die **Dienstleistung -, -en** service
der **Dienstleistungsbereich -(e)s, -e** service sector
das **Dienstleistungsgewerbe -s, o. Pl.** service industries
die **Dienstreise -, -n** business trip
der **Dienstwagen -s, -** company car
diese(r/s) this, these
dieselbe the same
DIN = Deutsche Industrie-Norm; Deutsches Institut für Normung
das **Ding -(e)s, -e** thing; **vor allen ~en** above all
Dipl.-Ing. = Diplom-Ingenieur
die **Dipl.-Kauffrau -, -en** (female) holder of a diploma in commerce
die **Diplom-Betriebswirtin -, -nen** (female) graduate in business management
der **Diplom-Ingenieur -s, -e** qualified engineer
die **Diplomarbeit -, -en** dissertation (for degree or similar)
die **Diplomprüfung -, -en** degree examination
die **Direktion -, -en** management
der **Direktor -s, -en** manager
das **Direktwahltelefon -s, -e** direct-dial telephone
die **Direktwerbung -, -en** direct mail promotion
das **Distributionslager -s, -** distribution depot
DM = Deutsche Mark Deutschmark, German mark
doch (used to add emphasis) don't they? isn't it?; but; nevertheless
der **Doktor -s, -en** doctor; **Herr ~** Doctor
die **Doktorprüfung -, -en** doctoral examination
der **Dolmetscher -s, -** interpreter
der **Dom -(e)s, -e** cathedral
die **Donau -, o. Pl.** the Danube
die **Donnerechse -, -n** dinosaur
die **Doppelarbeit -, -en: ~ machen** to duplicate work
die **Doppelhaushälfte -, -n** semi-detached house
doppelt: in ~er Hinsicht in two respects
das **Doppelzimmer -s, -** double room
das **Dorf -(e)s, ⸚er** village
dort there
dorthin there
dpi = dots per inch
der **Dreher -s, -** lathe operator
dreigliedrig tripartite
das **Dreiländereck -s, o. Pl.** area of southwestern Germany where three countries border each other
drin in it, inside; **Einsparungen von 4% sind ~** savings of 4% are possible
dringend urgent(ly)
dringendst very urgently
dritte(r/s) third
das **Drittel -s, -** third; **zwei ~** two thirds
die **Drittelzahlung -, -en** payment in three equal instalments
drüben over there
der **Druck -(e)s, o. Pl.** printing
drucken to print

drücken to press
der **Drucker -s, -** printer
das **Druckpapier -s, o. Pl.** media type
der **Druckraum -(e)s, ⸚e** print room
die **Drucksache -, -n** circular
DSD = Duales System Deutschland system of collecting and sorting waste for recycling
das **duale System (der Berufsbildung)** dual system (of vocational education)
durch by; through; by means of
durchdacht thought out
durch | führen to carry out
die **Durchführung -, o. Pl.** implementation
durch | geben to give, tell
durch | lesen to read through
die **Durchsage -, -n** announcement
der **Durchschnitt -(e)s, -e** average
durchschnittlich average
Durchschnitts- average
das **Durchsetzungsvermögen -s, -** ability to get things done
die **Durchwahl -, o. Pl.** internal telephone number (obtainable by direct dialling)
dürfen, durfte, gedurft to be allowed (to do sth.); **Darf ich rauchen?** May I smoke?
der **Durst -(e)s, o. Pl.** thirst; **~ haben** to be thirsty
die **Dusche -, -n** shower
der **Duschvorhang -(e)s, ⸚e** shower curtain
DV = Datenverarbeitung
die **DV-Anlage -, -n** data-processing equipment

E

eben just
die **Ebene -, -n** level
ebenso ... wie (just) as ... as
echt genuine
die **Ecke -, -n** corner
EDV - = elektronische Datenverarbeitung
die **EDV-Kenntnisse Pl.** data-processing skills
der **Effizienzgewinn -(e)s, -e** gain in efficiency
egal: Das ist ~ It makes no difference
ehemalig former
eher rather
ehrgeizig ambitious
ehrlich honest(ly); **~ gesagt** to be honest
eigen (my/your/its etc) own
die **Eigeninitiative -, -n** initiative
die **Eigenschaft -, -en** characteristic, feature, quality
eigentlich actually
die **Eigentumswohnung -, -en** private flat/apartment
die **Eignung** suitability
der **Eilzug -(e)s, ⸚e** fast stopping train
einander (to) one another
ein | arbeiten to incorporate
die **Einarbeitung -, o. Pl.** training
die **Einbahnstraße -, -n** one-way street
das **Einbettzimmer -s, -** single room
ein | biegen, bog ein, eingebogen (in + Akk.) to turn off (into)
die **Einbindung -, o. Pl.** (in + Akk.) integration (into)
eindeutig unambiguously; definitely
der **Eindruck -(e)s, ⸚e** impression
eindrucksvoll impressive
einfach simply; single/one-way; **Fahren Sie ~?** Do you want a single (ticket)?
die **Einfahrt -, -en** entry; **Der Zug hat ~ auf Gleis 3** the train is arriving on platform 3
das **Einfamilienhaus -es, ⸚er** detached house
der **Einfluß -sses, ⸚sse** influence
die **Einfuhrgüter Pl.** imports
ein | führen to bring in, introduce
die **Einführung -, o. Pl.** introduction
der **Eingang -(e)s, ⸚e** entrance; receipt (of booking)
eingebaut installed
ein | gehen (auf + Akk.) to adapt (to); to deal with
eingehend incoming
eingepackt when packed
eingeschränkt limited
ein | halten to keep; to observe, obey

die **Einheit -, -en** unity; unit
ein | holen to obtain
einige some, a few, a number of
sich **einigen** (auf + Akk.) to agree (on)
die **Einigung -, -en** agreement
die **Einigungsstelle -, -n** arbitration board
der **Einkauf -(e)s, o. Pl.** purchasing department
ein | kaufen to shop; to buy in; **~ gehen** to go shopping
der **Einkäufer -s, -, die Einkäuferin -, -nen** buyer
die **Einkaufsabteilung -, -en** purchasing department
die **Einkaufsbedingungen Pl.** conditions of purchase
der **Einkaufsbummel -s, -** shopping expedition
der **Einkaufsleiter -s, -, die Einkaufsleiterin -, -nen** purchasing manager
die **Einkaufsmöglichkeiten Pl.** shopping facilities
ein | kleben to stick in
das **Einkommen -s, -** income
ein | laden to invite
die **Einladung -, -en** invitation
die **Einlage -, -n** sth. that goes inside sth.; (Cooking) meat, noodles, egg etc added to a clear soup
ein | lagern to store
ein | legen to put in
die **Einleitung -, -en** introduction
ein | lösen to cash, change
einmal once; **noch ~** (once) again; **~ Hacksteak** one hamburger
die **Einnahmequelle -, -n** source of income
ein | nehmen to eat
sich **ein | ordnen** to get in lane
ein | räumen to grant, allow
die **Einrichtung -, -en** installation; facility; equipment
die **Einsammlung -, -en** collection
der **Einsatz -es, ⸚e** use; employment; **Ärzte im ~** doctors on duty
einsatzbereit keen
der **Einsatzzweck -s, -e** purpose
ein | schalten to switch on
sich **ein | schalten** to intervene
ein | schätzen: hoch ~ to have a high opinion of
einschließlich including
einseitig one-sided
einsetzbar usable
ein | setzen to put in
ein | sparen to save
die **Einsparung -, -en** saving
einst once
ein | steigen to board
ein | stellen to take on, appoint; to adjust
der **Einstellplatz -es, ⸚e** parking space
die **Einstellung -, -en** opinion; appointment, employment
der **Einstieg -(e)s, -e** entry; **zum ~** on entry
ein | stufen to classify
ein | teilen to divide (up)
ein | tragen to put down, write
der **Eintrag -(e)s, ⸚e, die Eintragung -, -en** entry
ein | treffen to arrive
der **Eintrittspreis -es, -e** admission charge
die **Einwegverpackungssteuer -, -n** tax on throw-away packaging
der **Einwohner -s, -** inhabitant
Einzel- individual; single
die **Einzelblatteinzug -(e)s, ⸚e, die Einzelblattzuführung -, -en** sheet feeder
die **Einzelgesellschaft -, -en** single company
der **Einzelhandel -s, o. Pl.** retail trade
der **Einzelhändler -s, -** retailer
die **Einzelheit -, -en** detail
einzeln separate, individual
das **Einzelzimmer -s, -** single room
ein | ziehen to pull in, feed in
einzige(r/s) only
das **Eisbein -(e)s, -e** knuckle of pork
die **Eisenbahnschiene -, -n** railway/rail road track

die **Eisköstlichkeit** -, -en ice-cream special(i)ty

das **Eisstockschießen** -s, o. Pl. curling

der **Eiswein** -(e)s, -e sweet white wine (made from grapes exposed to frost)

Elektro- electrical

das **Elektro-Großgerät** -s, -e large electrical appliance

der **Elektroinstallateur** -s, -e electrician

die **Elektronik** -, o. Pl. electronics (industry)

der **Elektroniker** -s, - electronics engineer

elektronisch electronic; **~e Post** E-mail

die **Elektrotechnik** -, o. Pl. electrical engineering (industry)

der **Elektrotechniker** -s, - electrical engineer

elektrotechnisch electrical

das **Elektrowerk** -(e)s, -e electrical goods factory

der **Empfang** -(e)s, ⸚e reception; receipt

empfangen, empfing, empfangen to meet

der **Empfänger** -s, - recipient

empfehlen, empfahl, empfohlen to recommend

empfehlenswert recommended

die **Empfehlung** -, -en recommendation

empfinden, empfand, empfunden to feel (about), to find

empfohlen ▶ **empfehlen**

die **Emulation** -, -en emulation

emulieren to emulate

das **Ende** -s, -n end; **zu ~ gehen** to run out

endgültig final

das **Endlospapier** -s, o. Pl. fan fold paper

die **Energiewirtschaft** -, o. Pl. energy industry

eng closely

das **Engagement** -s, o. Pl. commitment

sich **engagieren** (für + Akk.) to be committed (to)

engagiert committed

entbeint boned

entdecken to discover

die **Entdeckung** -, -en discovery

die **Ente** -, -n duck

entfallen, entfiel, entfallen not to apply

entfernen to remove

entfernt (away) from

die **Entfernung** -, -en distance

entgegen|nehmen to receive, take

enthalten, enthielt, enthalten to contain, include

entladen, entlud, entladen to unload

entlang|gehen to go along

entlassen, entließ, entlassen to dismiss

die **Entlohnungsgrundsätze** Pl. principles of remuneration

entnehmen, entnahm, entnommen to gather from

entscheiden, entschied, entschieden (über + Akk.) to decide (about)

sich **entscheiden** (für + Akk.) to decide (on)

die **Entscheidung** -, -en decision

die **Entscheidungskompetenz** -, -en authority to make decisions

der **Entscheidungsträger** -s, - decision-maker

entschieden decidedly, considerably

Entschuldigung excuse me, pardon

sich **entspannen** to relax

die **Entspannung** -, o. Pl. relaxation

entsprechen, entsprach, entsprochen to correspond to; to be in accordance with; to meet

entsprechend (+ Dat.) in accordance with; corresponding, relevant

entspringen, entsprang, entsprungen to rise, have its source

entstehen, entstand, entstanden to come into being

entweder ... oder either ... or

entwerfen, entwarf, entworfen to draw up

(sich) **entwickeln** to develop

die **Entwicklung** -, -en development

Erachten: meines ~s in my opinion

erarbeiten to produce; to work out

erbauen to build

erbitten, erbat, erbeten to request; **Reservierung erbeten** booking advised

das **Erdgeschoß** -sses, -sse (BrE) ground floor, (AmE) first floor

das **Ereignis** -ses, -se event

erfahren, erfuhr, erfahren to find out

die **Erfahrung** -, -en experience

erfinden to invent

der **Erfolg** -(e)s, -e success; **Viel ~!** Good luck

erfolgen to be carried out

erfolgreich successful

erforderlich necessary

erfordern to demand

erfragen to ascertain

erfreut: sehr ~ pleased to meet you

die **Erfrischungen** Pl. refreshments

erfüllen to fulfil

ergänzen to fill in, complete

die **Ergänzung** -, -en extension, completion

das **Ergebnis** -ses, -se result; conclusion

ergreifen, ergriff, ergriffen to grasp

der **Erhalt** -(e)s, o. Pl. receipt

erhalten, erhielt, erhalten to obtain; to receive

erhältlich available

erheblich considerably

erhöhen to increase, raise

sich **erholen** to have a rest

die **Erholung** -, -en rest, relaxation

das **Erholungsgebiet** -(e)s, -e vacation area

erinnern (an + Akk.) to remind (of)

das **Erkältungsmittel** -s, - medication for a cold

erkennen, erkannte, erkannt to recognize; to spot

erklären to explain

sich **erkundigen** (nach + Dat.) to find out (about)

erlangen to achieve

erlauben to allow

erläutern to explain

erleben to experience

erledigen to deal with

das **Erlebnis** -ses, -se experience

erleichtern to facilitate, to make (sth.) easier

erlernt: ~er Beruf profession one has trained for

ermäßigt reduced

die **Ermäßigung** -, -en reduction, discount

erneut again

ernst serious(ly)

ernsthaft serious

eröffnen to open

die **Eröffnung** -, -en opening

erreichbar able to be reached

erreichen to amount to; to reach; to get through to; to achieve; **nicht zu ~** unavailable

der **Ersatz** -es, o. Pl. (für + Akk.) replacement(s)

das **Ersatzteil** -(e)s, -e spare (part)

erscheinen, erschien, erschienen to appear

ersehen, ersah, ersehen to see

ersetzen to replace

ersparen: jdm. etw. ~ to save sb. (doing) sth.

erst only after, not until; **~ einmal** first

der/die/das **erste** (the) first

die **Erstattung** -, -en reimbursement

erstellen to draw up, compile

erstenmal: zum ~ for the first time

erstklassig first-class

erstmals for the first time, first

erteilen to place

ertönen to sound

der/die **Erwachsene** -n, -n adult

erwähnen to mention

erwarten to await; to wait for, expect

die **Erwartung** -, -en expectation

erwerben, erwarb, erworben to obtain, gain; to acquire

das **Erwerbsleben** -s, o. Pl.: **im ~** in employment

der/die **Erwerbstätige** -n, -n working person

erwirtschaften to earn

erworben ▶ **erwerben**

erwünscht desired

erzählen: jdm etw. ~ to tell sb. sth.

erzeugen to produce

die **Erzeugerabfüllung** -, o. Pl. bottled by the producer

das **Erzeugnis** -ses, -se product

erziehen to bring up

die **Erziehung** -, o. Pl. childcare

die **Erziehungszeit** -, -en maternity/childcare leave

erzielen to make

erzwingbar enforceable

essen, aß, gegessen to eat; **~ Sie gerne chinesisch?** do you like Chinese food?; **~ gehen** to go (out) for a meal

der **Essenszuschuß** -sses, ⸚sse meals allowance

etabliert established, long-standing

die **Etage** -, -n floor, storey

die **Etagenheizung** -, -en heating that serves an individual apartment

etwa about; roughly, more or less

etwas something; a little, a bit; **so ~ wie** something like; **~ außerhalb** a little (way) outside

EU = Europäische Union European Union

europaweit throughout Europe

eventuell if necessary; if you like, perhaps; possible

exakt precisely

das **Exemplar** -s, -e copy; specimen

exklusive (+ Gen.) exclusive of, excluding

das **Exponat** -(e)s, -e exhibit

die **Exportkaufleute** Pl. export sales staff

der **Exportleiter** -s, - export manager/director

F

die **Fabrik** -, -en factory

das **Fach** -(e)s, ⸚er subject

der **Facharbeiter** -s, -, die **Facharbeiterin** -, -nen skilled worker

der **Fachhandel** -s, o. Pl. specialist trade

der **Fachhändler** -s, - specialist retailer

die **Fachhochschule** -, -n higher education college for professional training

die **Fachhochschulreife** -, -n college diploma

die **Fachkraft** -, ⸚e qualified employee, skilled worker

die **Fachleute** Pl. experts, specialists

fachlich technical

die **Fachliteratur** -, -en specialist literature

die **Fachmesse** -, -n specialist trade fair

die **Fachoberschule** -, -n vocational 6th Form college/upper school

die **Fachschule** -, -n technical college

das **Fachwerkhaus** -es, ⸚er half-timbered house

die **Fachzeitschrift** -, -en trade magazine

der **Faden** -s, ⸚: **der rote ~ sein** to be the guiding thread

die **Fähigkeit** -, -en ability

fahrbar movable

fahren, fuhr, gefahren (nach/zu + Dat.) to go, drive, travel; **mit der Bahn ~** to go by train, take the train

der **Fahrgast** -(e)s, ⸚e passenger

das **Fahrgeld** -(e)s, -er fare

die **Fahrkarte** -, -n ticket

der **Fahrkartenschalter** -s, - ticket office

der **Fahrplan** -(e)s, ⸚e timetable

der **Fahrpreis** -es, -e fare

die **Fahrradvermietung** -, -en cycle hire

der **Fahrschein** -(e)s, -e ticket

die **Fahrt** -, -en journey; trip

der **Fahrtantritt** -(e)s, -e: **vor ~** before boarding

der **Fahrthinweis** -es, -e directions

die **Fahrtreppe** -, -n escalator

das **Fahrzeug** -(e)s, -e vehicle

fahrzeugbezogen vehicle-oriented

der **Fall** -(e)s, ⸚e case; **im ~e** (+ Gen.) in the event of; **in jedem ~** in any case; **für den ~, daß** in case

fallen, fiel, gefallen to fall

der **Fallhammer** -s, - drop forge hammer

falls if

falsch wrong

familiär family

der/die **Familienangehörige** -n, -n family member

die **Familienfirma** -, -firmen family firm

der **Familienstand** -(e)s, ⸚e marital status

fanden ▶ **finden**

die **Farbe** -, -n colour

farbenfroh colourful

farbig colour

der **Farbstoff** -(e)s, -e dye

das **Faß** -sses, ⸚sser: **vom ~** on tap

fassen to hold

sich **fassen: sich kurz ~** to keep it short

fast almost, nearly

das **Faxgerät** -(e)s, -e fax machine

FDP = Freie Demokratische Partei Free Democratic Party

das **Federwerk** -(e)s, -e springs

fehlen to be missing; **es ~ ...** there is/are ... missing

der **Fehler** -s, - mistake

fehlerhaft faulty, defective

fehl|leiten to misdirect

der **Feierabend** -s, o. Pl.: **~ machen** to finish work

feiern to celebrate

der **Feiertag** -(e)s, -e holiday

fein choice

das **Feinblech** -(e)s, -e sheet metal

die **feinmechanische Industrie** precision engineering industry

das **Feinschmeckerrestaurant** -s, -s gourmet restaurant

der **Feldsalat** -(e)s, -e lamb's lettuce

der **Fensterplatz** -es, ⸚e window seat

Ferien- holiday/vacation

ferner furthermore

der **Fernlehrgang** -(e)s, ⸚e correspondence course

der **Fernsehapparat** -(e)s, -e television set

fern|sehen to watch television

der **Fernseher** -s, - television set

der **Fernsehtechniker** -s, - television engineer

der **Fernsehturm** -(e)s, -e television tower

der **Fernverkehr** -(e)s, o. Pl. long-distance travel

der **Fernzug** -(e)s, ⸚e long-distance train

fertig ready; finished; **~!** that's it!

fertigen to manufacture

die **Fertigkeit** -, -en skill

das **Fertiglager** -s, - finished goods store

das **Fertigprodukt** -(e)s, -e finished product

die **Fertigung** -, -en production

die **Fertigungshalle** -, -n production workshop

die **Fertigungsstätte** -, -n factory

die **Fertigungssteuerung** -, o. Pl production control

das **Fertigungsverfahren** -s, - production process

die **Fertigware** -, -n finished product

fest fixed, permanent

das **Fest** -(e)s, -e festival

der/die **Festangestellte** -n, -n permanent employee

fest|halten to hold

fest|legen to fix

die **Festplatte** -, -n hard disk

fest|stellen to ascertain, find out

der **Festumzug** -(e)s, ⸚e procession

das **Festzelt** -(e)s, -e marquee

die **Feuchtigkeit** -, o. Pl. moisture

feuchtigkeitsbeständig waterproof, showerproof

das **Feuerwerk** -(e)s, -e firework display

die **Filiale** -, -n branch (office)

der **Filmregisseur** -s, -e film director

die **Finanzberatung und -vermittlung** Financial Consultants and Investment Brokers

die **Finanzbuchhaltung** -, o. Pl. financial accounts department

die **Finanzdienstleistungen** Pl. financial services

finanziell financial(ly)

das **Finanz- und Rechnungswesen** -s, o. Pl. Finance and Accounts (department)

das **Finanzwesen** -s, o. Pl. finance

finden, fand, gefunden to find; to think; **Haben Sie gut zu uns gefunden?** Did you get here all right?

sich **finden** to be (situated)

die **Firma -, Firmen** company, firm
der **Firmensprecher -s, -** company spokesman
das **Firmenzeichen -s, -** trademark
die **Fischerei -, -en** fishing
flach flat
die **Fläche -, -n** area
der **Flaschenwein -(e)s, -e** wine by the bottle
der **Fleck -(e)s, -e** stain
der **Flecken -s, -** (small) place
das **Fleisch -es, o. Pl.** meat
fliegen, flog, geflogen to fly
fließen, floß, geflossen to flow; **fließendes Wasser** running water
der **Flohmarkt -(e)s, ¨e** flea market
der **Flug -(e)s, ¨e** flight
die **Fluggesellschaft -, -en** airline
der **Flughafen -s, ¨** airport
der **Fluglotse -n, -n** air-traffic controller
das **Flugzeug -(e)s, -e** plane
der **Fluß -sses, ¨sse** river
flüssig fluent(ly)
die **Folge -, -n** consequence; **als ~** as a result
die **Folgekosten Pl.** resultant costs
folgen to follow; **wie folgt as follows; es geht um folgendes** it's about ...
folglich consequently
die **Folie -, -n** film; OHP transparency
der **Fön -(e)s, -e** hair-dryer
fordern to request, demand
fördern to promote; to sponsor
die **Förderung -, -en** promotion; sponsorship
die **Form -, -en** form
die **Förmlichkeit -, -en** formality
das **Formular -s, -e** form
formulieren to formulate
die **Forschung -, -en** research; **~ und Entwicklung** research and development
das **Forschungsinstitut -(e)s, -e** research institute
die **Forschungseinrichtung -, -en** research establishment
die **Fortbildung -, o. Pl.** further training
fort | führen to uphold
der **Fortschritt -(e)s, -e** progress
der **Fotofilm -(e)s, -e** film
der **Fotograf -en, -en** photographer
der **Fotokopierer -s, -** photocopier
die **Frachtkosten Pl.** freight charges
das **Frachtstück -(e)s, -e** freight item
die **Frage -, -n** question; matter; **in ~ kommen** to be an option
der **Fragebogen -s, -** questionnaire
fragen (nach + Dat./um + Akk.) to ask (about/for)
sich **fragen** to wonder
der **Franken -s, -** (Swiss) franc
das **Frankenland -(e)s, o. Pl.** Franconia
französisch French
die **Frau -, -en** woman; Mrs, Ms; **~ Professor** Professor ▶ **geehrt**
frauenfreundlich favourable to women
das **Fräulein -s, -** Miss
frei free; **im Freien** in the open (air)
frei | halten to keep
der **Freiraum -(e)s, ¨e** freedom
freistehend free-standing
die **Freiterrasse -, -n** terrace
der **Freiton -(e)s, ¨e** dial tone
die **Freizeit -, o. Pl.** leisure time
das **Freizeitangebot -(e)s, -e** leisure facilities
der **Freizeitartikel -s, -** leisure good(s)
fremd strange, unfamiliar
der/die **Fremde -n, -n** foreigner
die **Fremdsprache -, -n** foreign language
der **Fremdsprachenkorrespondent -en, -en, die Fremdsprachensekretärin -, -nen** bilingual/multilingual secretary
fressen, fraß, gefressen to stuff oneself
sich **freuen** to be pleased/glad; (auf + Akk.) to look forward to; **Freut mich** Pleased to meet you
der **Freund -(e)s, -e** friend
freundlich friendly
friedlich peaceful
frieren, fror, gefroren to freeze
frisch fresh; **~ definiert** redefined
der **Friseur -s, -e, die Friseurin -, -nen** hairdresser, stylist

fröhlich happily
Fronleichnam -(e)s, o. Pl. Corpus Christi
die **Frucht -, ¨e** fruit
fruchtbar fertile
früh early
früher in the old days
der/die/das **frühestmögliche** (the) earliest possible
sich **fühlen** to feel
führen to take, conduct; to run, manage; to go; to lead, supervise; **Statistik ~** to collect/compile statistics; **~ zu** (+ Dat.) to bring about; to lead to
führend leading
der **Führerschein -s, -e** driving/driver's licence
die **Führung -, o. Pl.** management; supervision
das **Führungsgremium -s, -ien** management board
die **Führungskraft -, ¨e** senior executive
die **Führungsnachwuchskräfte Pl.** trainee managers
füllen to fill
die **Füllung -, -en** filling
das **Fundament -(e)s, -e** foundation
die **Funkausstellung -, -en** radio and television exhibition
die **Funktionsbezeichnung -, -en** job title
funktionsfähig: ~ sein to work
für (+ Akk.) for
der **Fuß -sses, ¨sse** foot; **zu ~** on foot
der **Fußball -s, o. Pl.** football
der **Fußgänger -s, -** pedestrian
fußgängerfreundlich pedestrian-friendly
FVV = Frankfurt Verkehrsverbund Frankfurt Transport Authority

G

der **Gang -(e)s, ¨e** course (of a meal); corridor
der **Gangplatz -es, ¨e** aisle seat
die **Gänsedaune -, o. Pl.** goose down
ganz quite; entirely; whole; **auf der ~en Welt** all over the world; **~e 4 Wochen** 4 whole weeks
gar nicht not at all
die **Garantie -, -n** guarantee, warranty
die **Garantiezeit -, -en** warranty period
die **Gardine -, -n** curtain
die **Garnele -, -n** prawn
die **Garnitur -, -en** set
der **Gartenanteil -(e)s, -e** share of garden
die **Gartenbauausstellung -, -en** horticultural exhibition
das **Gartenlokal -s, -e** beer garden
der **Gartenmöbel -s, -** garden/outdoor furniture
der **Gartenschirm -(e)s, -e** sunshade
die **Gasse -, -n** alley, street
der **Gast -(e)s, ¨e** guest; customer
das **Gästezimmer -s, -** guest room
der **Gastgeber -s, -, die Gastgeberin -, -nen** host
das **Gastgeschenk -(e)s, -e** gift (brought by a guest)
das **Gastgewerbe -s, o. Pl.** hotel and catering industry
der **Gasthof -(e)s, ¨e** inn
gastieren to make a guest appearance
die **Gastlichkeit -, -en** hospitality
der **Gastraum -(e)s, ¨e** public room
die **Gaststätte -, -n** restaurant
das **Gaststättengewerbe -s, o. Pl.** catering industry
das **Gebäck -(e)s, -e** biscuits/cookies
das **Gebäude -, -n** building
geben, gab, gegeben to give; **es gibt** there is/are
gebeten ▶ **bitten**
das **Gebiet -(e)s, -e** area, region
das **Gebirge -s, o. Pl.** mountains
geboren born
die **Gebrauchsgüter Pl.** consumer goods
gebraucht used; **Gebraucht-PC** second-hand/used PC
die **Gebühr -, -en** charge, fee; (Straßen~) toll
gebunden (an + Akk) tied to
das **Geburtsdatum -s, -daten** date of birth
das **Geburtshaus -es, ¨er** house where sb. was born

der **Geburtsort -(e)s, -e** birthplace; place of birth
die **Gedächtniskirche -, -n** memorial church
die **Gedächtnisstätte -, -n** memorial
geduldig patient
geehrt: sehr ~e Frau Dear Ms/Mrs; **sehr ~e Damen und Herren** Dear Sir or Madam
geeignet (für + Akk.) suitable (for)
die **Gefahr -, -en** risk; **auf ~ des Käufers** at the buyer's risk
gefährden to endanger, jeopardize
der **Gefahrenübergang -, ¨e** transfer of risk
gefallen, gefiel, gefallen to please; **es gefällt mir** I like/enjoy it
geflogen ▶ **fliegen**
geformt shaped
gefragt in demand
das **Gefriergerät -(e)s, -e** freezer (unit)
gefunden ▶ **finden**
gegangen ▶ **gehen**
gegebenenfalls possibly
gegen (+ Akk.) for; against; about, around
die **Gegend -, -en** area, region
gegenseitig: sich ~ informieren to keep one another informed
gegenüber opposite
gegliedert (in + Akk.) subdivided, organized (into)
das **Gehalt -(e)s, ¨er** salary, pay
die **Gehaltserhöhung -, -en** salary increase
die **Gehaltsvorstellung -, -en** salary expectations
geheim secret
gehen, ging, gegangen to go; **Das geht nicht** It's not allowed; **Wie geht's Ihnen?** How are you?; **es geht um** it's about, it concerns
die **Gehminute -, -n: wenige ~n von** a few minutes' walk from
gehoben: mit ~em Komfort luxury
gehören (zu + Dat.) to belong to; to be one of; **zu der Gruppe ~** the group includes
der **Geist -(e)s, -er** mind, spirit
die **Geisteswissenschaften Pl.** the humanities
gekocht boiled
das **Gelände -s, -** premises; site
der **Geländeplan -(e)s, ¨e** site plan
gelassen calm
der **Geldwechsel -s, -** currency exchange
der/das **Gelee -s, -s** jelly
die **Gelegenheit -, -en** opportunity
der **Gelegenheitsjob -s, -s** casual work
das **Gelenk -(e)s, -e** hinge
gelten, galt, gegolten to apply, be in force; **~ als** to be (regarded as); **~ für** (+ Akk.) to go for; **das gilt auch für** the same goes for
gem. = gemischt mixed
gemäß (+ Dat.) in accordance with
gemeinsam joint; common; jointly, together
die **Gemeinde -, -n** local authority
die **Gemeinschaft -, -en** community
das **Gemüse -s, -** vegetables
gemütlich friendly, informal, cosy
die **Gemütlichkeit -, o. Pl.** friendliness, conviviality
genau exact(ly), precise(ly); meticulous; **~ere Informationen** details
der **Genfer** See Lake Geneva
geniessen, genoß, genossen to enjoy
gennant ▶ **nennen**
genommen ▶ **nehmen**
genügend sufficient
das **Genußmittel -s, -** (luxury) food and drinks
geöffnet open
die **Gepäckaufgabe -, -n** baggage check-in
die **Gepäckausgabe -, -n** baggage reclaim
die **Gepäcknachforschung -, -en** baggage tracing
das **Gepäckschließfach -(e)s, ¨er** luggage locker
der **Gepäckwagen -s, -** baggage trolley
gepflegt well looked-after
geprägt: stark industriell ~ highly industrialized
Geprüfte Sicherheit safety-tested
gerade just; exactly, precisely

geradeaus straight ahead
das **Gerät -(e)s, -e** appliance; machine; piece of equipment; tool
geraten, geriet, geraten to become
geräumig spacious
die **Geräuschentwicklung -, -en** noise level
geräuschgekapselt with anti-noise device
der **Geräuschpegel -s, -** noise level
das **Gericht -(e)s, -e** dish
gering little; low
gern(e) with pleasure; willingly; **etw. ~ tun** to like (doing sth.)
das **Gerümpel -s, o. Pl.** junk
gesamt entire, total
Gesamt- total, whole of; overall
die **Gesamtschule -, -n** non-selective school, ≈ comprehensive school
das **Geschäft -(e)s, -e** shop; business
geschäftlich on business; business
die **Geschäftsbedingungen Pl.** terms of business, terms and conditions
der **Geschäftsbereich -(e)s, -e** division
der **Geschäftsbesorgungsvertrag -(e)s, ¨e** agency agreement
die **Geschäftsentwicklung -, -en** (company) track record
der **Geschäftsfreund -(e)s, -e** business associate
der **Geschäftsführer -s, -** managing director
die **Geschäftsführung -, o. Pl., die Geschäftsleitung -, o. Pl.** management (board)
der **Geschäftspartner -s, -** business associate
die **Geschäftsreise -, -n** business trip
die **Geschäftszeit -, -en** hours of business
geschehen, geschah, geschehen to happen; **gern ~** my pleasure, you're welcome
das **Geschenk -(e)s, -e** gift, present
die **Geschichte -, o. Pl.** history
geschickt (in + Dat.) good (at)
geschieden divorced
der **Geschirrspüler -s, -, die Geschirrspülmaschine -, -n** dishwasher
das **Geschlecht -(e)s, -er** sex
geschlossen closed; **~e Gesellschaft** private party
der **Geschmack -(e)s, ¨e** taste
geschmackvoll tasteful(ly)
geschrieben ▶ **schreiben**
die **Geschwindigkeit -, -en** speed
die **Geschwister Pl.** brothers and/or sisters
geschwommen ▶ **schwimmen**
die **Gesellschaft -, -en** company; **mit beschränkter Haftung** company with limited liability, ≈ private limited company/close corporation
der **Gesellschafter -s, -** shareholder
gesellschaftlich company
gesellschaftsrechtlich in respect of company law
das **Gesenk -(e)s, -e** (hot closed) die
das **Gesetz -es, -e** law
gesetzlich legal
der **Gesichtspunkt -(e)s, -e** point of view
gespannt tense
das **Gespräch -(e)s, -e** conversation; talks; interview
die **Gesprächsnotiz -, -en** memo (of phone conversation)
das **Gesprächsprotokoll -s, -e** notes of discussion
gesprochen ▶ **sprechen**
gestalten to organize
gestaut jammed
das **Gestell -s, -e** framework
gestern yesterday
gestiegen ▶ **steigen**
gestrig of yesterday
die **Gesundheit -, o. Pl.** health
das **Gesundheitswesen -s, -** health service
getan ▶ **tun**
das **Getränk -(e)s, -e** drink
getrennt (von + Dat.) separate(ly); separated, apart (from); **mit ~er Post** under separate cover
getroffen ▶ **treffen**
gewähren to give, grant
gewerblich blue-collar, manual

gewerblich-technisch skilled manual
die **Gewerkschaft -, -en** (trade) union
gewesen ▸ sein
das **Gewicht -(e)s, -e** weight
der **Gewinn -(e)s, -e** profit; gain
gewinnen, gewann, gewonnen (an + Dat.) to increase (in); to win, gain
gewiß certain
die **Gewohnheit -, -en** habit, custom
gewöhnt (an + Dat.) used (to)
geworden ▸ werden
gewünscht desired
das **Gewürz -es, -e** spice
gezielt specific; in a purposeful way
das **Glas -es, ¨-er** glass (of)
glauben to think, believe
gleich the same; equally; immediately
gleichzeitig at the same time
das **Gleis -es, -e** platform
gleitend: ~e Arbeitszeit flexitime
die **Gleitzeit -, -en** flexitime
gliedern (in + Akk.) to subdivide, organize
die **Gliederung -, -en** structure, organization
die **Glühlampe -, -n** electric light bulb
GmbH = Gesellschaft mit beschränkter Haftung
golftaschenähnlich like a golf bag
der **Grad -(e)s, -e** degree
graphisch graphic(ally)
die **Grenze -, -n** border; limit; **an der ~ zu** on the border with
das **Grillgerät -(e)s, -e** barbecue
groß large, big, great
der **Großbetrieb -(e)s, -e** large concern
die **Großbuchstabe -, -n** capital letter
das **Groschen -s, -** 10-pfennig piece
die **Größe -, -n** size
größenvariabel adjustable for size
großformatig large-format
der **Großhändler -s, -** wholesaler
der **Großkunde -n, -n** major customer
Grosso wholesale
der **Großraum -(e)s, ¨-e: ~ München** Greater Munich
das **Großraumbüro -s, -s** open-plan office
der **Großraumwagen -s, -** open-plan carriage/car
größtenteils for the most part
das **Großunternehmen -s, -** large concern/corporation
großzügig spacious
die **Grünanlage -, -n** green space
der **Grund -(e)s, ¨-e** (für + Akk.) reason; **auf ~** (+ Gen.) on the basis of
die **Grundausstattung -, -en** standard equipment
gründen to found, set up
der **Gründer -s, -** founder
das **Grundkapital -s, -e** equity capital/original stock
die **Grundkenntnisse Pl.** basic knowledge
die **Grundlage -, -n** basis
gründlich thorough
grundsätzlich always; in principle; basically
die **Grundschule -, -n** primary/elementary school
der **Grundstoff -(e)s, -e** raw material
das **Grundstück -(e)s, ¨-e** plot (of land)
die **Gründung -, -en** foundation
die **Grünen** the Green Party
der **Grüne Punkt** *symbol identifying recyclable packaging*
die **Grünfläche -, -n** green area
das **Gruppenunternehmen -s, -** company in the group
der **Gruß -sses, ¨-sse: mit freundlichen Grüßen** Yours faithfully/sincerely
Grüß Gott hello (*in Southern Germany/Austria*)
die **Grütze: Rote ~** red fruit jelly
GS = Geprüfte Sicherheit
gültig valid
günstig favourable
der **Gürtel -s, -** belt
gut good; well; **~ eine Million** a good million; **Du hast es aber ~** You're lucky; **auf ~ deutsch** to tell you straight
gutdotiert well-paid
die **Güte -, o. Pl.** quality
die **Güteklasse -, -n** grade
gutmütig good-humoured
der **Gutschein -(e)s, -e** voucher
der **Gutshof -(e)s, ¨-e** estate
gymnasial: ~e Oberstufe upper school
das **Gymnasium -s, -ien** *secondary/high school for academically inclined students, ≈ grammar school*

H

H = Höhe
ha. = Hektar hectare
der **Haartrockner -s, -** hair dryer
haben, hatte, gehabt to have; **wir ~'s nicht weit zum ...** we're not far from ...
das **Hackfleisch -es, o. Pl.** mince(meat)
das **Hacksteak -s, -s** hamburger
die **Hafenstadt -, ¨-e** port
haften (für + Akk.) to be liable, accept liability (for)
die **Haftung -, -en** liability
halb half; **~ sieben** half past six
halbtrocken medium dry
die **Halbwand -, ¨-e** rail skirt
die **Halle -, -n** lounge; hall
das **Hallenbad -s, ¨-er** indoor swimming pool
halten, hielt, gehalten to hold; to stop; to keep; **~ für** (+ Akk.) to consider (to be); **~ von** (+ Dat.) to think of
sich **halten: sich geradeaus ~** to keep going straight ahead; **sich an jdn ~** to stay close to sb.
die **Haltebucht -, -en** (bus) bay
die **Haltestelle -, -n** (bus) stop
die **Hand -, ¨-e** hand; **sich die ~ geben** to shake hands; **von ~** by hand
die **Handarbeit -, -en** handicraft
die **Handbremse -, -n** handbrake
der **Handel -s, o. Pl.** trade, trading
handeln to trade, do business; **es handelt sich um** it's about
die **Handelskammer -, -n** chamber of commerce
die **Handelsmesse -, -n** trade fair
der **Handelspartner -s, -** trading partner
das **Handelszentrum -s, -zentren** commercial centre
der **Handkäs(e) -s, -** *small hand-formed curd cheese*
der **Händler -s, -** dealer
die **Händlerpreisliste -, -n** trade price list
das **Handwerk -(e)s, -e** craft profession(s)
der **Handwerker -s, -** manual worker
handwerklich: ~e Geräte craftsman's tools
der **Hängesitz -es, -e** swing
hart hard
das **Hartholz -es, ¨-er** hardwood
hassen to hate
hätte would; **ich ~ gern** I'd like
hätten would; **~ Sie Zeit?** Do you have time?
häufig often
Haupt- main
der **Hauptbahnhof -s, ¨-e** main railway station
das **Hauptgericht -(e)s, -e** main course
hauptsächlich mainly
der **Hauptschalter -s, -** power switch
die **Hauptschule -, -n** *secondary/high school for less academically inclined students*
der **Hauptsitz -es, -e** head office, headquarters
die **Hauptspeise -, -n** main course
die **Hauptstadt -, ¨-e** capital
das **Hauptstudium -s, -ien** major (subject)
die **Hauptverwaltung -, -en** head office
das **Haus -es, ¨-er** house; **nach ~e** home; **zu ~e** at home; **nicht im ~** not in the office
die **Hausfrau -, -en** housewife
die **Hausführung -, -en** tour of the premises
hausgem. = hausgemacht home-made
das **Hausgerät ▸ Haushaltsgerät**
der **Haushalt -(e)s, -e** household
haus | halten: sparsam ~ to be economical
die **Haushaltsausgaben Pl.** household expenditure
das **Haushaltsgerät -(e)s, -e** domestic appliance
der **Hausruf -(e)s, -e** internal telephone number
das **Haustier -(e)s, -e** pet
das **Hauszelt -(e)s, -e** ridge tent
die **Hautcreme -, -s** skin cream
Hd.: zu Händen (von) for the attention of
der **Hebel -s, -** lever
heften (auf + Akk.) to attach (to)
die **Heftklammer -, -n** staple
die **Heide -, -n** heath
das **Heidekraut -(e)s, ¨-er** heather
die **Heidelbeere -, -n** bilberry
das **Heilbuttsteak -s, -s** halibut steak
Heilige drei Könige Epiphany
die **Heimanwendung -, o. Pl.** home use
die **Heimat -, -en** home (town)
die **Heimatstadt -, ¨-e** home town
die **Heimtextilien Pl.** soft furnishings
heimwerken do-it-yourself/DIY
heiß hot
heißen to be called; **Wie heißt er?** What's his name?; **das heißt** that is
die **Hektik -, o. Pl.** hustle and bustle
helfen, half, geholfen to help
hell light
her: lange ~ a long time ago; **vom Umsatz ~** in terms of turnover
heraus | bringen to publish
heraus | finden to find out
herausfordernd challenging
heraus | geben to publish
heraus | ziehen to pull out, remove
herkömmlich traditional
der **Herr -en, -en** Mr; **~ Doktor** Doctor **▸ geehrt**
herrlich marvellous
die **Herrschaften Pl.: Was bekommen die ~?** What would you like to order?
herrschen to be, prevail
her | stellen to produce, to manufacture
der **Hersteller -s, -** producer, manufacturer
die **Herstellung -, o. Pl.** manufacture
herüber | kommen to come over here
herum | kommandieren to order about
heruntergekommen run-down
hervor | gehen (aus + Dat.) to be evident (from)
hervor | heben to emphasize
hervorragend exceptional
das **Herz -ens, -en** heart
herzlich: ~ willkommen welcome; **~e Grüße** best wishes; **~en Dank** many thanks
heute today; **~ morgen/nachmittag** this morning/afternoon
heutig (of) today
heutzutage nowadays
hierfür for this
die **Hilfe -, -n** help
hilfsbereit helpful
hin to, there; **wo wollen Sie ~?** Where do you want to go?; **~ und zurück** return/round trip
hinauf | fahren to go/drive up
hinauf | gehen to go up; **die Treppe ~** to go upstairs
hinaus: darüber ~ in addition, over and above that
hinein: Wer darf ~? Who is allowed in?
die **Hinfahrt -, -en** outward journey
hin | gehen to go (there)
hin | kommen to get to
die **Hinsicht -, -en: in doppelter ~** in two respects
hinter behind; after
hintereinander one after the other
der **Hintergrund -(e)s, ¨-e: im ~** in the background
hinterlassen, hinterließ, hinterlassen: eine Nachricht ~ to leave a message
hinunter | fahren to drive down
der **Hinweis -es, -e** direction (*for reaching a place*)
die **Hinweisansage -, -n** announcement
das **Hinweisschild -(e)s, -er** (road) sign
hoch high(ly)
das **Hochformat -s, -e** portrait
hoch | gehen to go up
der **Hochgeschwindigkeitszug -(e)s, ¨-e** high speed train
hochrangig high-ranking
der **Hochschulabsolvent -en, -en**, die **Hochschulabsolventin -, -nen** graduate
die **Hochschule -, -n** university, college
die **Hochschulreife -, -n: Allgemeine ~** *school-leaving qualification required for higher education*
der/die/das **höchste** (the) highest
der **Höchststand -(e)s, o. Pl.** peak
hochwertig high-quality
hoffen to hope
höflich polite(ly)
die **Höhe -, -n** height; **die ~n der Stadt** the hills above the city
hohe(r/s) ▸ hoch
höhenverstellbar adjustable for height
der **Höhepunkt -(e)s, -e** high point
höher (als) higher (than)
holen to get, fetch
der/das **Hol- und Bringservice -, -s** shuttle service
das **Holz -es, ¨-er** wood
die **Holzkiste -, -n** wooden crate
hören to listen to; to hear
der **Hörtext -(e)s, -e** tapescript
der **Hosenbügler -s, -** trouser press
hoteleigen belonging to the hotel
das **Hotelverzeichnis -ses, -se** hotel guide
der **Hubschrauber -s, -** helicopter
der **Hügel -s, -** hill
das **Hügelland -(e)s, ¨-er** hilly country
die **Hühnerbrühe -, -n** clear chicken broth
humorvoll with a sense of humour
hundefreundlich dogs welcome
das **Hustenmittel -s, -** cough medicine
der **Hustensaft -(e)s, ¨-e** cough syrup

I

i.A. = im Auftrag p.p., for and on behalf of
die **Illustrierte -n, -n** magazine
immer always; **~ mehr** more and more; **~ wieder** again and again; **~ noch** still
immerhin all the same
der **Immobilien-Markt -(e)s, ¨-e** property/real estate
der **Immobilienmakler -s, -** real-estate agent
imposant imposing
der **Impuls -es, -e** stimulus, impetus
in (+ Akk./Dat.) in, into
der **Inbegriff -(e)s, o. Pl.** epitome
inbegriffen included
die **Inbetriebnahme -, o. Pl.** start-up
indem by doing sth.
industrialisiert industrialized
Industrie- industrial
der **Industriekaufmann -(e)s, -leute** industrial clerical worker (*qualified in business administration*)
der **Industriemechaniker -s, -** industrial mechanic/machinist
der **Industriesprengstoff -(e)s, -e** industrial explosive
die **Information -, -en** (über + Akk.) (piece of) information (about)
das **Informationsblatt -(e)s, ¨-er** information sheet
das **Informationsmaterial -s, -ien** literature, information
das **Informationsrecht -(e)s, -e** right to be informed
die **Informationssysteme Pl.** information systems, computer systems
die **Informationstafel -, -n** information board
die **Informationstechnik -, o. Pl.** information technology
informieren (über +Akk.) to inform (about/of)
sich **informieren** (über + Akk.) to find out (about)
der **Ingenieur -s, -e** engineer
das **Ingenieurwesen -s, o. Pl.** engineering
ingenieurwissenschaftlich engineering science
der **Inhaber -s, -** proprietor, owner
der **Inhalt -(e)s, -e** contents
die **Inhaltsangabe -, -n** indication of content(s)
das **Initiativrecht -(e)s, -e** right to initiate

inklusive (+ Gen.) inclusive
das Inland -s, o. Pl.: im ~ at home, domestic
innen inside
der Innendienst -(e)s, -e order-processing department
die Innenstadt -, ̈ -e town/city centre
innerhalb (von + Dat.) within, in
das Innere -n, -n: im ~n inside
der Insasse -n, -n occupant
insbesondere especially
die Insel -, -n island
inserieren to advertise
insgesamt in all, altogether
die Instandhaltung, o. Pl. maintenance
inspizieren to inspect
der Interessent -en, -en, die Interessentin -, -nen interested person; prospective customer
sich interessieren (für + Akk.) to be interested (in)
interessiert (an + Dat.) interested (in)
die Investition -, -en investment
die Investitionsgüterindustrie -, -n capital goods industry
irgendwann some time
ISO = International Standards Organization

J

ja yes; of course, after all
das Jahr -(e)s, -e year; im ~(e) 1993 in 1993; im ~ per year, in a year; mit 6 ~n at the age of 6
Jahres- annual
der Jahresabschluß -sses, ̈ -sse annual/year-end accounts
das Jahresende -s, -n end of year
die Jahreszeit -, -en season
das Jahrhundert -s, -e century
jahrhundertelang for centuries
die Jahrhundertwende -, -n turn of the century
-jährig: das 50-e Jubiläum the 50th anniversary (jubilee)
jährlich annual(ly)
der Jahrmarkt -(e)s, ̈ -e fair
das Jahrzehnt -(e)s, -e decade
je each; ~ Stück per item/unit; ~ nach depending on; je ... desto the ... the; ~ nachdem depending
jede(r/s) every; jeden Tag every day; jede vierte one in four
jederzeit at all times
jedoch however
jemand somebody
jetzig present
jetzt now
jeweilig respective
jeweils at the time
das Jubiläum -s, Jubiläen anniversary, jubilee
der/die Jugendliche -n, -n young person
der Junge -n, -n boy
jünger more recent
der Jurist -en, -en lawyer
der Justitiar -s, -e legal adviser

K

der Kabelanschluß -sses, ̈ -sse with cable TV
das Kaffeeservice -s, - coffee set
der Kaiser -s, - emperor
der Kalender -s, - calendar
kalibriert calibrated
kalt cold
kamen ▶ kommen
der Kamin -s, -e fireplace
das Kammersystem -s, -e system of (inner) compartments
der Kanal -s, ̈ -e canal; channel
die Kandidatenwahl -, -en choice of candidate
die Kanutour -, -en canoe trip
die Kanzlei -, -en chancellery
die Kapitalgesellschaft -, -en joint-stock company/stock corporation; limited company
das Kapitel -s, - chapter
kaputt out of order
der Karfreitag -(e)s, -e Good Friday

die Karriere -, -n career; ~ machen to make a career for oneself
die Karte -, -n card; map
der Karton -s, -s (cardboard) box
der Käse -s, - cheese
der Kassierer -s, -, die Kassiererin -, -nen cashier
der Kasten -s, ̈ box
der Katalysator -s, -en catalytic converter
der Kauf -(e)s, ̈ -e purchase; in ~ nehmen to accept
kaufen to buy
der Käufer -s, - buyer
die Kauffrau -, -en (female) clerical worker; salesperson
das Kaufhaus -es, ̈ -er department store
die Kaufhilfe -, -n guidance in choosing products
die Kaufkraft -, ̈ -e buying power
der Kaufmann -s, -leute (qualified) clerical worker
kaufmännisch commercial; -e Abteilung Finance and Purchasing Department; ~e(r) Angestellte clerical worker
der Kaufpreis -es, -e purchase price
der Kaugummi -s, -s chewing gum
kaum hardly
die Kaution -, -en deposit
die Kegelbahn -, -en skittle, bowling alley
kegeln to play skittles, go bowling
keine(r/s) no, not a, not any
der Keks -es, -e biscuit/cookie
der Keller -s, - cellar
der Kellner -s, - waiter
kennen, kannte, gekannt to know
sich kennen l lernen to get to know
die Kennmarke -, -n identification mark
-kenntnisse knowledge of
die Kenntnisnahme -, o. Pl.: mit der Bitte um ~ for your attention
die Kennzahl -, -en code
das Kennzeichen -s, - sign, means of identification
kennzeichnen to characterize
die Keramikfliese -, -n ceramic tile
der Kern -(e)s, -e centre, heart
die Kernzeit -, -en core working hours
Kfz = Kraftfahrzeug
der Kfz-Mechaniker -s, - motor mechanic
die Kiefer -, -n pine (tree)
die Kinderermäßigung -, -en reduction for children
das Kino -s, -s cinema
die Kirche -, -n church
klar clear(ly); im ~en sein to be aware of
klären to clarify, clear up
die Klarheit -, o. Pl.: jdm. ~ über etw. geben to help sb. get clear about sth.
die Klarsichtfenster -, -n transparent window
die Klarsichtfolie -, -n clear folder, pocket
die Klavierunterhaltung: bei ~ speisen to dine to piano accompaniment
kleben (auf + Akk.) to stick (onto)
sich kleiden to dress
die Kleidung -, o. Pl. clothes
der Kleinbetrieb -(s), -e small business
die Kleinbuchstabe -, -n small letter
das Kleingeld -(e)s, o. Pl. (small) change
das Klima -s, -s climate; atmosphere
die Klima-Anlage, Klimaanlage -, -n air-conditioning
klingen to sound
km/h = kph, kilometers per hour
die Kneipe -, -n pub, bar
der Knoblauch -(e)s, o. Pl. garlic
der Knödel -s, - dumpling
der Knotenpunkt -(e)s, -e crossroads
knüpfen: Kontakte ~ to make contacts
der Koffer -s, - suitcase
die Kohle -, -n coal
die Kohlroulade -, -n cabbage roulade
das Kolleg -s, -s adult-education college (offering full-time courses)
der Kollege -n, -n, die Kollegin -, -nen colleague
der Kollegenkreis -es, -e: sich im ~ wohl fühlen to get on well with one's colleagues
das Kollo -s, Kolli freight item

das Komma -s, -s comma; sechs ~ vier six point four
kommen, kam, gekommen to come; ~ aus (+ Dat.) to come from; die kommenden Jahre the next few years
kommunal municipal
die Kommunikation -, -en communications
die Kommunikationsmittel -s, - means of communication
die Kompetenz -, -en area of responsibility
komplett entire; all
die Komponente -, -n component
die Konferenzeinrichtungen Pl. conference facilities
die Konfession -, -en denomination
der Kongreß -sses, -sse convention, conference
das Kongreßhaus -es, ̈ -er convention centre
der König -s, -e king
die Königin -, -nen queen
der Konkurrent -en, -en competitor
die Konkurrenz -, o. Pl. competition, competitors
das Konkurrenzangebot -s -e rival quote
konkurrenzfähig competitive
konkurrieren to compete
können, konnte, gekonnt to be able to
könnte, könnten could, would be able to
konsolidieren to consolidate
die Konstruktion -, -en design
das Konstruktionsbüro -s, -s drawing office
der Konsument -en, -en consumer
die Konsumgüter Pl. consumer goods
die Kontaktaufnahme -, o. Pl. establishing contact
die Kontaktfreudigkeit -, o. Pl. sociability
die Kontenführung bookkeeping; die ~ machen to keep the accounts
kontinuierlich continuous(ly)
das Konto -s, -ten account
die Kontrolle -, -n inspection; monitoring
kontrollieren to check
das Kontrollorgan -s, -e controlling body
die Kontur -, -en contour, outline
sich konzentrieren to concentrate
das Konzept -(e)s, -e concept, idea
der Konzern -(e)s, -e concern, group
der Konzertinterpret -en, -en concert performer
der Konzertsaal -(e)s, -säle concert hall
konzipieren to design
das Kopfkissen -s, - pillow
die Kopie -, -n copy, photocopy
der Kopienauffang -(e)s, ̈ -e copy tray
der Kopierer -s, - photocopier
der Kopierraum -(e)s, ̈ -e photocopying room
die Kornkammer -, -n bread basket
körperlich physical(ly)
korrekt appropriate(ly)
korrigieren to correct
kosten to try, taste; to cost
die Kosten Pl. cost(s)
der Kostenbeitrag -(e)s, ̈ -e payment
kostenfrei without charge
kostengerecht: ~es Denken understanding of cost control
kostenlos free (of charge)
die Kostenübernahme -, o. Pl. absorption of costs
köstlich delicious
die Kraft -, ̈ -e: in ~ treten to come into force
das Kraftfahrzeug -(e)s, -e motor vehicle
der Kraftfahrzeugbau -(e)s, o. Pl. motor vehicle industry
das Kraftwerk -(e)s, -e power station
krank ill
das Krankenhaus -es, ̈ -er hospital
die Krankenkasse -, -n health insurance scheme
die Krankenpflege -, o. Pl. nursing
der Krankenpfleger -s, - (male) nurse
die Krankenschwester -, -n (female) nurse
das Kraut -(e)s, o. Pl. cabbage; sauerkraut
krebserregend carcinogenic
der Kreis -es, -e circle
die Kreislaufwirtschaft -, -en recycling
die Kreuzrahmen-Konstruktion -, -en double truss construction
die Kreuzung -, -en crossroads/intersection

die Kriminalität -, o. Pl. crime
die Krone -, -n (Swedish) krona
die Krönung -, -en coronation
die Krönungsstätte -, -n place where kings/emperors were crowned
die Küche -, -n kitchen; cuisine; warme ~ hot food
die Kuh -, ̈ -e cow
das Kühlgerät -(e)s, -e, der Kühlschrank -(e)s, ̈ -e refrigerator
die Kühltasche -, -n cool bag
kulinarisch culinary
die Kulisse -, -n setting
die Kultur -, -en culture; philosophy
der Kulturinteressent -en, -en person interested in culture
sich kümmern (um + Akk.) to deal with, take care of
der Kunde -n, -n, die Kundin -, -nen customer
die Kundenaufschrift -, -en custom artwork
der Kundenbesuch -(e)s, -e business (sales) call
die Kundenbetreuung -, o. Pl. customer service
der Kundendienst -(e)s, o. Pl. after-sales service
die Kündigung -, -en dismissal
die Kündigungsfrist -, -en notice period
die Kundschaft -, -en customers
künftig future
die Kunst -, ̈ -e art
die Kunsthalle -, -n art gallery
der Kunststoff -(e)s, -e synthetic material, plastic
der Kurort -(e)s, -e spa
der Kurs -es, -e course, class
der Kursteilnehmer -s, - course participant, class member
kurz short, brief(ly); vor ~em recently
die Kurzarbeit -, o. Pl. short-time working
die Kürze: in ~ shortly
kürzen to reduce
kurzlebig short-lived

L

das Labor -s, -s laboratory
der Lack -(e)s, -e varnish
der Lackierer -s, - varnisher, sprayer
laden, lud, geladen to load
der Ladenbesitzer -s, - shopkeeper
das Ladenschlußgesetz -es, -e law regulating shop opening hours
die Ladenschlußzeit -, -en shop closing time
lag ▶ liegen
die Lage -, -n location; position; in der ~ sein to be in a position (to do sth.)
die Lagebesprechung -, -en meeting to discuss the current position
das Lager -s, - stock room; ab ~ from stock; auf ~ in stock
der Lagerbestand -(e)s, ̈ -e stock
der Lagerhalter -s, - storekeeper, warehouseman
die Lagerhaltung -, o. Pl. stockkeeping, warehousing
der Lagerist -en, -en stock clerk, warehouseman
lagern to store
die Lagerung -, -en storage
das Land -(e)s, ̈ -er country; (Bundes~) Land, state
landeseigen in your own country
das Landesinnere -s, o. Pl.: ins ~ inland
die Landkarte -, -n map
die Landschaft -, -en landscape
landschaftlich scenic; regional
der Landtag -(e)s, -e Landtag, state parliament
die Landwirtschaft -, o. Pl. agriculture
lang long; zehn Jahre ~ for ten years
lange long; so ~ in the meantime; ~ arbeiten to work long hours
die Länge -, -n length
längenverstellbar adjustable for length
langfristig long-term
langsam slow(ly)
längst a long time ago
der Langzeitvergleich long-term comparison

der **Laserdrucker** -s, - laser printer

die **Laserdruckqualität** -, o. Pl. laser print quality

lassen, ließ, gelassen to let, allow; to have (sth. done); **hier läßt sich gut reden** this is a good place to talk

der **Lastkraftwagen** -s, -, der **Lastwagen** -s, - lorry, truck

der **Lauf** -(e)s, Läufe: **im ~e des Jahres** in the course of the year

laufen, lief, gelaufen to walk

laufend day-to-day

laut noisy, loud; (+ Gen./Dat.) according to

lauten to read

leben to live

das **Leben** -s, - life

lebendig lively

die **Lebensart** -, -en way of life

die **Lebenschancen** Pl. opportunities

die **Lebensdauer** -, o. Pl. life

die **Lebensfreude** -, -n joie de vivre

das **Lebensjahr** -(e)s, -e: **bis zum 18. ~** until the age of 18

die **Lebenskosten** Pl. cost of living

der **Lebenslauf** -(e)s, ⁼e curriculum vitae/resumé

die **Lebensmittel** Pl. foodstuffs

der **Lebenspartner** -s, - partner, person one lives with

der **Lebensunterhalt** -(e)s, o. Pl.: **die Kosten für seinen ~ aufbringen** to support oneself

die **Leberknödelsuppe** -, -n liver dumpling soup

lecker delicious

die **Lederhose** -, -n leather shorts

ledig single

lediglich only

der **Leerlauf** -(e)s, o. Pl. neutral

legen to lay

die **Legende** -, -n key

der **Lehrling** -s, -e apprentice

der **Lehrplan** -(e)s, ⁼e curriculum

die **Lehrwerkstätte** -, -n training workshop

leicht light; slight; easy/easily; **~er gesagt als getan** easier said than done

die **Leichtigkeit** -, o. Pl. lightness

leid: es tut mir ~ I'm sorry

leider unfortunately

die **Leinwand** -, ⁼e screen

leise quiet(ly)

leisten to achieve

sich **leisten** to afford

die **Leistung** -, -en service; performance; power; productivity

die **Leistungskontrolle** -, -n productivity monitoring

leistungsorientiert performance-related

leistungsstark powerful, high-performance

leiten to be head of/in charge of; to lead; **leitende Angestellte** senior management/executives

der **Leiter** -s, -, die **Leiterin** -, -nen manager, head

die **Leitmesse** -, -n leading trade fair

die **Leitung** -, -en (phone) line; management; **er spricht er auf der anderen ~** he's on the other line

der **Lenker** -s, - handlebars

die **Lernbereitschaft** -, o. Pl. willingness to learn

lernen to learn

das **Lernzentrum** -s, -zentren training centre

lesen, las, gelesen to read

letzte(r/s) last; final

leuchten to be on, flash

die **Leute** Pl. people

das **Licht: sich in ein gutes ~ setzen** to show oneself in a good light

die **Lichtanlage** -, -n lights

das **Lichtbild** -(e)s, -er photograph

lieben to love

lieber rather; **etw. ~ tun** to prefer to do sth.

der **Liebhaber** -s, - lover; **~ der Natur** nature lover

Lieblings- favourite

am **liebsten** best of all, ideally

die **Lieferanschrift** -, -en delivery address

der **Lieferant** -en, -en supplier

lieferbar available

die **Lieferbedingungen** Pl. terms of delivery

die **Lieferfrist** -, -en delivery time

das **Lieferhindernis** -ses, -se delivery problem

liefern to deliver

der **Lieferschein** -(e)s, -e delivery note

der **Liefertermin** -s, -e delivery date

die **Lieferung** -, -en delivery, consignment

der **Lieferverzug** -(e)s, ⁼e a delay in delivery

der **Lieferwagen** -s, - delivery van

die **Lieferzeit** -, -en delivery time

liegen, lag, gelegen to lie, be (situated)

der **Lift** -s, -s lift/elevator

die **Linie** -, -n line; route; **Bus ~ 33** Number 33 bus; **in erster ~** first and foremost

der **Linienbus** -ses, -se regular bus

linke(r/s) left(-hand)

links left, on/to the left; **nach ~** left

die **Lizenzgebühr** -, -en licence fee

LKW = **Lastkraftwagen**

locken to attract

die **Logistik** -, o. Pl. logistics

der **Lohn** -(e)s, ⁼e wage(s)

sich **lohnen** to be worthwhile; **es lohnt sich** it's worth it

das **Lokal** -s, -e restaurant, bar

die **Lokalbrauerei** -, -en local brewery

die **Lokalzeitung** -, -en local paper

los: was ist ~? what's on?

lösen to release; to buy (a ticket)

die **Lösung** -, -en solution

die **Lücke** -, -n gap

die **Luftfahrt** -, o. Pl. aviation; **Luft- und Raumfahrt** aerospace

die **Luftfracht** -, o. Pl. air freight

die **Luftmatratze** -, -n airbed

die **Lust** -, o. Pl.: **Hätten Sie ~ ... ?** Would you like... ?

M

machen to do, make; to give; **das macht DM 318,-** that comes to 318 marks

das **Magenmittel** -s, - stomach preparation

die **Magisterprüfung** -, -en Master's exam

der **Maifeiertag** -(e)s, -e May Day

mal it's; **3 ~ 3** 3 times 3; **~ gucken** let's see; **gehen wir ~ weiter** let's go on

das **Mal** -s, -e: **zum ersten ~** for the first time

der **Maler** -s, - painter

malerisch picturesque

man one, you, they, people

manche(r/s) some, quite a few

manchmal sometimes

der **Mangel** -s, ⁼ defect

mangelhaft defective

der **Mann** -(e)s, ⁼er man

die **Männerdomäne** -, -n male preserve

die **Manöverkritik** -, -en post-mortem

der **Mantel** -s, ⁼ coat

die **Mappe** -, -n folder (containing information/promotional material)

die **Mariä Empfängnis** the Immaculate Conception

die **Mariä Himmelfahrt** Assumption

die **Mark** -, - (German) mark

die **Marke** -, -n brand (name)

markieren to label

der **Markt** -(e)s, ⁼e market; **auf den ~ bringen** to launch

die **Marktchancen** Pl. sales prospects

die **Marktforschung** -, -en market research

marktgerecht competitive

die **Marktinformationen** Pl. market intelligence; **~ sammeln** to research the market

die **Marktnische** -, -n market niche

der **Marktplatz** -es, ⁼e market place

der **Markttest** -(e)s, -s: **einen ~ durchführen** to test the market

die **Marktwirtschaft** -, o. Pl. market economy

das **Maß** -es, -e dimension

die **Maschine** -, -n machine; flight

der **Maschinenbau** -(e)s, o. Pl. mechanical engineering

die **Maßnahme** -, -n measure

massieren to massage

das **Material** -s, -ien (raw) material

die **Materialauswahl** -, o. Pl. choosing suppliers

das **Materiallager** -s, - stores

die **Materialwirtschaft** -, -en purchasing, procurement

materiell financial

die **Mathe** -, o. Pl. maths

die **Mauer** -, -n wall

der **Maurer** -s, - bricklayer

die **Mechanik** -, o. Pl. mechanics

das **Meer** -(e)s, -e sea

mehr (als) more (than); **~ oder weniger** more or less

mehrere Pl. several

mehreres more than one

die **Mehrfachnennung** -, -en multiple response

die **Mehrheit** -, -en majority

die **Mehrjahresübersicht** -, o. Pl. overview covering several years

der **Mehrpreis** -es, -e: **gegen ~** for an additional charge

die **Mehrwegverpackung** -, -en reusable packaging

die **Mehrwertsteuer** -, o. Pl. value added tax/sales tax

die **Meinung** -, -en opinion; **meiner ~ nach** in my opinion

die **Meinungsumfrage** -, -n survey

meist usually

am **meisten** most

meistens mostly

der/die/das **meiste** (the) most

der **Meister** -s, - master craftsman; supervisor

melden to report

sich **melden: es meldet sich niemand** there's no answer

die **Menge** -, -n quantity

der **Mengenrabatt** -(e)s, -e bulk discount

der **Mensch** -en, -en person

das **Menü** -s, -s (set) menu

sich **merken** to remember

merklich noticeable

das **Merkmal** -s, -e feature, characteristic; aspect

die **Messe** -, -n trade fair, exhibition

das **Messegelände** -s, - exhibition site

der **Messeplatz** -es, ⁼e trade-fair centre

das **Messeprivileg** -(e)s, -ien right to hold a fair

die **Messerfabrik** -, -en knife factory

die **Messeveranstaltung** -, -en trade fair

das **Messewesen** -s, o. Pl. trade fairs

die **Metallerin** -, -nen (female) metalworker

die **Metallverarbeitung** -, o. Pl. metalworking

die **Metaplanwand** -, ⁼e velcro board

das **Metzgermesser** -s, - butcher's knife

die **Miete** -, -n rent; rental, charge

mieten to rent, hire

das **Mietshaus** -es, ⁼er rented house

der **Mietwagen** -s, - hire car/rented car

die **Mietwohnung** -, -en rented flat

die **Mikroelektronik** -, o. Pl. microelectronics

die **Mikrografie** -, o. Pl. micrography

das **Mikrowellengerät** -(e)s, -e microwave oven

die **Milliarde** -, -n (BrE) thousand million, (AmE) billion

die **Million** -, -en million

die **Minderung** -, -en alleviation

die **Mindestabnahmemenge** -, -n minimum order quantity

mindestens at least

das **Mineral-Bad** -s, ⁼er, das **Mineral-schwimmbad** -es, ⁼er spa bath

die **Mineralölgesellschaft** -, -en oil company

Mio. = **Million**

das **Mißverständnis** -ses, -se mis-understanding

mit (+ Dat.) with

mit | bringen to bring along; to possess

miteinander with one another

die **Miteinander** -, o. Pl. cooperation

mit | entscheiden to participate in decision-making

mit | geben: jdm. etw. ~ to give sb. sth. (to take with them)

das **Mitglied** -(e)s, -er member

mit | kommen to come with sb.

mit | mischen (in + Dat.) to get involved (in)

mit | nehmen to take (with one)

der **Mittag** -s, -e midday; **zu ~ essen** to have lunch

das **Mittagessen** -s, - lunch; **beim ~** having/at lunch

der **Mittagstisch** -es, -e lunch

die **Mitte** -, -n middle, mid; **~ Juni** mid June

mit | teilen: jdm. etw. ~ to inform sb. of sth.

das **Mittelalter** -s, o. Pl. Middle Ages

mittelalterlich medieval

der **Mittelbetrieb** -(e)s, -e medium-sized company

(das) **Mitteldeutschland** Central Germany

das **Mittelgebirge** -s, o. Pl. low mountain range

die **Mittelgebirgslandschaft** -, -en hill country

mittelgroß medium-sized

der **Mittelpunkt** -(e)s, -e centre

mittels (+ Gen.) by means of

mittelständisch medium-sized; **~e Konturen gewinnen** to be made up increasingly of medium-sized companies

mittlere(r/s) medium-sized; **Mittlerer Bildungsabschluß/Mittlere Reife** first public exam in secondary/junior high school, ≈ GCSE

die **Mitwirkung** -, o. Pl. cooperation

das **Möbel** -s, - (piece of) furniture

das **Möbelhaus** -es, ⁼er furniture store

das **Mobilfunktelefon** -s, -e mobile phone

möbliert furnished

möchte, möchten would like

die **Mode** -, -n fashion

das **Modellspielzeug** -s, -e model toy

moderiert (von + Dat.) moderated by

der **Modeschöpfer** -s, - fashion designer

die **Modewaren** Pl. fashion goods

mögen, mochte, gemocht to like

möglich possible

möglicherweise possibly

die **Möglichkeit** -, -en possibility, opportunity

möglichst: ~ viele/genau as many/precisely as possible

der **Moment** -s, -e moment; **im ~** at the moment

-monatig -month

monatlich monthly

Monats- monthly

die **Montageanleitung** -, -en assembly instructions

montieren to assemble

morgen tomorrow; **heute ~** this morning

der **Morgen** -s, - morning; **guten ~** good morning

morgens in the morning

der **Moselaner** -s, - inhabitant of the Moselle valley

das **Motorbauteil** -(e)s, -e engine component

die **Motorhaube** -, -n bonnet/hood

das **Motorrad** -(e)s, ⁼er motorcycle

der **Motorraum** -(e)s, ⁼e engine compartment

Mrd. = **Milliarde**

die **Mühe** -, -n trouble; **ohne ~** easily

der **Müll** -s, o. Pl. refuse

die **Müllentsorgung** -, o. Pl. refuse disposal

die **Münze** -, -n coin

der **Musikkeller** -s, - basement night club

müssen, mußte, gemußt to have to

das **Muster** -s, - sample

der **Mut** -(e)s, o. Pl. courage

die **Muttergesellschaft** -, -en parent company

MwSt. = **Mehrwertsteuer**

N

nach (+ Dat.) to; after; according to

der **Nachbar** -n, -n neighbour

nach | bearbeiten to follow up

die **Nachbesserung** -, -en repair

nachdem after

nach | denken (über + Akk.) to think (about); to consider die **Nachfolgeinstitution** -, -en successor institution

die **Nachfrage** -, -en (nach + Dat.) demand (for); further question

nach | holen to make up

nach | lesen to read

nachmittags in the afternoon

die **Nachnahme** -, -n cash on delivery

der **Nachname** -, -n surname; **wie heißt er mit ~n?** what's his surname?

nach | prüfen to check

die **Nachricht** -, -en message

die **Nachrichten** Pl. the news

nach | schauen, nach | sehen to have a look

nach | spielen to re-enact

nach | sprechen to repeat

der/die/das **nächste** (the) next

nachstehend following

nächstmöglich: zum ~en Termin as soon as possible

die **Nacht** -, ⁻e night; **Gute ~** good night

der **Nachteil** -(e)s, -e disadvantage

das **Nachtlokal** -s, -e night club

der **Nachweis** -es, -e proof

nach | weisen to show (evidence of)

die **Nähe** -, o. Pl. proximity; **in der ~** nearby

nähen to sew

näher: in ~er Zukunft in the near future

Näheres: ~ sagen (über + Akk.) to give more details (of)

das **Nahrungsmittel** -s, - food

der **Nahverkehr** -(e)s, o. Pl. local travel

der **Nahverkehrszug** -(e)s, ⁻e local train

der **Name** -ns, -n name; **auf den ~n** in the name of

namhaft famous

nämlich you see; namely

NASA = National Aeronautics and Space Administration

die **Nationalmannschaft** -, -en national team

der **Nationalrat** -(e)s, -e (Austria) National Assembly; (Switzerland) National Council

die **Nationalversammlung** -, -en National Assembly

naturbelassen natural (colour)

der **Naturfreund** -(e)s, -e nature lover

die **Naturkunde** -, o. Pl. natural history

natürlich naturally, of course

das **Naturschutzgebiet** -(e)s, -e nature reserve

die **Naturwissenschaft** -, -en natural sciences

der **Naturwissenschaftler** -s, - (natural) scientist

neben (+ Dat.) beside, next to; besides, as well as

nebenan next door

der **Nebenberuf** -(e)s, -e second job

die **Nebenkosten** Pl. costs (heating, lighting, services)

die **Nebenstelle** -, -n extension

die **Nebenstellenvermittlung** -, -en switchboard

der **Neffe** -n, -n nephew

nehmen, nahm, genommen to take; to have

die **Neigung** -, -en inclination

nennen, nannte, genannt to name; to mention, state; (Beispiel) to give

nett nice

netto net

das **Netz** -es, e network

der **Netzteil** -(e)s, -e mains adaptor

das **Netzwerk** -(e)s, -e network

neu new; again

der **Neubau** -(e)s, -ten new building

die **Neuerung** -, -en innovation

die **Neuheit** -, -en new product

das **Neujahr** -(e)s, o. Pl. New Year

der **Neukauf** -(e)s, ⁻e sth. bought new

neulich recently

die **Nichteinigung** -, o. Pl.: **bei ~** in the event of disagreement

der **Nichtraucher** -s, - non-smoker

nichts nothing

nie never

(das) **Niederbayern** -s, o. Pl. Lower Bavaria

die **Niederlande** Pl. Netherlands

die **Niederlassung** -, -en branch, location

niedrig low

niemand nobody

noch still; even; more, further; **~ (ein)mal** (once) again; **~ nicht** not yet; **~ nie** never; **~ ein** another

der **Norden** -s, o. Pl. North

nordfriesisch North Friesian

(das) **Nordrhein-Westfalen** -s, o. Pl. North Rhine Westphalia

die **Nordseeküste** -, -n North Sea coast

normalerweise normally

das **Normalpapier** -s, o. Pl. standard paper

die **Norm** -, -en norm

die **Note** -, -n mark

notieren to make a note of

nötig necessary

die **Notiz** -, -en note; **sich ~en machen** to take/make notes

der **Notizblock** -s, ⁻e notepad

notwendig necessary

die **Nudeln** Pl. pasta

Null zero

die **Null-Fehler-Produktion** -, -en zero-fault production

numerieren to number

der **Numerus Clausus** -, o. Pl. restricted entry to higher education

nun now; **~ gut** well, all right

nunmehr: seit ~ 40 Jahren for 40 years now

nur only; **~ noch zwei Fragen** just two more questions

die **Nuß** -, **Nüsse** nut

nutzen to use

nützen to be of use

das **Nutzfahrzeug** -(e)s, -e commercial vehicle

die **Nutzfläche** -, -n usable floor space

nützlich useful

die **Nutzung** -, -en use

der **Nylonpacksack** -(e)s, ⁻e nylon storage bag

O

ob whether, if

oben upstairs; above; **~ genannt** above-mentioned; **rechts ~** in the top right-hand corner

der **Ober** -s, - waiter; **Herr ~!** Waiter!

obere(r/s) upper

das **Obergeschoß** -sses, -sse upper storey

oberhalb (+ Gen.) above

die **Oberstufe** -, -n upper school; ≈ sixth form

obgleich although

das **Objektmöbel** -s, - occasional furniture

der **Obstkorb** -(e)s, ⁻e bowl of fruit

obwohl although

offen open; **~e Weine** wine by the glass

offen | halten to keep open

offen | stehen to be open

öffentlich public

die **Öffentlichkeitsabteilung** -, -en public relations department

das **Offiziersmesser** -s, -: **Schweizer ~** Swiss Army knife

öffnen to open

die **Öffnungszeit** -, -en opening time

öfter every now and again

ohne (+ Akk.) without

ohnehin nevertheless

ökologisch ecological(ly)

das **Öl** -(e)s, -e oil

die **Oper** -, -n opera

die **Optik** -, -en optics

optimal optimum, most effective

die **Orchideensammlung** -, -en orchid collection

ordentlich orderly

ordnen (in + Akk.) to order, arrange

Ordnung -, -en: (**das geht) in ~** (that's) all right, fine; **die ~ des Betriebs** company regulations

das **Organigramm** -s, -e organization chart

das **Organisationstalent** -s, -e talent for organization

sich **orientieren** to find one's way around

original original, genuine

die **Originalabdeckung** -, -en platen glass cover

die **Originalauflage** -, -n document tray

der **Ort** -(e)s, -e place; (Ferien~) resort; **am ~** on the spot

die **Ortsangabe** -, -n town/city

die **Ortsnetzkennzahl** -, -en, die **Ortsvorwahl** -, -en area dialling code

der **Ortswechsel** -s, - relocation

der **Osten** -s, o. Pl. East

der **Ostermontag** -s, -e Easter Monday

der **Österreicher** -s, - Austrian

der **Ostersonntag** -s, -e Easter Sunday

östlich eastern

die **Ostsee** -, o. Pl. Baltic Sea

der **Oxidationskatalysator** -s, -en catalytic converter (for diesel engines)

P

paar: ein ~ a few

das **Packmaß** -es, -e dimensions when packed

das **Paket** -s, -e pack, package

die **Palette** -, -n pallet

die **Panoramastraße** -, -n road with panoramic views

das **Papierformat** -s, -e paper format

die **Papierführung** -, -en paper guide

die **Papierkassette** -, -n paper cassette

das **Papier-Management** -s, o. Pl. media handling

der **Papierstau** -(e)s, -e paper jam

die **Papierverarbeitung** -, o. Pl. media handling

die **Papierzufuhr** -, o. Pl. Add Paper

die **Pappe** -, -n cardboard

der **Pappkarton** -s, -s cardboard box

das **Pärchen** -s, - pair

die **Parkanlage** -, -n park

die **Parkgarage** -, -n, das **Parkhaus** -es, ⁻er multi-storey car park

der **Parkplatz** -es, ⁻e car park/parking lot

der **Parkschein** -(e)s, -e parking permit

das **Parlament** -s, -e parliament; parliamentary-style seating

das **Paßbildformat** -s, -e passport-photograph size

passen (zu + Dat.) to go with; to suit, be convenient

passend suitable

passieren to happen

patentiert patented

die **Pauschale** -, -n package

die **Pause** -, -n (coffee/lunch) break

PC = Personalcomputer

die **Pension** -, -en guest house

per (+ Akk.) per

das **Personal** -s, o. Pl. personnel, staff

die **Personalabteilung** -, -en personnel/human resources department

der **Personen(kraft)wagen** -s, - private car/automobile

der **Personalreferent** -en, -en, die **Personalreferentin** -, -nen assistant personnel manager

die **Personalverwaltung** -, -en personnel/human resources management

das **Personalwesen** -s, - personnel

personell personnel

die **Personen-Schiffahrt** -, o. Pl. passenger boat service

persönlich personal(ly)

die **Perspektive** -, -n prospect

der **Pfad** -(e)s, -e track

die **Pfeffersauce** -, -n pepper sauce

der **Pfingstmontag** -(e)s, -e Whit Monday

der **Pfingstsonntag** -(e)s, -e Whit Sunday

die **Pflanze** -, -n plant

das **Pflaumenkompott** -(e)s, -e stewed plums

die **Pflege** -, o. Pl. care

pflegeleicht easy-care

pflegen to maintain; to look after

das **Pflegepersonal** -s, o. Pl. nursing staff

die **Pflegeversicherung** -, -en compulsory insurance for nursing in old age

die **Pflicht** -, -en duty

die **Pflichtschule** -, -n school at which attendance is compulsory

die **Pharmaindustrie** -, -n pharmaceuticals industry

der **Pilz** -es, -e mushroom

die **Pinnwand** -, ⁻e pinboard

planen to plan

planmäßig on time, according to schedule

die **Planung** -, -en planning

plattdeutsch Low German

der **Platz** -es, ⁻e seat; square; room, space; **Nehmen Sie ~** Take a seat

die **Plenarsitzung** -, -en plenary session

das **Plenum** -s, **Plena** meeting, conference

plötzlich suddenly

die **Politik** -, o. Pl. politics; policy

politisch political(ly)

das **Porzellan** -s, -e porcelain

das **Postamt** -es, ⁻er post office

die **Postanschrift** -, -en postal address

das **Postfach** -(e)s, ⁻er post office box

die **Postleitzahl** -, -en post code/Zip code

der **Postraum** -(e)s, ⁻e post room

potentiell potential(ly)

die **PR-Agentur** -, -en PR agency

prächtig magnificent

das **Prädikat** -s, -e rating

prägen to formulate

der **Praktikant** -en, -en student doing work experience, trainee

die **Praktikantenstelle** -, -n job providing work experience, traineeship

das **Praktikum** -s, **Praktika** period of on-the-job training, work experience

praktisch practical

die **Prämie** -, -n bonus

präsent: ~ sein to be represented, have a presence

präsentieren to present

die **Praxis** -, **Praxen** practice; policy; **in der ~** in practice

praxisbezogen vocationally oriented

das **Praxissemester** -s, - practical semester

die **Präzisionsarbeit** -, -en precision work

das **Präzisionswerkzeug** -(e)s, -e precision tool

der **Preis** -es, -e price; **zum ~ von** at (the rate of)

die **Preiselbeere** -, -n cranberry

die **Preisempfehlung** -, -en recommended retail price

preisgünstig cheap

die **Preisliste** -, -n price list

der **Preisnachlaß** -sses, -sse price reduction, discount

preiswert good value

die **Presse** -, o. Pl. press

die **Pressekonferenz** -, -en press conference

preußisch Prussian

prima great

das **Prinzip** -s, -ien principle; **im ~** in principle

privat, Privat- home, private

privatwirtschaftlich through private enterprise

pro per

der **Probeauftrag** -(e)s, ⁻e trial order

die **Probezeit** -, -en probationary period

probieren to try, taste

das **Problem** -s, -e problem; **ohne ~e** with no trouble

problematisch problematic

problemlos with no problems

das **Produkt** -(e)s, -e product

das **Produktangebot** -(e)s, -e product range

die **Produktinnovation** -, -en new product

die **Produktionsabteilung** -, -en production department

die **Produktionsanlage** -, -n production facilities

die **Produktionsgesellschaft** -, -en manufacturing company

der **Produktionsleiter** -s, - production manager/director

das **Produktionsmaterial** -s, -ien (raw) material

die **Produktionsstätte** -, -n manufacturing plant

die **Produktpalette** -, -n, das **Produktsortiment** -(e)s, -e product range

das **Produktspektrum** -s, -spektren range of products

die **Produktvorführung** -, -en product demonstration

der **Produktzyklus** -, -zyklen product cycle

produzieren to make, produce, manufacture

der **Professor** -s, -en professor
das **Profil** -s, -e profile
der **Programmierer** -s, - programmer
der **Projektleiter** -s, - project manager
die **Promotion** -, -en doctorate
der **Prospekt** -(e)s, -e brochure, catalogue
protestantisch Protestant
das **Protokoll** -s, -e: ~ **führen** to take the minutes
die **Provision** -, -en commission
-prozentig per cent
der **Prozentsatz** -es, ⁻e percentage
die **Prozentzahl** -, -en percentage
der **Prozeß** -sses, -sse process
prüfen to check, test, inspect
das **Prüflabor** -s, -s test laboratory
der **Prüfraum** -(e)s, ⁻e testing area
die **Prüfung** -, -en checking, inspection; **bei der** ~ on inspection
die **Publizistik** -, o. Pl. journalism
die **Pumpe** -, -n pump
der **Punkt** -(e)s, -e point; spot; **zum wichtigen** ~ **kommen** to get to the point
die **Punktgröße** -, -n point size
pünktlich punctual(ly)
die **Pünktlichkeit** -, o. Pl. punctuality

Q

der/das **Quadratmeter** -s, - square metre
die **Qualifizierung** -, -en qualification
die **Qualifizierungsmaßnahme** -, -n training course
Qualitäts- quality
die **Qualitätskontrolle** -, -n quality control
die **Qualitätssicherung** -, -en quality assurance
der **Qualitätswein** -(e)s, -e *wine of certified origin and quality*
die **Quelle** -, -n source
quer diagonally
das **Querformat** -s, -e landscape

R

der **Rabatt** -(e)s, -e discount
das **Rad** -es, ⁻er bicycle; ~ **fahren** to go cycling
der **Radweg** -(e)s, -e cycle track
die **Raffinesse** -, -n refinement
raffiniert sophisticated
der **Rahmen** -, - frame; **im** ~ (+ Gen.) as part of, in the context of
die **Rahmsauce** -, -n cream sauce
der **Rand** -(e)s, ⁻er edge
der **Rang** -(e)s, ⁻e rank, ranking
die **Rangordnung** -, -en: **in** ~ in order of importance
das **Rasierwasser** -s, - after-shave lotion
rasch fast, quick(ly)
rassig sleek, sporty
der **Rahmen** -, - frame; **im** ~ (+ Gen.) as part of, in the context of
der **Rat** -(e)s, ⁻e help, advice
raten to advise
der **Ratgeber** -s, - guide
das **Rathaus** -es, ⁻er town hall
rationell efficient
der **Ratschlag** -(e)s, ⁻e (piece of) advice, suggestion
rauchen to smoke
der **Raucherwagen** -s, - smoking carriage/car
das **Rauchverbot** -(e)s, -e smoking ban
der **Raum** -(e)s, ⁻e area; room; **im** ~ **Düsseldorf** in the Düsseldorf area
das **Raumangebot** -(e)s, -e rooms (available)
Raumfahrt- space
räumlich: ~ **getrennt** in different locations
die **Räumlichkeiten Pl.** rooms
raus | gehen to go out
reagieren (auf + Akk.) to react (to)
die **Realschule** -, -n *secondary/high school preparing students for the first public examination at 16,* ⁼ *secondary modern*
recherchieren to research
rechnen (mit + Dat.) to expect; **mit weniger** ~ to expect less
die **Rechnung** -, -en bill/check; invoice
der **Rechnungserhalt: bei** ~ on receipt of invoice

das **Rechnungswesen** -s, - accountancy, bookkeeping
recht: wir bedanken uns ~ **herzlich** thank you very much; **nicht** ~ **zufrieden** not entirely satisfied
das **Recht** -(e)s, -e right; **mit** ~ rightly; **zu ihrem** ~ **kommen** to be given their due
rechte(r/s) right(-hand)
rechtlich by law; legal
rechts right, on/to the right; **nach** ~ right
die **Rechtsform** -, -en legal form
rechtzeitig on time
recyceln to recycle
recyclingfähig recyclable
das **Recyclingpapier** -s, o. Pl. recycled paper
reden to talk
das **Rednerpult** -s, -e lectern
die **Reduzierung** -, -en reduction
das **Referat** -(e)s, -e paper
der **Referent** -en -en, die **Referentin** -, -nen speaker; assistant manager
die **Referenz** -, -en reference
die **Regel** -, -n rule; **in der** ~ as a rule
regelbar adjustable
regelmäßig regular(ly)
regeln to regulate; to settle
die **Regelung** -, -en regulation; settlement
der **Regenschutz** -es, o. Pl. protection against the rain
die **Regierung** -, -en government; **an der** ~ in power
regierungsbevollmächtigt government authorized
regnen to rain
der **Rehrücken** -s, - saddle of venison
reich rich
reichen to be enough
der **Reichstag** -s, o. Pl. Reichstag, Parliament
die **Reihenfolge** -, -n order, sequence
das **Reihenhaus** -es, ⁻er terraced house
rein pure(ly)
die **Reinigung** -, o. Pl. dry-cleaning
die **Reise** -, -n journey
der **Reisebus** -ses, -se coach
das **Reiseland** -(e)s, ⁻er holiday/vacation destination
reisen to travel
reißen, riß, gerißen to tear
der/die **Reisende** -n, -n traveller
der **Reiseprospekt** -s, -e travel brochure
der **Reisescheck** -s, -s traveller's cheque/check
der **Reißverschluß** -sses, ⁻sse zip (fastener)
reizvoll charming, delightful
die **Reklamation** -, -en complaint
reklamieren to complain
renommiert famous
renovieren to renovate
die **Rentenversicherung** -, -en pension scheme
die **Reparatur** -, -en repair
die **Reportage** -, -n report
die **Republikaner** Republican Party
die **Reservierung** -, -en reservation, booking
der **Ressortleiter** -s, - group executive
die **Ressourcenschonung** -, o. Pl. saving resources
der **Rest** -(e)s, -e rest; **ein** ~ **bleibt** a few will remain
restaurieren to restore, renovate
restlich remaining
der **Rettungsdienst** -(e)s, -e emergency service
rezeptfrei available without a prescription
die **Rezeption** -, -en reception
richten (an + Akk.) to address (to)
sich **richten** (nach + Dat.) to follow, comply with
richtig right, correct; properly
die **Richtung** -, -en direction; **aus** ~ **Köln** from Cologne
riesig huge, giant
der **Rinderbraten** -s, - roast beef
die **Ringlinie** -, -n circular route
das **Ringstraßennetz** -es, -e network of ringroads
das **Risiko** -s, -ken risk
der **Riß** -sses, -sse crack, tear; **einen** ~ **haben** to be cracked
die **Robotik** -, o. Pl. robotics
der **Rohling** -s, -e blank

das **Rohmaterial** -s, -ien, der **Rohstoff** -(e)s, -e raw material
die **Rolle** -, -n role
das **Rollenspiel** -(e)s, -e role-play
die **Rolltreppe** -, -n escalator
die **Romantik** -, o. Pl. romance
römisch Roman
die **Röstzwiebeln Pl.** fried onions
das **Rotkraut** -(e)s, o. Pl. red cabbage
die **Routinearbeit** -, -en routine work
die **Rubrik** -, -en rubric, instruction
die **Rückfahrt** -, -en return journey; **Hin- und** ~ round trip
die **Rückfrage** -, -n query
die **Rücknahme** -, -n taking back
die **Rücknahmepflicht** -, -en obligation to take back
der **Rückruf** -(e)s, -e return call
das **Rudern** -s, o. Pl. rowing
rufen, rief, gerufen to call
die **Rufnummer** -, -n telephone number
die **Ruhe** -, o. Pl. peace, quiet
ruhig peaceful(ly), quiet(ly); **Fragen Sie mich** ~ don't be afraid to ask me
das **Ruhrgebiet** -(e)s, o. Pl. the Ruhr
rund round; about, roughly; **am** ~**en Tisch** round-table talks; ~ **um** around; ~ **um die Uhr** round the clock; ~ **um die Firma** all about the company; ~ **ums Telefon** all about using the phone
der **Rundgang** -(e)s, ⁻e tour
runter | gehen to go down
russisch Russian
rustikal rustic
das **Rütteln** rattling

S

s. = siehe
S = Süd, Süden; Seite
der **Saal** -(e)s, **Säle** room; hall
der **Sachbearbeiter** -s, -, die **Sachbearbeiterin** -, -nen clerical worker, person dealing with sth.
das **Sachbuch** -(e)s, ⁻er non-fiction (book)
die **Sache** -, -n thing
das **Sachgebiet** -(e)s, -e area of responsibility
sachlich objectively, in a matter-of-fact way
(das) **Sachsen** -s, o. Pl. Saxony
der **Saft** -(e)s, ⁻e juice
sagen to say, tell
die **Sahne** -, -n cream
saisonbedingt seasonal
die **Salatschüssel** -, -n bowl of salad
Salzkart. = die Salzkartoffeln Pl. boiled potatoes
sammeln to gather
die **Sammelquote** -, -n collection quota
die **Sammlung** -, -en collection
sämtlich all
sandig sandy
satt full
der **Sattel** -s, ⁻ saddle
der **Sattelschlepper** -s, - articulated lorry
der **Satz** -es, ⁻e sentence; set
sauber clean
säuerlich sour, tart
der **Saurier** -s, - dinosaur
die **S-Bahn** -, -en = **Stadtbahn** city and suburban railway
schade: Ach, ~**!** What a shame!
der **Schadenersatz** -es, o. Pl. compensation
der **Schadstoff** -(e)s, -e pollutant
schadstoffarm low-emission
schaffen to create; **das schaffe ich nicht** I won't manage it
der **Schafskäse** -s, - sheep's cheese
der **Schalter** -s, - switch; desk, counter; ticket office
der **Schalthebel** -s, - gear lever
scharf hot; ~ **links abbiegen** to turn sharp left
schätzen to appreciate; ~ **auf** (+ Akk.) to estimate, assess (at)
die **Schätzung** -, -en estimate
das **Schaubild** -(e)s, -er diagram, table
der **Schaufensterbummel** -s, -: **einen** ~ **machen** to go window-shopping
schaukeln to swing, rock

der **Schauplatz** -es, ⁻e exhibition site
das **Schauspiel** -(e)s, -e play
das **Schauspielhaus** -es, ⁻er theatre
der **Scheck** -s, -s cheque/check
scheinen, schien, geschienen to shine
die **Schichtarbeit** -, -en, der **Schichtdienst** -(e)s, -e shift work
schicken (an + Akk.) to send (to)
schien ▸ scheinen
die **Schiene** -, -n rail
das **Schiff** -(e)s, -e boat, ship
das **Schild** -(e)s, -er sign
schildern to describe
der **Schinken** -s, - ham
der **Schlafraum** -(e)s, ⁻e bedroom
der **Schlafsack** -(e)s, ⁻e sleeping bag
der **Schlag** -(e)s, ⁻e: **auf einen** ~ in one go
die **Schlagfertigkeit** -, -en quick-wittedness
schlecht bad
schließen, schloß, geschlossen to close
die **Schließung** -, o. Pl. closure, shutdown
das **Schloß** -sses, ⁻sser castle
der **Schluß** -sses, ⁻sse: **zum** ~ in conclusion
die **Schlußformel** -, -n close (*in a letter*)
der **Schlüssel** -s, - key
schmecken to taste; **es schmeckt mir** I like it; **Hat's geschmeckt?** Did you enjoy your meal?
das **Schmerzmittel** -s, - painkiller
die **Schmerztablette** -, -n painkiller, ⁼ aspirin
die **Schmiede** -, -n drop forge
schmieden: Pläne ~ to make plans
das **Schmiedeteil** -(e)s, -e forged product
schmuck neat
schmutzig dirty
schnell fast
das **Schnellbahnnetz** -es, -e high-speed rail network
der **Schnellhefter** -s, - ring-binder
der **Schnellzug** -(e)s, ⁻e express (train)
der **Schnupfen** -s, - cold; **gegen** ~ for colds
schon already; ~ **gut, aber** all right, but; ~ **einmal** before, ever
schön beautiful; nice
schonen to protect, spare
die **Schönheit** -, -en beauty
schrecklich terrible
schreiben, schrieb, geschrieben (an + Akk.) to write (to)
die **Schreibkraft** -, ⁻e typist
die **Schreibmaschine** -, -n typewriter
der **Schreibtisch** -es, -e desk
schrieb ▸ schreiben
die **Schrift** -, -en font, typeface ▸ **Wort**
die **Schriftart** -, -en font
die **Schriftkarte** -, -n font card
schriftlich written; in writing
der **Schriftsteller** -s, - writer, author
der **Schritt** -(e)s, -e step, stage
der **Schuhputzautomat** -en, -en shoe-shine machine
der **Schulabschluß** -sses, ⁻sse school-leaving qualification
der **Schüler** -s, - pupil, student
schulisch school
die **Schulpflicht** -, o. Pl. compulsory schooling
der **Schutz** -es, o. Pl. protection
das **Schutzdach** -(e)s, ⁻er shelter, canopy
schützen (vor + Dat.) to protect (from)
die **Schutzhülle** -, -n protective cover
die **Schutzkleider Pl.** protective clothing
der **Schwabe** -n, -n Swabian
schwach weak, slack
der **Schwager** -s, - brother-in-law
schwarz black
das **Schwein** -s, -e pig, pork
das **Schweinelendchen** -s, - loin of pork
die **Schweinshaxe** -, -n knuckle of pork
der **Schweizer** -s, - Swiss
schwer heavy; difficult; with difficulty
der/die **Schwerbehinderte** -n, -n disabled person
die **Schwerindustrie** -, -n heavy industry
schwerpflegebedürftig requiring special care
der **Schwerpunkt** -(e)s, -e main emphasis
schwierig difficult
die **Schwierigkeit** -, -en difficulty
das **Schwimmbad** -(e)s, ⁻er swimming pool

schwimmen, schwamm, geschwommen to swim
der **See -s, -n** lake
die **See -, -n** the sea
die **Seefahrt -, -en** seafaring
das **Seengebiet -(e)s, -e** lake district
das **Segeln -s, o. Pl.** sailing
sehen, sah, gesehen to see
sehenswert worth seeing
die **Sehenswürdigkeit -, -en** sight; **die ~en besichtigen** to go sightseeing
sehr very (much)
die **Seife -, -n** soap
die **Seilbahn -, -en** cable railway
sein, war, gewesen to be
seit (+ Dat.) since, for
die **Seite -, -n** page; side
die **Seitentasche -, -n** side pocket
die **Seitenwand -, -¨e** sidewall
seither since then
das **Sekretariat -s, -e** secretary's office; secretarial work
selber, selbst my/your/him/herself, ourselves *etc*
selbständig independent(ly), on one's own; **sich ~ machen** to become self-employed
die **Selbstbedienung** (*for TV*) remote control
selbstbestimmt self-determined
die **Selbsteinschätzung -, -en** self-evaluation
die **Selbstkostenbasis -, o. Pl.: auf ~** at cost price
der **Selbstversorger -s, -: Ferienwohnungen für ~** self-catering flats/apartments
selbstverständlich of course
die **Selbstverständlichkeit -, -en: eine ~ sein** to be taken for granted
die **Selbstwahl -, o. Pl.** direct dialling
der **Semmelkloß -sses, -¨sse** bread dumpling
der **Sendebeginn -(e)s, o. Pl.** start of transmission
senden, sandte, gesandt to send
die **Sendung -, -en** programme; consignment, shipment
separat separate(ly)
die **Serie -, -n** series, line
der **Service-Monteur -s, -e** service engineer
setzen to put
sich oneself, him/herself *etc*; **zu ~ nach Hause** to one's home; **von ~ aus** on one's own initiative
sicher secure, safe, reliable; self-confident; certainly, for sure
die **Sicherheit -, -en** safety
sichern to safeguard, protect
die **Sicht -, o. Pl.** view
sicherlich certainly
siehe: ~ Seite 52 see page 52
der **Signalton -(e)s, -¨e** tone, beep
das **Silikontal -(e)s o. Pl.** Silicon Valley
singen, sang, gesungen to sing
sinken, sank, gesunken to decrease
der **Sinn -(e)s, -e** sense; **~ für etw. haben** to have a feeling for sth.
sinnvoll sensible
der **Sitz -es, -e** head office, headquarters
sitzen, saß, gesessen to sit
das **Sitzpolster -s, -** seat cushion
die **Sitzung -, -en** meeting
die **Skalierbarkeit -, o. Pl.** expandability
das **Skelett -(e)s, -e** skeleton
das **Skilaufen -s, o. Pl.** skiing
skizzieren to sketch
das **Skonto -s, -s** (cash) discount
so so; like this; thus; well, right; **Ach ~!** I see, aha; **Na ~ was!** Well I never!; **so ... wie** as ... as; **~ was** that sort of thing
sobald as soon as
sofort immediately, at once
sofortig immediate
sogar even
sogenannt so-called
das **Solarium -s, Solarien** sunbed
solche(r/s) such; **solche Sachen** things like that
solid(e) sound
sollen should; to be intended to
sollte(n) should
somit thus, therefore
Sonder- special
sondern but; **nicht nur ... ~ auch** not only ... but also
sonnenreich sunny
der **Sonnenschutz -es, o. Pl.** protection against the sun
sonnig sunny
sonst, sonstig other
die **Sorge -, -n** (für + Akk.) care (for)
sorgen: dafür ~, daß to make sure that
sorgfältig careful
soviel so much
sowie and, as well as
sowohl ... als auch both ... and
sozial social; **~e Berufe** jobs in social work; **Soziales** social work
das **Sozialleben -s, o. Pl.** way of life
die **Sozialleistungen Pl.** social benefits
die **Sozialversicherung -, o. Pl.** national insurance/social security
das **Sozialwesen -s, o. Pl.** social sciences
die **Spalte -, -n** column
sparen to save
die **Sparkasse -, -n** savings bank
sparsam economical(ly)
Spaß -sses, o. Pl. fun; **es macht mir ~** I enjoy (doing) it; **~ am Job** job satisfaction; **Viel ~!** Enjoy yourself
spät late
später later; future
spätestens at the latest
die **Spätlese -, -n** late vintage
spazieren | gehen to go for a walk
SPD = Sozialdemokratische Partei Deutschlands Social Democratic Party of Germany
Speckkart. = die Speckkartoffeln Pl. potatoes fried with bacon
der **Spediteur -s, -e**, die **Speditionsfirma -, -firmen** haulage contractor, shipping agent
der **Speicher -s, -** memory
die **Speichererweiterung -, -en** memory expansion
die **Speicherkapazität -, -en** memory
die **Speise -, -n** food, dish; **kleinere ~n** snacks
die **Speisegaststätte** restaurant
die **Speisekarte -, -n** menu
speisen to dine
spendieren to stand sb. sth.
die **Spezialität -, -en** speciality/specialty
die **Spezifikation -, -en** specifications
das **Spiel -(e)s, -e** game
spielen to act out; to play
der **Spielfilm -(e)s, -e** feature film
das **Spielzeug -(e)s, -e** toy
die **Spitze -, -n** top; **an der ~ stehen** to be top of the league
das **Spitzenerzeugnis -ses, -se** top-quality product
der **Spitzenreiter -s, -** leader
die **Spitzenzeit -, -en** peak time
der **Sportartikel -s, -** sports equipment
der **Sportler -s, -** sportsman
sportlich: ~ aktiv sein to do/go in for sport
der **Sportverein -(e)s, -e** sports club
die **Sprache -, -n** language
sprachlich linguistic
sprechen, sprach, gesprochen (über + Akk.) to talk (about); to speak (to); **Hier spricht ...** This is ...
der **Sprecher -s, -** speaker
die **Spur -, -en** lane
spüren to sense, become aware of
St. = Sankt Saint
die **Staatsangehörigkeit -, o. Pl.** nationality
der **Staatsdienst -(e)s, o. Pl.** civil service
stabil sturdy
das **Städtchen -s, -** small town
städtisch municipal
der **Stadtkern -(e)s, -e**, die **Stadtmitte -, -n** city centre
der **Stadtplan -(e)s, -¨e** street map
der **Stadtrand -(e)s, -¨er** outskirts, suburbs
die **Stadtrundfahrt -, -en** sightseeing tour
der **Stadtrundgang -(e)s, -¨e** sightseeing tour (*on foot*)
der **Stadtteil -(e)s, -e** district
der **Stahl -(e)s, -¨e** steel
das **Stahlrohr -s, -en** tubular steel
das **Stammkapital -s, -e** ordinary capital
der **Stammkunde -n, -n** regular customer
der **Stammsitz -es, -e** headquarters
der **Stand -(e)s, -¨e** trade show stand, sales booth; **~ 1992** as at 1992
der **Standabbau -(e)s, o. Pl.** dismantling of the stand
der **Standard -s, -s** standard, norm
Standard- standard
die **Standbeschriftung -, -en** signs/artwork for the stand
die **Standbewachung -, o. Pl.** stand security
die **Standbildkamera -, -s** (still) camera
ständig continually
der **Standort -(e)s, -e** location
der **Standpunkt -(e)s, -e** point of view
stark strong, heavy ; **~ besucht** heavily frequented
stärken to strengthen
die **Stärke -, -n** strength
stärker (als) stronger (than); more; **immer ~** increasingly
am **stärksten** most heavily
der **Startknopf -es, -¨e** start button, start key
die **Station -, -en** station; stage, phase
statt: ~ dessen instead
statt | finden to be, to take place; to be held
der **Stau -(e)s, -e** traffic jam
der **Staubsauger -s, -** vacuum cleaner
die **Stechuhr -, -en** time clock
die **Steckdose -, -n** socket
der **Stecker -s, -** plug
stehen, stand, gestanden to be; **~ für** (+ Akk.) to stand for; **wie ~ meine Chancen?** what are my chances?; **wie steht es mit ...?** what's the situation regarding ...?
steigen, stieg, gestiegen to increase
steigern to increase
das **Steinzeug -(e)s, -e** stoneware
die **Stelle -, -n** job, position
stellen to put; **eine Frage ~** to ask a question
das **Stellenangebot -(e)s, -e**, die **Stellenanzeige -, -n** job advertisement
die **Stellenbezeichnung -, -en** job description
der **Stellenmarkt -(e)s, -¨e** situations vacant
die **Stellenvermittlung -, -en** employment exchange
der **Stellenwert -(e)s, -e** value, importance
der **Stellplatz -es, -¨e** parking space
die **Stellung -, -en** job; position
die **Stellungnahme -, -n: Mit der Bitte um ~** for comment
stellvertretend deputy, acting
die **Stereoanlage -, -n** stereo (system)
stets always
die **Steuer -, -n** tax
die **Steuerung -, o. Pl.** control, management
der **Stichpunkt -(e)s, -e** main/key point
das **Stichwort -(e)s, -¨er** cue, keyword
stichwortartig brief
stieg ▸ steigen
der **Stift -(e)s, -e** pen
die **Stiftung Warentest** German Consumer Council
die **Stillegung -, -en** closure, shutdown
stilvoll stylish
stimmen to be true, correct; **jdn. optimisch ~** to make sb. feel optimistic
stimmungsvoll pleasant
der **Stipendiat -en, -en**, die **Stipendiatin -, -nen** grant/scholarship holder
das **Stipendium -s, -ien** grant, scholarship
der **Stock -(e)s, -** floor, storey
stolz (auf + Akk.) proud (of)
die **Stornierung -, -en** cancellation
stören to disturb, bother
die **Störung -, -en** problem, disruption; fault
straff tight(ly)
der **Strand -(e)s, -¨e** beach
die **Straßenbahn -, -en** tram
die **Straßenunterführung -, -en** underpass, subway
die **Straßenverbindungen Pl.** road network
das **Straßenverkehrsgewerbe -s, -** road transport industry
der **Straßenverlauf -(e)s, o. Pl.: dem ~ folgen** to follow the road
der **Streckennetz -(e)s, -e** rail network
das **Streifenmuster -s, -** striped pattern
streng strict(ly)
stricken to knit
der **Strom -(e)s, o. Pl.** electricity
der **Stromanschluß -sses, -¨sse** mains connection
strukturieren to structure
das **Stück -(e)s, -e** piece; item, unit
der **Stückpreis -es, -e** unit price
die **Stückzahl -, -en** quantity
der **Studienabgänger -s, -** college leaver
der **Studiengang -(e)s, -¨e** course of studies
die **Studiengebühr -, -en** fee
das **Studium -s, -ien** studies
die **Stuhlreihe -, -n** row of seats
die **Stundenbasis: auf ~** paid by the hour
stündlich hourly, every hour
suchen to look for
Süd- South; south-facing
der **Süden -s, o. Pl.** South
südlich (+ Gen.) southern; south of
der/die/das **südlichste** (the) southernmost
die **Supermarktkette -, -n** supermarket chain
die **Suppe -, -n** soup
das **Surfen -s, o. Pl.** surfing, wind-surfing
das **Süßgebäck -(e)s, -e** biscuits/cookies
SW = Südwesten, Südwest- southwest (-facing)
sympathisch nice, pleasant
der **Systemanalytiker -s, -** systems analyst
die **Systemintegration -, o. Pl.** systems integration

T

T = Tiefe
tabellarisch in table form
die **Tabelle -, -n** table
der **Tag -(e)s, -e** day; **Guten ~** hello
das **Tagegeld -(e)s, -er** daily allowance
das **Tageslicht -(e)s, o. Pl.** daylight
der **Tagespreis -es, -e** price per day
die **Tagespresse -, o. Pl.** daily press
täglich daily, every day
die **Tagung -, -en** conference
der **Tagungsort -(e)s, -e** conference venue
die **Tagungstechnik -, o. Pl.** conference equipment
der **Takt -(e)s, -e: im 2-Stunden-~** every two hours
der **Taktverkehr -(e)s, o. Pl.: mit dichtem ~** with a frequent service
das **Tal -(e)s, -¨er** valley
der **Tanz -es, -¨e** dance
tanzen to dance
der **Tarif -s, -e** tariff; pay scale
tariflich agreed (*between unions and management*)
der **Tariflohn -(e)s, -¨e** (agreed) pay scale
der **Tarifpartner -s, -** *unions and management*
der **Tarifvertrag -(e)s, -¨e** collective pay agreement
das **Taschenmesser -s, -** penknife
der **Taschenrechner -s, -** pocket calculator
die **Tasse -, -n** cup (of)
die **Taste -, -n** button, key
tätig: ~ sein to be in (a line of business)
tätigen to effect, carry out
die **Tätigkeit -, -en** activity; job, occupation; **Berufliche T~en** work/professional experience
der **Tätigkeitsbereich -(e)s, -e** job, area of responsibility
die **Tatsache -, -n** fact
Taxen Pl. von Taxi
das **Taxi -s, -s** taxi/cab
der **Taxistand -(e)s, -¨e** taxi rank
das **Teambewußtsein -s, o. Pl.** team spirit
teamfähig able to work in a team
die **Technik -, -en** technology; technique
der **Techniker -s, -** engineer
technisch technical; technological; **~e/r Leiter(in)** Technical Director; **~e/r Zeichner/in** engineering draughtsman; **~e Daten** specifications; **T~er Überwachungsverein** German Technical Inspectorate; **~e Hochschule/Universität** *university specializing in technical subjects*

der **Teich** -(e)s, -e pond

der **Teil** -(e)s, -e part; **zum ~** partly

sich **teilen** to divide, split up

teil|nehmen (an + Dat.) to attend, take part in

der **Teilnehmer** -s, - participant; the person/company you wish to speak to

die **Teilzeit** -, o. Pl. part-time

die **Teilzeitform** -, -en: **in ~** on a part-time basis

das **Telefax** -, -(e) fax (machine)

die **Telefonauskunft** -, o. Pl. directory enquiries

telefonisch by phone; **~e Aufträge** telephone orders

die **Telekommunikation** -, o. Pl. telecommunications

der **Temperaturbereich** -(e)s, -e temperature range

das **Tempolimit** -s, -s speed limit

die **Tendenz** -, -en tendency

der **Teppichboden** -s, -̈ carpet

der **Termin** -s, -e (bei/mit + Dat.) appointment (with)

termingerecht on schedule

der **Terminkalender** -s, - appointments diary

teuer expensive

die **Textilien** Pl. textiles

thailändisch Thai

das **Thema** -s, **Themen** topic

(das)**Thüringen** -s, o. Pl. Thuringia

die **Tiefe** -, -n depth

tiefer: zwei Etagen ~ two floors down

die **Tiefgarage** -, -n underground carpark

das **Tiefland** -(e)s, -e lowlands

der **Tierarzt** -es, -̈ veterinarian

der **Tierpark** -s, -s zoo

die **Tinte** -, -n ink

die **Tintenpatrone** -, -n ink cartridge

der **Tintenstrahldrucker** -s, - bubble jet printer

die **Tochtergesellschaft** -, -en subsidiary

todlangweilig deadly dull

die **Toilettenartikel** Pl. toiletries

die **Toleranz** -, o. Pl. tolerance

toll great

das **Tonband** -(e)s, -̈er tape

die **Tonne** -, -n ton(ne)

das **Tor** -(e)s, -e gate

die **Touristik** -, o. Pl. tourism, tourist industry

traditionsreich rich in tradition

das **Tragegestell** -(e)s, -e carrying frame

tragen, trug, getragen to wear, to carry; (*Kosten*) to meet; (*Risiko*) to bear

der **Traum** -(e)s, -̈e dream

treffen, traf, getroffen to meet; (*Wahl*) to choose; (*Vereinbarung, Entscheidung*) to make

sich **treffen** to meet

der **Treffpunkt** -(e)s, -e meeting point

treiben, trieb, getrieben: Sport ~ to do/go in for sport; **Handel ~** to trade

die **Treppe** -, -n (flight of) stairs; **die ~ hinauf/runtergehen** to go up/downstairs

trimmen to do keep-fit exercises

der **Trimmpfad** -(e)s, -e keep-fit trail

trinken, trank, getrunken to drink

trocken dry

trotz (+ Gen./Dat.) in spite of, despite

die **Tschechische Republik** Czech Republic

tschüs 'bye!

tun, tat, getan to do

U

die **U-Bahn** -, -en Underground/Subway

üben to practise

über (+ Akk./Dat.) about, concerning; more than; over; through, via; **nicht ~ 20.00 Uhr hinaus** not later than 8 o'clock; **eine Bestellung ~** an order for

überall everywhere

überaus extremely

überbacken grilled

der **Überblick** -(e)s, -e (über + Akk.) overview

überbrücken to bridge

überdurchschnittlich exceptionally

überein|stimmen (mit + Dat.) to correspond to; to agree with

die **Übergabe** -, o. Pl. hand-over

der **Übergang** -(e)s, -̈e transfer

übergeben, übergab, übergeben to hand over

überhaupt absolutely; at all

überlassen, überließ, überlassen: es jdm. ~ to leave it up to sb.; **jdm. etw. ~** to entrust sth. to sb.

überlegen to think about, consider

die **Überlegung** -, -en consideration

übermorgen the day after tomorrow

übernachten to spend the night

die **Übernachtung** -, -en overnight stay

übernehmen, übernahm, übernommen to take over; to accept; to take on

überprüfen to check

die **Überprüfung** -, -en testing, inspection

überqueren to cross

überraschen to surprise

überregional serving more than one region

überreichen to hand over

die **Überschrift** -, -en heading

übersenden, übersandte, übersandt to send, enclose

die **Übersetzung** -, -en translation

übersichtlich clear

die **Überstunden** Pl. overtime

die **Übertragung** -, -en transmission

das **Übertragungsprotokoll** -s, -e transaction activity report

übertreiben, übertrieb, übertrieben to exaggerate

überwachen to supervise, monitor

überwiegend predominantly

überzeugen to convince

überzeugend convincing(ly), persuasive(ly)

üblich usual, normal

übrig other, rest of; left (over), spare

das **Ufer** -s, - (river)bank

die **Uhr** -, -en: **um (11.00) ~** at (11) o'clock

die **Uhrzeit** -, -en time

um (+ Akk.) at; round, around; for; **~ wenig Prozent** by a few percent; **~ ... zu** in order to

um|buchen to change a reservation/booking

umfangreich wide, comprehensive

umfassen to include

die **Umfrage** -, -n survey

der **Umgang** -s, o. Pl. (mit + Dat.): **~ mit Menschen** dealing with people

die **Umgebung** -, -en surrounding area

um|gehen: mit Menschen ~ to deal with people

umgehend immediate, prompt

die **Umgruppierung** -, -en redeploying

das **Umland** -(e)s, o. Pl. surrounding countryside

um|legen to turn

umliegend surrounding

der **Umsatz** -es, -̈e turnover

die **Umschulung** -, -en retraining

umseitig overleaf

umsonst free

der **Umstand** -(e)s, -̈e: **unter Umständen** possibly

der **Umsteigeknoten** -s, - transfer point

um|steigen to change

die **Umstellung** -, -en, der **Umstieg** -(e)s, -e (auf + Akk.) change-over (to)

die **Umstrukturierung** -, -en restructuring

die **Umwelt** -, o. Pl. the environment

das **Umweltbewußtsein** -s, o. Pl. environmental awareness

der **Umweltengel** -s, - *symbol indicating environmentally friendly products*

umweltfreundlich, umweltgerecht environmentally friendly

das **Umweltministerium** -s, -ien Ministry of the Environment

der **Umweltschutz** -es, o. Pl. environmental protection

die **Umweltverschmutzung** -, -en environmental pollution

um|ziehen to move

die **Umzugskosten** Pl. removal costs

die **Unabhängigkeit** -, o. Pl. independence

die **Unannehmlichkeit** -, -en trouble, inconvenience

unbedingt absolutely; **nicht ~** not necessarily

unbrauchbar useless

(das)**Ungarn** -s, o. Pl. Hungary

ungefähr approximately

ungelernt unskilled

ungestört undisturbed

ungewöhnlich unusual(ly)

ungiftig non-poisonous

der **Unkostenbetrag** -(e)s, -̈e sum to cover expenses

die **Unmenge** -, -n (von + Dat.) vast quantity

unseriös not serious

unten below; downstairs; **nach ~** face down

unter (+ Akk./Dat.) under; below; **~ anderem** among other things; **~ Telefon 040 ...** on 040 ...

unterbreiten to present

sich **unterhalten, unterhielt, unterhalten** to talk

die **Unterhaltung** -, -en entertainment; conversation

die **Unterkunft** -, -̈e accommodation

die **Unterlagen** Pl. documents, papers

unterliegen, unterlag, unterlegen to be subject to

das **Unternehmen** -s, - company/corporation

der **Unternehmensberater** -s, - management consultant

der **Unternehmensbereich** -s, -e division

die **Unternehmensgruppe** -, -n group

die **Unternehmensleitung** -, o. Pl. management

der **Unternehmer** -s, - operator

der **Unterricht** -(e)s, -e instruction

die **Unterrichtung** -, o. Pl. information

unterscheiden, unterschied, unterschieden to distinguish

sich **unterscheiden** to differ

der **Unterschied** -(e)s, -e difference

unterschiedlich variable; different

unterschreiben, unterschrieb, unterschrieben to sign

die **Unterschrift** -, -en signature

unterstrichen underlined

unterstützen to support, subsidize

die **Unterstützung** -, o. Pl.: **mit Batterie-~** battery powered

untersuchen to investigate

die **Untersuchung** -, -en examination

(sich) **unterteilen** (in + Akk.) to divide, subdivide (into)

die **Unterteilung** -, -en subdivision

unterwegs away, on the way, on the road

unveränderlich invariable

unverbindlich not binding; **~e Preisempfehlung** recommended price

unvermeidbar unavoidable

unverzüglich without delay, immediately

unvollständig incomplete

der **Urlaub** -s, -e holiday/vacation; **im ~** on holiday

das **Urlaubsgeld** -(e)s, -er holiday pay

ursprünglich originally

usw. = und so weiter etc

V

die **Variante** -, -n variation, version

sich **verabschieden** to say goodbye; **beim V~** when saying goodbye

verallgemeinern to generalize

verändern to change, alter

veranstalten to organize

der **Veranstalter** -s, - organizer

die **Veranstaltung** -, -en performance; event; function

der **Veranstaltungskalender** -s, - guide to what's on

der **Veranstaltungsraum** -(e)s, -̈e conference room

verantwortlich (für + Akk.) responsible (for)

der/die **Verantwortliche** -n, -n person responsible for

die **Verantwortung** -, -en responsibility

die **Verantwortungsbereitschaft** -, o. Pl.

willingness to take responsibility

verantwortungsvoll responsible

die **verarbeitende Industrie** manufacturing industry

die **Verarbeitung** -, o. Pl. processing

der **Verband** -(e)s, -e association

sich **verbergen, verbarg, verborgen** to hide

verbessern to improve

die **Verbesserung** -, -en improvement

verbiegen, verbog, verbogen to buckle

verbinden, verband, verbunden to connect; to combine; **ich verbinde** I'll put you through; **Sie sind falsch verbunden** You've got the wrong number

verbindlich binding

die **Verbindung** -, -en link, connection

verbracht ▶ verbringen

der **Verbrauch** -(e)s, o. Pl. consumption

der **Verbraucher** -s, - consumer

der **Verbraucherpreis** -es, -e retail price

verbraucht used, second-hand

verbringen, verbrachte, verbracht to spend (time)

der **Verbund** -(e)s, -e association, authority; compound

verbunden ▶ verbinden

der **Verdichtungsverkehr** -(e)s, o. Pl.: **Zug des ~s** local train

verdienen to earn

der **Verdiener** -s, - wage-earner

der **Verdienst** -(e)s, -e pay, salary

(sich) **verdoppeln** to double

verdorben spoiled

der **Verein** -(e)s, -e club; association, organization

vereinbaren to arrange (an appointment); **zur vereinbarten Zeit** on time

die **Vereinbarung** -, -en agreement; **nach ~** by arrangement

vereinen to unite, combine

verfassen to write

verfehlen to miss

verfügen (über + Akk) to have, possess

die **Verfügung: (jdm.) zur ~ stehen** to be available; to be at sb.'s disposal

vergangen past

vergessen, vergaß, vergessen to forget

der **Vergleich** -(e)s, -e: **im ~ zu** (+ Dat.) in comparison with

vergleichen, verglich, verglichen (mit + Dat.) to compare with

das **Vergnügen** -s, - pleasure

das **Vergnügungsviertel** -s, - entertainment district

die **Vergünstigung** -, -en (price) reduction

die **Vergütung** -, -e remuneration

sich **verhalten** to behave, conduct oneself

das **Verhalten** -s, o. Pl. conduct, behaviour

die **Verhaltensregel** -, -n etiquette

das **Verhältnis** -ses, -se circumstances

verhandeln (über + Akk.) to negotiate (about)

das **Verhandlungsgeschick** -(e)s, o. Pl. negotiating skills

verheiratet married

verhelfen, verhalf, verholfen: jdm. zu etw. ~ to help sb. get sth.

verhindern to prevent

der **Verkauf** -(e)s, -̈e sale; sales

(sich) **verkaufen** to sell

der **Verkäufer** -s, - seller

die **Verkaufsabteilung** -, -en sales department

die **Verkaufsaktion** -, -en sales drive, promotion

die **Verkaufsbedingungen** Pl. conditions of sale

der **Verkaufsberater** -s, - sales consultant

der **Verkaufspreis** -es, -e retail price

der **Verkaufsschalter** -s, - ticket office

die **Verkaufsstelle** -, -n outlet

die **Verkaufszeit** -, -en shop opening hours

der **Verkehr** -(e)s, o. Pl. transport; traffic

verkehren to go, run, operate

das **Verkehrsamt** -(e)s, -̈er tourist information office

die **Verkehrsanbindung** -, -en communications

die **Verkehrsdichte** -, o. Pl. volume of traffic

verkehrsgünstig convenient for (public) transport
der **Verkehrslinienplan -(e)s, ¨-e** public transport map
das **Verkehrsmittel -s, -: öffentliche ~** public transport
die **Verkehrsverbindung -, -en** (public) transport system; travel connection
der **Verkehrsverbund -(e)s, ¨-e** transport authority
verkürzen to shorten
die **Verkürzung -, -en** shortening
verladen, verlud, verladen to load
verlangen to ask for; to demand, to charge
verlängern to extend
die **Verlängerung -, -en** extension; lengthening
verlassen, verließ, verlassen to leave
der **Verlauf -(e)s, ¨-e** course; **der weitere ~ des Abends** the rest of the evening
die **Verlegung -, o. Pl.** relocation
verleihen, verlieh, verliehen to award
verloren | gehen to get lost
der **Verlust -(e)s, -e loss; bei ~** in the event of loss
vermeiden, vermied, vermieden to avoid
die **Vermeidung -, o. Pl.** avoidance, prevention
vermeintlich supposed
der **Vermerk -(e)s, -e** note, remark
vermieden ▸ vermeiden
vermieten to rent
vermitteln to impart, create
veröffentlichen to publish
die **Veröffentlichung -, -en** publication
die **Verordnung -, -en** decree, regulation
verpacken to pack
die **Verpackung -, -en** packaging
der **Verpackungshelfer -s, -** packer
der **Verpackungsstoff -(e)s, -e** packaging material
sich **verpflichten** (zu + Dat.) to undertake
verpflichtet: ~ sein to be obliged
die **Verringerung -, -en** reduction
der **Versand -(e)s, o. Pl.** dispatch/despatch (department)
der **Versandhandel -s, o. Pl.** mail order operation
das **Versandhaus -es, ¨-er** mail order company
versäumen to miss; **Versäumtes** what one has missed
das **Versehen: aus ~** by mistake
verschieben, verschob, verschoben (auf + Akk.) to put off, postpone
verschieden different, various
verschlingen, verschlang, verschlungen to consume
die **Versendung -, -en** shipment
die **Versetzung -, -en** transfer
die **Versicherung -, -en** insurance (company)
versorgen (mit + Dat.) to supply (with)
die **Versorgung -, o. Pl.** service, supply
verspätet late
die **Verspätung -, -en** delay; late delivery
versprechen, versprach, versprochen to promise
verstanden ▸ verstehen
das **Verständnis -ses, o. Pl.** understanding; **um ~ bitten** to apologize
der **Verstärker -s, -** amplifier
verstärkt reinforced
versteckt hidden
verstehen, verstand, verstanden to understand
sich **verstehen: die Preise ~ sich ohne MwSt.** prices are inclusive of VAT
verstellbar adjustable
versuchen to try
die **Verteidigungstechnik -, o. Pl.** defence technology
die **Vertragspartei -, -en** contracting party
vertrauen (auf + Akk.) to trust (in)
vertreten, vertrat, vertreten to represent
der **Vertreter -s, -** sales representative, agent
die **Vertretung agency; in ~** pp/for and on behalf of
der **Vertrieb -(e)s, o. Pl.** sales (department)
die **Vertriebsgesellschaft -, -en** sales subsidiary, distributor
der **Vertriebsleiter -s, -**, die **Vertriebsleiterin -, -nen** sales manager/director
das **Vertriebsnetz -es, -e** sales/distribution network
das **Verursacherprinzip -s, o. Pl.** *principle that the one responsible pays*
vervollständigen to complete
verwalten to manage, be in charge of
die **Verwaltung -, -en** administration
der **Verwaltungsvorgang -s, ¨-e** administration
verwandt related
verwenden to use
der **Verwendungszweck -(e)s, -e** use, purpose
verwerten to recover, recycle
die **Verwertung -, o. Pl.** recycling
verwitwet widowed
verwöhnen to spoil; **lassen Sie sich ~** spoil yourself
Verzeihung: (I'm) sorry, excuse me
verzichten (auf + Akk.) to give up
verzinkt galvanized
die **Verzögerung -, -en** delay, hold-up
der **Verzug -(e)s, ¨-e** delay; arrears
der **Verzugszins -es, -en** interest on arrears
das **Vesper -s, -** snack
das **Vetorecht -(e)s, -e** right of veto
viel a lot (of), much; **Sehen Sie ~ fern?** Do you watch a lot of TV?
vielbesucht popular
viele a lot of, many
die **Vielfalt -, o. Pl** (great) variety
vielfältig varied
vielleicht perhaps
vielseitig versatile
die **Vielzahl -, o. Pl.** (von + Dat.) a wealth of
die **Visitenkarte -, -n** business card
die **Volkswirtschaft -, -en** national economy
voll total; fully
das **Vollbad -(e)s, ¨-er** bath
die **Vollendung -, o. Pl.** completion
völlig completely
vollklimatisiert fully air-conditioned
der **Vollkunststoff -(e)s, -e** solid plastic
die **Vollmacht -, ¨-e: in ~** pp, for and on behalf of
vollständig complete(ly)
die **Vollzeit -, o. Pl.** fulltime
von (+ Dat.) from; of; by; **vom Umsatz her** in terms of turnover
vor (+ Akk./Dat.) before; in front of; **~ vier Wochen** four weeks ago; **~ allem** above all, first and foremost, particularly
voraus: im ~ in advance
voraus | setzen to require
die **Voraussetzung -, -en** requirement
voraussichtlich expected
die **Vorauszahlung -, -en** prepayment, advance payment
vor | behalten: Preisänderungen ~ prices subject to change without notice
vorbei past
(sich) **vor | bereiten** (auf + Akk.) to prepare (oneself) for
die **Vorbereitung -, -en** (auf + Akk.) preparation (for)
vor | bestellen to reserve, book in advance
das **Vorbild -(e)s, -er** example, model
vordere(r/s) front
der **Vordergrund -(e)s, ¨-e: im ~ stehen** to be at the fore
vor | führen to demonstrate
das **Vorführmodell -s, -e** exhibit
die **Vorführung -, -en** performance; demonstration
vorgesehen planned; provided
der/die **Vorgesetzte -n, -n** superior
vorhanden available
vorher beforehand, in advance
vor | herrschen to predominate
vor | kommen to occur, be found
das **Vorlagenglas** platen glass
vor | legen to present
vor | lesen to read out
vormittags in the morning(s)
der **Vorname -ns, -n** first name
vorne at the front, in front
der/das **Vor-Ort-Service** on-site service
die **Vorplanung -s, o.Pl.** planning stage
der **Vorrang -(e)s, o. Pl.: ~ haben** to have priority
vor | reservieren to reserve
die **Vorrichtung -, -en** equipment
der **Vorschlag -(e)s, ¨-e** suggestion, recommendation
vor | schlagen, schlug vor, vorgeschlagen to propose
die **Vorschrift -, -en** regulation
der **Vorschuß -sses, ¨-sse** advance
die **Vorsicht -, o. Pl.** care, caution; **V~!** Be careful
vorsichtig careful(ly)
der/die **Vorsitzende -n, -n** chairperson, president
vor | sorgen (für + Akk.) to provide for
die **Vorspeise -, -n** starter
der **Vorstand -(e)s, o. Pl.** executive board/management
vor | stellen: jdn. jdm. ~ to introduce sb. to sb.
sich **vor | stellen** to imagine
die **Vorstellung -, -en** introduction; vision, idea
das **Vorstellungsgespräch -(e)s, -e** job interview
der **Vorstellungstermin -s, -e** interview (date)
der **Vorteil -(e)s, -e** advantage
vorübergehend temporary
das **Vorurteil -(e)s, -e** prejudice
die **Vorwahl -, -en** dialling/area code
die **Vorwärtsfahrt -, o. Pl.** forward drive
vorwiegend predominant(ly)

W

wachen (über + Akk.) to ensure
wachsen, wuchs, gewachsen to grow, increase
das **Wachstum -s, o. Pl.** growth
der **Wagen -s, -** car/automobile; railway carriage/car
die **Wahl -, -en** choice; election
wahlberechtigt entitled to vote
die **Wahlberechtigung -, o. Pl.** right to vote
wählen to choose, select; to dial
der **Wählton -(e)s, ¨-e** dialling tone
wahr true; **nicht ~?** isn't it? right?
während (+ Gen.) during, in the course of; while
wahr | nehmen to make use of
die **Wahrnehmung -, -en: bei der ~** when it comes to dealing with
wahrscheinlich probably
die **Währung -, -en** currency
das **Wahrzeichen -s, -** symbol
der **Wald -(e)s, ¨-er** wood
der **Wandel -s, o. Pl.** change
der **Wanderfreund -(e)s, -e** keen hiker
wandern to go walking/hiking
die **Wanderung -, -en** walk, hike
wann when
die **Wanne -, -n** bathtub
die **Ware -, -n** product, goods; **wo bleibt die ~?** what's happened to the consignment?
wäre, wären would be; **wie wär's mit ...?** how about ...?
der **Warenannahmetermin -s, -e**, die **Warenannahmezeit -, -en** delivery time
der **Wareneingang -(e)s, ¨-e** incoming goods
das **Warenhaus -es, ¨-er** department store
das **Warenverteilzentrum -s, -zentren** distribution depot
das **Warenzeichen -s, -** trade mark
warten to wait; to maintain, service
warum why
was what; that; **~ für** what kind of
die **Wäsche -, o. Pl.** laundry
wasserdicht waterproof
wasserlöslich water soluble
die **Wechselausstellung -, -en** temporary exhibit(ion)
wechseln (in + Akk) to change; to transfer (to)
wecken to wake; to arouse
der **Weckruf -(e)s, -e** alarm call
der **Weg -s, -e** way; route; path; method; distance; **nach dem ~ fragen** to ask for directions
wegen (+ Gen.) about, because/on account of
weg | fallen to be lost
weg | lassen to leave out
weiblich female
das **Weihnachten -, -** Christmas
das **Weihnachtsgeld -(e)s, -er** Christmas bonus
der **Weihnachtstag -(e)s, -e: der 1. ~** Christmas Day; **der 2. ~** Boxing Day
weil because
der **Weinberg -(e)s, -e** vineyard
die **Weinernte -, -n** grape harvest
die **Weinkarte -, -n** wine list
das **Weinlokal -s, -e** wine bar
der **Weinort -(e)s, -e** place where wine is produced
die **Weinprobe -, -n** wine tasting
das **Weinset -s, -s** set of wine glasses
die **Weinstube -, -n** wine bar
das **Weißblech -(e)s, -e** tinplate
der **Weißkohl -(e)s, o. Pl.** white cabbage
weit far
weiter, weiter- to go on, continue to
sich **weiter | bilden** to continue one's education/training
die **Weiterbildung -, o. Pl.** further education/training
die **Weiterbildungsveranstaltung -, -en** training course
weitere(r/s) more, further, other; future; **alles weitere** everything else
weiter | führen to continue
weiter | leiten (an + Akk.) to pass on (to)
weitgehend to a large extent
welche(r/s) which, that
die **Welt -, -en** world
weltbekannt, weltberühmt world-famous
der **Weltkrieg -(e)s, -e: der Erste ~** First World War
die **Weltmeisterschaft -, -en** World Cup
weltoffen cosmopolitan
der **Weltruf -(e)s, -e** worldwide reputation
weltweit worldwide
wem, wen (to) whom
sich **wenden** (an + Akk.) to ask
wenig (a) few, (a) little, not much
wenn when; if
wer who
die **Werbeagentur -, -en** advertising agency
das **Werbegeschenk -(e)s, -e** free gift
werben, warb, geworben to win, attract
die **Werbung** advertising
werden, wurde, geworden *auxiliary verb used to form future and passive*
das **Werk -(e)s, -e** factory, works, plant
der **Werksleiter -s, -** works supervisor/plant manager
das **Werkzeug -(e)s, -e** tool
der **Wert -(e)s, -e** value
werten to judge
die **Wertgegenstände** valuables
wertlos valueless
die **Wertorientierung -, -en** value
wertvoll valuable
West- West; west-facing
der **Westen -s, o. Pl.** West
westlich western; **die ~e Bundesrepublik** West Germany
der **Wettbewerb -(e)s, -e** competition; **Mut zum ~** courage to compete; **~ der Geschlechter** battle of the sexes
das **Wetter -s, -** weather
wichtig important
der **Widerspruchsrecht -(e)s, ¨-e** right to raise objections
der **Widerstand -(e)s, ¨-e** resistance
wie how; what; as; **~ bitte?** Pardon, Excuse me?; **~ ist Ihr Name?** what's your name?; **~ viele** how many; **~ lange** how long; **~ oft** how often; **~ gesagt** as I said
wieder again
wiederholen to repeat
Wiederhören: auf ~ Goodbye (*on the phone*)
wieder | kommen to come back
Wiedersehen: auf ~ Goodbye
die **Wiederverwertbarkeit -, o. Pl.** recyclability

die **Wiederverwertung** -, **o. Pl.** recycling
die **Wiege** -, **-n** cradle, birthplace
   wiegen, wog, gewogen to weigh
die **Wiese** -, **-n** meadow, field
   wieviel how much; **um ~ Uhr?** what time?
das **Wild** -s, **o. Pl.** game
die **Wildente** -, **-n** wild duck
der **Wildlachssteak** -s, **-s** (wild) salmon steak
das **Wildschweinkotelett** -s, **-s** wild boar
   cutlet/chop
der **Wille** -n, **-n** will
   willkommen welcome
   winddicht windproof
der **Wintergarten** -s, **-̈** conservatory
   wirken to give the impression
   wirklich really
die **Wirklichkeit** -, **-en** reality
   wirksam effective(ly)
die **Wirtschaft** -, **-en** economy, trade and
   industry, business; **die private ~** the
   private sector
   wirtschaften to budget effectively
   wirtschaftlich economic, financial
der **Wirtschaftsaufschwung** -(e)s, **-̈e**
   economic upturn
die **Wirtschaftsleistung** -, **-en** economic
   output
der **Wirtschaftsraum** -(e)s, **-̈e** industrial area
der **Wirtschaftszweig** -(e)s, **-e** branch of
   industry, industrial sector
   wissen, wußte, gewußt to know (*a fact*)
die **Wissenschaft** -, **-en** science
   wissenschaftlich academic
die **Witterung** -, **-en: bei extremer ~** in
   extreme weather conditions
der **Witz** -es, **-e** wit
   wo where
die **Woche** -, **-n** week
das **Wochenende** -s, **-n** weekend
der **Wochenmarkt** -(e)s, **-̈e** weekly market
der **Wochentag** -(e)s, **-e** day of the week
   wöchentlich weekly
   wofür what ... for?
   woher where ... from; **~ Sie wissen** how
   you know
   wohl happy; **das wäre ~ schwierig** that
   may be difficult
das **Wohl** welfare, wellbeing; **zum ~e aller** for
   the good of all; **zum ~!** cheers!
der **Wohn-Eßbereich** -(e)s, **-e** living-dining
   area
   wohnen to live; to stay
der **Wohnblock** -(e)s, **-s** block of
   flats/apartment house
die **Wohnfläche** -, **-n** living space
das **Wohngeld** -(e)s, **-er** accommodation
   allowance/subsidy
die **Wohnküche** -, **-n** eat-in kitchen
die **Wohnqualität** -, **-en** quality of life
die **Wohnung** -, **-en** flat/apartment
der **Wolkenkratzer** -s, **-** skyscraper
   wollen, wollte, gewollt to want to
das **Wort** -(e)s, **-̈er** word; **in ~ und Schrift**
   spoken and written
das **Wortfeld** -(e)s, **-er** word field
der **Wunsch** -(e)s, **-̈e** wish, desire; **auf ~** on
   request
   wünschen: jdm. etw. ~ to wish sb. sth.
   wunschgemäß as requested
   wurde, wurden ▶ werden
   würde, würden would

Z

   zäh tough
die **Zahl** -, **-en** number; figure
   zahlen to pay
   zählen (zu + Dat.) to be included; to count
   (as)
   zahlreich numerous
die **Zahlung** -, **-en** payment
die **Zahlungsbedingungen Pl.** terms of
   payment
die **Zahlungsfrist** -, **-en** payment term
der **Zahlungsverzug** -(e)s, **-̈e** late payment,
   default
das **Zahlungsziel** -(e)s, **-e** period for payment
der **Zahnarzt** -es, **-̈e** dentist
die **Zahnpasta** -, **-pasten** toothpaste
   z.B. = zum Beispiel for example
der **Zehnmarkschein** -(e)s, **-e** ten mark note
das **Zehnpfennigstück** -(e)s, **-e** ten pfennig
   piece
das **Zeichen** -s, **-** character; sign, symbol; **Ihr ~**
   Your ref(erence)
die **Zeichenerklärung** -, **-en** key
   zeichnen to draw
die **Zeichnung** -, **-en** (technical) drawing
   zeigen to show
der **Zeigestock** -(e)s, **-̈e** pointer
die **Zeile** -, **-n** line
die **Zeit** -, **-en** time; **vor der ~** early; **zur ~** at
   the moment
die **Zeitangabe** -, **-n** time
das **Zeitarbeitbüro** -s, **-s** temping agency
   zeitlich chronological
der **Zeitlohn** -(e)s, **-e** time wages/rate
der **Zeitpunkt** -(e)s, **-e** time
der **Zeitrahmen** -s, **-** time period
die **Zeitschrift** -, **-en** magazine, periodical
die **Zeitung** -, **-en** newspaper
   zementieren to reinforce
die **Zentrale** -, **-n** switchboard
das **Zentrum** -s, **Zentren** centre
   zentrumsnah central
   zerbrochen broken
   zertifiziert certified
der **Zettel** -s, **-** form, chit
das **Zeugnis** -ses, **-se** report, certificate,
   testimonial
   ziehen, zog, gezogen to draw
das **Ziel** -(e)s, **-e** objective, goal; destination
   ziemlich quite
die **Ziffer** -, **-n** digit, figure
das **Zimmer** -s, **-** room
   zirka approximately
die **Zitrone** -, **-n** lemon
das **Zögern** -s, **-** hesitation
das **Zollamt** -(e)s, **-̈er** Customs
   zu (+ Dat.) to; about; too; with; at; **~**
   diesen Punkten on these points; **zur**
   Förderung for the promotion of
das **Zubehör** -(e)s, **o. Pl.** accessories,
   attachments
die **Zubereitungsmethode** -, **-n** method of
   preparation
der **Zucker** -s, **-** sugar
die **Zuckertüte** -, **-n** bag of sweets/candies
   zueinander to one another
   zuerst first (of all)
die **Zufahrt** -, **-en** entry; approach (road)
   zufrieden satisfied
die **Zufriedenheit** -, **o. Pl.** satisfaction
   zufriedenstellend satisfactory
   zu | führen: der Wiederverwertung ~ to
   send for recycling
der **Zug** -(e)s, **-̈e** train
der **Zugang** -(e)s, **-̈e** entrance; access; entry
   zugänglich approachable
   zügig speedily, swiftly
   zugleich at the same time
   zu | hören to listen to
die **Zukunft** -, **-̈e** future
   zukünftig future
   zukunftsorientiert forward-looking
die **Zulage** -, **-n** bonus; **Münchner ~** Munich
   weighting
die **Zulassungsbeschränkung** -, **-en**
   restriction on admissions
   zuletzt finally, last; **nicht ~** not least
der **Zulieferant** -en, **-en**, die
   Zulieferungsfirma -, **-firmen** supplier
   zu | machen to close
   zunächst first of all
der **Zündfunke** -n, **-n** ignition spark
   zunehmend increasing(ly)
   zunutze: sich etw. ~ machen to make use
   of sth.
   zuoberst at the top
   zu | ordnen to match; to order
sich **zurecht | finden** (in + Dat.) to cope
   zurück, zurück- back
   zurück | blicken to look back
   zurück | führen (auf + Akk.) to put down
   to, to be due to
   zurück | rufen to phone/call back
   zurück | treten to step back
   zurück | schieben, schob zurück,
   zurückgeschoben to push back
   zu | sagen: jdm. ~ to appeal to sb.
   zusammen, zusammen- together
   zusammen | fassen to summarize
   zusammengesetzt: immer neu ~e Teams
   ever-changing teams
   zusammen | halten to stick together
   zusammenlegbar folding
   zusammen | stellen to put together
die **Zusammenstellung** -, **o. Pl.** arrangement
das **Zusammenwirken** -s, **o. Pl.** cooperation
   zusätzlich additional; **~ zu** (+ Dat.) in
   addition to
   zu | schicken to send to
der **Zuschlag** -(e)s, **-̈e** supplement
   zuschlagpflichtig subject to a supplement
   zu | senden to send
   zuständig (für + Akk.) responsible (for)
die **Zuständigkeit** -, **-en** responsibility
die **Zustimmung** -, **o. Pl.** agreement, consent
das **Zustimmungserfordernis** -ses, **-se**
   consent required
das **Zustimmungsrecht** -(e)s, **-e** right of
   consent
   zu | treffen (auf + Akk.) to apply (to), to be
   true (of); **das Zutreffende ankreuzen**
   put a cross in the appropriate box
   zuverlässig reliable
die **Zuverlässigkeit** -, **o. Pl.** reliability
   zuviel too much
   zuvor before
   zuwenig too little
   zuzüglich plus
   zwanziger: in den ~ Jahren in the
   twenties
   zwar: und ~ that is, namely; **~ ... , doch**
   although ... yet/still
der **Zweck** -(e)s, **-e** purpose
das **Zweckform-Etikett** -s, **-en** custom label
der **Zweig** -(e)s, **-e** branch
   zweimal twice
der/die/das **zweitgrößte** (the) second largest
die **Zwiebel** -, **-n** onion
der **Zwiebelturm** -(e)s, **-̈e** onion dome
   zwischen (+ Akk./ Dat.) between
   zwischendurch from time to time